新編諸子集成

潛夫論箋校正

〔漢〕王　符　著
〔清〕汪繼培　箋
彭　鐸　校正

中華書局

潛夫論箋校正目录

出版説明

王符，字節信，安定臨涇（今甘肅鎮原）人，東漢後期進步思想家。其生平事跡不可詳考。據後漢書本傳等有關材料推斷，王符大約生於和、安之際，卒於桓、靈之際，其活動年代在黄巾起義之前。當時東漢社會的各種矛盾已經日趨嚴重，朝政的腐敗黑暗，貴族官僚與豪族地主的貪婪和殘暴，加上連年的自然災害，造成了社會動盪民不聊生的局面。王符由於「耿介不同於俗」，終身不仕，於是隱居著書，譏評時政。

其所著潛夫論十卷三十六篇，大多是討論治國安民之術的政論文章，少數涉及哲學問題。他對東漢後期社會政治的批判是廣泛的尖鋭的。他歷數當時經濟、政治、社會風俗等方面本末倒置、名實相違的黑暗情形，指出，此「皆衰世之務」，並引用許多歷史教訓來警告統治者。他把社會禍亂的根源歸之於統治者的昏暗不明，把治理亂世的希望寄託在明君和賢臣的身上，他嚮往賢才治國，希望明君尊賢任能，信忠納諫，這樣就能天下太平。針對當時「富者乘其財力，貴者阻其勢要」，豪族權貴朋黨爲奸虚造空美的情況，他鮮明地提出「君子未必富貴，小人未必貧賤」的命題，並要求統治者「論士必定於志行，毁譽必參於效驗」，建議採取考功、明選等實際措施來改革吏治，强烈反映了庶族地主的參政要求。他的政論中最突出的是同情人民重視人民的思想。他曾反復强調「國以民爲基，貴以賤爲本」，即使談到天命，他也是説：「天以民爲心；民之所欲，天必從之。」這種思想是對先秦時期「民本」思想的繼承。在經濟政策上，他要求崇本抑末，重視和發展農桑，愛惜民力。他還談到要重視邊遠地區的防禦和建設等。

王符的自然觀是二元論的。他認爲：「道者，氣之根也；氣者，道之使也。必有其根，其氣乃生；必有其使，變化乃成。」道與氣既是不同的，又是二位一體的，前者是後者的根本，後者是前者的使用。在這樣的前提下，討論到事物的運動變化時，他常常只講到氣，認爲：「何非氣然？」「莫不氣之所爲也。」王符的哲學思想就是這樣在唯物與唯心之間徘徊不定，不過，就其思想體系的總的傾向來看，他更着重於唯物主義。又如，在談到卜筮、巫祝、看相、占夢等迷信活動時，他雖然承認天命，同時也認爲「在於己者，固可爲也；在於天者，不可知也」，因而重視個人修身慎行的能動作用。在認識論方面，王符一方面認爲知識來源於先聖所制的經典，另一方面又强調學，强調主觀可以在積習中改造。他雖曾把學習過程説成是「聖人以其心來造經典，後人以經典往合聖心」，同時又斷言：「雖有至聖，不生而知；雖有至材，不生而能。」並說：上聖「猶待學問……而況於凡人乎」。其勉勵爲學的用意是十分明顯的。王符認爲「五代不同禮，三家不同教，非其苟相反也，蓋世推移而俗化異也」，因此，政策法制要「各隨時宜」。這一觀點是樸素的辯證的。可是，他又從「德化」的角度把歷史看做是倒退的，社會風俗是一代不如一代。他美化古聖先賢時的治世，以此作爲批判現實社會的武器。他還從世界觀的高度强調了「和」，强調了「興道而致和」。他在論述「天以民爲心」的同時，也論述了「民以君爲統」。在他看來，國君如能「和德氣以化民心，正表儀以率羣下」，那將是最理想的政治局面。在東漢後期社會矛盾日趨激化的情況下，王符的這種主張反映了他企圖勸統治者做些改良以緩和階級矛盾、穩定統治秩序的願望。

潛夫論舊刻以湖海樓叢書的清汪繼培箋注本爲善，舊稱「引證詳覈，深得旨趣」。西北師院彭鐸同志，據以標點分章，並在文字訓詁方面做了補充闡釋的工作，附注於汪箋之後，以供進一步研究參考。

中華書局編輯部

一九七九年五月

凡例

一　此書爲清蕭山汪蘇潭繼培箋本，鉤稽乙注，眇極繭絲。雖稍涉冗繁，未爲大病。今爲補苴罅漏，標點分章，略具解題，取便循覽。

一　原書流傳日久，淮别滋多。汪氏据元大德新刊，校以漢魏叢書程榮、何鏜二本，幾復舊觀，厥功尤偉。亦有但著其説，仍存本文者，蓋其慎也。今取北京圖書館所藏黄丕烈士禮居舊藏明刻本、馮舒校影宋寫本（即四部叢刊所收述古堂本）及明刻兩京遺編本，並諸類書舊注所引覆校之，附識箋末，從汪後例，不改正文。

一　汪箋本正文偶有湖海樓叢書誤刻者，亦有四部備要、諸子集成誤排者，如讚學篇「捐家出身」家、身互易之類，於始見時説明之，他皆徑改。

一　注文之顯誤者，若遏利篇「公孫詭、羊勝見史記梁孝王世家」詭、勝互錯，明闇篇「魚爛本僖十九年公羊傳」誤「廿九年」，考績篇引漢書武帝紀元朔元年詔「二千石官長紀綱人倫」「紀綱」字倒，思賢篇引招魂「酎清涼些」「酎」誤「耐」，同篇王宗炎引易蒙初六誤「九二」，大畜六四誤「九四」，愛日篇正文引四牡詩注「皇皇者華」之類，改同上例。

一　箋舊夾行，今移各章之後，原處標以號碼，俾正文連貫醒目。

一　凡補引各家校釋，悉着一圈隔開，鄙説復加「鐸按」字樣别之，以清眉目。

一　凡甄采舊説，不没主名。引書必著篇名卷數，藉利尋檢。

一　草創者難爲功，糾摘者易爲力，續貂見笑，附驥增榮。討論多疏，徵引不備，同志進教，曷勝佇遲！

潛夫論箋校正卷一

讚學〔一〕第一

天地之所貴者人也〔二〕，聖人之所尚者義也〔三〕，德義之所成者智也，明智之所求者學問也〔四〕。雖有至聖，不生而知〔五〕；雖有至材，不生而能〔六〕。故志曰〔七〕：黄帝師風后〔八〕，顓頊師老彭，帝嚳師祝融〔九〕，堯師務成〔一〇〕，舜師紀后，禹師墨如〔一一〕，湯師伊尹〔一二〕，文、武師姜尚〔一三〕，周公師庶秀，孔子師老聃〔一四〕。若此言之而信，則人不可以不就師矣〔一五〕。夫此十一君者，皆上聖也，猶〔一六〕待學問，其智乃博，其德乃碩〔一七〕，而況於凡人乎〔一八〕？

〔一〕○鐸按：諸子多勉人爲學。尸子、荀子、大戴禮記、賈子皆有勸學篇，抱朴子有勗學，顔氏家訓有勉學。「讚」與「贊」同。贊，進也（漢書東方朔傳、孔光傳師古注）。亦勸勵、勗勉之意。

〔二〕孝經：「子曰：『天地之性人爲貴。』」春秋繁露人副天數篇云：「天地之精所以生物者，莫貴於人。」荀子王制篇云：「水火有氣而無生，草木有生而無知，禽獸有知而無義。人有氣，有生，有知，亦且有義，故最爲天下貴者也。」

〔三〕論語：「子曰：『君子義以爲上。』」「尚」與「上」通。

〔四〕漢書董仲舒傳云：「彊勉學問，則聞見博而知益明。」「知」與「智」通。

〔五〕論語：「子曰：『我非生而知之者，好古敏以求之者也。』」

〔六〕説苑建本篇：「子思曰：『學所以益才也。』」

〔七〕〇鐸按：國語楚語上：「教之故志。」高注：「故志，謂所記前世成敗之書。」

〔八〕史記五帝紀云：「黄帝舉風后。」

〔九〕鄭語：史伯曰：「黎爲高辛氏火正，以淳燿惇大天明地德，光照四海，故命之曰祝融。」韋昭注：「高辛，帝嚳。黎，顓頊之後也。」

〔一〇〕白虎通辟雍篇云：「帝堯師務成子。」按荀子大略篇云：「堯學於君疇，舜學於務成昭。」新序雜事五又作務成跗。

〔一一〕盧學士文弨云：「『墨如』疑是『墨台』。」繼培按：路史後紀四云：「禹有天下，封怡以紹烈山，是爲默台。」國名紀一云：「怡，一曰默怡，即墨台。禹師墨如，或云墨台。」

〔一二〕吕氏春秋尊師篇云：「湯師小臣。」高誘注：「小臣，謂伊尹。」白虎通云：「湯師伊尹。」

〔一三〕呂氏春秋云：「文王、武王師呂望。」白虎通云：「文王師呂望，武王師尚父。」史記齊世家云：「太公望呂尚者，本姓姜氏。從其封姓，故曰呂尚。」

〔一四〕白虎通云：「孔子師老聃。」

〔一五〕昭十九年穀梁傳云：「羈貫成童，不就師傅，父之罪也。」

〔一六〕○鐸按：「猶」羣書治要作「由」，太平御覽六百七引同，古字通用。

〔一七〕博，碩韻。淮南子泰族訓云：「人莫不知學之有益于己也。然而不能者，嬉戲害人也。人皆多以無用害有用，故智不博而日不足。」詩簡兮云「碩人俁俁」，毛傳：「碩人，大德也。」

〔一八〕呂氏春秋云：「此十聖人、六賢者，未有不尊師者也。今尊不至于帝，智不至于聖，而欲無尊師，奚由至哉？」新序云：「此十一聖人，未遭此師，則功業不著乎天下，名號不傳乎千世。」此言十一君，名與新序同。

是故工欲善其事，必先利其器〔一〕；士欲宣其義，必先讀其書〔二〕。易曰：「君子以多志前言往行以畜其德〔三〕。」是以人之有學也，猶物之有治也〔四〕。故夏后之璜〔五〕，楚和之璧〔六〕，雖有玉璞卞和之資〔七〕，不琢不錯〔八〕，不離礫石〔九〕。夫瑚簋之器〔一〇〕，朝祭之服，其始也，乃山野之木、蠶繭之絲耳〔一一〕。使巧倕〔一二〕加繩墨而制之以斤斧，女工加五色而制之以機杼，則皆成宗廟之器，黼黻之章〔一三〕，可羞於鬼神，可御於王公〔一四〕。而況君子敦貞之質，察敏之才〔一五〕，攝之以良朋〔一六〕，教之以明師〔一七〕，文之以禮、樂〔一八〕，導之以詩、書，讚之以周易，明之以春秋〔一九〕，其不有濟乎〔二〇〕？

〔一〕論語。

〔二〕「書」舊作「智」，據魏徵羣書治要改。孟子云：「誦其詩，讀其書。」說文云：「讀，誦書也。」○俞樾曲園雜纂云：「詩牆有茨篇『不可讀也』，毛傳曰：『讀，抽也。』方言曰：『抽，讀也。』蓋『讀』與『抽』聲近而義通。『讀其智』即『抽其智』，謂士欲宣明其義，必先抽引其智也。治要作『必先讀其書』，此不達其義而臆改，不可從也。」○鐸按：或曰：此篇勉人以讀書爲學，故曰：「文之以禮、樂，導之以詩、書，讚之以周易，明之以春秋。」又云：「道成於學而藏於書。」又云：「索道於當世者，莫良於典。」又云：「修經之賢，德近於聖。」皆反復申明讀書之要，蓋士之書，猶工之器，故以「讀其書」與「利其器」對言。若使「抽其智」可以「宣義」，則是「賢人君子」皆可「抱質而行」，不假「自託於物」矣。俞說失之。

〔三〕大畜象詞。「志」王弼本作「識」。釋文云：「劉作『志』。」按周禮保章氏鄭康成注云：「志，古文『識』。」○鐸按：志氏姓篇引此「志」作「識」，「畜」作「蓄」。

〔四〕韓詩外傳二云：「玉不琢，不成器；人不學，不成行。家有千金之玉不知治，猶之貧也。良工宰之，則富及子孫。君子學之，則爲國用。」

〔五〕定四年左傳云：「分魯公以夏后氏之璜。」淮南子精神訓云：「有夏后氏之璜者，匣匱而藏之，寶之至也。」○鐸按：說文：「璜，半璧也。」

〔六〕韓非子和氏篇云：「楚人和氏得玉璞。文王使玉人理其璞而得寶焉，遂命曰和氏之璧。」○鐸按：爾雅釋器：「肉倍好謂之璧。」

〔七〕史記鄒陽傳云：「卞和獻寶。」○鐸按：治要無此句，蓋以意删之。治要引書，有删無增。

〔八〕說文云：「厝，厲石也。」經典多假借用「錯」。

〔九〕楚辭惜誓云「相與貴夫礫石」，王逸注：「小石爲礫。」○鐸按：蔡邕勸學：「寶玉不琢，不成璋珪。」即此意。

〔一〇〕哀十一年左傳云「胡簋之事」，杜注：「胡、簋，禮器名。夏曰胡，周曰簋。」按禮記明堂位云：「殷之六瑚，周之八簋。」○鐸按：「瑚」即「胡」之後出加旁字。

〔一一〕禮記月令云：「蠶事既登，分繭稱絲效功以共郊廟之服。」說文云：「繭，蠶衣也。絲，蠶所吐也。」

〔一二〕山海經海内經云：「義均是始爲巧，倕是始作下民百巧。」書堯典作「垂」。○鐸按：此經上文云：「北海之内，又有不距之山，巧倕葬其西。」

〔一三〕鹽鐵論殊路篇云：「孔子曰：『觚不觚，觚哉！觚哉！』故人事加則爲宗廟器。」淮南子說林訓云：「黼黻之美，在於杼軸。」羣書治要載尸子勸學篇云：「夫繭舍而不治，則腐蠹而棄。使女工繅之以爲美錦，大君服而朝之。」

〔一四〕「羞」舊作「著」，據治要改。隱三年左傳云：「可羞于王公，可薦于鬼神。」

〔一五〕大戴禮五帝德云：「長而敦敏。」

〔一六〕詩既醉云：「朋友攸攝。」常棣云：「每有良朋。」○鐸按：既醉毛傳以「攝佐」連言，經義述聞卷七王引之曰：「『攝』即『佐』也。」

〔一七〕漢書董仲舒傳云：「興太學，置明師，以養天下之士。」

〔一八〕論語。

〔一九〕治要「讚」上有「幽」字。王先生宗炎云：「『明』下有脱字，當與『幽讚』對。」○鐸按：上下皆五字句，作「幽讚」則句法參差矣。治要「幽」字蓋因易説卦「幽贊於神明而生蓍」句誤加，王説非是。

〔二〇〕「有」字舊脱，據治要補。程本作「不有」。晉語：「胥臣曰：『質將善而賢良贊之，則濟可竢。』」○鐸按：御覽六百七引作「有不」。

詩云：「題彼鶺鴒，載飛載鳴。我日斯邁，而月斯征。夙興夜寐，無忝爾所生〔一〕。」是以君子終日乾乾進德修業者〔二〕，非直爲博己而已也〔三〕，蓋乃思述祖考之令問，而以顯父母也〔四〕。

〔一〕小宛。「鶺鴒」今作「脊令」。○鐸按：此鄭樵所謂「飛禽安鳥」者是也。從詩作「脊令」爲正。

〔二〕易乾文言。

〔三〕淮南子精神訓高誘注：「『直』猶『但』也。」「博己」即論語言「博我」。○鐸按：「博」即上文「其智乃博」之「博」，與論語「博我」義別。

〔四〕孝經云：「立身行道，揚名于後世，以顯父母。」引大雅云：「無念爾祖，聿修厥德。」按毛傳云：「聿，述。」

孔子曰：「吾嘗終日不食，終夜不寢，以思，無益，不如學也。」「耕也，餒在其中；學也，祿在其中矣。君子憂道不憂貧〔一〕。」箕子陳六極〔二〕，國風歌北門〔三〕，故所謂不憂貧也〔四〕。豈好貧而弗之憂邪？蓋志有所專，昭其重也。是故君子之求豐厚也〔五〕，非爲嘉饌、美服、淫樂、聲色也〔六〕，乃將以底其道〔七〕而邁其德也〔八〕。

〔一〕論語。○鐸按：今本論語衛靈公篇「餒在其中」下有「矣」字。

〔二〕書洪範。

〔三〕詩衛風。○鐸按：邶風。凡後有引書顯誤者，徑改之，不復注明。

〔四〕○俞樾云：「箕子陳六極，國風歌北門，非不憂貧之謂。『故所謂不憂貧也』，當作『何故謂不憂貧也』。蓋承上文引孔子『君子憂道不憂貧』句而言。箕子陳六極，國風歌北門，古人未嘗不以貧爲憂，何故而言憂道不憂貧邪？乃反言以起下文。今作『故所謂』，則於義不可通矣。」○鐸按：或曰：如俞説，則兩句皆成疑問語，不免複沓。經傳釋詞卷四云：「『也』猶『者』也。」不煩改作。

〔五〕僖廿四年左傳云：「豐厚可也。」

〔六〕莊子至樂篇云：「所樂者，身安厚味、美服、好色、音聲也。」

〔七〕孫侍御志祖云：「『底』與『致』同。論語云：『君子學以致其道。』」○鐸按：論語皇疏云：「致，至也。」

〔八〕莊八年左傳：「夏書曰：『皋陶邁種德。』」○鐸按：「邁」即上引詩「我日斯邁」之「邁」，毛傳：「邁，行也。」「邁德」猶言「進德」。

夫道成於學而藏於書，學進於振而廢於窮〔一〕。是故董仲舒終身不問家事〔二〕，景君明經年不出户庭〔三〕，得銳精其學〔四〕而顯昭其業者，家富也；富佚若彼，而能勤精若此者〔五〕，材子也〔六〕。倪寬賣力於都巷〔七〕，匡衡自鬻於保徒者〔八〕，身貧也；貧阨若彼，而能進學若此者，秀士也〔九〕。當世學士〔一〇〕恆以萬計，而究塗者〔一一〕無數十焉，其故何也？其富者則以賄玷精，貧者則以乏易計，或以喪亂朞其年歲〔一二〕，此其所以逮初喪功而及其童蒙者也〔一三〕。是故無董、景之才，倪、匡之志，而欲强捐家出身曠日師門者〔一四〕，必無幾矣〔一五〕。夫此四子者，耳目聰明，忠信廉勇，未必無儔也〔一六〕，而及其成名立績〔一七〕，德音令問不已〔一八〕，而有所以然，夫何故哉〔一九〕？徒以其能自託於先聖之典經〔二〇〕，結心於夫子之遺訓也〔二一〕。

〔一〕王侍郎紹蘭云：「『振』當作『賑』。説文云：『賑，富也。』賑、窮對文。下文『家富也』、『身貧也』是其證。」○鐸按：或曰：王説大誤。下文明言景、匡「貧阨若彼而能進學若此」，又言「富者則以賄玷精」，則貧未必不能進學，而富反足以廢學矣。説文：「振，一云奮也。」文選甘泉賦注引薛君韓詩章句亦曰：「振，奮也。」禮記儒行「儒有博學而不窮」，注：「不窮，不止也。」淮南子原道訓「並應無窮」，注：「窮，已也。」振，謂奮發自勵，即下文所謂「勤精」；窮，謂惰弛自晝，即下文所謂「無倪、匡之志」。學進於振而廢於窮，猶韓愈進學解「業精於勤荒於嬉」耳。

〔二〕見漢書。凡史記、兩漢書有列傳者，云「見某書」。

〔三〕漢書：「京房，字君明。」賢難篇、考績篇並稱京房。景、京古通用。急就篇有景君明。○鐸按：賢難篇稱「先師京君」。漢人稱師爲君。

〔四〕方言後劉子駿與揚雄書云：「經年鋭精以成此書。」

〔五〕漢書董仲舒傳云：「蓋三年不窺園，其精如此。」呂氏春秋博志篇云：「蓋聞孔子、墨翟，書曰諷誦習業，夜親見文王、周公旦而問焉，用志如此其精也。」高誘注：「精，微密也。」○鐸按：淮南子修務訓高注：「精，專也。」

〔六〕文十八年左傳云：「有才子八人。」「才」與「材」通。

〔七〕「巷」當作「養」。漢書云：「倪寬詣博士受業，貧無資用，常爲弟子都養。」顏師古注：「都，凡衆也。養，主給烹炊者也。」一切經音義六引蔡邕勸學注云：「傭，賣力也。」○鐸按：宣十二年公羊傳：「厮役扈養。」何休注：「炊烹者曰養。」釋文：「養，餘亮反。」

〔八〕漢書云：「匡衡好學，家貧，庸作以供資用。」按欒布傳云：「窮困，賣庸于齊爲酒家保。」孟康注：「保，庸也。可保信，故謂之保。」○鐸按：孟子萬章下篇：「百里奚自鬻於秦養牲者。」說苑善說篇作「百里奚自𧶠」。鬻、𧶠古字通。廣雅釋詁三：「𧶠，賣也。」

〔九〕禮記王制云：「命鄉論秀士升之司徒。」

〔一〇〕漢書董仲舒傳云：「學士皆師尊之。」

〔一一〕爾雅釋言云：「究，窮也。」究塗，言非半塗而廢也。

〔一二〕「朞」疑「稽」之誤。後漢書列女傳：「樂羊子妻曰：『稽廢時日。』」○俞樾云：「『朞』與『綦』通。荀子王霸篇『目欲綦色，耳欲綦聲。』楊倞注曰：『綦，極也。』字亦通作『期』。議兵篇：『已朞三年，然後民可信也。』宥坐篇：『綦三年而百姓往矣。』兩篇文義正同，是『朞』與『期』通也。或以喪亂朞其年歲，言窮極其年歲也。」○鐸按：或曰：朞、期字同。

莊子寓言篇郭注：「期，待也。」以喪亂朞其年歲，言因喪亂而待其就學之歲月也。汪改「朞」爲「稽」，意尚不隔。如俞說，則是其人不復有究塗之時矣。殊未允。又按韓愈與馮宿論文書：「近李翺從僕學文，頗有所得，然其人家貧多事，未能卒其業。」此所謂「以乏易計」也。

〔一三〕「及」疑「反」之誤。荀子不苟篇云：「獨行而不舍則濟矣。濟而材盡，長遷而不反其初，則化矣。」楊倞注：「既濟則材性自盡。長遷而不反其初，謂中道不廢也。」王先生云：「『逮』疑『違』。」○鐸按：或謂「逮」疑「肄」之誤。然肄習於初不得省言「肄初」。王疑當作「違初」，蓋謂違其欲學之初衷，其說差近。「及」疑當作「終」。終，古文作「夂」，因誤爲「及」。大戴禮記本命篇：「女終日乎閨門之內。」今本「終」訛「及」。（俞樾羣經平議說）是其例矣。或「及」本爲「既」，俗音訛。既，終也。

〔一四〕鹽鐵論相刺篇云：「七十子之徒，去父母，捐室家，負荷而隨孔子。」漢書酷吏傳：「郅都曰：『已背親而出身，固當奉職。』」韓信傳云：「曠日持久。」後漢書桓榮傳：「顯宗報書云：『去家慕鄉，求謝師門。』」○鐸按：原文「家」、「身」二字互易，而注不誤，今改正。凡正文顯誤者，徑改之，不復注明。

〔一五〕「幾」讀爲「冀」。韓非子姦劫弒臣篇云：「負千鈞之重，陷於不測之淵，而求生也，必不幾矣。」○鐸按：爾雅釋詁：「幾，近也。」潛歎篇：「亦必不幾矣。」義同。本書「無」與「不」

多互文。又程本「必」上有「是」字。裴學海古書虛字集釋云：「是，則也。見爾雅。晉語：『若更君而周訓之，是易取也。』經傳釋詞訓『是』爲『則』。」

〔一六〕爾雅釋詁云：「仇，匹也。」「儔」爲「仇」之假借。○鐸按：「儔」有二音二義。說文：「儔，翳也。」讀大到切。玉篇、廣韻並云：「儔，侶也。」讀直流切或直由切。此文用「儔侶」之義，則不必定爲「仇」借。然唐以前，「儔侶」字皆作「疇」，無作「儔」者。（段玉裁說文注說）疑此本作「疇」，後人以「侶」義通行而改之。

〔一七〕韓非子功名篇云：「明君之所以立功成名者四。」爾雅釋詁云：「績，功也。」

〔一八〕詩南山有臺云：「德音不已。」文王云：「令聞不已。」釋文：「聞，音問。」漢北海淳于長夏承碑作「令問不已」。○鐸按：此書多以「問」爲「聞」，詳遏利篇注。

〔一九〕漢書賈誼傳云：「誼具道所以然之故。」

〔二〇〕禮記文王世子云：「凡始立學者，必釋奠於先聖先師。」漢書蔡義傳云：「竊以聞道於先師，自託於經術也。」後漢書胡廣傳云：「稽之典經。」

〔二一〕禮記祭義云：「結諸心。」周語云：「必聞於遺訓。」

是故造父疾趨，百步而廢，自〔一〕託乘輿〔二〕，坐致千里；水師泛軸〔三〕，解維則溺〔四〕，自託舟楫，坐濟江河。是故君子者，性非絕世，善自託於物也〔五〕。人之情性，未能相百，而其明智有相萬也。此非其真性之材也，必有假以致之也〔六〕。君子之性，未必盡照〔七〕，及學也，聰明無蔽，心智無滯，前紀帝王，顧定百世〔八〕。此則道之明也，而君子能假之以自彰爾。

〔一〕「自」舊作「而」，何本改作「使」，並誤。

〔二〕孟子云：「今乘輿已駕矣。」

〔三〕周語云「水師監濯」，韋昭注：「水師，掌水。」「軸」當作「舳」，謂舳艫也。説文云：「漢律名船方長爲舳艫。」王先生云：「軸，車軸，所以持輪者也。」〇俞樾云：「如此則舳即舟楫矣。『軸』仍當讀『車軸』之本字。蓋車軸不可以濟水，故一解其維，即沈溺也。」

〔四〕方言云：「維之謂之鼎。」郭注：「繫船爲維。」

〔五〕荀子勸學篇云：「假輿馬者，非利足也，而致千里。假舟檝者，非能水也，而絶江河。君子生非異也，善假於物也。」大戴禮勸學篇「生」作「性」。韓非子姦劫弑臣篇云：「託於犀車良馬之上，則可以陸犯阪阻之患。乘舟之安，持檝之利，則可以水絶江河之難。」此「託」字所本。

〔六〕韓詩外傳四云：「人同材鈞，而貴賤相萬者，盡心致志也。」説苑建本篇云：「質性同倫，而學問者智。」

〔七〕史記李斯傳云：「陛下富於春秋，未必盡通諸事。」徐廣曰：「『通』或宜作『照』。」

〔八〕荀子儒效篇云：「鄉也效門室之辨，混然曾不能決也。俄而原仁義，分是非，圖回天下於掌上而辨白黑，豈不愚而智矣哉！」不苟篇云：「君子審後王之道，而論於百王之前，若端拜而議。」

夫是故〔一〕道之於心也，猶火之於人目也〔二〕。中穽深室，幽黑無見，及設盛燭，則百物彰矣〔三〕。此則火之燿也，非目之光也，而目假之，則爲己明矣〔四〕。天地之道，神明之爲〔五〕，不可見也。學問聖典，心思道術〔六〕，則皆來覩矣。此則道之材也〔七〕，非心之明也，而人假之，則爲己知矣。

〔一〕○鐸按：御覽六百七引無「是故」二字。

〔二〕墨子經説下篇云：「智以目見，而目以火見。」

〔三〕禮記仲尼燕居云：「譬如終夜有求於幽室之中，非燭何見？」

〔四〕舊脱「己」字，依下文例補。

〔五〕易繫辭下傳云：「陰陽合德，而剛柔有體，以體天地之撰，以通神明之德。」

〔六〕荀子哀公篇：「孔子曰：『所謂士者，雖不能盡道術，必有率也。』」禮記鄉飲酒義云：「古之學術道者，將以得身也。」鄭注：「『術』猶『藝』也。」

〔七〕○鐸按：御覽脱「道之材也」四字。

是故索物於夜室者，莫良於火〔一〕；索道於當世者，莫良於典。典者，經也〔二〕。先聖之所制，先聖得道之精者以行其身，欲賢人自勉以入於道。故聖人之制經以遺後賢也〔三〕，譬猶巧倕之爲規矩準繩以遺後工也〔四〕。

〔一〕管子君臣上篇云：「猶夜有求而得火也。」

〔二〕太平御覽六百八引釋名云：「經，徑也；常典也。」

〔三〕漢書翼奉傳云：「臣聞之於師曰：天地設位，懸日月，布星辰，分陰陽，定四時，列五行，以視聖人，名之曰道。聖人見道，然後知王治之象，故畫州土，建君臣，立律曆，陳成敗，以視賢者，名之曰經。賢者見經，然後知人道之務，則詩、書、易、春秋、禮、樂是也。」

〔四〕事物紀原七引尸子云：「古者倕爲規矩準繩，使天下傚焉。」

昔倕之巧，目茂圓方〔一〕，心定平直，又造規繩矩墨以誨後人。試使奚仲、公班之徒〔二〕，釋此四度，而傚倕自制，必不能也〔三〕；凡工妄匠〔四〕，□規秉矩〔五〕，錯準引繩〔六〕，則巧同於倕也〔七〕。是故倕以其心來制規矩〔八〕，後工以規矩〔九〕往合倕心也，故度之工〔一〇〕，幾於倕矣〔一一〕。

〔一〕「茂」當作「成」。禮記仲尼燕居云「目巧之室」，鄭注：「目巧，謂但用巧目善意作室，不由法度。」韓非子有度篇云：「巧匠目意中繩。」皆「目成圓方」之意。○鐸按：作「成」是也。「成」亦「定」也。吕氏春秋仲冬紀「以待陰陽之所定」，淮南子天文訓「秋分而禾蕖定」，高誘注並曰：「定，成也。」周語下「聽無聳，成也」，晉語二「謀既成矣」，四「民無成君」，吴語「吴、晉争長未成」，韋昭注並曰：「成，定也。」皆成、定二字同義之證。本書明忠篇「治勢一成」，敍録作「一定」，則此爲互文明矣。

〔二〕定元年左傳云：「奚仲居薛以爲夏車正。」公班即禮記檀弓公輸般。○鐸按：世本作篇：「奚仲作車。」

〔三〕淮南子修務訓云：「無規矩，雖奚仲不能以定方圓；無準繩，雖魯般不能以定曲直。」

〔四〕○鐸按：「妄」亦「凡」也。漢書李廣傳張晏注：「『妄』猶『凡』也。」

〔五〕空格程本作「執」，蓋以意補之。他皆倣此。

〔六〕説文云：「措，置也。」經典多假借用「錯」。

〔七〕韓非子用人篇云：「去規矩而妄意度，奚仲不能成一輪。廢尺寸而差短長，王爾不能半中。抽匠守規矩尺寸，則萬不失矣。」

〔八〕舊脱「故」字、「其」字，依下文例補。

〔九〕以上五字舊脱，盧學士補。

〔一〇〕「度」上脱一字。王先生云：「疑脱『信』字。孟子云：『工不信度。』」○鐸按：邵孟遴校本臆補「循」字。

〔一一〕王先生云：「『幾』上疑脱『巧』字。」

先聖之智，心達神明，性直道德，又造經典〔一〕以遺後人。試使賢人君子，釋於學問，抱質而行〔二〕，必弗具也；及使從師就學，按經而行〔三〕，聰達之明，德義之理，亦庶矣。是故聖人以其心來造經典〔四〕，後人以經典〔五〕往合聖心也〔六〕，故修經之賢〔七〕，德近於聖矣。

〔一〕漢書孫寶傳云：「著於經典。」

〔二〕淮南子繆稱訓云：「懷清抱質。」

〔三〕後漢書班彪後固傳東都賦云：「案六經而校德。」李固傳云：「俯案經典。」「按」與「案」通，依也。

〔四〕「造」程本作「就」。

〔五〕以上五字盧補。

〔六〕舊脱「也」字，依上文例補。

〔七〕漢書儒林傳序云：「諸儒始得修其經學。」

詩云：「高山仰止，景行行止〔一〕。」「日就月將，學有緝熙於光明〔二〕。」是故凡欲顯勳績揚光烈者〔三〕，莫良於學矣。

〔一〕車舝。

〔二〕敬之。○鐸按：淮南子修務訓云：「知人無務，不若愚而好學。自人君公卿至於庶人，不自彊而功成者，天下未之有也。」此詩高誘注：「詩頌敬之篇。言日有所成就，月有所奉行，當學之是行。此勉學之謂也。」

〔三〕書立政云：「以覲文王之耿光，以揚武王之大烈。」漢書外戚傳班倢伃賦云：「揚光烈之翕赫兮。」

務本〔一〕第二

凡爲治之大體〔二〕，莫善於抑末而務本，莫不善於離本而飾末〔三〕。夫爲國者以富民爲本〔四〕，以正學爲□〔五〕。民富乃可教〔六〕，學正乃得義，民貧則背善〔七〕，學淫則詐僞〔八〕，入學則不亂〔九〕，得義則忠孝。故明君之法，務此二者，以爲成太平之基，致休徵之祥〔一〇〕。

〔一〕○鐸按：古以農爲本，商爲末。文選永明十一年策秀才文注引漢書詔曰：「農，天下之大本也。而人或不務本而事末，故生不遂。」李奇曰：「本，農也；末，賈也。」推言之，則凡事皆有本末。此篇極陳漢世離本飾末之弊，與遏利、浮侈諸篇相表裏，又與鹽鐵論本議篇旨意同，可參看。

〔二〕「治」舊作「人」，據治要改。北堂書鈔三十九引亦作「治」。韓非子有大體篇。漢書鼂錯傳云：「明於國家之大體。」

〔三〕呂氏春秋孝行覽云：「凡爲天下治國家，必務本而後末。」

〔四〕管子治國篇云：「凡治國之道，必先富民。民富則易治也，民貧則難治也。」

〔五〕禮記學記云：「古之王者，建國君民，教學爲先。」史記儒林傳：「轅固曰：『公孫子務正學以言，無曲學以阿世。』」空格程本作「基」。○鐸按：書鈔三十九引作「基」。

〔六〕論語：「冉有曰：『既富矣，又何加焉？』子曰：『教之。』」説苑建本篇：「河間獻王曰：『管子稱倉廩實，知禮節；衣食足，知榮辱。夫穀者，國家所以昌熾，士女所以姣好，禮義所以行，而人心所以安也。尚書五福，以富爲始。子貢問爲政，孔子曰：富之，即富乃教之也。此治國之本也。』」漢書食貨志云：「食足貨通，然後國實民富而教化成。」

〔七〕鄧析子無厚篇云：「凡民有穿窬爲盜者，有詐僞相迷者，此皆生於不足，起於貧窮。」

〔八〕呂氏春秋知度篇云：「至治之世，其民不好淫學流説。」高誘注：「不學正道爲淫學。」

〔九〕○俞樾云：「上云『民富乃可教，學正乃得義』。此承上文而言，當作『可教則不亂』。古『學』字作『斆』，故教、學字相近易誤。『教』誤作『學』，因臆改作『入學』耳。」○鐸按：句自可通，不煩改作。

〔一〇〕禮記仲尼燕居云：「天下太平。」書洪範曰：「休徵。」漢書董仲舒傳云：「諸福之物，可致之祥，莫不畢至。」楚元王傳劉向封事云：「百異消滅，而衆祥並至，太平之基，萬世之利也。」藝文類聚五十二引此文「祥」作「隆」。

夫富民者，以農桑爲本，以游業爲末〔一〕；百工者，以致用爲本〔二〕，以巧飾爲末〔三〕；商賈者，以通貨爲本〔四〕，以鬻奇爲末〔五〕：三者守本離末則民富，離本守末則民貧，貧則阨而忘善，富則樂而可教。教訓者，以道義爲本，以巧辯爲末；辭語者，以信順爲本，以詭麗爲末〔六〕；列士者〔七〕，以孝悌爲本〔八〕，以交遊爲末〔九〕；孝悌者，以致養爲本〔一〇〕，以華觀爲末〔一一〕；人臣者，以忠正爲本〔一二〕，以媚愛爲末〔一三〕：五者守本離末則仁義興，離本守末則道德崩〔一四〕。慎本略末猶可也，舍本務末則惡矣。

〔一〕管子五輔篇云：「明王之務，在於强本事，去無用，然後民可使富。」治國篇云：「先王知衆民强兵廣地富國之必生於粟也，故禁末作，止奇巧，而利農事。」牧民篇云：「務五穀則食足，養桑麻育六畜則民富。」漢書文帝紀二年詔曰：「農，天下之大本也，民所恃以生也。而民或不務本而事末，故生不遂。」昭帝紀元平元年詔曰：「天下以農桑爲本。」

〔二〕易繫辭上傳云：「備物致用，立成器以爲天下利。」

〔三〕周禮司市：「凡市僞飾之禁，在工者十有二。」胥師「察其詐僞飾行儥慝者」，鄭注：「玄謂飾行儥慝，謂使人行賣惡物於市，巧飾之，令欺誑買者。」禮記月令云「毋或作爲淫巧」，鄭注：「淫巧，謂僞飾不如法也。」

〔四〕周禮太宰：「九職任萬民，六曰商賈，阜通貨賄。」

〔五〕類聚「貨」作「乏」，「奇」作「貨」。按漢書食貨志云：「通財鬻貨曰商。」

〔六〕漢書揚雄傳云：「諸子各以其知舛馳，大氐詆訾聖人，即爲怪迂、析辯、詭辭以撓世事，雖小辯，終破大道而或衆。」王褒傳云：「辭賦大者與古詩同義，小者辯麗可喜。」

〔七〕荀子大略篇云：「子贛、季路，故鄙人也，被文學，服禮義，爲天下列士。」風俗通論士云：「列士百不易之分。」見意林。

〔八〕論語云：「子貢問士，子曰：『宗族稱孝焉，鄉黨稱弟焉。』」

〔九〕禮記曲禮云：「交遊稱其信也。」

〔一〇〕禮記祭義：「曾子曰：『衆之本教曰孝，其行曰養。』」

〔一一〕孟子云：「非直爲觀美也。」○鐸按：浮侈篇：「競爲華觀。」

〔一二〕六韜盈虛篇云：「吏忠正奉法者，尊其位。」淮南子主術訓云：「人主貴正而尚忠。忠正在上位，執正營事，則讒佞姦邪無由進矣。」

〔一三〕晉語云：「其臣競諂以求媚。」詩假樂云「媚於天子」，鄭箋：「媚，愛也。」

〔一四〕興、崩韻。

夫用天之道，分地之利〔一〕，六畜生於時，百物聚於野，此富國之本也〔二〕。游業末事，以收民利〔三〕，此貧邦之原也〔四〕。忠信謹慎，此德義之基也。虛無譎詭，此亂道之根也。故力田所以富國也〔五〕。今民去農桑，赴游業，披采衆利，聚之一門，雖於私家有富，然公計愈貧矣〔六〕。百工者，所使備器也〔七〕。器以便事爲善〔八〕，以膠固爲上〔九〕。今工好造彫琢之器〔一〇〕，巧僞飭之，以欺民取賄〔一一〕，雖於姦工有利，而國界愈病矣。商賈者，所以通物也〔一二〕，物以任用爲要，以堅牢爲資〔一三〕。今商競鬻無用之貨〔一四〕、淫侈之幣〔一五〕，以惑民取產，雖於淫商有得，然國計愈失矣〔一六〕。此三者，外雖有勤力富家之私名〔一七〕，然內有損民貧國之公實〔一八〕。故爲政者，明督工商，勿使淫僞，困辱游業，勿使擅利〔一九〕，寬假本農，而寵遂學士〔二〇〕，則民富而國平矣。

〔一〕孝經。

〔二〕管子立政篇云：「桑麻殖於野，五穀宜其地，六畜育於家，瓜瓠、葷菜、百果備具，國之富也。」

〔三〕昭廿六年左傳云：「大夫不收公利。」後漢書朱暉傳云：「往來市珍寶，收采其利。」

〔四〕兩「也」字並據治要補。

〔五〕漢書文帝紀十二年詔曰：「力田，爲生之本也。」

〔六〕管子治國篇云：「民舍本事而事末作，則田荒而國貧矣。」禁藏篇云：「民多私利者其國貧。」○鐸按：荀子富國篇：「是知國計之極也。」「公計」與「國計」義同。漢書黄霸傳注：「計，謂出入之數也。」

〔七〕考工記云：「審曲面埶，以飭五材，以辨民器，謂之百工。」

〔八〕鹽鐵論國病篇云：「器足以便事。」

〔九〕爾雅釋詁云：「膠，固也。」

〔一〇〕漢書王吉傳云：「古者，工不造琱瑑，商不通侈靡。」「彫瑑」義與「琱瑑」同。淮南子齊俗訓云：「車輿極於雕琢，器用逐於刻鏤。」

〔一一〕漢書禮樂志云：「桑間、濮上、鄭、衛、宋、趙之聲並出，巧僞因而飾之，以營亂富貴之耳目。庶人以求利，列國以相間。」「巧僞飭之」治要作「僞飾之巧」，其義亦通，見上「以巧飾爲末」句注。○鐸按：飭、飾古字通。禮記樂記：「復亂以飭歸。」史記樂書「飭」作「飾」。

〔一二〕以上二十字舊脱，據治要補。「界」當依上下文作「計」。計、界聲相近。漢書地理志琅邪郡計斤，顔師古注：「即春秋左氏傳所謂介根也，語音有輕重。」此其比也。白虎通商賈篇云：「『商』之爲言『商』也；商其遠近，度其有亡，通四方之物，故謂之『商』也。『賈』之爲言『固』也；固其有用之物，以待民來，以求其利者也。」

〔一三〕禮記月令云：「命工師效功，必功致爲上。」淮南子時則訓作「堅致爲上」，高誘注：「堅致，功牢也。」鹽鐵論力耕篇云：「工致牢而不僞。」

〔一四〕尚書大傳云：「聖人在位，其商不通無用之物。」

〔一五〕「淫」下舊有「極」字，即「淫」之駁文，據治要删。

〔一六〕後漢書桓譚傳注引東觀漢記載譚言云：「賈人多通侈靡之物，羅紈綺繡，雜綵玩好，以淫人耳目，而竭盡其財，是爲下樹奢媒，而置貧本也。求人之儉約富足，何可得乎？」齊策云：「爲國計者過矣。」高誘注：「過，誤失也。」

〔一七〕漢書高帝紀云：「不能治産業，不如仲力。」服虔曰：「力，勤力也。」疏廣傳云：「令子孫勤力其中。」易家人六四：「富家大吉。」○鐸按：勤力、富家、損民、貧國相對，則「力」爲名詞。説文云：「治功曰力。」

〔一八〕「實」治要作「費」。○鐸按：名、實相對，作「實」是。勸將篇「上不聞弔唁嗟歎之榮名，下又無祿賞之厚實」，其例也。

〔一九〕史記平準書云：「高祖令賈人不得衣絲乘車，重租稅以困辱之。」

〔二〇〕晉語云：「通商寬農。」漢書翟方進傳云：「可少寬假，使遂其功名。」此以寬假、寵遂連言，蓋即本於彼。○鐸按：楚語注：「寵，榮也。」禮記緇衣注：「『遂』猶『達』也。」寵遂，謂使之榮達耳。

夫教訓者，所以遂道術而崇德義也。今學問之士，好語虛無之事〔一〕，爭著彫麗之文〔二〕，以求見異於世，品人鮮識〔三〕，從而高之〔四〕，此傷道德之實，而或矇夫之大者也〔五〕。詩賦者，所以頌善醜之德〔六〕，洩哀樂之情也，故溫雅以廣文〔七〕，興喻以盡意〔八〕。今賦頌之徒，苟爲饒辯屈蹇之辭〔九〕，競陳誣罔無然之事，以索見怪於世，愚夫戇士〔一〇〕，從而奇之，此悖孩童之思〔一一〕，而長不誠之言者也〔一二〕。盡孝悌於父母，正操行於閨門〔一三〕，所以爲列士也〔一四〕。今多務交游以結黨助，偷世竊名〔一五〕以取濟渡〔一六〕，夸末之徒，從而尚之，此逼貞士之節〔一七〕，而眩世俗之心者也〔一八〕。養生順志，所以爲孝也〔一九〕。今多違志儉養，約生以待終〔二〇〕，終没之後，乃崇飭喪紀以言孝〔二一〕，盛饗賓旅以求名〔二二〕，誣善之徒〔二三〕，從而稱之，此亂孝悌之真行，而誤後生之痛者也〔二四〕。忠正以事君，信法以理下，所以居官也〔二五〕。今多姦諛以取媚〔二六〕，撓法以便佞〔二七〕，苟得之徒〔二八〕，從而賢之，此滅貞良之行〔二九〕，而〔三〇〕開亂危之原者也〔三一〕：五者，外雖有振〔三二〕賢才之虛譽〔三三〕，內有傷道德之至實。

〔一〕漢書揚雄傳贊：「桓譚曰：『昔老聃著虛無之言兩篇，薄仁義，非禮學，然後世好之者，尚以爲過於五經。』」

〔二〕後漢書樊宏後準傳云：「儒者競論浮麗。」

〔三〕「品人」猶言「衆人」。晏子春秋外篇云：「今品人飾禮煩事，羨樂淫民，崇死以害生：三者，聖王之所禁也。」〇鐸按：説文：「品，衆庶也。」

〔四〕〇鐸按：「高」治要作「尚」，複下文。

〔五〕論衡量知篇云：「人未學問曰矇。」「或」與「惑」通，程本作「惑」。〇鐸按：潛歎篇「或君則不然」，亦以「或」爲「惑」。

〔六〕周禮太師鄭注：「『頌』之爲言『誦』也，『容』也。」

〔七〕漢書揚雄傳云：「司馬相如作賦，甚弘麗温雅。」

〔八〕周禮太師注：「興，見今之美，嫌於媚諛，取善事以喻勸之。」

〔九〕「饒」疑「撓」之誤。淮南子齊俗訓云：「詆文者處煩撓以爲慧，爭爲佹辯，久稽而不訣。」

〇鐸按：「饒」當作「譊」。衆經音義二十引倉頡篇：「譊，訟聲也。」「譊辯」二字平列。「屈蹇」猶「蹇吃」，並雙聲。一切經音義引通俗文：「言不通利，謂之蹇吃。」

〔一〇〕説文云：「戇，愚也。」淮南子氾論訓云「愚夫惷婦」，高誘注：「『惷』亦『愚』，無知之貌也。」「惷」與「戇」通。

〔一一〕説文云：「誖，亂也。」或從心作「悖」。孟子云：「孩提之童。」

〔一二〕韓非子難二云：「言語辨聽之説不度於義者，必不誠之言也。」史記高祖紀云：「人乃以嫗爲不誠。」

〔一三〕「盡」舊作「内」，據治要改。鹽鐵論孝養篇云：「閨門之内盡孝焉，閨門之外盡悌焉。」

〔一四〕舊脱「爲」字，「列」作「烈」，據治要補、改。〇鐸按：烈、列古或通用，韓策二：「乃其姊者亦列女也。」史記刺客傳作「烈」。不改亦得。

〔一五〕「世」治要作「勢」。按管子牧民篇云：「偷取一世。」韓非子詭使篇云：「巧言利辭，行姦軌以倖偷世者數御。」「世」字似不誤。〇鐸按：治要作「勢」，誤。勢、世聲近多相亂，韓非子孤憤篇「處勢卑賤」，乾道本「勢」作「世」；鹽鐵論論儒篇「無勢位，舜、禹不能治萬民」，一本「勢」作「世」，是其例。

〔一六〕「濟渡」以涉水爲喻。詩匏有苦葉毛傳：「舟子，舟人，主濟渡。」

〔一七〕漢書匈奴傳贊云：「城郭之固，無以異於貞士之約。」王先生云：「『逼』疑『違』。」

〔一八〕「眩」舊作「衒」，據治要改。淮南子原道訓高誘注：「眩，惑也。」

〔一九〕禮記内則：「曾子曰：『孝子之養老也，樂其心，不違其志，樂其耳目，安其寢處，以其飲食忠養之。』」孟子云：「曾子養曾晳，必有酒肉，將徹，必請所與，問有餘，必曰有。若曾子則可謂養志也。」

〔二〇〕韓詩外傳一：「曾子曰：『窘其身而約其親者，不可與語孝。』」

〔二一〕禮記月令云：「飭喪紀。」文王世子鄭注：「『紀』猶『事』也。」

〔二二〕晉語云「禮賓旅」，韋昭注：「旅，客也。」

〔二三〕○鐸按：易繫辭下傳：「誣善之人其辭游。」

〔二四〕鹽鐵論散不足篇云：「古者事生盡愛，送死盡哀，故聖人爲制節，非虚加之。今生不能致其愛敬，死以奢侈相高，雖無哀戚之心，而厚葬重幣者則稱以爲孝，顯名立於世，光榮著於俗。故黎民相慕效，至於發屋賣業。」羣書治要載崔寔政論云：「送終之家，亦無法度，至用檽梓黄腸，多埋寶貨，烹牛作倡，高墳大寢。是可忍也，孰不可忍？而俗人多之，咸曰健子，天下企慕，恥不相逮。念親將終，無以奉遣，乃約其供養，豫修亡歿之備，老親之飢寒，以事淫佚之華稱。竭家盡業，甘心而不恨。」後漢書趙咨傳云：「廢事生而榮終亡，替所養而爲厚葬，豈云聖人制禮之意乎？」意與此同。

〔二五〕魯語：「臧文仲曰：『居官者當事不避難。』」

〔二六〕昭七年左傳云：「從政有所反之，以取媚也。」

〔二七〕漢書酷吏甯成傳云：「所愛者撓法活之，所憎者曲法滅之。」論語云：「友便佞。」治要作「玩法以便己」。

〔二八〕舊脱「徒」字。淮南子人間訓云：「忠臣事君也，計功而受賞，不爲苟得。」繆稱訓云：「小人之從事也曰苟得，君子曰苟義。」○鐸按：「徒」與「從」隸書形近而脱。北京圖書館藏黄丕烈士禮居舊藏明刊本正作「苟得之徒，從而賢之」。

〔二九〕史記秦始皇紀琅邪臺刻石辭云：「姦邪不容，皆務貞良。」

〔三〇〕「而」字舊脱。

〔三一〕舊脱「者」字，據治要補。

〔三二〕「振」與「震」同。

〔三三〕管子明法解云：「羣臣以虚譽進其黨。」

凡此八者，皆衰世之務，而闇君之所固也〔一〕。雖未即於篡弒〔二〕，然亦亂道之漸來也。

〔一〕荀子王霸篇云：「闇君必將急逐樂而緩治國。」孔安國論語注：「固，蔽也。」

〔二〕○鐸按：宣元年公羊傳注：「即，近也。」

夫本末消息之争〔一〕，皆在於君，非下民之所能移也。夫民固隨君之好〔二〕，從利以生者也〔三〕。是故務本則雖虛僞之人皆歸本，居末則雖篤敬之人〔四〕皆就末。且凍餒之所在，民不得不去也；温飽之所在，民不得不居也〔五〕。故衰闇之世，本末之人，未必賢不肖也〔六〕，禍福之所〔七〕，勢不得無然爾。故明君蒞國〔八〕，必崇本抑末〔九〕，以遏亂危之萌。此誠治之危漸〔一〇〕，不可不察也。

〔一〕易豐彖曰：「與時消息。」「争」疑「事」。○鐸按：「争」猶「辨」。襄二十九年左傳：「辯而不德。」杜注：「『辯』猶『争』也。」「辯」與「辨」同。

〔二〕管子法法篇云：「凡民從上也，不從口之所言，從情之所好者也。」○鐸按：韓非子二柄篇：「越王好勇，而民多輕死。楚靈王好細腰，而國中多餓人。」外儲説左上篇：「齊桓公好服紫，一國盡服紫。」是其事。

〔三〕商子君臣篇云：「臣聞道民之門，在上所先。故民可令農戰，可令游宦，可令學問，在上所與。上以功勞與則民戰，上以詩、書與則民學問。民之於利也，若水於下也，四旁無擇也。民徒可以得利而爲之者。」此下舊有「故君子曰」一段，凡二百卅七字，今考定入遏利篇。

〔四〕論語云：「行篤敬。」

〔五〕論語云：「富與貴，是人之所欲也；不以其道得之，不處也。貧與賤，是人之所惡也；不以其道得之，不去也。」鹽鐵論褒賢篇、論衡問孔篇、刺孟篇、高誘注呂氏春秋有度篇、後漢書陳蕃傳「處」並作「居」。漢書敘傳幽通賦云：「物有欲而不居兮，亦有惡而不避。」用論語文。抱朴子博喻篇亦云：「不以其道，則富貴不足居。」

〔六〕○俞樾云：「『人』字乃『失』字之誤，『賢』字乃『皆』字之誤。言衰闇之世，本末之所以失者，未必皆不肖之故，乃爲禍福所迫，不得不然也。」○鐸按：如俞改，則與上文不相應。不可從。

〔七〕「所」下有脱字。

〔八〕晏子春秋諫下云：「莅國子民。」

〔九〕鹽鐵論本議篇云：「王者崇本退末。」

〔一〇〕「治之危漸」當作「治亂之漸」。危、亂字形相近，又誤倒「之」字於上也。○鐸按：汪説近是。邵本改作「爲治之漸」，不成語。

遏利〔一〕第三

世人之論也，靡不貴廉讓而賤財利焉，及其行也，多釋廉甘利。之於人〔二〕徒知彼之可以利我也，而不知我之得彼，亦將爲利人也〔三〕。知脂蠟之可明鐙也〔四〕，而不知其甚多則冥之。知利之可娛己也，不知其稱而必有也〔五〕。前人以病，後人以競〔六〕，庶民之愚而衰闇之至也〔七〕。予故嘆曰：何不察也？願鑒于道，勿鑒于水〔八〕。象以齒焚身，蚌以珠剖體〔九〕；匹夫無辜，懷璧其罪〔一〇〕。嗚呼問哉〔一一〕！無德而富貴者，固可豫弔也〔一二〕。

〔一〕○鐸按：廣雅釋詁：「遏，止也。」此篇論世人當明義利之辨，并歷舉前代好利而亡，好義而彰者以證之，故以「遏利」名篇。

〔二〕文有脱誤。王先生云：「疑是『多釋廉而甘利』。釋、舍通。『之於』字衍，『人』字屬下句。」

〔三〕「利人」疑倒。宣十四年左傳：「晏桓子曰：『貪必謀人。謀人，人亦謀己。』」

〔四〕説文云：「鐙，錠也。」徐鉉曰：「錠中置燭，故謂之鐙。」鐙、燈正俗字。

〔五〕文有脱誤。疑當作「不知其積而必有禍也」。襄廿八年左傳：「晏子曰：『利過則爲敗。』」昭十年傳：「晏子謂桓子曰：『蘊利生孽。』」皆此意也。

〔六〕僖七年左傳云：「諺有之曰：『心則不競，何憚於病？』」此用其文。楚辭離騷云：「衆皆競進而貪婪兮。」○鐸按：説文：「競，逐也。」此文當取競逐之訓。

〔七〕春秋繁露云：「民之皆趨利而不趨義也，固其所闇也。」

〔八〕吴語：「申胥云：『王其盍亦鑒於人，無鑒於水！』」〇鐸按：書酒誥：「古人有言曰：『人無于水監，當于民監。』」史記蔡澤傳：「鑒於水者，見面之容；鑒於人者，知吉與凶。」古諺相傳語異。

〔九〕襄廿四年左傳云：「象有齒以焚其身，賄也。」淮南子説林訓云：「蚘、象之病，人之寶也。」高誘注：「蚘，大蛤，中有珠；象牙還以自疾，故人得以爲寶。」本經訓云「擿蚌蜃」，高注：「『擿』猶『開』也，開以求珠也。」

〔一〇〕桓十年左傳。「辜」今作「罪」。

〔一一〕「問」疑「聞」。〇鐸按：「問」當作「聞」。古字「聞」與「問」通，論語公冶長篇：「聞一知十。」「聞」本或作「問」；禮記檀弓上篇：「問喪於夫子乎？」「問」本亦作「聞」：俱見經典釋文。「聞哉」者，呼而欲人聞之，猶欲人勿忘而言「識之哉」耳。此書「令聞」字多作「問」（本篇及讚學篇是），寫者因以意改之。若作「闇」，則與上文「愚而衰闇之至」相複。

〔一二〕「貴者」二字舊空，據程本補。漢書景十三王傳贊云：「亡德而富貴，謂之不幸。」〇鐸按：古謂「死」爲「不幸」，故曰「可豫弔」。

且夫利物莫不天之財也〔一〕。天之制此財也，猶國君之有府庫也。賦賞奪與，各有衆寡，民豈得强取多哉？故人有無德而富貴，是凶民之竊官位盜府庫者也，終必覺，覺必誅矣。盜人必誅，況乃盜天乎？得無受禍焉〔二〕？鄧通死無簪〔三〕，勝、跪伐其身〔四〕。是故天子不能違天富無功，諸侯不能違帝厚私勸〔五〕。非違帝也，非違天也。帝以天爲制，天以民爲心，民之所欲，天必從之〔六〕。是故無功庸於民而求盈者，未嘗不力顛也〔七〕；有勳德於民而謙損者，未嘗不光榮也〔八〕。自古於今，上以天子，下至庶人〔九〕，蔑有好利而不亡者，好義而不彰者也〔一〇〕。

〔一〕「莫不」猶言「莫非」。周語：「芮良夫曰：『夫利，百物之所生也，天地之所載也。』」

〔二〕漢書朱博傳云：「得無不宜？」顏師古注：「『得無』猶言『無乃』也。」〇鐸按：忠貴篇：「夫竊人之財，猶謂之盜，況偷天官以私己乎？以罪犯人，必加誅罰，況乃犯天，得無咎乎？」與此同爲左氏舊說。

〔三〕見史記佞幸傳。

〔四〕「跪」當作「詭」，公孫詭、羊勝見史記梁孝王世家。王先生云：「『伐』疑『戕』。」〇鐸按：公孫詭、羊勝事，亦見漢書文三王傳。廣雅釋詁一：「伐，殺也。」義自可通。

〔五〕王先生云：「『私勸』疑是『私歡』。」〇鐸按：昭九年左傳注、漢書王莽傳注引「歡」並作「勸」。彼可謂之假借，此則字訛。

〔六〕襄卅一年左傳：「太誓云：『民之所欲，天必從之。』」

〔七〕周禮司勳：「國功曰功，民功曰庸。」晉語：「穆子曰：『無功庸者不敢居高位。』」王先生云：「『力』當作『立』。周語：『高位實疾顛。』『疾顛』即『立顛』也。」繼培按：「力」蓋「危」字之壞。管子宙合篇云：「高爲其居，危顛莫之救。」淮南子人間訓云：「天下有三危：少德而多寵，一危也；才下而位高，二危也；身無大功而受厚禄，三危也。」吕氏春秋務大篇云：「嘗試觀於上志，三王之佐，其名無不榮者，其實無不安者，功大故也。俗主之佐，其欲名實也與三王之佐同，其名無不辱者，其實無不危者，無功故也。」○鐸按：立、力俗音訛，王説近是。

〔八〕韓詩外傳八：「孔子曰：『天道虧盈而益謙，地道變盈而流謙，鬼神害盈而福謙，人道惡盈而好謙。謙者，抑事而損者也。持盈之道，抑而損之。』」又云：「德行寬容而守之以恭者榮。」

〔九〕「至」舊作「止」，據程本改。禮記大學云：「自天子以至於庶人。」

〔一〇〕荀子榮辱篇云：「先義而後利者榮，先利而後義者辱。」

昔周厲王好專利〔一〕，芮良夫諫而不入，退賦桑柔之詩以諷〔二〕，言是大風也，必將有隧〔三〕；是貪民也，必將敗其類。王又不悟，故遂流死於彘〔四〕。虞公屢求以失其國〔五〕，公叔戍崇賄以爲罪〔六〕，桓魋不節飲食以見弒〔七〕。此皆以貨自亡，用財自滅〔八〕。楚鬭子文三爲令尹，而有飢色，妻子凍餒，朝不及夕〔九〕；季文子相四君，馬不餼粟，妾不衣帛〔一〇〕；子罕歸玉〔一一〕；晏子歸宅〔一二〕。此皆能棄利約身〔一三〕，故無怨於人〔一四〕，世厚天禄〔一五〕，令問不止〔一六〕。伯夷、叔齊餓於首陽〔一七〕，白駒〔一八〕、介推〔一九〕遯逃於山谷，顏、原、公析〔二〇〕困饉於郊野，守志篤固〔二一〕，秉節不虧，寵禄不能固，威勢不能移〔二二〕，雖有南面之尊〔二三〕，公侯之位，德義有殆，禮義不班〔二四〕，撓志如芷，負心若芬〔二五〕，固弗爲也。是故雖有四海之主弗能與之方名，列國之君不能與之鈞重〔二六〕；守志於□〔二七〕廬之内，而義溢乎九州之外，信立於千載之上，而名傳乎百世之際〔二八〕。

〔一〕見周語。

〔二〕毛傳序云：「桑柔，芮伯刺厲王也。」

〔三〕「隧」舊作「遂」。按：班禄篇作「隧」，與今詩同。○鐸按：初學記一引詩亦作「遂」。馬瑞辰毛詩傳箋通釋云：「『遂』即『隧』之省借。」

〔四〕周語。

〔五〕桓十年左傳。

〔六〕定十三年左傳。

〔七〕哀十四年左傳云：「宋桓魋之寵害於公，公使夫人驟請享焉，而將討之。」「弒」當爲「討」。王先生云：「公羊昭廿五年傳：『昭公謂子家駒曰：季氏爲無道，僭於公室久矣。吾欲弑之何如？』」是上殺下亦可謂之『弑』也。」

〔八〕老子云：「多藏必厚亡。」楚語云：「積貨滋多，蓄怨滋厚，不亡何待？」○鐸按：以、用互文。史記貨殖列傳：「以末致財，用本守之；以武一切，用文持之。」是其例。

〔九〕「子文」舊作「文子」。楚語云：「鬭子文三舍令尹，無一日之積。」楚策：「莫敖子華曰：『令尹子文，朝不謀夕。』」

〔一〇〕成十六年左傳云：「季孫於魯，相二君矣，妾不衣帛，馬不食粟。」杜注：「二君，宣、成。」襄五年「季孫行父卒」，傳云：「季文子之忠於公室也，相三君矣，而無私積。」疏云：「行父以文六年見經，則爲卿久矣。宣八年仲遂卒後，始文子得政，故至今爲相三君也。」此云「四君」，蓋并文公數之。○鐸按：此疑本作「三君」。古三、四字皆積畫，故多相亂。昭三年左傳：「陳氏三量。」晏子春秋問下篇同，外篇誤作「四量」，是其例。

〔一一〕襄十五年左傳。

〔一二〕昭三年左傳。按：「宅」與夕、帛韻。○鐸按：此三字在鐸部，與德部之「色」亦可合韻。班固竇將軍北征頌落（鐸部）、服（德部）叶，是其例。

〔一三〕老子云：「絶巧棄利。」吴語云：「身自約也。」漢書王莽傳云：「克身自約。」論語云「克己復禮爲仁」，馬融注：「克己，約身也。」皇侃疏云：「言能自約儉己身。」

〔一四〕禮記中庸云：「正己而不求於人，則無怨。」鄭注：「無怨，人無怨之者也。」論語云：「放於利而行，多怨。」

〔一五〕論語云：「天禄永終。」

〔一六〕「止」疑「亡」。○鐸按：周語中：「令聞不忘。」韋注：「言德及後代也。」問、聞，亡、忘並古字通用。或曰：即詩「令聞不已」。

〔一七〕論語。

〔一八〕詩小雅。

〔一九〕僖廿四年左傳。

〔二〇〕顔回、原憲、公析哀也。史記游俠傳云：「季次、原憲，讀書懷獨行君子之德，義不苟合當世，終身空室蓬户，褐衣，疏食不厭，死而已。」季次，哀字也。

〔二一〕爾雅釋詁云：「篤，固也。」○鐸按：「篤固」見交際篇。

〔二二〕孟子云：「富貴不能淫，貧賤不能移，威武不能屈。」「固」疑「回」之誤，「回」猶「移」也，昭卅一年左傳云：「不爲利回。」逸周書官人解云：「深導以利，而心不移。」或云：「固」讀爲「蠱文夫人」之「蠱」，惑也。○鐸按：作「回」是也。「回」字蓋涉上「固」字而誤。

〔二三〕易説卦傳云：「聖人南面而聽天下。」

〔二四〕「班」與「辨」通。孟子云：「萬鍾則不辨禮義而受之。」

〔二五〕「負」當是「熏」。易艮九三「厲熏心」，馬融注：「熏灼其心。」漢書路温舒傳云：「虚美熏心。」按「熏」說文作「㷡」。㷡、負字形相近。○鐸按：「負心」與「撓志」相對。撓，曲也。負，背也。兩句即「撓如芷之志，負若芬之心」，倒之以使「殆」與「芷」、「班」與「芬」叶韻耳。篆書「熏」字與「負」形遠，汪說失之。

〔二六〕荀子儒效篇云：「彼大儒者，雖隱於窮閻漏室，無置錐之地，而王公不能與之争名。」禮記投壺鄭注：「『鈞』猶『等』也。」

〔二七〕空格程本作「一」。○鐸按：程本是也，當據補。

〔二八〕孟子云：「奮乎百世之上。百世之下，聞者莫不興起也。」

故君子曰〔一〕：財賄不多，衣食不贍，聲色不妙，威勢不行，非君子之憂也。行善不多，申道不明，節志不立，德義不彰，君子恥焉。是以賢人智士之於子孫也〔二〕，厲之以志，弗厲以詐〔三〕；勸之以正，弗勸以詐；示之以儉，弗示以奢〔四〕；貽之以言，弗貽以財〔五〕。是故董仲舒終身不問家事，而疎廣不遺賜金〔六〕。子孫若賢，不待多富，若其不賢，則多以徵怨〔七〕。故曰：無德而賄豐，禍之胎也。

〔一〕「君」字疑誤。

〔二〕呂氏春秋察微篇云：「智士賢者。」

〔三〕「詐」字與下複，何本作「辭」。按三略云：「厲之以辭。」○鐸按：下文「詐」字，士禮居舊藏明刊本作「邪」，則與此不相複。「辭」即「言」也。如何本，則與下文「貽之以言」乖剌矣。

〔四〕禮記檀弓：「曾子曰：『國奢則示之以儉。』」

〔五〕說苑雜言篇：「晏子曰：『吾聞君子贈人以財，不若以言。』」

〔六〕並見漢書。「疎」漢書作「疏」。廣韻九魚「疏」字注云：「疏姓，漢有太子太傅東海疏廣，俗作『疎』。」按晉書束皙傳云：「漢太子太傅疎廣之後也。王莽末，廣曾孫孟達避難，自東海徙居沙鹿山南，因去『疎』之『足』，遂改姓焉。」是漢時已以「疎」爲「疏」矣。

〔七〕漢書疏廣傳云：「賢而多財，則損其志；愚而多財，則益其過。且夫富者，衆人之怨也。吾既亡以教化子孫，不欲益其過而生怨。」昭卅二年左傳云「無徵怨於百姓」，杜注：「徵，召也。」

昔曹羈有言：「守天之聚，必施其德義。德義弗施，聚必有闕〔一〕。」今□〔二〕家賑而貸乏〔三〕，遺賑貧窮，恤矜疾苦〔四〕，則必不□〔五〕居富矣〔六〕。易曰：「天道虧盈以沖謙〔七〕。」故以仁義□於彼者，天賞之於此〔八〕；以邪取於前者，衰之於後。是以持盈之道，挹而損之〔九〕，則亦〔一〇〕可以免於亢龍之悔、乾坤之愆矣〔一一〕。

〔一〕晉語：「僖負羈言於曹伯曰：『守天之聚，將施於宜。宜而不施，聚必有闕。』」韋昭注：「宜，義也。」

〔二〕空格程本作「或」。

〔三〕爾雅釋言云：「賑，富也。」

〔四〕周禮大司徒：「以保息六養萬民，三曰振窮，四曰恤貧，五曰寬疾。」鄭注：「振窮，抍捄天民之窮者也。」昭十四年左傳云：「分貧振窮，長孤幼，養老疾。」杜注：「振，救也。」「振」聲誤爲「賑」。漢書文帝紀元年詔曰：「其議所以振貸之。」顔師古注：「振，起也。諸『振救』、『振贍』，其義皆同。今流俗作字從『貝』者，非也。」

〔五〕空格程本作「久」。

〔六〕句有誤字。説苑雜言篇：「孔子曰：『夫富而能富人者，欲貧而不可得也。』」説叢篇云：「賑窮救急，何患無有？」○鐸按：「不」疑當作「可」。「必可久居富」，即「欲貧而不可得」之意。

〔七〕謙彖詞。「以沖」王弼本作「而益」。

〔八〕空格程本作「費」，「以仁義」舊作「仁以義」。按墨子天志中云：「此仁也，義也，愛人利人，順天之意，得天之賞者也。」此文本之。襄廿八年左傳：「叔孫穆子曰：『善人富謂之賞。』」

〔九〕見上。「挹」與「抑」同。○鐸按：文選爲幽州牧與彭寵書注引蒼頡篇：「挹，損也。」言損之又損之也。

〔一〇〕「亦」舊作「不」。

〔一一〕易乾上九：「亢龍有悔。」象曰：「亢龍有悔，盈不可久也。」「故君子曰」至此，舊錯入務本篇，今移正。

論榮〔一〕第四

所謂賢人君子者，非必高位厚禄富貴榮華之謂也〔二〕，此則君子之所宜有，而非其所以爲君子者也。所謂小人者，非必貧賤凍餒辱阨窮之謂也〔三〕，此則小人之所宜處，而非其所以爲小人者也。

〔一〕○鐸按：此篇首明君子小人之辨，繼論寡德高位之人不足以爲榮，而終之以人惟其任。

〔二〕漢書董仲舒傳云：「身寵而載高位，家温而食厚禄，因乘富貴之資力，以與民争利於下。」敍傳答賓戲云：「據徼乘邪，以求一日之富貴，朝爲榮華，夕而蕉瘁。」

〔三〕「辱」上脱一字。程本「辱」作「困」。○鐸按：疑本作「困辱」，諸本脱「困」字，程本脱「辱」

字耳。邵本臆補作「困苦」，非。

奚以明之哉？夫桀、紂者，夏、殷之君王也，崇侯、惡來，天子之三公也〔一〕，而猶不免於小人者，以其心行惡也。伯夷、叔齊，餓夫也〔二〕，傅説胥靡〔三〕，而井伯虞虜也〔四〕，然世猶以爲君子者，以爲志節美也〔五〕。

〔一〕見史記殷本紀。

〔二〕法言淵騫篇云：「西山之餓夫。」

〔三〕吕氏春秋求人篇云：「傅説，殷之胥靡也。」高誘注：「胥靡，刑罪之名也。」

〔四〕「井伯虞虜」舊作「井臼虞虜」。僖五年左傳云：「執虞公及其大夫井伯。」史記晉世家「執」作「虜」。

〔五〕漢書云敞傳云：「車騎將軍王舜高其志節。」

故論士苟定於志行〔一〕，勿以遭命，則雖有天下不足以爲重，無所用不足〔二〕以爲輕，處隸圉〔三〕不足以爲恥，撫四海不足以爲榮。況乎其未能相縣若此者哉〔四〕？故曰：寵位不足以尊我〔五〕，而卑賤不足以卑己〔六〕。

〔一〕淮南子原道訓云：「士有一定之論。」管子八觀篇云：「商賈之人，不論志行而有爵禄。」荀子榮辱篇云：「志行修，臨官治。」

〔二〕「足」舊作「可」。

〔三〕哀二年左傳云：「人臣隸圉免。」周語云「湮替隸圉」，韋昭注：「隸，役也。圉，養馬者。」

〔四〕荀子王制篇云：「是其爲相縣也亦遠矣。」

〔五〕「以」下舊衍「爲」字。

〔六〕新書大政上篇云：「紂自謂天王也，桀自謂天子也，已滅之後，民以相駡也。以此觀之，則位不足以爲尊，而號不足以爲榮矣。」

夫令譽從我興，而二命自天降之〔一〕。詩云：「天實爲之，謂之何哉〔二〕！」故君子未必富貴，小人未必貧賤〔三〕，或潛龍未用，或〔四〕亢龍在天〔五〕，從古以然。今觀俗士之論也，以族舉德，以位命賢〔六〕，兹可謂得論之一體矣，而未獲至論之淑真也〔七〕。

〔一〕禮記祭法疏引援神契云：「命有三科：有受命以保慶，有遭命以謫暴，有隨命以督行。」此云二命，蓋不數受命。卜列篇云：「命有遭隨。」御覽三百六十引春秋元命苞云：「命者，天之令也。所受於帝，行正不過，得壽命——壽命，正命也。起九九八十一。有隨命——隨命者，隨行爲命也。有遭命——遭命者，行正不誤，逢世殘賊，君上逆亂，辜咎下流，災譴並發，陰陽散忤，暴氣雷至，滅日動地，絶人命，沙鹿襲邑是。」○俞樾云：「上文云：『寵位不足以尊我，而卑賤不足以卑己。』然則『二命』即謂此二者也。下文『君子未必富貴，小人未必貧賤』，富貴、貧賤，此即所謂『二命』。汪氏不本上下文爲説，而泛舉援神契之遭命、隨命以説此『二命』，失之。」○鐸按：俞説是。上文「勿以遭命」，亦非緯之「遭命」也。

〔二〕北門。○鐸按：「謂之何」即「奈之何」，訓見經傳釋詞卷三。

〔三〕論衡命禄篇云：「才高行厚，未必保其必富貴；智寡德薄，未必信其必貧賤。或時才高行厚，命惡廢而不進；智寡德薄，命善興而超踰。故夫臨事知愚，操行清濁，性與才也；仕宦貴賤，治産貧富，命與時也。」

〔四〕「或」字舊脱，據程本補。

〔五〕易乾。

〔六〕仲長統昌言云：「天下士有三俗：選士而論族姓閥閲，一俗。」見意林。

〔七〕「真」程本作「貞」，誤。淮南子有俶真訓。説文云：「俶，善也。」經典多通用「淑」。

堯，聖父也，而丹凶傲〔一〕；舜，聖子也，而叟頑惡〔二〕；叔嚮，賢兄也，而鮒貪暴〔三〕；季友，賢弟也，而慶父淫亂〔四〕。論若必以族，是丹宜禪而舜宜誅，鮒宜賞而友宜夷也。論之不可必以族也若是。

〔一〕書皋陶謨。

〔二〕堯典。

〔三〕昭元年、十三年、十四年左傳。○鐸按：亦見晉語九。

〔四〕莊卅一年、閔二年左傳。

昔祁奚有言：「鯀殛而禹興，管、蔡爲戮，周公祐王〔一〕。」故書稱「父子兄弟不相及」也〔二〕。幽、厲之貴，天子也，而又富有四海〔三〕。顔、原之賤，匹庶也，而又凍餒屢空〔四〕。論若必以位，則是兩王是〔五〕爲世士〔六〕，而二處爲愚鄙也。論之不可必以位也，又若是焉〔七〕。

〔一〕襄廿一年左傳。「祐」今作「右」。

〔二〕昭廿年左傳：「苑何忌曰：『在康誥曰：父子兄弟，罪不相及。』」疏云：「此非康誥之全文，引其意而言之。」○鐸按：僖三十三年左傳晉臼季引康誥曰：「父不慈，子不祗，兄不友，弟不共，不相及也。」後漢書章帝紀元和元年詔引同。或謂康誥闕文。

〔三〕墨子非命下篇云：「桀、紂、幽、厲，貴爲天子，富有天下。」新書過秦下篇云：「貴爲天子，富有四海。」

〔四〕論語。

〔五〕「是」字疑衍。

〔六〕治要載尸子勸學篇云：「使賢者教之以爲世士。」

〔七〕莊子盜跖篇：「子張曰：『勢爲天子，未必貴也；窮爲匹夫，未必賤也。貴賤之分，在行之美惡。』」

故曰：仁重而勢輕，位蔑而義榮〔一〕。今之論者，多此之反，而又以九族，或以所來，則亦遠於獲真賢矣〔二〕。

〔一〕春秋繁露云：「今人大有義而甚無利，雖貧與賤，尚榮其行。」新語本行篇云：「賤而好德者尊，貧而有義者榮。」桑柔鄭箋云：「『蔑』猶『輕』也。」程本「蔑」作「辱」，誤。

〔二〕漢書貢禹傳云：「求士不得真賢。」

昔自周公不求備於一人〔一〕，況乎其德義既舉，乃可以它故而弗之采乎？由余生於五狄，越蒙産於八蠻〔二〕，而功施齊、秦，德立諸夏〔三〕，令名美譽〔四〕，載於圖書〔五〕，至今不滅。張儀，中國之人也；衛鞅，康叔之孫也〔六〕，而皆讒佞反覆，交亂四海〔七〕。由斯觀之，人之善惡，不必世族；性之賢鄙，不必世俗〔八〕。中堂生負苞〔九〕，山野生蘭芷〔一〇〕。夫和氏之璧，出於璞石；隋氏之珠，產於蜃蛤〔一一〕。詩云：「采葑采菲，無以下體〔一二〕。」故苟有大美可尚於世，則雖細行小瑕曷足以爲累乎〔一三〕？

〔一〕論語。○鐸按：實貢篇：「周公不求備。」

〔二〕「蒙」舊作「象」。史記鄒陽傳云：「秦用戎人由余而霸中國，齊用越人蒙而彊威、宣。」索隱云：「越人蒙未見所出。漢書作『子臧』，張晏云：『子臧或是越人蒙字也。』」○鐸按：俞樾茶香室續鈔亦謂「越象」當是「越蒙」。

〔三〕閔元年左傳云「諸夏親暱」，杜注：「諸夏，中國也。」○鐸按：論語八佾篇包注同。

〔四〕襄廿四年左傳云：「非無賄之患，而無令名之難。」周語云：「爲令聞嘉譽以聲之。」

〔五〕韓非子用人篇云：「書圖著其名。」大體篇云：「豪傑不著名於圖書。」

〔六〕並見史記。

〔七〕詩青蠅云：「讒人罔極，交亂四國。」史記蘇秦傳云：「左右賣國反覆之臣。」按：漢書息夫躬傳，王嘉言「寵、躬皆傾覆，有佞邪材，恐必撓亂國家」，亦用青蠅詩義。

〔八〕王先生云：「『族』承上『或以九族』言，『俗』承上『或以所來』言。」

〔九〕王先生云：「『堂』是『唐』之誤。『中唐』見詩防有鵲巢。『苞』當爲『芻』，爾雅云：『蒭，王芻」是也。古者多言『負芻』。」○俞樾云：「『中堂』當作『中唐』。詩防有鵲巢傳：『中，中庭也。唐，堂塗也。』此即用其語。『負』當作『萯』，説文：『萯，王萯也。』『苞，草也。南陽以爲麤履。』萯、苞二草。下文『山野生蘭芷』，蘭、芷亦二草也。爾雅釋草：『菉，王芻。』不云『萯，王芻』，王説殊誤。至春秋有曹伯負芻，史記有楚王負芻，孟子云：『昔沈猶有負芻之禍。』趙注云：『時有作亂者曰負芻。』則負芻自是人名，不可以説此也。」○鐸按：俞説是。

〔一〇〕史記日者傳云：「蘭芷芎藭，棄於廣野。」

〔一一〕「隋氏」當作「隋侯」。漢書敘傳答賓戲云：「龢氏之璧，韞於荆石；隋侯之珠，藏於蚌蛤。」顔師古注：「龢，古和字。」淮南子覽冥訓云：「隋侯之珠，和氏之璧。」高誘注：「隋侯，漢東之國，姬姓諸侯也。」御覽九百四十一引墨子云：「申徒狄謂周公曰：『賤人何可薄耶？周之靈珪，出於土石；隋之明月，出於蚌蜃。』」○鐸按：此義古人多知之，世説新語言語門載蔡洪答洛中人問亦本答賓戲。

〔一二〕谷風。○鐸按：春秋繁露竹林篇：「取其一美，不盡其惡。」亦引邶風谷風此二句證之。

〔一三〕漢書陳湯傳：「劉向曰：『論大功者不録小過，舉大美者不疵細瑕。』」淮南子氾論訓云：「夫人之情，莫不有所短。誠其大略是也，雖有小過，不足以爲累。」

是以用士不患其非國士〔一〕，而患其非忠〔二〕；世非患無臣，而患其非賢〔三〕。蓋無羇縻〔四〕。陳平、韓信，楚俘也，而高祖以爲藩輔〔五〕，實平四海，安漢室；衛青、霍去病，平陽之私人也〔六〕，而武帝以爲司馬，實攘北狄〔七〕，郡河西。唯其任也〔八〕，何卑遠之有？然則所難於非此土之人，非將相之世者，爲其無是能而處是位，無是德而居是貴〔九〕，無以我尚而不秉我勢也〔一〇〕。

〔一〕成十六年左傳云：「伯州犁以公卒告王，苗賁皇在晉侯之側，亦以王卒告，皆曰：『國士在，且厚，不可當也。』」按「國士」謂本國之士，即下所云「此土之人」也。若吕氏春秋忠廉篇，王子慶忌謂要離「天下之國士」，不侵篇豫讓曰：「智氏國士畜我。」長利篇戎夷曰：「我國士也，爲天下惜死。」「國士」皆謂士蓋一國者。故漢書韓信傳「國士無雙」，顏師古注以「國士」爲「國家之奇士」，與左傳義別。後世習用「國士」以爲美稱，而於「本國」之義微矣。

〔二〕「忠」舊作「中」。

〔三〕王先生云：「『世非患無臣』當作『非患無世臣』，此四語亦族、俗分承言之。」

〔四〕未詳。史記司馬相如傳云：「天子之於夷、狄也，其義羈縻勿絶而已。」王先生云：「『羇縻』當是『羇旅』，以下文『非此土之人』知之。」○鐸按：此有脱文，不可强説。

〔五〕史記漢興以來諸侯王年表序云：「蕃輔京師。」

〔六〕詩大東云「私人之子」，毛傳：「私人，私家人也。」漢書賈誼傳云：「自丞尉以上，偏置私人。」

〔七〕詩采薇毛傳：「玁狁，北狄也。」鄭箋云：「北狄，今匈奴也。」漢書匈奴傳：「揚雄云：『北狄，真中國之堅敵也。』」

〔八〕陳平、韓信、衛青、霍去病並見史記。

〔九〕白虎通京師篇云：「有能然後居其位，德加於人然後食其禄。」荀子王制篇云：「無德不貴，無能不官。」

〔一〇〕「不」字疑衍。「秉」或「乘」之誤。韓非子八説篇云：「以智士之計，處乘勢之資，而爲其私急，則君必欺焉。」難勢篇云：「乘不肖人於勢，是爲虎傅翼也。」外儲説左下篇：「東郭牙曰：『以管仲能乘公之勢以治齊國，得無危乎？』」

賢難〔一〕第五

世之所以不治者，由賢難也。所謂賢難者，非直體聰明服德義之謂也。此則求賢之難得爾，非賢者之所難也。故所謂賢難者〔二〕，乃將言乎循〔三〕善則見妬，行賢則見嫉〔四〕，而必遇患難者也。

〔一〕○鐸按：此篇論蔽賢之爲害，傷直道之難行。世不患無賢，而患賢者之不見察，故曰「賢難」。

〔二〕舊脱「難」字。

〔三〕「循」當作「脩」，古書循、脩多相亂。○鐸按：隸續云：「循、脩二字，隸法只争一畫。」例亦見下文。

〔四〕楚辭離騷云：「各興心而嫉妒。」「嫉」下舊有「也」字，據諸子品節删。

虞舜之所以放殛〔一〕，子胥之所以被誅〔二〕，上聖大賢猶不能自免於嫉妒，則又況乎中世之人哉〔三〕？此秀士所以雖有賢材美質〔四〕，然猶不得直道而行〔五〕，遂成其志者也。

〔一〕孟子云：「舜往於田，號泣於旻天。」又云：「父母使舜完廩，捐階，瞽瞍焚廩。使浚井，出，從而揜之。」「放殛」謂此。○俞樾云：「虞舜放殛，即指蒼梧之崩。其意謂舜德衰，爲禹所放，故遠狩蒼梧而死。即劉知幾惑經、疑古之見也。史通所引囚堯、偃朱諸説，皆出汲冢，乃王符已有此言，則此説相傳，漢世已有之矣。汪箋引『完廩浚井』以證放殛事，恐非其旨。」○鐸按：古書「殛」或作「極」，書洪範「鯀則殛死」，多方「我乃其大罰殛之」，釋文並云：「『殛』本作『極』。」蓋極亦流放之義，非謂殺也。汪知此句主語「虞舜」爲受事，與下句一律，而不知「完廩浚井」不得謂之「放殛」，則儒家傳統之説惑之也。考「舜偪堯，禹偪舜」，韓非子説疑篇亦嘗言之，此必傳之自古。特漢崇儒術，人莫敢置疑耳。自當取史通疑古篇所引汲冢瑣語以説此。

〔二〕哀十一年左傳。

〔三〕「況」字舊脱，程本有「況」無「又」。按本書「則又況」數見，今補正。

〔四〕白虎通辟雍篇云：「其有賢才美質知學者，足以開其心。」

〔五〕論語。

處士不得直其行〔一〕，朝臣不得直其言〔二〕，此俗化之所以敗〔三〕，闇君之所以孤也〔四〕。齊侯之以奪國〔五〕，魯公之以放逐〔六〕，皆敗績厭覆於不暇〔七〕，而用及治乎〔八〕？故德薄者惡聞美行，政亂者惡聞治言，此亡秦之所以誅偶語而坑術士也〔九〕。

〔一〕管子問篇云：「處士修行，足以教人。」荀子非十二子篇楊倞注：「處士，不仕者也。」文選鸚鵡賦李善注引風俗通云：「處士者，隱居放言也。」

〔二〕管子明法篇云：「國無人者，非朝臣之衰也。」淮南子覽冥訓云「大夫隱道而不言」，高誘注：「隱仁義之道，不正諫直言也。」論語云：「國無道，危行言遜也。」

〔三〕漢書董仲舒傳云：「習俗化之變。」貨殖傳云：「傷化敗俗。」

〔四〕「闇君」見務本篇注。管子法法篇：「正言直行之士危，則人主孤而毋內。人主孤而毋內，則人臣黨而成羣。」

〔五〕哀十四年左傳。○鐸按：齊簡公不聽諸御鞅之言而爲陳恒所弒，亦見史記齊世家、田完世家。

〔六〕謂昭公、哀公。程本「以」上並有「所」字，誤。下云：「三代之以覆，列國之以滅。」即其例。亦見本訓篇。史記吳世家云「商之以興」，蓋此例所本。○鐸按：魯昭公不聽子家駒之言而爲孟氏所攻，出奔，死於晉之乾侯，見昭二十五年、三十二年左傳及史記魯世家。

〔七〕襄卅一年左傳子産語。

〔八〕○鐸按：「用」讀爲「庸」。「庸」猶「何」也，説見經傳釋詞卷三。

〔九〕見史記秦始皇本紀。○鐸按：説文：「儒，術士之稱。」

今世俗之人，自慢其親而憎人敬之，自簡其親而憎人愛之者不少也〔一〕。豈獨品庶〔二〕，賢材時有焉。鄧通幸於文帝，盡心而不違，吮癰而無恡色〔三〕。帝病不樂，從容曰：「天下誰最愛朕者乎？」鄧通欲稱太子之孝，則因對曰：「莫若太子之最愛陛下也。」及太子問疾，帝令吮癰，有難之色，帝不悦而遣太子。既而聞鄧通之常吮癰也，乃慚而怨之。及嗣帝位，遂致通罪而使至於餓死〔四〕。故鄧通其行所以盡心力而無害人〔五〕，其言所以謷太子而昭孝慈也。太子自不能盡其稱，則反結怨而歸咎焉〔六〕。稱人之長，欲彰其孝，且猶爲罪，又況明人之短矯世者哉〔七〕？

〔一〕孝經云：「愛親者不敢惡於人，敬親者不敢慢於人。」○鐸按：漢書谷永傳注：「簡，謂輕慢也。」

〔二〕説文云：「品，衆庶也。」漢書賈誼傳服賦云：「品庶每生。」史記伯夷傳作「衆庶馮生」。説苑反質篇：「墨子曰：『夫品庶非有心也，以人主爲心。』」

〔三〕方言云：「惛，恨也。」惛、惽正俗字。○鐸按：説文：「吝，恨惜也。」「惛」即「吝」之後出加旁字。

〔四〕見史記佞幸傳。

〔五〕昭十九年左傳云：「盡心力以事君。」「其」字舊脱，依下文例補。

〔六〕桓十八年左傳云：「無所歸咎。」

〔七〕説苑政理篇：「孔子曰：『言人之善者，有所得而無所傷也；言人之惡者，無所得而有所傷也。』」荀子臣道篇云：「言其所長，不稱其所短。」漢書楊王孫傳云：「將以矯世也。」

且凡士之所以爲賢者，且以其言與行也〔一〕。忠正之言，非徒譽人而已也，必有觸焉；孝子之行，非徒吮癰而已也，必有駁焉〔二〕。然則循行〔三〕論議之士〔四〕，得不遇於嫉妒之名[五]，免於刑戮之咎者，蓋其幸者也[六]。比干之所以剖心，箕子之所以爲奴[七]，伯宗之以死[八]，郄宛之以亡[九]。

〔一〕王先生云：「『且』字衍。」

〔二〕韓非子外儲説左下篇云：「雖有駁行，必得所利。」詩裳裳者華云：「裳裳者華，或黄或白。」鄭箋：「興明王之德時有駁而不純。」「純駁」注詳實貢篇。○鐸按：漢書谷永傳：「解偏駁之愛。」注：「駁，不周普也。」

〔三〕漢書陳湯傳云「司隸奏湯無循行」，宋祁曰：「『循』疑當作『脩』。」此「循」亦當爲「脩」。高帝紀：「二年，令舉民年五十以上，有脩行能帥衆爲善，置以爲三老。」行，讀如字。○鐸按：漢北海相景君碑陰：「故循行都昌台邱暹。」金石録云：「案後漢書百官志注，河南尹官屬有循行一百三十人，而晉書職官志，州縣吏皆有循行。今此碑陰載故吏都昌台邱暹而下十九人，皆作脩行。他漢及晉碑數有之，亦與此碑陰所書同。豈循、脩字畫相近，遂致訛謬邪？」隸續曰：「循、脩二字，隸法只争一畫。書碑者好奇，所以從省借用。」然則漢官有循行，無脩行，而「行」讀去聲。

〔四〕漢書諸葛豐傳云：「使論議士譏臣無補，長獲素餐之名。」按漢書百官公卿表，光禄勳屬官有大夫掌論議。龔勝傳：「御史中丞劾奏勝吏二千石，常位大夫，皆幸得給事中，與論議。」漢時多以「論議」稱人，蓋功令有其文。平當傳：「公卿薦當論議通明。」師丹傳：

「丞相方進、御史大夫孔光舉丹論議深博。」蕭望之傳：「宣帝察望之經明持重，論議有餘，材任宰相。」楚元王後向傳：「元帝詔河東太守堪資質淑茂，道術通明，論議正直，秉心有常。」傅喜傳：「太后下詔曰：『高武侯喜姿性端慤，論議忠直。』」皆據令文言之。息夫躬傳云：「論議亡所避，衆畏其口。」王商傳云：「王鳳顓權，行多驕僭，商論議不能平鳳。鳳知之，亦疏商。」京房傳云：「數以論議爲大臣所非。」則此所云「不能免於刑戮」者也。

〔五〕史記鄒陽傳云：「不能自免於嫉妒之人。」楚辭九辨云：「何險巇之嫉妒兮！被以不慈之僞名。」或云：此「名」當爲「害」。○鐸按：「名」字自可通，不煩改作。

〔六〕論語云：「免於刑戮。」又云：「幸而免。」

〔七〕史記殷本紀。

〔八〕成十五年左傳。○鐸按：晉伯宗好直言，三郤譖而殺之。事亦見晉語五。

〔九〕昭廿七年左傳。○鐸按：楚郤宛直而和，國人說之。費無極譖郤宛，宛自殺。事亦載韓非子內儲說下篇。

夫國不乏於妒男也，猶家不乏於妒女也。近古以來，自外及內，其爭功名妒過己者豈希也〔一〕？予以唯兩賢爲宜不相害乎〔二〕？然也，范睢絀〔三〕白起，公孫弘抑董仲舒〔四〕，此同朝共君寵禄争故耶〔五〕？唯殊邦異途利害不干者爲可以免乎？然也，孫臏修能於楚〔六〕，龐涓自魏變色，誘以刖之；韓非明治於韓，李斯自秦作思，致而殺之〔七〕。嗟士之相妒豈若此甚乎！此未達於君故受禍邪？唯見知爲可以將信乎？然也，京房數與元帝論難，使制考功而選守；晁錯雅爲景帝所知〔八〕，使條漢法而不亂〔九〕。夫二子之於君也，可謂見知深而寵愛殊矣，然京房冤死而上曾不知，晁錯既斬而帝乃悔〔一〇〕。此材明未足衛身〔一一〕故及難邪〔一二〕？唯大聖爲能無累乎？然也，帝乙以義故囚〔一三〕，文王以仁故拘〔一四〕。夫體至行仁義〔一五〕，據南面師尹卿士，且猶不能無難，然則夫子削迹〔一六〕，叔嚮縲絏〔一七〕，屈原放沈，賈誼貶黜〔一八〕，鍾離廢替〔一九〕，何敞束縛〔二〇〕，王章抵罪〔二一〕，平阿斥逐〔二二〕，蓋其輕士者也〔二三〕。

〔一〕列女傳魯季敬姜云：「其所與遊者，皆過己者也。」

〔二〕史記季布傳云：「丁公爲項羽逐窘高祖彭城西，短兵接，高祖急，顧丁公曰：『兩賢豈相厄哉？』」〇鐸按：此與下「爲可以免乎」、「爲可以將信乎」、「爲能無累乎」，四「乎」字皆說文所謂「語之餘」。晏子春秋諫上篇：「吾爲夫婦獄訟之不正乎？則泰士子牛存矣；爲社稷宗廟之不享乎？則泰祝子游存矣；爲諸侯賓客莫之應乎？則行人子羽存矣；爲國家之有餘不足聘乎？則吾子存矣。」四「乎」字用例與此同。今雖標問號，而審辭氣者當知其非疑詞也。

〔三〕絀，「詘」之借。

〔四〕並見史記。程本「白起」作「白公」。按白公見史記蔡澤傳。

〔五〕「争」字上下有脱字。史記屈原傳云：「上官大夫與之同列，争寵而心害其能。」隱四年左傳：「石碏云：『寵禄過也。』」

〔六〕按史記孫子傳云：「臏生阿、鄄之間。」阿、鄄皆齊邑，見司馬穰苴傳。漢書藝文志兵權謀家亦云「齊孫子」，而吕氏春秋不二篇高誘注云：「孫臏，楚人，爲齊臣。」蓋别有所本。

〔七〕並見史記。「治」諸子品節作「法」。按非傳云：「非疾治國不務修明其法制。」〇鐸按：邵本亦從品節作「法」，是也。

〔八〕史記高祖紀「雍齒雅不欲屬沛公」，集解：「服虔曰：『雅，故也。』蘇林曰：『雅，素也。』」

〔九〕舊無「條」字，品節有「條」無「使」。按「使條」與「使制」對，今補正。漢書刑法志云：「張湯、趙禹之屬條定法令。」循吏傳顔師古注：「凡言條者，一一而疏舉之，若木條然。」

〔一〇〕並見漢書。

〔一一〕詩烝民云：「既明且哲，以保其身。」莊十六年左傳云：「君子謂强鉏不能衛其足。」淮南子繆稱訓云：「世治則以義衛身。」

〔一二〕閔二年左傳云：「周公弗從，故及於難。」

〔一三〕易乾鑿度云："易之帝乙爲成湯，書之帝乙六世王，同名不害以明功。"史記夏本紀云："夏桀不務德而武，傷百姓，百姓弗堪，乃召湯而囚之夏臺。"

〔一四〕淮南子道應訓："崇侯虎曰：『周伯昌行仁義而善謀，請圖之。』屈商乃拘文王於羑里。"事詳史記周本紀。

〔一五〕按"至"字疑衍。漢書東方朔傳答客難云："太公體行仁義。"史記三王世家云："躬親仁義，體行聖德。"莊子漁父篇云："孔氏者，性服忠信，身行仁義。"

〔一六〕莊子盜跖篇云："削跡於衛。"

〔一七〕襄廿一年左傳。

〔一八〕並見史記。

〔一九〕鍾離意也。○鐸按：鍾離意，明帝時爲尚書，直言極諫，帝知其誠而不能用，出爲魯相。詳後漢書本傳。離騷："謇朝誶而夕替。"王逸注："替，廢也。"

〔二〇〕並見後漢書。○鐸按：敞，和帝時爲尚書，數切諫，言諸竇罪過。竇憲等深怨之，出爲濟南太傅。後坐事免官。永元十一年復徵。常忿疾蔡倫，倫深憾之。元興中，倫奏敞詐病不齋祠廟，抵罪，卒於家。詳本傳。

〔二一〕見漢書。○鐸按：章，成帝時爲京兆尹，敢直言。王鳳專權，章奏鳳不可用，由是見疑，遂爲鳳所陷，死獄中。衆庶冤之。詳本傳及元后傳。

〔二二〕平阿侯名仁，王莽諸父。事詳漢書元后傳。

〔二三〕疑當作「蓋是其輕者也」。晉書華譚傳云：「仲舒抑於孝武，賈誼失於漢文，蓋復是其輕者耳。」用此例。

詩云：「無罪無辜，讒口敖敖〔一〕。」「彼人之心，于何不臻〔二〕？」由此觀之，妒媚之攻擊也〔三〕，亦誠工矣！賢聖之居世也，亦誠危矣！

〔一〕十月之交。「敖敖」今詩作「囂囂」，釋文引韓詩作「嗸嗸」。爾雅釋訓云：「敖敖，傲也。」與此合。○鐸按：詩大雅板：「聽我囂囂。」明忠篇亦作「敖敖」。「囂」即「敖」之借，「敖」爲「傲」之省。釋文引舍人爾雅注：「嗸嗸，衆口毁人之貌。」

〔二〕菀柳。「不」今詩作「其」。○陳奂詩毛氏傳疏云：「箋云：『彼人，斥幽王也。幽王之心，於何所至乎？言其轉側無常，人不知其所屆。』疑箋所據詩『其』作『不』。」○鐸按：鄭箋詩不專主毛，作「不」者蓋本三家。

〔三〕「媚」當作「媢」。説文云：「妒，婦妒夫也。媢，夫妒婦也。」史記五宗世家：「常山憲王王后以妒媢不常侍病。」索隱云：「『媢』鄒氏本作『媚』。」媚、媢字形相近易誤也。黥布傳贊云：「妒媢生患。」顏氏家訓書證篇嘗辨之。○鐸按：隸書「眉」字或作「肩」，與「冒」逼似，故妒媢字多訛作「媚」。逸周書皇門篇：「媚夫有邇無遠。」今本「媢」作「媚」，亦其例也。說見讀書雜志。

故所謂賢難也者，非賢難也，免則難也。彼大聖羣賢，功成名遂〔一〕，或爵侯伯，或位公卿，尹據天官〔二〕，柬在帝心〔三〕，宿夜侍宴〔四〕，名達而猶有若此〔五〕，則又況乎畎畝佚民、山谷隱士〔六〕，因人乃達，時論乃信者乎〔七〕？此智士所以鉗口結舌〔八〕，括囊共默而已者也〔九〕。

〔一〕老子文。

〔二〕漢書李尋傳云：「充備天官。」詳忠貴篇注。○俞樾云：「『尹』字無義，疑『尸』字之誤。書序：『康王既尸天子，遂誥諸侯。』此用『尸』字，即本書序文也。明闇篇：『尹其職而策不出於己。』『尹』字亦當爲『尸』。」

〔三〕論語。「柬」今作「簡」。

〔四〕管子禁藏篇云：「宿夜不出。」按「宿」當作「𠈇」。說文云：「夙，早敬也。𠈇，亦古文夙，从人、西。宿从此。」詩有駜云：「夙夜在公，在公載燕。」漢書嚴助傳云：「助侍燕從容。」「宴」與「燕」通。

〔五〕王先生云：「『名達』下有脫字。」繼培按：論衡藝增篇：「詩云：『鶴鳴九皐，聲聞於天。』言鶴鳴九折之澤，聲猶聞於天，以喻君子修德窮僻，名猶達朝廷也。」「名達」亦謂「名達朝廷」矣。

〔六〕漢書梅福傳云：「隱士不顯，佚民不舉。」莊子刻意篇云：「此山谷之士。」

〔七〕「時」義與「時其亡」之「時」同。○鐸按：時、待古字通。易歸妹九四「遲歸有時」，隱七年穀梁傳注引作「遲歸有待」，是「時」即「待」也。

〔八〕莊子田子方篇云：「口鉗而不欲言。」史記袁盎傳，盎説絳侯曰「君今自閉鉗天下之口」，漢書盎傳作「箝」。五行志又云：「臣畏刑而拑口。」箝、拑與「鉗」同。顏師古注並云：「籋也。」鄧析子轉辭篇云：「左右結舌。」漢書李尋傳云：「智者結舌。」杜周傳，杜業上書云：「尚書近臣皆結舌杜口。」○鐸按：箋「盎説絳侯」，當作「盎説丞相申屠嘉」。周書芮良夫篇云：「賢智箝口。」箋所引皆非其朔。

〔九〕易坤六四：「括囊，無咎無譽。」「共」讀爲「拱」。漢書鮑宣傳云：「以拱默尸禄爲智。」後漢書左雄傳云：「方今公卿以下，類多拱默。」

且閭閻凡品〔一〕，何獨識哉？苟望塵剽聲而已矣〔二〕。觀其論也，非能本閨闥之行迹〔三〕，察臧否之虛實也〔四〕；直以面譽我者爲智〔五〕，諂諛己者爲仁〔六〕，處姦利者爲行〔七〕，竊禄位者爲賢爾〔八〕。豈復知孝悌之原，忠正之直〔九〕，綱紀之化〔一〇〕，本途之歸哉？此鮑焦所以立枯於道左〔一一〕，徐衍所以自沈於滄海者也〔一二〕。

〔一〕説文云：「閭，里門也。閻，里中門也。」漢書武帝子戾太子傳云：「江充布衣之人，閭閻之隸臣耳。」

〔二〕後漢書馬融傳云：「羌胡百里望塵，千里聽聲。」「剽」舊作「僄」。按交際篇云：「苟剽聲以羣諛。」今據改。漢書朱博傳云「耳剽日久」，顔師古注：「剽，刼也，猶言行聽也。」

〔三〕「閽」蓋「閤」之誤。爾雅釋宫云：「宫中之門謂之闈，其小者謂之閨。小閨謂之閤。」淮南子主術訓云：「責之以閨閤之禮，奥窔之間。」史記汲黯傳云：「黯多病，卧閨閤内，不出。」漢書司馬遷傳答任安書云：「身直爲閨閤之臣。」循吏文翁傳云：「使傳教令，出入閨閤。」顔師古注：「閨閤，内中小門也。」閨閤行迹，猶云「門内之行」也。漢書嚴朱吾丘主父徐嚴終王賈傳贊云：「察其行迹。」

〔四〕詩抑云：「未知臧否。」

〔五〕大戴禮文王官人篇云：「面譽者不忠。」

〔六〕孟子云：「與讒諂面諛之人居。」

〔七〕漢書張蒼傳云：「蒼任人爲中候，大爲姦利。」貢禹傳云：「謂居官而致富者爲雄桀，處姦而得利者爲壯士。」○鐸按：今人謂有能爲「行」，蓋古語之遺也。

〔八〕周禮太宰：「八則治都鄙，四曰禄位以馭其士。」大戴禮曾子立事篇云：「無益而厚受禄，竊也。」論語云：「臧文仲其竊位者與？」文子上仁篇：「老子曰：『不以德貴，竊位也。』」後漢書杜詩傳云：「久竊禄位。」

〔九〕「直」疑「真」。○鐸按：「直」疑「悳」之壞。

〔一〇〕詩棫樸云：「綱紀四方。」

〔一一〕説苑雜言篇云：「鮑焦抱木而立枯。」事見韓詩外傳一。○鐸按：亦見新序節士篇。

〔一二〕漢書鄒陽傳上吳王書云「徐衍負石入海」，服虔曰：「周之末世人也。」

諺曰：「一犬吠形，百犬吠聲〔一〕。」世之疾此固久矣哉〔二〕！吾傷世之不察真僞之情也，故設虛義以喻其心曰：今觀宰司之取士也，有似於司原之佃也〔三〕。昔有司原氏者，燎獵中野〔四〕。鹿斯東奔〔五〕，司原縱譟之〔六〕。西方之衆有逐狶者〔七〕，聞司原之譟也，競舉音而和之〔八〕。司原聞音之衆，則反輟己之逐而往伏焉，遇夫俗惡之狶〔九〕。司原喜，而自以獲白瑞珍禽也〔一〇〕，盡芻豢單囷倉以養之〔一一〕。豕俛仰嚘咿〔一二〕，爲作容聲，司原愈益珍之。居無何〔一三〕，烈風興而澤雨作〔一四〕，灌巨豕而惡〔一五〕塗渝〔一六〕，逐駭懼〔一七〕，真聲出，乃知是家之艾猳爾〔一八〕。此隨聲逐響之過也，衆遇之未赴〔一九〕信焉。

〔一〕風俗通正失篇言淮南王事云：「後人吠聲，遂傳行耳。」又怪神篇言李君神事云：「目痛小疾，亦行自愈。衆犬吠聲，因盲者得視，遠近翕赫。」晉書傅玄後咸傳云：「一犬吠形，羣犬吠聲。」皆本此諺。

〔二〕論語云：「久矣哉，由之行詐也！」

〔三〕襄四年左傳虞箴云：「獸臣司原。」易繫辭下傳云「以佃以漁」，釋文引馬融注：「取獸曰佃。」

〔四〕爾雅釋天云「宵田爲獠」，郭注：「即今夜獵載鑪照也。」「獠」與「獠」通。○鐸按：詩魏風伐檀箋「宵田曰獵」，即本爾雅，是「獠」即「獵」也。

〔五〕詩小弁云：「鹿斯之奔。」○鐸按：斯，語助也。説見經傳釋詞。

〔六〕御覽八百卅二作「從而譟之」。鄭語云「王使婦人不幃而譟之」，韋昭注：「譟，讙呼。」

〔七〕方言云：「豬，南楚謂之豨。」「狶」與「豨」同。

〔八〕楚辭離騷王逸注：「競，並也。」

〔九〕王先生云：「『俗惡』當作『浴堊』。堊，白土也。豕浴於堊則色白，故司原誤以爲白瑞。及澤雨灌豕，堊塗渝敗，乃復艾豭之本質耳。」

〔一〇〕御覽九百十四引白虎通云：「禽者何？鳥獸之總名，明爲人所禽制。」

〔一一〕楚語云：「芻豢幾何？」韋昭注：「草養曰芻，穀養曰豢。」吕氏春秋仲秋紀高誘注：「圓曰囷，方曰倉。」○鐸按：漢書谷永傳師古注：「殫，盡也。音單。」盡、單互文。

〔一二〕後漢書文苑傳趙壹賦云「伊優北堂上」，章懷注：「伊優，屈曲佞媚之貌。」「嚘咿」與「伊優」同。○鐸按：「嚘咿」蓋如後世所書「嚘呦」，嗚聲也。

〔一三〕漢書陳平傳云「居無何」，顔師古注：「『無何』猶言『無幾時』。」

〔一四〕王先生云：「『澤』疑『淫』。」繼培按：説苑辨物篇，越裳氏譯曰：「久矣，天之無烈風淫雨！」○鐸按：「澤雨」蓋謂山澤猝發之雨，非必字訛。

〔一五〕「惡」當作「堊」。

〔一六〕○鐸按：爾雅釋言：「渝，變也。」説文：「渝，變汙也。」下文「風雨之變」即承此言。

〔一七〕王先生云：「『逐』當爲『豕』。」

〔一八〕定十四年左傳云：「盍歸我艾豭？」説文云：「豭，牡豕也。」「猳」與「豭」同。

〔一九〕「赴」疑「足」。○鐸按：説文：「赴，趨也。」史記伯夷列傳「趨舍有時」，朱駿聲説文通訓定聲謂「趨」借爲「取」。「赴信」猶言「取信」耳。

今世主之於士也，目見賢則不敢用，耳聞賢則恨不及〔一〕。雖自有知也，猶不能取，必更待羣司之所舉〔二〕，則亦懼失麟鹿而獲艾猳〔三〕。奈何其不分者也？未遇〔四〕風雨〔五〕之變者〔六〕故也。俾使一朝奇政兩集〔七〕，則險隘之徒〔八〕，闒茸之質〔九〕，亦將別矣。

〔一〕鬼谷子内揵篇云：「日進前而不御，遥聞聲而相思。」

〔二〕漢書韋賢傳，韋孟諫詩云：「明明羣司。」

〔三〕説文：「麟，大牝鹿也。」

〔四〕「遇」舊作「過」，據程本改。

〔五〕「雨」字舊脱。

〔六〕「者」字疑衍。○鐸按：涉上「者」字而衍。

〔七〕「兩」當作「雨」。論衡定賢篇云「文墨兩集」，誤與此同，其自紀篇云：「筆瀧漉而雨集。」「雨集」本孟子。

〔八〕楚辭離騷云：「惟黨人之偷樂兮，路幽昧以險隘。」

〔九〕史記賈誼傳云：「闒茸尊顯。」

夫衆小朋黨而固位〔一〕，讒妒羣吠齧賢〔二〕，爲禍敗也豈希〔三〕？三代之以覆，列國之以滅〔四〕，後人猶不能革〔五〕，此萬官所以屢失守〔六〕，而天命數靡常者也〔七〕。詩云：「國既卒斬，何用不監〔八〕！」嗚呼！時君俗主〔九〕不此察也。

〔一〕漢書楚元王傳劉向封事云：「衆小在位，而從邪議，歙歙相是，而背君子。」又云：「朋黨比周，稱譽者登進，忤恨者誅傷。」翟方進傳云：「内求人主微指，以固其位。」

〔二〕楚辭懷沙云：「邑犬羣吠兮，吠所怪也。誹駿疑傑兮，固庸態也。」晏子春秋問上云：「人有酤酒者，爲器甚潔清，置表甚長，而酒酸不售。問之里人其故，里人云：『公之狗猛，人挈器而入，且酤公酒，狗迎而噬之，此酒所以酸而不售也。』夫國亦有猛狗，用事者是也。有道術之士，欲干萬乘之主，而用事者迎而齕之，此亦國之猛狗也。」「齕」韓詩外傳七作「齧」。

〔三〕晉語云：「禍敗無已。」

〔四〕管子五輔篇云：「暴王之所以失國家，危社稷，覆宗廟，滅於天下，非失人者，未之嘗聞。」

〔五〕襄十四年左傳云「失則革之」，杜注：「革，更也。」晏子春秋諫上篇云：「行不能革。」

〔六〕楚語觀射父云：「五物之官，陪屬萬，爲萬官。」又云：「失其官守。」

〔七〕詩文王云：「天命靡常。」

〔八〕節南山。

〔九〕漢書藝文志論諸子云：「時君世主，好惡殊方。」呂氏春秋異寶篇云「其主俗主也」，高誘注：「俗主，不肖凡君。」

潛夫論箋校正卷二

明闇〔一〕第六

國之所以治者君明也，其所以亂者君闇也。君之所以明者兼聽也〔二〕，其〔三〕所以闇者偏信也〔四〕。是故人君通必兼聽〔五〕，則聖日廣矣；庸説偏信〔六〕，則愚日甚矣〔七〕。詩云：「先民有言，詢於芻蕘〔八〕。」

〔一〕○鐸按：爲國者兼聽則明，偏信則闇，爲此文大旨。而援古立論，要在懲秦二世之所以亡，故推原明之所起、闇之所生而爲篇。

〔二〕管子明法解云：「明主者兼聽獨斷。」漢書梅福傳云：「博覽兼聽，謀及疏賤，令深者不隱，遠者不塞，所謂闢四門，明四目也。」

〔三〕「其」字舊脱，據治要補。

〔四〕荀子不苟篇云：「公生明，偏生闇。」

〔五〕「必」疑當作「心」。僖二年穀梁傳云「宮之奇達心而懦」，新序善謀篇作「通心」。王先生云：「『必』疑『聽』，以下『通四聽』證之。」○鐸按：王説近是。蓋「聽」字漫漶，惟存右旁之「心」，又誤爲「必」耳。

〔六〕趙策：「馮忌曰：『言而不稱師，是庸説也。』」王先生云：「『説』疑『讒』，以下『靖言庸回』證之。」○鐸按：「説」字似不誤。潛歎篇：「反徒信亂臣之説。」「説」即「讒言」也。

〔七〕「愚」舊作「過」，據治要改。管子君臣上篇云：「夫民別而聽之則愚，合而聽之則聖。」史記袁盎傳：「盎謂申屠嘉曰：『上日聞所不聞，明所不知，日益聖智。君今自閉鉗天下之口，而日益愚。』」亦聖、愚並舉之證。

〔八〕板。○鐸按：荀子大略篇、説苑尊賢篇並引此詩以證博問博謀。

夫堯、舜之治，闢四門，明四目，通四聰〔一〕，是以天下輻湊而聖無不照〔二〕；故共、鯀之徒弗能塞也，靖言庸回弗能惑也〔三〕。秦之二世，務隱藏己〔四〕，而斷百僚〔五〕，隔捐〔六〕疏賤〔七〕而信趙高，是以聽塞於貴重之臣〔八〕，明蔽於驕妒之人〔九〕，故天下潰叛，弗得聞也〔一〇〕。皆高所殺〔一一〕，莫敢言之。周章至戲乃始駭，閻樂進勸乃後悔，不亦晚矣〔一二〕！故人君〔一三〕兼聽納下，則貴臣不得誣，而遠人不得欺也〔一四〕；慢賤信貴，則朝廷讜言無以至〔一五〕，而潔士奉身伏罪於野矣〔一六〕。

〔一〕書堯典。「通」舊作「達」，據治要改。史記五帝紀述尚書作「通」，漢書王莽傳同。韓詩外傳六亦云：「牧者所以開四目，通四聰。」漢書鼂錯傳云：「近者獻其明，遠者通厥聰。」亦用尚書文。

〔二〕管子九守主明云：「目貴明，耳貴聰，心貴智。以天下之目視，則無不見也；以天下之耳聽，則無不聞也；以天下之心慮，則無不知也。輻湊並進，則明不塞矣。」「照」舊作「昭」，據治要改。獨斷云：「皇者煌也；盛德煌煌，無所不照。」

〔三〕並見書堯典。「靖」今書作「静」。漢書王尊傳、論衡恢國篇並與此同。○鐸按：吴志陸抗傳亦作「靖」，靖、静同聲通用。

〔四〕鄧析子無厚篇云：「君者藏形匿影，羣下無私。」

〔五〕書臯陶謨云：「百僚師師。」

〔六〕「捐」舊作「損」。○俞樾云：「『隔』之與『捐』，義亦不倫。疑當作『限』。思賢篇曰：『限隔九州』，此云『隔限』，彼云『限隔』，其義一也。『限』與『損』字形微似，因而致誤。」

〔七〕管子明法解云：「疏遠鬲閉而不得聞。」「鬲」即「隔」之省。

〔八〕韓非子孤憤篇云：「智術能法之士用，則貴重之臣必在繩之外矣。」

〔九〕漢書谷永傳云：「抑遠驕妒之寵。」

〔一〇〕漢書賈捐之傳云：「天下潰畔，禍卒在於二世之末。」賈山傳云：「天下已潰，而莫之告。」

〔一一〕治要作「皆知高殺」，並有脱誤。

〔一二〕「矣」治要作「乎」。事見史記秦始皇紀。

〔一三〕「故人君」三字舊脱，據治要補。

〔一四〕管子明法解云：「明主者兼聽獨斷，多其門户，羣臣之道，下得明上，賤得言貴，故姦人不敢欺。」

〔一五〕「言」字舊空，據程本補。孟子「禹聞善言則拜」，趙岐注引尚書曰：「禹拜讜言。」今書臯陶謨作「昌言」。漢書敍傳「今日復聞讜言」，顔師古注：「讜言，善言也。」○鐸按：「讜」即「昌」之後出形聲字。

〔一六〕「矣」字舊空，據程本補。襄廿六年左傳云：「義則進，否則奉身而退。」

夫朝臣所以統理〔一〕，而多比周則法亂〔二〕；賢人所〔三〕以奉己，而隱遯伏野則君孤。法亂君孤〔四〕而能存者，未之嘗有也〔五〕。是故明君莅衆〔六〕，務下言以昭外，敬納卑賤以誘賢也〔七〕。其無距言，未必言者之盡可用也，乃懼距無用而讓有用也〔八〕；其無慢賤，未必其人盡賢也，乃懼慢不肖而絶賢望也。是故聖王表小以厲大〔九〕，賞鄙以招賢，然後良士集於朝〔一〇〕，下情達於君也〔一一〕。故上無遺失之策〔一二〕，官無亂法之臣。此君民之所利，而姦佞之所患也。

〔一〕漢書孔光傳策云：「丞相者，朕之股肱，所與共承宗廟，統理海内。」薛宣傳云：「御史大夫，内承本朝之風化，外佐丞相統理天下。」

〔二〕舊無「法」字，按文義當有，下云「官無亂法之臣」可證。管子任法篇云：「羣黨比周以立其私，請謁任舉以亂公法。」王先生云：「『多』當是『朋』字之誤，下脱『黨』字。」○鐸按：實貢篇：「是以舉世多黨而用私。」「多」亦「朋」字之誤。隸書「朋」字作「[illegible]」，故與「多」相亂。

〔三〕「所」字舊空，據程本。○鐸按：述古堂景宋寫本亦有「所」字。

〔四〕以上四字舊脱。

〔五〕管子明法解云：「法廢而私行，則人主孤特而獨立，人臣羣黨而成朋，如此則主弱而臣强，此之謂亂國。」

〔六〕易明夷象曰：「君子以莅衆。」

〔七〕治要「言」上有「之」字，「昭外」下有「也」字，疑衍。「昭」當作「照」。王先生云：「『納』字當在『務』字下，『昭』當作『招』，觀下『無距言』、『無慢賤』平列可見。」○鐸按：下文又言「賞鄙以招賢」，王説是。

〔八〕晏子春秋諫下云：「天下者，非用一士之言也。固有受而不用，惡有拒而不受者哉？」「距」與「拒」通。新書大政下篇云：「古聖王君子不素距人。」「乃懼」以下十字舊脱，據治要補。「讓」與「攘」通。曲禮「左右攘辟」，鄭注：「攘，卻也。」

〔九〕「表」舊作「責」，據治要改。新書大政下篇云：「聖王選舉也，以爲表也。」

〔一〇〕書秦誓云：「番番良士。」

〔一一〕管子明法篇云：「下情求不上通，謂之塞。」

〔一二〕文子自然篇云：「因循任下，責成而不勞，謀無失策，舉無過事。」史記主父偃傳云：「謀無遺策。」

昔張禄一見而穰侯免〔一〕，袁絲進説而周敦黜〔二〕。是以當塗之人〔三〕，恒嫉正直之士〔四〕，得一介言於君〔五〕以矯其邪也〔六〕，故上〔七〕飾僞辭以障〔八〕主心〔九〕，下設威權以固士民〔一〇〕。趙高亂政，恐惡聞上，乃豫要二世曰：「屢見羣臣衆議政事則黷，黷且示短，不若藏己獨斷，神且尊嚴。天子稱朕，固但聞名〔一一〕。」二世於是乃深自幽隱，獨進趙高。趙高入稱好言以説主，出倚詔令以自尊。天下魚爛〔一二〕，相帥叛秦。趙高恐懼，歸惡於君，乃使閻樂責而殺〔一三〕，願一見高不能而死〔一四〕。

〔一〕見史記范雎傳。○鐸按：張禄，魏辯士范雎所更名。穰侯即魏冉，秦昭王母宣太后異母弟，相秦。昭王四十一年，聽范雎説而逐穰侯。事亦詳秦策三。

〔二〕見史記袁盎傳。「教」與「勃」同。

〔三〕「當塗之人」見韓非子孤憤篇。孟子「當路於齊」，趙注云：「得當仕路。」「當塗」猶言「當路」。

〔四〕詩小明云：「正直是與。」

〔五〕春秋繁露楚莊王篇云：「介以一言曰：王者必改制。」按「介」之言「間」也。漢書杜周後欽傳云：「毋使范雎之徒得間其說。」

〔六〕文選長笛賦李善注引蒼頡篇云：「矯，正也。」

〔七〕「上」字舊脱。

〔八〕「障」舊作「彰」。

〔九〕漢書董仲舒傳云：「百官皆飾空言虛辭。」

〔一〇〕秦策：「范雎曰：『臣聞善爲國者，内固其威，而外重其權。』」

〔一一〕○鐸按：「固」亦「但」也。言但聞名，不使人見也。史記秦始皇紀作「固不聞聲」。索隱云：「一作『固聞聲』，言天子常居禁中，聞其聲耳，不見其形也。」李斯傳記高之言曰：「天子所以貴者，但以聞聲，羣臣莫得見其面。」是「固」即「但」也。漢書王尊傳：「天下皆言王勇，顧但負貴，安能勇？」「固但」與「顧但」同。參讀書雜志王念孫說。

〔一二〕史記秦始皇紀後班固論云：「河決不可復壅，魚爛不可復全。」按「魚爛」本僖十九年公羊傳。

〔一三〕「殺」下當脱「之」字。

〔一四〕見史記秦始皇紀及李斯傳。

夫田常囚簡公〔一〕，踔齒懸湣王〔二〕，二世亦既聞之矣。然猶復襲其敗迹者〔三〕何也？過在於不納卿士之箴規〔四〕，不受民氓之謡言〔五〕，自以己賢於簡、湣，而趙高賢〔六〕於二臣也。故國已亂而上不知，禍既作而下不救〔七〕。此非衆共棄君，乃君以衆命繫趙高，病自絶於民也〔八〕。

〔一〕田常即陳恒。事見哀十四年左傳。○鐸按：賢難篇「齊侯之以奪國」，即此事。亦見史記齊世家、田完世家。

〔二〕秦策：「范雎曰：『淖齒管齊之權，縮閔王之筋，懸之廟梁，宿昔而死。』」事詳齊策。踔、淖，湣、閔古字俱通用。史記田完世家作湣王。

〔三〕韓非子南面篇云：「襲亂之迹。」

〔四〕周語云：「師箴，近臣盡規。」

〔五〕晉語云：「風聽臚言於市，辨祆祥於謡。」後漢書蔡邕傳云「令三公謡言奏事」，章懷注引漢官儀曰：「三公聽採長吏臧否，人所疾苦，條奏之，是爲舉謡言者也。」劉陶傳云：「聽民庶之謡吟。」

〔六〕以上三字舊脱。

〔七〕「救」舊作「殺」。

〔八〕書西伯戡黎云：「惟王淫戲用自絶。」

後末世之君危何知之哉〔一〕？舜曰：「予違，汝弼。汝無面從，退有後言〔二〕。」故治〔三〕國之道，勸之使諫，宣之使言〔四〕，然後君明察而治情通矣。

〔一〕文有脱誤。○鐸按：此句與賢難篇「且閭閻凡品何獨識哉」同爲更端以起下之辭，疑當作「後末世之君何危之知哉」，言末世之君何知拒諫之危也。傳寫誤倒，遂不可讀。

〔二〕書皋陶謨。

〔三〕「治」字舊脱，據治要補。

〔四〕周語：「邵公曰：『爲民者宣之使言。』」

且凡驕臣之好隱賢也〔一〕，既患其正義以繩己矣〔二〕，又恥居上位而明不及下，尹其職而策不出於己〔三〕。是以郄宛得衆而子常殺之〔四〕，屈原得君而椒、蘭搆讒〔五〕，耿壽建常平而嚴延妒其謀〔六〕，陳湯殺郅支而匡衡挍其功〔七〕。

〔一〕漢書谷永傳云：「驕臣悍妾。」孟子云：「進不隱賢。」○鐸按：此「隱賢」謂隱蔽賢人。

〔二〕史記商君傳云：「日繩秦之貴公子。」

〔三〕治要載崔實政論云：「其達者或矜名嫉能，恥善策不從己出，則舞筆奮辭以破其義，寡不勝衆，遂見屏棄。」○俞樾謂「尹」當爲「尸」，詳賢難篇「尹據天官」注。○鐸按：下篇云：「羣僚師尹，咸有典司，各居其職。」疑此「尹」字當作「居」。

〔四〕昭廿七年左傳。○鐸按：已見賢難篇。

〔五〕「搆」舊作「挺」，據治要改。新序節士篇云：「屈原者，名平，楚之同姓大夫，有博通之知，清潔之行，懷王用之。秦欲吞滅諸侯，并兼天下，屈原爲楚東使於齊以結强黨。秦國患之，乃使張儀之楚，貨楚貴臣上官大夫、靳尚之屬，上及令尹子蘭、司馬子椒，内賂夫人鄭袖，共譖屈原。屈原遂放於外，乃作離騷。」漢書揚雄傳反離騷云：「靈修既信椒、蘭之唼佞兮！」蘇林曰：「椒、蘭，令尹子椒、子蘭也。」按史記屈原傳不載子椒。

〔六〕見漢書酷吏嚴延年傳。○鐸按：耿壽昌、嚴延年各節一字。

〔七〕見漢書陳湯傳。「挍」舊作「捄」，據治要改。○俞樾云：「『捄』字無義。汪改作『挍』，義亦迂曲。疑本是『佼』字。淮南覽冥訓：『鳳凰之翔至德也，雷霆不作，風雨不興，川谷不澹，草木不搖，而燕雀佼之，以爲不能與之争於宇宙之間。』『佼』蓋輕慢之意。上文云：

「赤螭、青虯之遊冀州也，蛇鱓輕之，以爲不能與之争於江海之中。」一云「輕之」，一云「佼之」，是「佼」與「輕」同。「佼其功」即「輕其功」也。「挍」乃「佼」之誤，「捄」又「挍」之誤耳。」○鐸按：捄、挍並當讀爲「撓」。撓，屈也。撓其功，謂屈辭以減其功耳。湯傳云：「匡衡以湯擅興師矯制，如復加爵土，則後奉使者争欲乘危，徼幸生事於蠻夷。爲國招難，漸不可開。」明非「輕其功」之謂。撓、挍古音同部，與「捄」音亦相近。蓋求諸聲則得，求之形則遠矣。

由此觀之，處位卑賤而欲效善於君，則必先與寵人爲讎矣〔一〕。乘舊寵沮之於內〔二〕，而己接賤〔三〕欲自信於外，此〔四〕思善之君，願忠之士，所以雖並生一世，憂心相嗷，而終不得遇者也〔五〕。

〔一〕「矣」字據治要補。韓非子八説篇云：「治國是非不以術斷，而決於寵人則臣下輕君而重於寵人矣。」

〔二〕「乘」舊作「恃」，據治要改。按「乘」猶「恃」也。考績篇云：「富者乘其才力。」

〔三〕舊無「而己」二字，據治要補。按「接」當作「疏」，「疏」誤爲「跡」，又轉誤爲「接」也。韓非子孤憤篇云：「處勢卑賤，無黨孤特。夫以疏賤與近愛信争，其數不勝也。」此文本之。漢書趙充國傳「疏捕山間虜」，顏師古注：「『疏』字本作『跡』，言尋跡而捕之。」亦疏、跡相誤之證。

〔四〕「此」字據治要補。

〔五〕「噭」疑「曒」。禮記曲禮鄭注：「噭，號呼之聲也。」王先生云：「曒，明白之貌。」○鐸按：汪說近是。

考績〔一〕第七

凡南面之大務，莫急於知賢〔二〕；知賢之近途，莫急於考功。功誠考則治亂暴而明〔三〕，善惡信則直〔四〕賢不得見障蔽〔五〕，而佞巧不得竄其姦矣〔六〕。

〔一〕○鐸按：虞書曰：「三載考績，三考黜陟幽明。」白虎通考黜篇云：「所以三歲一考績何？三年有成，故於是賞有功，黜不肖。」東漢政俗陵夷，黜陟不當，故節信探其本意而申論之。

〔二〕漢書谷永傳云：「王事之綱紀，南面之急務。」

〔三〕谷永傳云：「治天下者，尊賢考功則治，簡賢違功則亂。」○鐸按：廣雅釋詁四：「㬥，表也。」暴、㬥聲近而義同。

〔四〕「直」疑「真」。

〔五〕漢書李尋傳云：「忠直進，不蔽障。」

〔六〕呂氏春秋審分覽云：「諂諛詖賊巧佞之人，無所竄其姦。」高誘注：「『竄』猶『容』也。」○鐸按：字林：「竄，逃也。」此謂佞巧之人不得逃其姦耳。

夫劍不試則利鈍闇，弓不試則勁撓誣，鷹不試則巧拙惑，馬不試則良駑疑〔一〕。此四者之有相紛也，由不考試故得然也。今羣臣之不試也，其禍非直止於誣、闇、疑、惑而已，又必致於怠慢之節焉〔二〕。設如家人有五子十孫，父母不察精愞，則勤力者懈弛，而惰慢者遂非也〔三〕，耗業破家之道也〔四〕。父子兄弟，一門之計，猶有若此，則又況乎羣臣總猥治公事者哉〔五〕？傳曰：「善惡無彰，何以沮勸〔六〕？」是故大人不考功〔七〕，則子孫惰而家破窮；官長不考功〔八〕，則吏怠傲而姦宄興〔九〕；帝王不考功，則直〔一〇〕賢抑而□僞勝〔一一〕。故書曰：「三載考績，黜陟幽明〔一二〕。」蓋所以昭賢愚而勸能否也。

〔一〕韓非子顯學篇云：「授車就駕而觀其末塗，則臧獲不疑駑良。」藝文類聚五十七引班固擬連珠云：「臣聞馬伏皁而不用，則駑與良而爲羣；士齊僚而不職，則賢與愚而不分。」○鐸按：顯學篇上文云：「水擊鵠雁，陸斷駒馬，則臧獲不疑鈍利。」此文並本之。呂氏春秋知度篇「義則終爲天下撓」，高注：「撓，弱也。」利鈍、勁撓、巧拙、良駑並兩字對舉。

〔二〕荀子君道篇云：「百吏官人無怠慢之事。」漢書薛宣傳册免宣云：「有司法君領職解嫚，開謾欺之路。」

〔三〕漢書疏廣傳：「廣云：『顧自有舊田廬，令子孫勤力其中，足以共衣食，與凡人齊。今復增益之，以爲贏餘，但教子孫怠墮耳。』」賈山傳云：「臣恐朝廷之解弛，百官之墮於事也。諸侯聞之，又必怠於政矣」，顔師古注：「『解』讀爲『懈』。」佞幸董賢傳哀帝策免丁明云：「將軍遂非不改。」按「也」字疑當作「此」，屬下句讀。

〔四〕舊無「破」字，不成句。按下云：「子孫惰而家破窮」，今據補。漢書嚴助傳云：「破家散業。」

〔五〕禮記月令云「寒氣總至」，鄭注：「『總』猶『猥卒』。」按「總猥」猶離騷言「總總」也。詩瞻卬云：「婦無公事。」

〔六〕襄廿七年左傳。「善惡」作「賞罰」，「彰」作「章」。○鐸按：孔疏云：「罰有罪所以止人爲惡，賞有功所以勸人爲善。」此蓋以義易其文，非左氏之舊。

〔七〕史記刺客傳云：「嚴仲子奉黄金百鎰，前爲聶政母壽，曰：『將爲大人麤糲之費。』」正義引韋昭云：「古者名男子爲丈夫，尊父嫗爲大人。」漢書宣元六王傳：「王遇大人益解，爲大人乞骸去。」大人，憲王外祖母。古詩：「三日斷五匹，大人故言遲。」是也。繼培按：

後漢書黨錮傳：「范滂白母曰：『惟大人割不忍之恩。』」亦稱母爲大人。然此本爲父母通稱，説苑建本篇：「曾晳擊曾子仆地，有頃蘇，進曰：『曩者參得罪於大人。』」史記高祖紀：「奉玉卮，起爲太上皇壽曰：『始大人常以臣無賴，不能治産業。』」越世家：「陶朱公長男曰：『家有長子曰家督，今弟有罪，大人不遣，乃遣少弟。』」漢書疏廣傳：「兄子受曰：『從大人議。』即日父子俱移病。」後漢書馬援傳：「援嘗有疾，梁松來候之，獨拜牀下。援不答。松去後，諸子問曰：『梁伯孫帝壻，貴重朝廷，公卿以下，莫不憚之，大人奈何獨不爲禮？』」馮緄傳：「父焕爲幽州刺史，怨者詐作璽書譴責焕，賜以歐刀。焕欲自殺，緄止焕曰：『大人在州，志欲去惡，實無他故，必是凶人妄詐。』」朱暉傳云：「張堪卒，暉聞其妻子貧困，乃自往候視，厚賑贍之。暉少子頡怪而問曰：『大人不與堪爲友，平生未曾相聞，子孫竊怪之。』」崔駰後實傳：「實從兄烈問其子鈞曰：『吾居三公，於議者何如？』鈞曰：『大人少有英稱，歷位卿守，論者不謂不當爲三公。』」傅燮傳：「子幹進諫曰：『國家昏亂，遂令大人不容於朝。』」皇甫嵩傳：「從子酈説嵩曰：『能安危定傾者，惟大人與董卓耳。』」列女傳：「鮑宣妻曰：『大人以先生修德守約，故使賤妾侍執巾櫛。』」是皆以「大人」稱其父及父之兄弟，非獨父嫗也。○鐸按：古者大人之稱，施於父母伯叔，説亦見陔餘叢考卷三十七。

〔八〕漢書武帝紀元朔元年詔曰「二千石官長紀綱人倫」，顔師古注：「謂郡之守尉，縣之令長。」

〔九〕孟子云：「般樂怠傲。」書堯典云：「寇賊姦宄。」釋名釋言語云：「姦，奸也，言奸正法也。宄，佹也，佹易常正也。」

〔一〇〕「直」疑「真」。

〔一一〕空格程本作「詐」。漢書景帝紀後二年詔曰「或詐僞爲吏」，臣瓚曰：「律所謂矯枉以爲吏者也。」

〔一二〕堯典。○鐸按：此以「幽明」屬上讀，與尚書大傳、漢書谷永傳同，今文説也。

聖王之建百官也，皆以承天治地，牧養萬民者也〔一〕。是故有號者必稱於〔二〕典〔三〕，名理者必效於實〔四〕，則官無廢職，位無非人〔五〕。夫守相令長，效在治民〔六〕；州牧刺史，在憲聰明〔七〕；九卿分職，以佐三公〔八〕；三公總統，典和陰陽〔九〕：皆當考治以效實爲王休者也〔一〇〕。侍中、大夫、博士、議郎〔一一〕，以言語爲職，諫諍爲官〔一二〕，及選茂才〔一三〕、孝廉〔一四〕、賢良方正〔一五〕、惇樸〔一六〕、有道〔一七〕、明經〔一八〕、寬博〔一九〕、武猛〔二〇〕、治劇〔二一〕，此皆名自命而號自定〔二二〕，羣臣所當盡情竭慮稱君詔也。

〔一〕「牧」舊作「物」。按「牧養」本管子問篇。形勢解云：「主牧萬民。」漢書宣帝紀本始元年詔："郡國二千石，謹牧養民而風德化。"

〔二〕"於"字舊脱。

〔三〕春秋繁露深察名號篇云："號爲天子者，宜視天如父，事天以孝道也。號爲諸侯者，宜謹視所候，奉之天子也。號爲大夫者，宜厚其忠信，敦其禮義，使善大於匹夫之義足以化也。士者，事也。民者，瞑也。士不及化，可使守事從上而已。五號自讚，各有分；分中委曲，曲有名；名衆於號，號其大全。名也者，名其别離分散也。"按"典名"二字疑倒。

〔四〕六韜舉賢篇："文王曰：『舉賢奈何？』太公曰：『將相分職，而各以官名舉人，按名督實，選才考能，令實當其名，名當其實，則得舉賢之道也。』"

〔五〕漢書成帝紀鴻嘉二年詔曰："古之選賢，傅納以言，明試以功，故官無廢事，下無逸民。"翼奉傳云："有司各敬其事，在位莫非其人。"

〔六〕續漢書百官志云："每郡置太守，每縣邑道大者置令，其次置長。侯國令長爲相。"注云："皆掌治民。"

〔七〕百官志云："每州刺史一人。"注："武帝初置刺史，成帝更爲牧，建武十八年復爲刺史。"漢書朱博傳云："何武爲大司空，與丞相方進共奏言：『古選諸侯賢者以爲州伯，書曰：咨十有二牧，所以廣聰明燭幽隱也。今部刺史居牧伯之位，秉一州之統，選第大吏，所薦位高至九卿，所惡立退，任重職大。』"按"憲"疑"悉"之誤。于定國傳云："永執綱紀，務悉聰明。」王嘉傳云：「公卿股肱，莫能悉心務聰明。」顔師古注：「悉，盡也。務聰明者，廣視聽也。」

〔八〕百官志：「太常、光禄勳、衛尉、太僕、廷尉、大鴻臚、宗正、大司農、少府，皆卿一人。太尉、司徒、司空，皆公一人。」説苑臣術篇云：「九卿者，所以參三公也。」

〔九〕漢書丙吉傳云：「三公典調和陰陽。」陳平傳云：「宰相者，上佐天子理陰陽，順四時，下遂萬物之宜，外填撫四夷諸侯，内親附百姓，使卿大夫各得任其職也。」

〔一〇〕詩江漢云：「對揚王休。」○俞樾云：「此言自守相令長至三公，皆當考績以效實而進退之，賢則任用，不賢則罷斥。『王休』二字借用五行王相休囚之説，亦因上文言『三公典和陰陽』，故即從陰陽五行爲説也。淮南子地形篇：『木壯，水老，火生，金囚，土死。』無『王休』之文。太玄玄數篇：『五行用事者王，王所生相，故王廢。勝王囚王，所勝死。』其文有『王』無『休』。然論衡難歲篇云：『立春，艮王，震相，巽胎，離没，坤死，兑囚，乾廢，坎休。』則東漢時固已有此説。自王而相，而胎，而死，而囚，而廢，而休，故此文即用『王休』二字以寓進賢退不肖之意。汪箋引詩『王休』釋之，未得其義。相列篇：『五色之見，王廢有時。』彼云『王廢』，此云『王休』，其義一也。」

〔一一〕侍中屬少府，博士屬太常，大夫、議郎屬光禄勳。

〔一二〕漢書鮑宣傳云：「官以諫争爲職，不敢不竭愚。」

〔一三〕漢舊儀云：「刺史舉民有茂才者移名丞相，丞相考召，取明經一科，明律令一科，能治劇一科。」按「茂才」本稱「秀才」，後漢避光武帝諱改之。

〔一四〕漢書武帝紀：「元光元年，初令郡國舉孝廉。」

〔一五〕文帝紀二年詔「舉賢良方正能直言極諫者」，爲此科之始。

〔一六〕下作「敦厚」。後漢書左周黄列傳論二科並列，以爲中興後所增。按漢書元帝紀：「永光元年，詔舉質樸敦厚遜讓有行者，光禄歲以此科第郎、從官。」後漢書吴祐傳注引漢官儀稱「光禄四行，敦厚、質樸、遜讓、節儉」是也。成帝紀永始三年又云：「舉惇樸遜讓有行義者。」平帝紀元始元年：「舉敦厚能直言者。」後漢書獨行譙玄傳亦作「敦樸」，則敦樸、敦厚非有二事，且亦不始於東京矣。○鐸按：惇、敦同音，樸、厚同義，亦知爲一事二名也。

〔一七〕後漢書安帝紀：「建光元年，令舉有道之士。」按「永初元年，詔舉賢良方正有道術之士，明政術，達古今，能直言極諫者。」「五年，詔舉賢良方正有道術，達於政化，能直言極諫之士。」「有道」即「有道術者」。

〔一八〕見上。

〔一九〕後漢書章帝紀：「建初元年，初舉孝廉、郎中寬博有謀，任典城者，以補長、相。」

〔二〇〕後漢書安帝紀：「建光元年，詔舉武猛堪將帥者。」按漢書武帝紀：「元延元年，詔北邊二十二郡舉勇猛知兵法者。」即「武猛」也。

〔二一〕見上。

〔二二〕史記晉世家：「師服曰『名，自命也；物，自定也』。」春秋繁露有深察名號篇。

今則不然，令長守相不思立功〔一〕，貪殘專恣〔二〕，不奉法令，侵冤小民〔三〕。州司不治，令遠詣闕上書訟訴〔四〕。尚書不以責三公〔五〕，三公不以讓州郡〔六〕，州郡不以討縣邑〔七〕，是以凶惡狡猾〔八〕易相冤也。侍中、博士諫議之官，或處位歷年，終無進賢嫉惡拾遺補闕之語〔九〕，而貶黜之憂〔一〇〕。羣僚舉士者，或以頑魯應茂才〔一一〕，以桀逆應至孝〔一二〕，以貪饕應廉吏〔一三〕，以狡猾應方正，以諛諂應直言，以輕薄應敦厚〔一四〕，以空虚應有道〔一五〕，以嚚闇應明經〔一六〕，以殘酷應寬博，以怯弱應武猛，以愚頑應治劇，名實不相副〔一七〕，求貢不相稱〔一八〕。富者乘其材力〔一九〕，貴者阻其勢要〔二〇〕，以錢多爲賢，以剛强爲上〔二一〕。凡在位所以多非其人，而官聽所以數亂荒也〔二二〕。

〔一〕漢書郊祀志：「太誓曰：『正稽古立功立事，可以永年，丕天之大律。』」

〔二〕漢書鮑宣傳云：「公卿守相，貪殘成化。」楚元王傳劉向云：「尹氏世卿而專恣。」又云：「二世委任趙高，專權自恣。」

〔三〕漢書百官公卿表顏師古注引漢官典職儀云「刺史以六條問事」，其二條云：「二千石不奉詔書，遵承典制，倍公向私，旁詔守利，侵漁百姓，聚歛爲姦。」王莽傳云：「州牧數存問，勿令有侵冤。」

〔四〕漢書于定國傳云：「民多冤結，州郡不理，連上書者交於闕廷。」後漢書質帝紀本初元年詔云：「頃者，州郡輕慢憲防，競逞殘暴，造設科條，陷入無罪，至令守闕訴訟，前後不絕。」

〔五〕百官志尚書屬少府。後漢書虞詡傳：「詡謂諸尚書曰：『小人有怨，不遠千里，斷髮刻肌，詣闕告訴，而不爲理，豈臣下之義？』」

〔六〕說文云：「讓，相責讓。」

〔七〕說文云：「討，治也。」

〔八〕昭廿六年左傳云：「無助狡猾。」按漢時劾奏有云「狡猾」者，蓋律令文也。漢書陳湯傳：「弘農太守張匡坐臧百萬以上，狡猾不道。」翟方進傳：「劾紅陽侯立懷姦邪，亂朝政，欲傾誤要主上，狡猾不道。」韓延壽傳：「公卿皆以延壽前既無狀，後復誣愬典法大臣，欲以解罪，狡猾不道。」王尊傳：「五官掾張輔繫獄，數日死，盡得其狡猾不道，百萬姦臧。」孫寶傳：「劾奏立、尚懷姦罔上，狡猾不道。」宣帝子淮陽憲王傳：「房漏洩省中語，博兄弟詿誤諸侯王，誹謗政治，狡猾不道。」皆其事也。

〔九〕藝文類聚四十八引應劭漢官云：「侍中便繁左右，與帝升降，卒思近對，拾遺補闕，百僚之中，莫密於茲。」漢書司馬遷傳云：「不能拾遺補闕。」

〔一〇〕漢書韋賢後玄成傳云：「自傷貶黜父爵。」詩蓼莪鄭箋：「『之』猶『是』也。」○鐸按：論語爲政篇「父母唯其疾之憂」，句法同。

〔一一〕論衡命禄篇云：「頑魯而典城。」

〔一二〕後漢書安帝紀：「永初五年，詔舉至孝與衆卓異者。」桓帝紀延熹二年詔曰：「桀逆梟夷。」孔融傳云：「劉表桀逆放恣。」按説文云：「傑，傲也。屰，不順也。」「桀逆」即「傑屰」假借字。

〔一三〕説文云：「饕，貪也。」文子上義篇云：「貪饕多欲之人，殘賊天下。」○鐸按：賈子道術篇：「反廉爲貪。」

〔一四〕漢書酷吏尹賞傳云：「輕薄少年。」

〔一五〕論衡量知篇云：「空虚無德。」後漢書第五倫傳云：「以空虚之質，當輔弼之任。」

〔一六〕「闇」當作「瘖」。晉語：「胥臣曰：『嚚瘖不可使言。』」韋昭注：「口不道忠信之言爲嚚。瘖，不能言者。」○鐸按：淮南子泰族訓「既瘖且聾」，文子符言篇「瘖」作「闇」，古字通用，不煩改作。

〔一七〕漢書王莽傳云：「名實不副。」

〔一八〕抱朴子審舉篇云：「靈、獻之世，臺閣失選用於上，州郡輕貢舉於下，故時人語曰：『舉秀才，不知書；察孝廉，父別居。寒素清白濁如泥，高第良將怯如雞。』」觀節信所言，則非獨靈、獻時爲然矣。

〔一九〕「材」當作「財」。漢書貨殖傳序云：「以財力相君。」

〔二〇〕呂氏春秋誠廉篇高誘注：「阻，依也。」○鐸按：阻、乘皆「恃」也。隱四年左傳：「夫州吁阻兵而安忍。」文選西征賦注引杜注云：「阻，恃也。」「乘」字已見上篇。

〔二一〕漢書貢禹傳云：「俗皆曰：『何以孝悌爲？財多而光榮。何以禮義爲？史書而仕宦。何以謹慎爲？勇猛而臨官。』故黥劓而髡鉗者，猶復攘臂爲政於世，行雖犬彘，家富埶足，目指氣使，是爲賢耳。」

〔二二〕王侍郎云：「『官聽』疑是『官職』。」繼培按：作「職」是也。上云「官無廢職，位無非人」，此承其文言之。漢書景帝紀後二年詔曰：「其令二千石各修其職。不事官職耗亂者，丞相以聞，請其罪。」于定國傳云：「二千石選舉不實，是以在位多不任職。」又云：「勉察郡國守相羣牧非其人者。」後漢書和帝紀永元五年詔曰：「在位不以選舉爲憂，督察不以發覺爲負，非獨州郡也。是以庶官多非其人，下民被奸邪之傷。」史記夏本紀云：「非其人居其官，是謂亂天事。」

古者諸侯貢士，一適謂之好德，再適謂之尚賢，三適謂之有功，則加之賞。其不貢士也，一則黜爵，再則黜地，三黜則爵土俱畢。附下罔上者死，附上罔下者〔二〕刑，與聞國政而無益於民者斥，在上位而不能進賢者逐〔三〕。其受事而重選舉，審名實而取〔三〕賞罰也如此。故能別賢愚而獲多士〔四〕，成教化而安民氓〔五〕。三代〔六〕於世，皆致太平。聖漢踐祚〔七〕，載祀四八，而猶未者〔八〕，教不假〔九〕而功不考，賞罰稽而赦贖數也。諺曰：「曲木惡直繩，重罰惡明證〔一〇〕。」此羣臣所以樂總猥而惡考功也。

〔一〕以上六字舊脱。

〔二〕「古者諸侯」以下本武帝元朔元年有司奏議，見漢書本紀，事詳尚書大傳。「附下罔上」四語，説苑臣術篇以爲泰誓文，「斥」作「退」。○鐸按：此尚書大傳説泰誓之文，説苑題泰誓者，語有省略耳。後漢書左周黄傳論：「古者諸侯歲貢士，進賢受上賞，非賢貶爵土。」亦本大傳。

〔三〕「取」疑「嚴」。

〔四〕詩文王云：「濟濟多士。」

〔五〕漢書董仲舒傳云：「古者修教訓之官，務以德善化民。今世廢而不修，民以故棄行誼而死財利。」

〔六〕「代」舊作「有」。

〔七〕「祚」當作「阼」。大戴禮有武王踐阼篇。○鐸按：曹騰碑：「踐胙之初。」胙、阼同字，是祚、阼亦可通用。

〔八〕「未者」舊作「者末」。按新書數寧篇云「然又未也者」，語與此同。

〔九〕「假」當作「修」。○鐸按：假，至也。亦可通。

〔一〇〕鹽鐵論鹽鐵鍼石篇云：「語曰：『五盜執一良人，枉木惡直繩。』」申韓篇云：「曲木惡直繩，姦邪惡正法。」韓非子有度篇云：「繩直而枉木斲。」

夫聖人爲天口，賢人爲聖譯〔一〕。是故聖人之言，天之心也。賢者之所說，聖人之意也。先師京君〔二〕，科察考功〔三〕，以遺賢俊〔四〕，太平之基，必自此始〔五〕，無爲之化，必自此來也〔六〕。

〔一〕「譯」疑當作「鐸」。法言學行篇云：「天之道不在仲尼乎！仲尼，駕說者也，不在茲儒乎！如將復駕其所說，則莫若使諸儒金口而木舌。」金口木舌，鐸也。論語云「天將以夫子爲木鐸」，皇疏云：「鐸用銅鐵爲之。若行武教，則用銅鐵爲舌。若行文教，則用木舌，謂之木鐸。」○俞樾云：「說文：『譯，傳譯四夷之言者。』天無言而聖人代之言，故曰『爲天口』。聖人之言，人不易曉，而賢者爲通其指趣，故曰『爲聖譯』。『譯』字不誤。」○鐸按：下文「賢者之所説，聖人之意也」，正釋「聖譯」二字，則「譯」爲「傳譯」明矣。

〔二〕漢書楚元王傳劉歆移書太常博士云：「至孝武皇帝，然後鄒、魯、梁、趙頗有詩、禮、春秋先師。」顏師古注：「前學之師也。」眭孟傳稱「先師董仲舒」，此其例也。

〔三〕漢書京房傳云「房奏考功課吏法」，晉灼曰：「令丞尉治一縣，崇教化亡犯法者輒遷。有盜賊滿三日不覺者，則尉事也。令覺之，自除，二尉負其辠。率相准如此法。」

〔四〕漢書元帝紀初元元年詔曰：「延登賢俊。」

〔五〕毛詩南山有臺序云：「得賢，則能爲邦家立太平之基矣。」

〔六〕詩卷阿鄭箋云：「孔子曰：『無爲而治者，其舜也與？恭己正南面而已。』言任賢故逸也。」○鐸按：「化」疑本作「治」，唐人避高宗李治諱改，愛日篇「治國之日舒以長」，本傳作「化國」，是其例。基、始、治、來韻。

是故世主不循考功而思太平，此猶欲舍規矩而爲方圓〔一〕，無舟楫而欲濟大水〔二〕，雖或云縱〔三〕，然不知循其慮度之易且速也〔四〕。羣僚師尹，咸有典司〔五〕，各居其職，以責其效；百郡千縣，各因其前，以謀其後；辭言應對，各緣其文，以□〔六〕其實，則奉職不解〔七〕，而陳言者不得誣矣〔八〕。書云：「賦納以言，明試以功，車服以庸，誰能不讓？誰能不敬應〔九〕？」此堯、舜所以養黎民而致時雍也〔一〇〕。

〔一〕「欲」字當在「爲」上。管子法法篇云：「倍法而治，是廢規矩而正方圓也。」韓非子姦劫弑臣篇云：「若無規矩而欲爲方圓也，必不幾矣。」

〔二〕管子七法篇云：「不明於計數而欲舉大事，猶無舟楫而欲經於水險也。」商子弱民篇云：「濟大川而無船楫。」

〔三〕「縱」疑「從」。○鐸按：縱、從古字通。小爾雅廣言云：「從，遂也。」

〔四〕「知」當作「如」。文選王褒四子講德論云：「膺騰撇波而濟水，不如乘舟之逸也；衝蒙涉田而能致遠，未若遵塗之疾也。」此意與彼同。

〔五〕文選班固西都賦云：「各有典司。」

〔六〕空格程本作「覈」。

〔七〕解，讀爲「懈」。

〔八〕韓非子主道篇云：「羣臣陳其言，君以其言授其事，以事責其功。功當其事，事當其言則賞；功不當其事，事不當其言則誅。明君之道，臣不陳言而不當。」備内篇云：「偶三五之驗，以責陳言之實，執後以應前，按法以治衆，衆端以參觀。」

〔九〕書皐陶謨。今書「賦」作「敷」，「試」作「庶」。僖廿七年左傳趙衰引夏書與此同。「能」今並作「敢」，無下「誰」字。○鐸按：今書作「敷納以言，明庶以功」，乃梅賾改本，説詳劉文淇春秋左氏傳舊注疏證。

〔一〇〕書堯典。○鐸按：書云：「黎民於變時雍。」漢書成帝紀陽朔元年詔引「變」作「蕃」。應劭曰：「黎，衆也。時，是也。雍，和也。言衆民於是變化，用是大和也。」洪亮吉尚書今古文注疏云：「潛夫論以『養』釋『蕃』，云『致時雍』，疑又以『時』爲『時代』之『時』。」

思賢〔一〕第八

國之所以存者治也，其所以亡者亂也。人君莫不好治而惡亂，樂存而畏亡。然嘗觀上記〔二〕，近古以來，亡代有三，穢國不數〔三〕，夫何故哉〔四〕？察其敗，皆由君常好其所亂，而惡其所治；憎其所以存，而愛其所以亡〔五〕。是故〔六〕雖相去百世，縣年一紀〔七〕，限隔九州〔八〕，殊俗千里〔九〕，然其亡徵敗迹〔一〇〕，若重規襲矩〔一一〕，稽節合符〔一二〕。故曰：雖有堯、舜之美，必考於周頌〔一三〕；雖有桀、紂之惡，必譏於版、蕩〔一四〕。殷鑑不遠，在夏后之世〔一五〕。

〔一〕○鐸按：春秋以降，迄於漢世，分封同姓，不量能而授官，故亡國敗家相續，此望治者所以思得賢材共相舉救者也。故以「思賢」命篇。

〔二〕呂氏春秋務本篇云「嘗試觀上古記」，高誘注：「上古記，上世古書也。」

〔三〕「穢」當作「滅」。賢難篇云：「三代之以覆，列國之以滅。」滅、穢字形相近。漢書食貨志：「彭吳穿穢貊、朝鮮」，史記平準書作「彭吳賈滅朝鮮」，誤正類此。呂氏春秋安死篇云「亡國不可勝數」，高誘注：「不可勝數，亡國多也。」○鐸按：此「數」字讀去聲。「不數」即「無數」，與「有三」對。史記張釋之馮唐傳贊「不偏不黨，不黨不偏」，即書洪範「無偏無黨，無黨無偏」。襄三年左傳引商書「無偏無黨」，新序雜事一作「不偏不黨」。周語上「是以事行而不悖」，潛歎篇作「事行而無敗」。是「不」與「無」同也。此書無、不多互用，汪偶未照耳。

〔四〕「故」字舊脱，據治要補。

〔五〕治要「以」作「與」，「亂」、「治」上並有「以」字。「惡」舊作「忘」，據治要改。漢書董仲舒傳云：「人君莫不欲安存而惡危亡，然而政亂國危者甚衆，所任者非其人，而所繇者非其道，是以政日以仆滅也。」

〔六〕「故」字據治要補。

〔七〕續漢書律曆志劉昭注引樂叶圖徵云：「天元以甲子朔旦冬至，日月起於牽牛之初，右行二十八宿，以考王者終始。或盡一其歷數，或不能盡一，以四千五百六十爲紀，甲寅窮。」宋均注：「『紀』即『元』也。四千五百六十者，五行相代一終之大數也。王者即位，或過其統，或不盡其數，故一共以四千五百六十爲甲寅之終也。王者起必易元，故不復沿前而終言之也。」

〔八〕新語道基篇云：「九州絶隔。」

〔九〕晏子春秋問上云：「古者百里而異習，千里而殊俗。」

〔一〇〕韓非子有亡徵篇。○鐸按：「敗迹」已見明闇篇。

〔一一〕爾雅釋山郭璞注：「『襲』亦『重』。」○鐸按：襲、疊古音同部，今習用「疊」字。

〔一二〕孟子云：「若合符節。」禮記儒行鄭注：「『稽』猶『合』也。」

〔一三〕荀子非相篇云：「欲知上世，則審周道。」淮南子精神訓高誘注：「考，觀也。」○鐸按：舊説周頌爲周室成功致太平之詩，故曰「必考於周頌」。

〔一四〕並詩大雅。「版」今作「板」，爾雅釋訓作「版」。禮記玉藻鄭注：「『幾』猶『察』也。」「譏」與「幾」同。○鐸按：管子小匡篇「關市幾而不正」，即孟子公孫丑上篇「關譏而不征」，是「譏」與「幾」同也。

〔一五〕詩蕩。

夫與死人同病者，不可生也；與亡國同行者，不可存也〔一〕。豈虚言哉〔二〕！何以知人之〔三〕且病也？以其不嗜食也。何以知國之將亂也？以其不嗜賢也〔四〕。是故病家之厨〔五〕，非無嘉饌也，乃其人弗之能食，故遂於死也。亂國之官，非無賢人也，其君弗之能任，故遂於亡也〔六〕。夫生飦秔粱〔七〕，旨酒甘醪，所以養生也〔八〕，而病人惡之，以爲不若菽麥糠糟欲清者〔九〕，此其將死之候也。尊賢任能，信忠納諫，所以爲安也，而闇君惡之，以爲不若姦佞闒茸讒諛之〔一〇〕言者〔一一〕，此其將亡之徵也〔一二〕。老子曰：「夫唯病病，是以不病。」易稱：「其亡其亡，繫于苞桑〔一三〕。」是故養壽之士，先病服藥；養世之君，先亂任賢，是以身常安而國永永也〔一四〕。

〔一〕韓非子孤憤篇文。○鐸按：淮南子説山訓：「與死者同病，難爲良醫；與亡國同道，難與爲謀。」亦此義。

〔二〕老子云：「古之所謂曲則全者，豈虚言哉！」

〔三〕「之」字舊脱。

〔四〕文子微明篇云：「人之將疾也，必先不甘魚肉之味；國之將亡也，必先惡忠臣之語。」○鐸按：且、將一聲之轉，故互其文。

〔五〕説文云：「廚，庖屋也。」

〔六〕兩「於」字治要無。按定四年左傳云：「若楚之遂亡，君之土也。」荀子正論篇云：「國雖不安，不至於廢易遂亡謂之君。」説苑建本篇云：「民怨其上，不遂亡者，未之有也。」齊策：「蘇秦曰：『中山，千乘之國也，而敵萬乘之國二，再戰比勝，此用兵之上節也。然而國遂亡。』」皆「遂亡」連文之證。○鐸按：箋所引諸書「遂」字，或爲語詞，或與「墜」同，而皆不足以說此。「於」猶「以」也。韓非子解老篇：「慈，於戰則勝，以守則固。」老子「於」作「以」。「於死」、「於亡」猶言「以之死」、「以之亡」耳。治要無兩「於」字，蓋不得其義而妄刪，不足據也。

〔七〕爾雅釋言釋文引字林云：「飵，飯食也。」玉篇以「飵」爲俗「飯」字。「生飯」未詳。鹽鐵論散不足篇云：「豆羹白飯，綦膾熟肉。」「生飯」或「白飯」之誤。○鐸按：生、白形音俱遠，無緣致誤。實貢篇云：「夫說粱飯食肉。」與此同謂美食也。若白飯則何美之有？

〔八〕莊子有養生主篇。淮南子泰族訓云：「肥肌膚，充腸腹，供嗜慾，養生之末也。」

〔九〕「欲」當作「飲」。楚辭招魂云：「挫糟凍飲，酎清涼些。」王逸注：「凍，冰也。」○鐸按：「清」疑當作「清」，謂「寒水」也。蔡邕爲陳留縣上孝子狀：「臣爲設食，但用麥飯寒水。」箋引招魂「挫糟凍飲」，則又以美食當惡食矣。莊子人間世：「爨無欲清之人。」釋文：「清，七性反。」字當作清。

〔一〇〕「之」字舊脫。

〔一一〕漢書李尋傳云：「諸闒茸佞讇，抱虛求進。」

〔一二〕舊脫「也」字，據何本補。治要載尹文子曰：「凡國之將存亡有六徵。」韓非子亡徵篇云：「亡徵者，非曰必亡，言其可亡也。」

〔一三〕否九五。

〔一四〕兩「永」字有誤。程本作「國脈永」。按「脈」字疑非是。素問四氣調神大論云：「聖人不治已病，治未病；不治已亂，治未亂。」淮南子説山訓云：「良醫者，常治無病之病，故無病。聖人者，常治無患之患，故無患。」○俞樾云：「上『永』字不誤，下『永』字乃『𥝌』字之誤。𥝌，古文『保』字，見説文。『身常安』與『國永保』，兩文相對。」

上醫醫國，其次下醫醫疾〔一〕。夫人治國，固治身之象〔二〕。疾者身之病，亂者國之病也。身之病待醫而愈，國之亂待賢而治〔三〕。治身有黄帝之術〔四〕，治世有孔子之經〔五〕。然病不愈而亂不治者，非〔六〕鍼石之法誤〔七〕，而五經之言誣也，乃因〔八〕之者非其人。苟非其人〔九〕，則規不圓而矩不方，繩不直而準不平〔一〇〕，鑽燧不得火〔一一〕，鼓石不下金〔一二〕，驅馬不可以追速，進舟不可以涉水也〔一三〕。凡此八者，天之張道〔一四〕，有形見物，苟非其人，猶尚無功，則又況乎懷道術以撫民氓，乘六龍以御天心者哉〔一五〕？

〔一〕「下醫」二字衍。晉語：「醫和曰：『上醫醫國，其次疾人。』」○鐸按：晉語「人」字衍，「醫」字蒙上省。此文「醫」字不省。

〔二〕吕氏春秋審分覽云：「夫治身與治國，一理之術也。」後漢書崔駰後實傳政論云：「爲國之法，有似理身。」

〔三〕韓詩外傳三：「傳曰：太平之時，無瘖、聾、跛、眇、尪蹇、侏儒、短折，父不哭子，兄不哭弟，道無襁負之遺育，然各以其序終者，賢醫之用也。故安止平正。除疾之道無他焉，用賢而已矣。」

〔四〕漢書藝文志：「醫經：黄帝内經十八卷，外經三十七卷。」

〔五〕白虎通五經篇云：「孔子定五經，以行其道。」

〔六〕「非」舊作「唯」。

〔七〕「鍼石」治要作「灸鍼」。素問血氣形志篇云：「形樂志苦，病生於脈，治之以灸刺。形苦志樂，病生於肉，治之以鍼石。」八正神明論：「凡刺之法，必候日月星辰四時八正之氣。氣定乃刺之。」

〔八〕「因」疑「用」。

〔九〕易繫辭下傳云：「苟非其人，道不虚行。」

〔一〇〕吕氏春秋分職篇云：「爲圓必以規，爲方必以矩，爲平直必以準繩。」

〔一一〕説文云：「鐩，陽鐩也。」論語云：「鑽燧改火。」「燧」與「鐩」同。○鐸按：禮記内則鄭注所謂「木燧」是也。

〔一二〕論衡量知篇云：「銅錫未採，在衆石之間。工師鑿掘，鑪橐鑄鑠乃成器。未更鑄橐，名曰積石。積石與彼路畔之瓦、山間之礫一實也。」昭廿九年左傳云「遂賦晉國一鼓鐵，以鑄刑鼎」，杜注：「令晉國各出功力，共鼓石爲鐵。」疏云：「冶石爲鐵。用橐扇火，動橐謂之鼓。」

〔一三〕「驅馬」、「進舟」舊作「金馬」、「土舟」，據治要改。鑽，鼓，驅、進同類。○鐸按：驅馬、進舟並行之疾者，不得其人而用之，則不可追速涉水，作金馬、土舟，則非其指。治要是也。

〔一四〕「張」謂「張著」。漢書王莽傳云：「事勢張見。」○鐸按：張、章同音，而義亦近，周語「其飾彌章」，韋注：「章，著也。」

〔一五〕易乾象曰：「時乘六龍以御天。」

夫治世不得真賢，譬猶治疾不得真藥也〔一〕。治疾當得〔二〕真人參〔三〕，反得支羅服〔四〕；當得麥門冬，反得烝穬麥〔五〕。已而不識真〔六〕，合而服之〔七〕，病以侵劇〔八〕，不自知爲人所欺也。乃反謂方不誠而藥皆無益於療病〔九〕，因棄後藥而弗敢飲〔一〇〕，而便〔一一〕求巫覡者，雖死可也〔一二〕。人君求賢，下應以鄙，與直不以枉。已不引真，受猥官之〔一三〕，國以侵亂，不自知爲下所欺也。乃反謂經不信而賢皆無益於救亂，因廢真賢不復求進〔一四〕，更任俗吏〔一五〕，雖滅亡可也〔一六〕。三代以下，皆以支羅服、烝穬麥合藥，病日痁而遂死也〔一七〕。

〔一〕「真藥」舊作「良醫」，據治要、意林改。御覽數引並同。○鐸按：「治世」御覽數引作「理世」，避唐諱改。

〔二〕「得」字舊脱，據何本補。○鐸按：御覽七三九、九九一引並有「得」字。

〔三〕説文云：「薓，人薓，藥艸，出上黨。」「參」爲「薓」之借。

〔四〕意林及御覽七百卌九、九百九十一「羅服」字皆從艸，無「支」字。御覽九百八十引正論云：「理世不得真賢，猶治病無真藥。當用人參，反得蘿菔根。」「支蘿菔」即「蘿菔根」也。

〔五〕「得」字舊脱，據御覽七百卌九補。「穬」舊作「横」，按證類本草六引陶隱居云：「根似穬麥，故名麥門冬。」今據改，下同。

〔六〕王先生云：「『而』字衍。」繼培按：「而」字非衍，勸將篇云「已而不能以稱明詔」，是其例。○鐸按：汪説是也。而、乃古同聲而通用。史記淮陰侯傳：「相君之背，貴乃不可言。」漢書蒯通傳「乃」作「而」，是其證。説見經傳釋詞。

〔七〕墨子非攻中篇云：「今有醫於此，和合其祝藥之於天下之有病者而藥之。」周禮「疾，醫以五味、五穀、五藥養其病」，鄭注：「其治合之齊，則存乎神農、子儀之術云。」釋文：「合，如字，又音閤。」

〔八〕説文云：「侵，漸進也。」漢書哀帝紀贊云：「即位痿痺，末年寖劇。」王莽傳云：「太師王舜，自莽簒位後，病痿寢劇死。」顏師古注並云：「寢，漸也。」寢、侵義通。史丹傳云「上疾稍侵」，師古注：「稍侵，言漸篤也。」又云：「上因納謂丹曰：『吾病寢加。』」師古注：「寢，漸也。」藝文志論醫經云：「拙者失理，以瘉爲劇。」揚雄傳注：「鄭氏云：『劇，甚也。』」

〔九〕舊脱「療」字，據御覽七百卅九補。說文云：「𤻲，治也。或從尞作療。」

〔一〇〕「而弗敢飲」御覽作「弗敢復飲」。

〔一一〕「便」御覽作「更」。○鐸按：下文「更任俗吏」，則作「更」是。

〔一二〕楚語云：「民之精爽不攜貳者，則明神降之。在男曰覡，在女曰巫。」史記扁鵲傳云：「信巫不信醫，六不治也。」素問五藏別論云：「拘於鬼神者，不可與言至德；惡於鍼石者，不可與言至巧。病不許治者，病必不治。」新語資質篇云：「衞人有病將死者，扁鵲至其家，欲爲治之。病者之父退而不用，乃使靈巫求福請命，對扁鵲而祝。病者卒死，靈巫不能治也。」

〔一三〕「與直」以下，文有脱誤。王先生云：「大意言人君求賢與直，下應以鄙與枉，已不識真，猥受官之耳。傎倒脱誤，遂不可讀。」繼培按：此即漢書董仲舒傳所云「賢不肖渾殽，未得其真」也。○俞樾云：「『與』讀爲『舉』，古字通用。周官師氏職『王舉則從』，故書『舉』爲『與』，是其證也。『與直』即『舉直』也。『不』字乃『下』字之誤，『以』字上又脱『應』字，當作『與直，下應以枉』，與上句『求賢，下應以鄙』相對成義。」又云：「『引』字乃『别』字之誤。『己不别真，受猥官之』，與上文説治疾曰『己不識真，合而服之』文義一律。『受猥官之』四字亦疑有誤，但莫可訂正耳。」○鐸按：「受」當爲「授」，與下文「不量其材而受之官」誤同。「偎」即「偎諸侯」，續漢書百官志：「舊列侯奉朝請在長安者，位次三公。中興以來，唯以功德賜位特直者，次車騎將軍；賜位朝廷侯，次五校尉；賜位侍祠侯，次大夫。其餘以肺腑及公主子孫奉祠墓於京都者，亦隨時見會，位在博士、議郎下。」劉昭注引胡廣制度曰：「是爲偎諸侯。」字亦作「隈」，後漢書鄧禹傳章懷注引漢官儀云：「其次下士小國侯，以肺腑親、公主子孫奉墳墓於京師，亦隨時朝見，是爲隈諸侯者也。」劉攽曰：「『隈』當作『偎』」，事在獨斷。」賈子制不定篇：「特賴其尚幼倫、猥之數也。」（建本作「倫煖」，潭本作「倫煨」，「倫」字不誤。盧本作「偷猥」，「猥」字不誤）洪頤煊讀書叢録謂漢官儀有隈諸侯，「猥」與「隈」同。唐仁壽亦云：「倫、猥即謂倫侯及猥諸侯。」孫詒讓札迻七破例引之，歎其至確，而劉師培賈子新書斠補亦引續漢志以證之。然則此文「受猥官之」，正謂授猥諸侯而官之。下文云：「皇后兄弟，主壻外孫，年雖童妙，未脱桎梏，由藉此官職，功不加民，澤不被下，而取侯。」即承此文而申述之，是其明證矣。

〔一四〕呂氏春秋疑似篇云：「惑於似士者，而失於真士。」

〔一五〕以上文例之，當作「而更任俗吏者」。漢書賈誼傳云：「移風易俗，使天下回心而鄉道，類非俗吏之所能爲也。」

〔一六〕管子八觀篇云：「離本國，徙都邑，亡也。有者異姓，滅也。」

〔一七〕小爾雅廣名云：「疾甚謂之阽。」「痁」與「阽」同。

書曰：「人之有能，使循其行，國乃其昌〔一〕。」是故先王爲官擇人〔二〕，必得其材〔三〕，功加於民〔四〕，德稱其位〔五〕，人謀鬼謀，百姓與能〔六〕，務順以動天地如此〔七〕。三代開國建侯〔八〕，所以傳嗣百世〔九〕，歷載千數者也〔一〇〕。

〔一〕書洪範。今書作「人之有能有爲，使羞其行，而邦其昌」。史記宋世家「邦」亦作「國」，避高祖諱也。「循」當作「修」。修、羞聲相涉而誤。藝文類聚六十二引後漢李尤雲臺銘云：「人修其行，而國其昌。」其證也。○鐸按：桂馥札樸七亦云：「潛夫論引書『使羞其行』，『羞』作『循』。案此無義可尋，蓋『羞』以聲誤爲『脩』，又因脩、循形近誤爲『循』耳。」又按羞、修古字通，儀禮鄉飲酒禮「乃羞無算爵」，禮記鄉飲酒義作「修爵無數」，是其例。

〔二〕書呂刑云：「在今爾安百姓，何擇非人？」○鐸按：本政篇引此經而說之云：「安其人者，必先審擇其人。故國家存亡之本，治亂之機，在於明選而已矣。」

〔三〕淮南子泰族訓云：「英俊豪傑，各以小大之材處其位，得其宜。」

〔四〕「民」舊作「人」，據治要改。

〔五〕荀子富國篇云："德必稱位。"

〔六〕易繫辭下傳。

〔七〕繫辭上傳云："言行，君子之所以動天地也。"

〔八〕"三代"忠貴篇作"五代"。本傳注云："謂唐、虞、夏、商、周也。"易屯初九："利建侯。"師上六："開國承家。"

〔九〕治要"傳"上有"能"字。○鐸按：當據補。

〔一〇〕史記高祖功臣侯者年表序云："尚書有唐、虞之侯伯，歷三代千有餘載，自全，以蕃衞天子。"

自春秋之後，戰國之制，將相〔一〕權臣，必以親家〔二〕。皇后兄弟，主壻外孫，年雖童妙〔三〕，未脱桎梏〔四〕，由〔五〕藉此官職，功不加民，澤不被下〔六〕而取侯〔七〕，多受茅土〔八〕，又不得治民效能以報百姓，虚食重禄，素餐尸位〔九〕，而但事淫侈，坐作驕奢，破敗而不及傳世者也〔一〇〕。

〔一〕"相"字舊脱。

〔二〕荀子非相篇云："婦人莫不願得以爲夫，處女莫不願得以爲士，棄其親家而欲奔之者，比肩而起。""親"謂父母，"家"謂夫也。漢時則以"親家"爲"親戚"通稱。後漢紀："明帝永平元年，東海王彊薨，詔諸王京師親家皆詣東海奔喪。」後漢書東海王彊傳稱「親戚」，是其證也。後漢書馬皇后紀「諸姬主朝請」，列女傳作「諸王親家朝請」。又郭皇后紀云：「后弟況遷大鴻臚，帝數幸其第，會公卿諸侯親家飲燕。」竇皇后紀云：「年六歲能書，親家皆奇之。」後漢紀：「章帝建初三年，竇憲兄弟親幸，自馬氏侯及王主親家莫不畏憚。」續漢書禮儀志載上陵儀有百官四姓親家婦女。後漢書應奉傳章懷注引汝南記云：「親家李氏。」○鐸按：此「親家」謂族外親戚，與古以父母兄弟爲親戚者義別。箋所引後漢紀、後漢書「親家」，即續漢書禮儀志引獨斷所謂「凡與帝后有瓜葛者」。至汝南記所載，乃男女姻家父母相呼之稱，「親」讀去聲，不當引以説此。

〔三〕「妙」讀爲「眇」。書顧命云：「眇眇予末小子。」魏志陳思王植傳上疏求自試云「終軍以妙年使越」，「妙」亦「眇」之借。

〔四〕王先生云：「易蒙初六：『發蒙，利用刑人，用脱桎梏。』周禮大司寇疏引鄭注：『木，在手曰桎，在足曰梏。』又大畜六四：『童牛之告』，李氏集解引虞翻曰：『告謂以木楅其角。』侯果曰：『梏，楅也。以木爲之，横施于角，止其觝之威也。』書費誓『今惟淫舍牿牛馬』，正義稱鄭注以『牿』爲『桎梏』之『梏』，施梏於牛馬之脚，使不得走佚。詳稽經訓，並以『桎梏』爲拘囚之具，因而凡就拘制者皆謂之『桎梏』，故學校謂之『校』，荷校亦謂之『校』，取義木囚，亦其例也。童蒙情識未定，宜用防閑，故脱桎梏則吝。此云『未脱桎梏』，正言不離童幼耳。未可以關木之罪人，槩就塾之童子也。」○鐸按：此猶言「未離襁褓」耳。漢書王莽傳云：「孝武皇帝裂三萬户以封衛青。青子三人，或在襁褓，皆爲通侯。」是其事。

〔五〕「由」字誤。○鐸按：詩王風君子陽陽傳：「由，用也。」

〔六〕毛詩車舝序云：「德澤不加於民。」

〔七〕漢書李廣傳云：「諸妄校尉以下，材能不及中，以軍功取侯者數十人。」又云：「廣之軍吏及士卒，或取封侯。」而「取侯」不辭，疑「侯」上脱「封」字。或云：「取侯」當爲「列侯」。○鐸按：「侯」上脱「封」字，説近是。

〔八〕獨斷云：「天子太社，以五色土爲壇。皇子封爲王者，受天子之社土，以所封之方色，東方受青，南方受赤，他如其方色。苴以白茅授之。各以其所封方之色歸國以立社，故謂之受茅土。漢興，以王子封爲王者得茅土。其他功臣及鄉亭他姓公侯，各以其户數租入爲限，不受茅土，亦不立社也。」

〔九〕白虎通京師篇云：「有能然後居其位，德加於人然後食其禄。」漢書朱雲傳云：「今朝廷大臣，上不能匡主，下無以益民，皆尸位素餐。」論衡量知篇云：「文吏空胸，無仁義之學，居位食禄，終無以效，所謂尸位素餐者也。素者，空也。空虚無德，食人之禄，故曰素餐。無道藝之業，不曉政治，默坐朝廷，不能言事，與尸無異，故曰尸位。」

〔一〇〕史記十二諸侯年表序云：「諸侯恣行，淫侈不軌。」漢興以來諸侯王年表序云：「諸侯或驕奢忲，邪臣計謀爲淫亂，大者叛逆，小者不軌於法，以危其命，殞身亡國。」「破敗」上疑脱「此以」二字。

子産有言：「未能操刀而使之割，其傷實多〔一〕。」是故世主〔二〕之於貴戚也，愛其嬖媚之美，不量其材而授之官〔三〕，不使立功自託於民，而苟務高其爵位，崇其賞賜〔四〕，令結怨於下民〔五〕，縣罪於惡〔六〕，積過既成，豈有不顛隕者哉〔七〕？此所謂「子之愛人，傷之而已」哉〔八〕！

〔一〕襄卅一年左傳。

〔二〕「世」舊作「也」，何本作「人」，並誤。

〔三〕「授」舊作「受」。漢書董仲舒傳云：「量材而授官。」

〔四〕齊語云：「勸之以賞賜。」趙策：「左師觸讋見太后曰：『今媪尊長安君之位，而封之以膏腴之地，多予之重器，而不及今令有功於國，一旦山陵崩，長安君何以自託於趙？』」此文本之。

〔五〕漢書李尋傳云：「爲主結怨於民。」

〔六〕韓非子亡徵篇云：「懸罪而弗誅。」莊子寓言篇云「無所縣其罪」，郭注：「縣，係也。」漢書陳湯傳云「宜以時解縣通籍」，孟康曰：「縣，罪未竟也，如言縣罰也。」按「縣罪於」以下當有二字，與「下民」對。此文大意與忠貴篇末段相同，彼云「下自附於民氓，上承順於天心」，此「惡」字蓋即「天心」之誤。志氏姓篇「於諸侯無惡」，晉語作「諸侯無二心」，亦一證。○俞樾云：「『縣罪於』下脱二字，當與上『結怨於下民』相對成文。『惡』下脱『既』字。『惡既積』，『過既成』，亦相對成文。」

〔七〕後漢書馮衍傳：「社稷顛隕。」按「隕」亦作「殞」，隗囂傳云：「妻子顛殞。」鄧析子轉辭篇云：「終顛殞乎混冥之中。」

〔八〕襄卅一年左傳。

先主之制，官民必論其材，論定而後爵之，位定然後禄之〔一〕。人君也此君不察〔二〕，而苟以親戚色官之人典官者〔三〕，譬猶以愛子易御僕〔四〕，以明珠易瓦礫〔五〕，雖有可愛好之情，然而其覆大車而殺病人也必矣〔六〕。書稱「天工人其代之」〔七〕，傳曰：「夫成天地之功者，未嘗不蕃昌也〔八〕。」由此觀之，世主欲無功之人而彊富之〔九〕，則是與天鬭也。使無德況之人〔一〇〕與皇天鬭，而欲久立，自古以來，未之嘗有也〔一一〕。

〔一〕禮記王制云：「凡官民，材必先論之。論辨然後使之，任事然後爵之，位定然後禄之。」○鐸按：後漢書左周黄傳論云：「辯論其才，論定然後官之，任官然後禄之。」與此皆述意。

〔二〕文有脱誤。賢難篇云：「時君俗主不此察也。」此蓋同於彼。或當云「人君世主不察」。○鐸按：此疑當作「今之君也不此察」。「今之君」對上「先主」言。「今」誤爲「人」，又脱「之」字，下「君」字涉上而衍，「不」字又倒在「此」字下，遂不可讀。

〔三〕「色」舊作「邑」。按墨子尚賢中篇云：「王公大人有所愛其色而使其心，不察其知而與其愛。是故不能治百人者，使處乎千人之官；不能治千人者，使處乎萬人之官。此其故何也？曰：若處官者，爵高而禄厚，故愛其色而使之焉。」「色官」本於彼。○鐸按：此「親戚」謂子弟。吕氏春秋去私篇：「内舉不避子」，新序雜事一作「内舉不回親戚」，是其證。「色官」謂以面目姣好爲官者。典官，主官事也。

〔四〕詩出車毛傳：「僕夫，御夫也。」正月鄭箋：「僕，將車者也。」

〔五〕吕氏春秋樂成篇云：「民聚瓦礫。」淮南子精神訓云：「視珍寶珠玉，猶石礫也。」○鐸按：此明珠乃以合藥者，易之以瓦礫則病不治，故曰「殺病人」。古以珠玉治疾，漢書王莽傳：「美玉可以滅瘢。」即其證。

〔六〕○鐸按：古「大車」有二義：一爲大夫之車，詩王風大車傳「大車，大夫之車」是也；一爲牛車，晉語五「遇大車當道而覆」，韋注：「大車，牛車也。」是也。此取前義。

〔七〕皋陶謨。

〔八〕「功」舊作「力」。按鄭語：「史伯曰：『夫成天地之大功者，其子孫未嘗不章。』」本書忠貴篇亦云：「成天地之大功者，未嘗不蕃昌也。」閔元年左傳云：「其必蕃昌。」○鐸按：此所引乃尚書大傳逸文。汪引鄭語，蓋以傳爲春秋外傳，疏矣。

〔九〕○鐸按：「彊」字當在「欲」下。

〔一〇〕爾雅釋詁云：「貺，賜也。」「況」與「貺」同。漢書武帝紀元封元年詔曰「遭天地況施」，應劭曰：「況，賜也。」管子四時篇云：「求有德賜布施於民者而賞之。」「德況」猶言「德賜」。

〔一一〕按漢書鮑宣傳，宣上書言：「陛下上爲皇天子，下爲黎庶父母，奈何獨私養外親與幸臣董賢，多賞賜以大萬數？非天意也。」又言：「汝昌侯傅商亡功而封。官爵乃天下之官爵，取非其官，官非其人，而望天悦民服，豈不難哉？」又言「董賢但以令色諛言自進。賞賜亡度，竭盡府藏，豈天意與民意？天不可久負，厚之如此，反所以害之也。宜爲謝過天地，解讎海内」云云，此篇大恉與彼同。

本政〔一〕第九

凡人君之治，莫大於和陰陽〔二〕。陰陽者，以天爲本。天心順則陰陽和，天心逆則陰陽乖。天以民爲心，民安樂則天心順〔三〕，民愁苦則天心逆。民以君爲統，君政善則民和治，君政惡則民冤亂。君以恤民爲本〔四〕，臣忠良則君政善，臣姦枉則君政惡。以選爲本〔五〕，選擧實則忠賢進，選虛僞則邪黨貢。選以法令爲本，法令正則選擧實，法令詐則選虛僞。法以君爲主，君信法則法順行，君欺法則法委棄。君臣法令之功，必效於民。故君臣法令善則民安樂，民安樂則天心慰〔六〕，天心慰則陰陽和，陰陽和則五穀豐，五穀豐而民眉壽〔七〕，民眉壽則興於義，興於義而無姦行，無姦行則世平，而國家寧、社稷安，而君尊榮矣〔八〕。是故天心陰陽、君臣、民氓、善惡相輔至而代相徵也〔九〕。

〔一〕○鐸按：淮南子原道訓高注：「原，本也。」漢書薛宣傳「原心定罪」，師古注：「原謂尋其本也。」尋原爲「原」，故探本亦謂之「本」。此篇論政之本，題曰本政，猶呂氏春秋究生之本，而命其篇爲本生也。

〔二〕漢書董仲舒傳云：「天道之大者在陰陽。」魏相傳云：「陰陽者，王事之本，羣生之命，自古賢聖，未有不繇者也。」又云：「願陛下選明經通知陰陽者四人，各主一時。時至明言所職，以和陰陽。」元帝紀初元三年詔曰：「蓋聞安民之道，本繇陰陽。」成帝紀陽朔二年詔曰：「昔在帝堯，立羲、和之官，命以四時之事，令不失其序。故書云『黎民於蕃時雍』，明以陰陽爲本也。」

〔三〕漢書鮑宣傳云：「天人同心，人心悦，則天意解矣。」

〔四〕「恤民」二字疑誤，按文義當云「得臣」，方與下合。

〔五〕「以選」上脱二字。

〔六〕「慰」舊作「愢」，據程本改，下同。按愢，俗總字，見廣韻一董。

〔七〕詩七月毛傳云：「眉壽，豪眉也。」○鐸按：「而」猶「則」也，互文耳。下「而無姦行」同。

〔八〕漢書魏相傳云：「君動静以道，奉順陰陽，則日月光明，風雨時節，寒暑調和。三者得敍，則災害不生，五穀熟，絲麻遂，草木茂，鳥獸蕃，民不夭疾，衣食有餘。若是則君尊民説，上下亡怨，政教不違，禮讓可興。」按相所云，大恉本於董仲舒。張湯後安世傳：「相上封事云：『朝廷尊榮，天下鄉風。』」

〔九〕○鐸按：説文：「代，更也。徵，召也。」陽、氓、徵，唐、登合韻。司馬相如封禪文煌與升、烝、乘叶，是其例。

夫天者國之基也〔一〕，君者民之統也，臣者治之材也。工欲善其事，必先利其器〔二〕。是故將致太平者，必先調陰陽；調陰陽者，必先順天心；順天心者，必先安其人；安其人者〔三〕，必先審擇其人。是故國家存亡之本，治亂之機，在於明選而已矣〔四〕。聖人知之，故以爲黜陟之首。書曰：「爾安百姓，何擇非人〔五〕？」此先王致太平而發頌聲也〔六〕。

〔一〕「天」當作「民」。述赦篇云：「貞良善民，惟國之基。」救邊篇云：「國以民爲基。」皆其證也。漢書谷永傳云：「王者以民爲基。」

〔二〕漢書梅福傳云：「士者國之重器，得士則重，失士則輕。故爵禄束帛者，天下之砥石，高祖所以厲世摩鈍也。孔子曰：『工欲善其事，必先利其器。』」顏師古注：「論語載孔子之言也。工以喻國政，利器喻賢才。」王襃傳聖主得賢臣頌云：「夫賢者國家之器用也。所任賢則趨舍省而功施普，器用利則用力少而就效衆。故工人之用鈍器也，勞筋苦骨，終日矻矻。及至巧冶鑄干將之樸，清水焠其鋒，越砥斂其咢，水斷蛟龍，陸剸犀革，忽若彗汜畫塗。如此則使離婁督繩，公輸削墨，雖崇臺五增，延袤百丈而不溷者，工用相得也。」此文大指本於彼。治要載桓譚新論亦云：「材能德行者，治國之器也。」

〔三〕二「人」字當作「民」。○鐸按：此蓋後人避唐諱改。

〔四〕漢書京房傳云：「任賢必治，任不肖必亂，必然之道也。」

〔五〕呂刑。○鐸按：原文引見思賢篇「先王爲官擇人」注。

〔六〕鄭氏詩譜云：「周頌者，周室成功致太平德洽之詩。」漢書楚元王傳劉向封事云：「欲以成太平，致雅、頌。」論衡須頌篇云：「天下太平頌聲作。」

否泰消息，陰陽不竝〔一〕，觀其所聚，而興衰之端可見也〔二〕。稷、卨、皐陶聚而致雍熙〔三〕，皇父、蹶、踽聚而致災異〔四〕。夫善惡之象，千里合符，百世累迹，性相近而習相遠〔五〕。是故賢愚在心，不在貴賤；信欺在性，不在親疎。二世所以共亡天下者，丞相、御史也〔六〕。高祖所以共取天下者，繒肆、狗屠也；驪山之徒，鉅野之盜，皆爲名將〔七〕。由此觀之，苟得其人，不患貧賤；苟得其材，不嫌名迹〔八〕。

〔一〕劉向封事云：「讒邪進則衆賢退，羣枉盛則正士消，故易有否、泰。小人道長，君子道消，君子道消，則政日亂，故爲否。否者，閉而亂也。君子道長，小人道消，小人道消，則政日治，故爲泰。泰者，通而治也。」

〔二〕易萃彖曰：「觀其所聚，而天地萬物之情可見矣。」

〔三〕「卨」即「契」字。後漢書方術傳第五倫令班固爲文薦謝夷吾曰：「臣聞堯登稷、契，政隆太平；舜用皐陶，政致雍熙。」◯鐸按：程本「卨」作「禹」，訛。「稷卨」亦見三式篇。

〔四〕詩十月之交。「踽」今詩作「楀」。◯鐸按：蹶、楀皆周幽王臣。「楀」集韻引詩作「擩」，漢書古今人表作「萬」。此作「踽」，蓋與「蹶」字相連而誤爲足旁。

〔五〕論語。

〔六〕見史記秦始皇紀。◯鐸按：「以」猶「與」也，下句同。

〔七〕灌嬰、樊噲、黥布、彭越也。並見史記。

〔八〕漢書游俠傳序云：「衆庶樂其名迹，覬而慕之。」

遠迹漢元以來〔一〕，驕貴之臣，每受罪誅〔二〕，黨與在位〔三〕，并伏辜者〔四〕，常十二三。由此觀之，貴寵之臣，未嘗不播授私人進姦黨也〔五〕。是故王莽與漢公卿牧守奪漢，光武與漢之遺民棄士共誅。如貴人必賢而忠〔六〕，賤人必愚而欺，則何以若是？

〔一〕漢書賈誼傳云「竊跡前事」，顏師古注：「尋前事之蹤跡。」「迹」與「跡」同。漢元，謂漢元年。漢書平帝紀元始五年詔曰：「漢元至今。」律曆志云：「黄帝調律曆，漢元以來用之。」

〔二〕漢書王嘉傳云：「往者，寵臣鄧通、韓嫣驕貴失度，逸豫無厭，小人不勝情欲，卒陷罪辜。」

〔三〕管子八觀篇云：「請謁得於上，則黨與成於下。」

〔四〕詩雨無正云：「既伏其辜。」

〔五〕管子明法解云：「羣臣以虚譽進其黨。」後漢書仲長統傳昌言法誡篇云：「權移外戚之家，寵被近習之豎，親其黨類，用其私人，内充京師，外布列郡。」

〔六〕呂氏春秋重己篇云「人主、貴人」，高誘注：「貴人，謂公卿大夫也。」

自成帝以降，至於莽，公卿列侯，下訖令尉〔一〕，大小之官，且十萬人，皆自漢所謂賢明忠正貴寵之士也。莽之篡位，惟安衆侯劉崇、東郡太守翟義思事君之禮，義勇奮發〔二〕，欲誅莽。功雖不成，志節可紀〔三〕。夫以十萬之計，其能奉報恩〔四〕，二人而已。由此觀之，衰世羣臣誠少賢也，其官益大者罪益重，位益高者罪益深爾〔五〕。故曰：治世之德，衰世之惡，常與爵位自相副也。

〔一〕續漢書百官志云：「縣萬户以上爲令，不滿爲長。尉大縣二人，小縣一人。」

〔二〕漢書陳湯傳云：「策慮愊億，義勇奮發。」

〔三〕漢書元后傳云：「莽爲攝皇帝，改元稱制，宗室安衆侯劉崇及東郡太守翟義等惡之，更舉兵欲誅莽。」義見翟方進傳。○鐸按：劉崇與相張紹謀誅莽，語在莽傳。

〔四〕「奉」下脱一字。按救邊篇云：「凡民之所以奉事上者，懷義恩也。」此當云「奉上報恩」。○鐸按：邵本臆補「國」字。

〔五〕鹽鐵論褒賢篇云：「其位彌高而罪彌重，禄滋厚而罪滋多。」

孔子曰：「國有道，貧且賤焉，恥也；國無道，富且貴焉，恥也〔一〕。」詩傷「皎皎白駒，在彼空谷」〔二〕，「巧言如流，俾躬處休〔三〕」。蓋言衰世之士，志彌潔者身彌賤，佞彌巧者官彌尊也。方以類聚，物以羣分〔四〕，同明相見，同聽相聞，惟聖知聖，惟賢知賢〔五〕。

〔一〕論語「國」俱作「邦」，此避高祖諱。列女傳柳下惠妻傳亦作「國」。

〔二〕白駒。

〔三〕雨無正。

〔四〕易繫辭上傳。

〔五〕分、聞、賢韻。韓詩外傳五云：「同明相見，同音相聞，同志相從，非賢者莫能用賢。」漢書元后傳：「成帝謂王章曰：『惟賢知賢，君試爲朕求可以自輔者。』」魏志杜襲傳：「襲曰：『夫惟賢知賢，惟聖知聖。』」蓋本此。

今當塗之人〔一〕，既不能昭練賢鄙〔二〕，然又卻於貴人之風指〔三〕，脅以權勢之屬託〔四〕，請謁闐門〔五〕，禮贄輻輳〔六〕，迫於目前之急，則且先之〔七〕。此正士之所獨蔽，而羣邪之所黨進也。

〔一〕○鐸按：「當塗」注見明闇篇。

〔二〕○鐸按：文選月賦注引埤蒼：「練，擇也。」爾雅釋詁：「柬，擇也。」「練」即「柬」之借。

〔三〕「卻」當爲「劫」，「劫」與下「脅」字同義。禮記儒行云「劫之以衆」，鄭注：「劫，劫脅也。」「劫」亦作「刦」。劫、刦、却字形相近，莊子田子方篇「盜人不得刦」，釋文：「元嘉本作

『却』。」誤正類此。「風指」有二義。漢書何武傳云「大司空甄豐承莽風指」，顔師古注：「風，謂風采也。指，意也。」王莽傳云：「莽色厲而言之，欲有所爲，微見風采，黨與承其指意而顯奏之。」風，讀如字。孔光傳云：「莽所欲搏擊，輒爲草，以太后指風光，令上之。」嚴助傳云：「迺令嚴助諭意，風指於南越。」顔氏並讀「風」爲「諷」。後漢書宦者傳云：「蔡倫受竇后風旨，誣陷安帝祖母宋貴人。」章帝子清河孝王傳云：「使小黄門蔡倫考實之，皆承諷旨，傅致其事。」西羌傳云：「王莽輔政，欲燿威德，以懷遠爲名，乃令譯諷旨諸羌，使共獻西海之地。」皆用「諷」本字，此「風旨」當讀如字。

〔四〕漢書鄒陽傳云：「脅於位勢之貴。」蓋寬饒傳云「上無許、史之屬，下無金、張之託」，顔師古注：「許氏、史氏有外屬之恩，金氏、張氏自託在於近狎也。屬，讀如本字。」按屬、託同義，顔説非也。尹翁歸傳云：「徵拜東海太守，過辭廷尉于定國。定國家在東海，欲屬託邑子兩人。」佞幸淳于長傳云：「鳳且終，以長屬託太后及帝。」外戚傳：「孝武李夫人病篤。上曰：『夫人病甚，殆將不起，一見我，屬託王及兄弟。』」後漢書竇融傳云：「年老，子孫縱誕多不法，遂交通輕薄，屬托郡縣，干亂政事。」馬援後嚴傳云：「典郡四年，坐與宗正劉軼、少府丁鴻等更相屬托，徵拜太中大夫。」翟酺傳云：「權貴共誣酺及尚書令高堂芝等交通屬託。」楊震傳云：「外交屬託，擾亂天下。」又云：「屬託州郡，傾動大臣。」白虎通三綱六紀篇論朋友云：「生不屬，死不託。」分合言之，其義一也。

〔五〕韓非子八姦篇云：「有左右之交者，請謁以爲重。」漢書申屠嘉傳云：「門不受私謁。」史記汲鄭列傳贊云「始翟公爲廷尉，賓客闐門」，漢書作「填」，顏師古注云：「填，滿也。」〇鐸按：朱駿聲云：「『闐』字本訓當與『填』略同。」

〔六〕説文云：「轂，輻所湊也。」湊、輳古今字。後漢書郎顗傳云：「今選舉皆歸三司，非有周、召之才，而當則哲之重，每有選用，輒參之掾屬，公府門巷，賓客填集，送去迎來，財貨無已。其當選者，競相薦謁，各遣子弟，充塞道路。開長姦門，興致浮僞，非所謂率由舊章也。」〇鐸按：明闇篇：「天下輻湊。」輳，俗改旁字。

〔七〕禮記大傳云「聖人南面而聽天下，所且先者五」，鄭注：「且先，言未遑餘事。」

周公之爲宰輔也，以謙下士，故能得真賢〔一〕。祁奚之爲大夫也，舉讎薦子，故能得正人〔二〕。今世得位之徒，依女妹之寵以驕士〔三〕，藉亢龍之勢以陵賢〔四〕，而欲使志義之士，匍匐曲躬以事己，毁顔諂諛以求親，然後乃保持之〔五〕，則貞士採薇凍餒，伏死巖穴之中而已爾，豈有肯踐其闕而交其人者哉〔六〕？

〔一〕鹽鐵論刺復篇云：「昔周公之相也，謙卑而不鄰，以勞天下之士，是以俊乂滿朝，賢智充門。」事詳説苑敬慎篇及尊賢篇。〇鐸按：亦見荀子堯問篇、尚書大傳、韓詩外傳三。

〔二〕襄三年左傳。〇鐸按：亦見晉語七、呂氏春秋去私篇、新序雜事一。

〔三〕韓非子詭使篇云：「女妹私義之門，不待次而宦。」

〔四〕後漢書云：「陰興，光烈皇后母弟也。帝欲封之，興固讓。貴人問其故。興曰：『貴人不讀書記耶？亢龍有悔。夫外戚家苦不知謙退，嫁女欲配侯王，取婦眄睨公主，愚心實不安也。』」○鐸按：依箋例當云「後漢書陰識後興傳」。

〔五〕漢書元后傳：「王鳳云：『御史大夫音謹勑，臣敢以死保之。』」楚元王後向傳：「上數欲用向爲九卿，輒不爲王氏居位者及丞相、御史所持，故終不遷。」顔師古注：「持，謂扶持佐助也。」荀子解蔽篇云：「鮑叔、甯戚、隰朋仁智且不蔽，故能持管仲，而名利福禄與管仲齊。召公、吕望仁知且不蔽，故能持周公，而名利福禄與周公齊。」楊倞注：「持，扶翼也。」晉書山濤傳云：「時人欲危裴秀，濤正色保持之。」石鑒傳云：「時大司馬汝南王亮爲太傅楊駿所疑，有告亮欲舉兵討駿，鑒以爲不然，保持之。」

〔六〕漢書鄒陽傳云：「今欲使天下寥廓之士，籠於威重之權，脅於位勢之貴，回面汙行，以事諂諛之人，而求親近於左右，則士有伏死堀穴巖藪之中耳，安有盡忠信而趨闕下者哉？」

潛歎〔一〕第十

凡有國之君〔二〕，未嘗不欲治也，而治不世見者，所任不賢故也〔三〕。世未嘗無賢也，而賢不得用者，羣臣妒也〔四〕。主有索賢之心，而無得賢之術，臣有進賢之名，而無進賢之實，此以人君孤危於上〔五〕，而道獨抑於下也〔六〕。

〔一〕○鐸按：此篇傷惑君之信讒斲正，痛驕臣之進黨噬賢，與明闇、思賢二篇大旨彌近。至謂「正義之士與邪枉之人不兩立」，則與韓非論「智法之士與當塗之人不兩存」者意同。彼以孤憤爲書，此以潛歎標旨，雖時移世易，要有相承者焉。

〔二〕「君」下舊有「者」字，據治要刪。

〔三〕漢書京房傳云：「任賢必治，任不肖必亂。」○鐸按：治要作「所任不固也」，「固」與「故」同，脱「賢」字。

〔四〕楚策：「蘇子曰：『人臣莫難於無妒而進賢爲主。』」

〔五〕秦策：「范雎曰：『小者身以孤危。』」○鐸按：「此以」即「是以」。治要作「此所以」，蓋據誤本。

〔六〕「道」下脱一字。「獨」舊作「猶」，據治要改。

夫國君之所以致治者公也，公法行則軌亂絶〔一〕。佞臣之所以便身者私也，私術用則公法奪〔二〕。列士之〔三〕所以建節者義也，正節立則醜類代〔四〕。此姦臣亂吏無法之徒〔五〕，所爲〔六〕日夜杜塞賢君義士之間〔七〕，咸〔八〕使不相得者也〔九〕。

〔一〕「軌」治要作「宄」，按本書皆作「軌」。

〔二〕管子任法篇云：「法者，上之所以一民使下也。私者，下之所以侵法亂主也。」韓非子詭使篇：「本言曰：所以治者法也，所以亂者私也。法立則莫得爲私矣。」

〔三〕「之」字舊脱，據治要補。

〔四〕孫侍御云：「『代』疑『殆』。」王侍郎云：「『代』當作『伐』，與絶、奪爲韻。」繼培按：説苑政理篇：「孔子曰：『夫以不肖代賢，是爲奪也。以賢代不肖，是爲伐也。』」○鐸按：孫説非。

〔五〕「無法」治要作「思私」。按韓非子定法篇云：「臣無法則亂於下。」人主篇云：「大臣太貴，所謂貴者無法而擅行，操國柄而便私者也。」

〔六〕「爲」舊作「謂」，據治要改。

〔七〕「塞」治要作「隔」。管子明法解云：「人臣之力，能鬲君臣之閒，而使美惡之情不揚聞。」按後漢書申屠剛傳云：「外戚杜隔，恩不得通。」又云：「親疎相錯，杜塞閒隙。」塞、隔義同。

〔八〕「咸」治要作「亟」。

〔九〕漢書王褒傳聖主得賢臣頌云：「聚精會神，相得益章。」

夫賢者之爲人臣，不損君以奉佞，不阿衆以取容〔一〕，不墮〔二〕公以聽私，不撓法以吐剛〔三〕，其明能照姦，而義不比黨〔四〕。是以范武歸晉而國姦逃〔五〕，華元反朝而魚氏亡〔六〕。故正義之士與邪枉之人不兩立〔七〕。而〔八〕人君之取士也，不能參聽民氓，斷之聰明，反徒信亂臣之説，獨用污吏之言〔九〕，此所謂與仇選使〔一〇〕，令囚擇吏者也。

〔一〕吕氏春秋似順覽云「夫順令以取容者衆能之」，高誘注：「容，悦也。」漢書朱建傳云：「義不取容。」

〔二〕「墮」舊作「惰」，據治要改。○鐸按：大戴禮子張問入官篇：「墮怠者，時之所以後也。」以「墮」爲「惰」，猶此以「惰」爲「墮」，似不必改。

〔三〕詩烝民云：「剛亦不吐。」「撓法」見務本篇注。○鐸按：「吐剛」喻畏强暴。詩大雅烝民：「柔則茹之，剛則吐之。」

〔四〕禮記儒行云：「讒諂之民，有比黨而危之者。」

〔五〕宣十六年左傳。○鐸按：晉語五「范武子退自朝」，韋注：「武子，晉正卿士會。」

〔六〕成十五年左傳。○鐸按：説文：「亡，逃也。」楚語「子牟有罪而亡」，韋注：「亡，奔也。」魚氏亡，謂魚石、魚府等奔楚。

〔七〕韓非子孤憤篇云：「智術之士，明察聽用，且燭重人之陰情。能法之士，勁直聽用，且矯重人之姦行。故智術能法之士用，則貴重之臣必在繩之外矣。是智法之士與當塗之人不可兩存之仇也。」淮南子詮言訓云：「邪與正相傷，欲與性相害，不可兩立，一置一廢。」

〔八〕「立」下舊有「之」字，「而」作「夫」，據治要删、改。

〔九〕孟子云：「暴君汙吏。」○鐸按：韓非子八説篇：「參聽無門户，故智者不得欺。」

〔一〇〕「選」舊作「遷」，據治要改。

書云：「謀及乃心，謀及庶人〔一〕。」孔子曰：「衆好之，必察焉；衆惡之，必察焉〔二〕。」故聖人之施舍也〔三〕，不必任衆，亦不必專己〔四〕，必察彼己之爲〔五〕，而度之以義〔六〕，或舍人取己〔七〕，故舉無遺失而政〔八〕無廢滅也〔九〕。或君則不然〔一〇〕，己有所愛，則因以斷正，不稽於衆，不謀於心，苟眩於愛，惟言是從，此政之所以敗亂，而士之所以放佚者也。

〔一〕洪範。

〔二〕論語。○鐸按：今本論語衞靈公篇作「衆惡之，必察焉；衆好之，必察焉。」王肅注：「或衆阿黨比周，或其人特立不羣，故好惡不可不察也。」俞樾羣經平議云：「『阿黨比周』，解『衆好必察』之意；『特立不羣』，解『衆惡必察』之意。是王肅所據本，『衆好』句在『衆惡』句前。潛夫論引同。蓋漢時舊本如此，今傳寫誤倒耳。風俗通正失篇引孔子曰：『衆善焉，必察之；衆惡焉，必察之。』雖文字小異，亦『善』在『惡』前，可據正。」

〔三〕周語：「王孫説曰：『故聖人之施舍也，議之。』」韋昭注：「施，予也；舍，不予。」○經義述聞十八王引之曰：「施舍，謂賜予窮困之人。韋注：『施，予也；舍，不予也。』蓋古訓之失傳久矣。」○鐸按：此文「施舍」承上「衆好」、「衆惡」言之，則是對舉，非一義也。

〔四〕漢書敍傳：「班彪云：『主有專己之威。』」後漢書陳元傳云：「博詢可否，示不專己。」

〔五〕「爲」治要作「謂」。

〔六〕周語：「王孫説曰：『主德義而已。』」

〔七〕孟子云：「舍己從人。」此反言之。中論慎所從篇云：「夫人之所常稱曰：『明君舍己而從人，故其國治以安；闇君違人而專己，故其國亂以危。』乃一隅之偏説也，非大道之至論也。凡安危之勢，治亂之分，在乎知所從，不在乎必從人也。」意與此同。

〔八〕「政」治要作「功」。

〔九〕見明闇篇。

〔一〇〕「或」與「惑」同。荀子臣道篇云：「闇主惑君。」呂氏春秋知化篇云：「人主之惑者則不然。」○鐸按：治要正作「惑」。

昔紂好色，九侯聞之，乃獻厥女。紂則大喜〔一〕，以爲天下之麗莫若此也，以問妲己。妲己懼進御而奪己愛也，乃僞俯而泣曰：「君王年即耆邪〔二〕？明既衰邪？何貌惡之若此而覆謂之好也？」紂於是渝而以爲惡〔三〕。妲己恐天下之愈進美女者〔四〕，因白：「九侯之不道也，乃欲以此惑君王也。王而弗誅，何以革後？」紂則大怒，遂脯厥女而烹九侯〔五〕。自此之後，天下之有美女者，乃皆重室晝閉〔六〕，惟恐紂之聞也。

趙高專秦，將殺二世，乃先示權於衆，獻鹿於君，以爲駿馬。二世占之曰：「鹿〔七〕。」高曰：「馬也。」二世收目獨視〔八〕，曰：「丞相誤邪！此鹿也。」高終對以馬。問於朝臣，朝臣或助二世而非高。高因白二世：「此皆阿主惑上，不忠莫大。」乃盡殺之。自此之後，莫敢正諫〔九〕，而高遂殺二世於望夷，竟以亡〔一〇〕。

〔一〕「則」何本作「乃」。按「則」字是，與下「紂則大怒」相應。○鐸按：「乃」猶「則」也，互文耳。莊二十八年左傳：「則可以威民而懼戎。」晉語「則」作「乃」，禮記月令：「豺乃祭獸戮禽。」呂氏春秋季秋紀「乃」作「則」，是二字通用之證。詳經傳釋詞卷六、卷八。

〔二〕「即耆」御覽四百九十四作「既老」。按：當作「既耆」，曾子疾病篇云：「年既耆艾。」○鐸按：耆、衰韻，作「老」則失其韻矣。即，就也，近也。上言「即」，下言「既」，此正古人修辭之精，似不必改。

〔三〕詩羔裘毛傳：「渝，變也。」○鐸按：已見賢難篇「灌巨豕而塈塗渝」注。

〔四〕○鐸按：「者」猶「也」，説見經傳釋詞卷九。

〔五〕淮南子俶真訓云：「醢鬼侯之女。」吕氏春秋行論篇高誘注：「梅伯説鬼侯之女美，令紂取之。紂聽妲己之譖曰以爲不好，故醢梅伯，脯鬼侯。」過理篇注同。鬼侯即九侯也。史記魯仲連傳云：「九侯有子而好，獻之於紂。紂以爲惡，醢九侯。」殷本紀又云：「九侯女不憙淫，紂怒，殺之。」○鐸按：趙策三亦作鬼侯。又吕氏春秋行論篇注「曰」字衍，當據過理篇注删。

〔六〕禮記月令云：「審門閭，謹房室，必重閉。」鄭注：「重閉，外内閉也。」淮南子主術訓云：「閨門重襲。」

〔七〕方言云：「凡相竊視，南楚或謂之占。」按説文云：「覘，窺視。」引春秋傳：「公使覘之。」「占」即「覘」之省。○鐸按：説文：「占，視兆問也。」是「占」字本有視義。廣雅釋詁一：「占，視也。」王念孫疏證云：「『占』猶『瞻』也。」

〔八〕王侍郎云：「『收目』當作『拉目』，『拉』即説文『揩』字。」王先生曰：「『獨』疑『屬』。」○鐸按：爾雅釋詁：「收，聚也。」「收目」蓋謂聚集目力而視之耳。「獨」當作「屬」，讀爲「注」，晉語五「則恐國人之屬耳目於我也」，韋注：「『屬』猶『注』也。」二字聲近而義同。

〔九〕説苑正諫篇云：「諫有五：一曰正諫。」○鐸按：説文：「証，諫也。」「正」與「証」同。吕氏春秋不苟篇：「主有失敗，皆交争証諫。」外傳九作「正諫」，是「正」即「証」也。

〔一〇〕見史記秦始皇紀。新語辨惑篇載此事，以爲「趙高駕鹿」。

夫好之與惡效於目〔一〕，而鹿之與馬者〔二〕著於形者也〔三〕，已又定矣。還至讒如〔四〕臣妾之飾僞言而作辭也〔五〕，則君王失己心，而人物喪我體矣。況乎逢幽隱囚人〔六〕，而待校其信〔七〕，不若察妖女之留意也；其辨賢不肖也，不〔八〕若辨鹿馬之審固也〔九〕。此二物者，皆得進見於朝堂，暴質於心臣矣〔一〇〕。及歡愛、苟媚、佞説、巧辨之惑君也，猶炫燿君目〔一一〕，變奪君心，便以好爲〔一二〕醜，以鹿爲馬，而況於郊野之賢、闕外之士，未嘗得見者乎〔一三〕？

〔一〕「效」舊作「放」。按禮記曲禮「效馬效羊」，鄭注云：「『效』猶『呈見』。」○鐸按：方言十二：「效，明也。」與「著」互文見義。

〔二〕「者」字疑衍。○鐸按：即「著」之駁文。

〔三〕新語云：「馬鹿之異形，衆人所知也。」

〔四〕「如」疑當作「妒」，屬上讀。

〔五〕易遯九三：「畜臣妾，吉。」漢書董仲舒傳云：「百官皆飾空言虚辭。」韓非子詭使篇云：「造言作辭。」○俞樾云：「作『妬』是也，屬上讀非也。『還』乃『遝』字之誤。方言、廣雅並曰：『還，及也。』『還至』猶云『及至』。蓋承上言，好之與惡，鹿之與馬，本屬易辨，已又先有定見，及至讒妬之臣妾飾言，則又爲之奪也。自『還至』至『辭也』十四字作一句讀，不當於『妬』字絶句。」○鐸按：俞訂「還」字，讀十四字爲句是也。讒妒臣妾，疑當作「讒妾妒臣」，指妲己與趙高二人，猶「好惡效於目」、「鹿馬著於形」亦分承上文言之也。趙策三：「彼又將使其子女讒妾爲諸侯妃姬。」荀子大略篇：「君有妒臣，則賢人不至。」是「讒妾」、「妒臣」皆古人常語。已又定矣，「又」與「有」同，言好之與惡，鹿之與馬，皆已有定也。俞氏以「已」爲「人已」之「已」，失之。

〔六〕幽，囚同義。荀子王霸篇云「公侯失禮則幽」，楊倞注：「幽，囚也。」吕氏春秋驕恣篇云：「厲公游於匠麗氏，欒書、中行偃劫而幽之。」高誘注：「幽，囚也。」秦策：「姚賈曰：『管仲，南陽之弊幽，魯之免囚。』」史記管晏列傳：「管仲曰：『吾幽囚受辱。』」「幽隱囚人」亦猶言「幽囚」矣。○鐸按：幽、隱亦同義。説文：「幽，隱也。」幽、囚疊韻，幽、隱雙聲。幽隱囚人，亦如桓六年左傳「嘉栗旨酒」，本書班禄篇「奢夸廓人」，皆疊三同義詞爲定語耳。

〔七〕齊語韋昭注：「校，考合也。」○鐸按：此「覈」字之借。説文：「覈，實也。」

〔八〕「不」舊作「必」。

〔九〕禮記射義云：「持弓矢審固。」

〔一〇〕「心臣」未詳，程本作「廷臣」。按後漢書班彪後固傳西都賦云：「左右廷中朝堂，百僚之位。」「朝堂」注詳救邊篇。王先生云：「『心臣』當是『心目』，以下文『君目』、『君心』定之。」

〔一一〕楚辭離騷云「世幽昧以眩曜兮」，王逸注：「眩曜，惑亂貌。」淮南子氾論訓云：「嫌疑肖象者，衆人之所眩耀。」炫燿、眩曜、眩耀並同。

〔一二〕「爲」字舊脱。

〔一三〕史記魏世家：「李克曰：『臣在闕門之外。』」趙策：「蘇秦説李兑曰：『造外闕，願見於前。』」

夫在位者之好蔽賢而務進黨也〔一〕，自古而然〔二〕。昔唐堯之大聖也，聰明宣昭〔三〕；虞舜之大聖也，德音發聞〔四〕。堯爲天子，求索賢人，訪於羣后，羣后不肯薦舜而反稱共、鯀之徒，賴堯之聖，後乃舉舜而放四子〔五〕。夫以古聖之質也，堯聰之明也，舜德之彰也，君明不可欺，德彰不可蔽也。質鮮爲佞，而位者〔六〕尚直若彼。今夫列士之行，其不及堯、舜乎達矣〔七〕，而俗之荒唐〔八〕，世法滋彰〔九〕。然則求賢之君，哀民之士，其相合也，亦必不幾矣〔一〇〕。文王遊畋，遇姜尚於渭濱，察言觀志，而見其心，不諮左右，不諏羣臣〔一一〕，遂載反歸〔一二〕，委之以政，用能造周〔一三〕。故堯參鄉黨以得舜，文王參己以得呂尚〔一四〕，豈若殷辛、秦政〔一五〕，既得賢人，反決滯於讎〔一六〕，誅殺正直，而進任姦臣之黨哉？

〔一一〕說苑政理篇：「孔子曰：『匿人之善者，是謂蔽賢也。』」君道篇：「太公曰：『多黨者進，少黨者退，是以羣臣比周而蔽賢，百吏羣黨而多姦。』」漢書李尋傳云：「微言毀譽，進類蔽善。」

〔二〕漢書趙充國辛慶忌傳贊云：「其風聲氣俗，自古而然。」

〔三〕詩文王云：「宣昭義問。」

〔四〕韓非子說疑篇云：「衆歸而民留之，以譽盈於國，發聞於主。」○鐸按：單言爲「聞」，複言爲「發聞」，齊語：「有居處爲義好學，慈孝於父母，聰慧質仁，發聞於鄉里者，則有以告。」管子小匡篇作「弟長聞於鄉里者」，是「發聞」即「聞」也。

〔五〕見書堯典。

〔六〕「位」上疑脫「在」字。

〔七〕「達」當作「遠」。

〔八〕莊子天下篇云：「荒唐之言。」○鐸按：荒唐、胡塗、混帳、混蛋，語之轉。

〔九〕老子云：「法令滋彰。」

〔一〇〕「幾」讀爲「冀」。○鐸按：已見讚學篇注。

〔一一〕○鐸按：爾雅釋詁：「咨、諏、訪，謀也。」諮、咨同。

〔一二〕見六韜。注詳卜列篇。

〔一三〕宣十五年左傳：「羊舌職曰：『士伯庸中行伯，君信之，亦庸士伯，此之謂明德矣。文王所以造周，不是過也。』」

〔一四〕説苑尊賢篇云：「堯、舜相見，不違桑陰。文王舉太公，不以日久。故賢聖之接也，不待久而親；能者之相見也，不待試而知矣。」

〔一五〕晉語云「殷辛伐有蘇」，韋昭注：「殷辛，殷紂也。」漢書賈山傳云：「秦政力并萬國，富有天下。」按政，始皇名。

〔一六〕「決滯」猶言「去留」。周禮廛人注：「鄭司農云：『貨物沈滯於廛中不決。』」按決則不滯，義相覆也。或云：「決」即「沈」之誤。周語云：「氣不沈滯」，韋昭注：「沈，伏也。滯，積也。」後漢書崔駰傳達旨云：「胡爲嘿嘿而久沈滯也？」○鐸按：或説近是。

是以明聖之君於正道也，不專驅於貴寵，惑於嬖媚，不棄疏遠，不輕幼賤，又參而任之〔一〕。故有周之制也，天子聽政，使三公至於列士獻典〔二〕，良史獻書〔三〕，師箴，瞍賦，矇誦，百工諫，庶人傳語，近臣盡規，親戚補察，瞽史〔四〕教誨，耆艾修之，而後王斟酌焉，是以事行而無敗〔五〕也。

〔一〕管子七法篇云：「論功計勞，未嘗失法律也。便辟、左右、大族、尊貴大臣，不得增其功焉。疏遠、卑賤、隱不知之人，不忘其勞。」漢書翼奉傳云：「古者，朝廷必有同姓，以明親親，必有異姓，以明賢賢，此聖王之所以大通天下也。同姓親而易進，異姓疏而難通，故同姓一，異姓五，迺爲平均。」按此即所謂「參而任之」也。

〔二〕「典」治要作「詩」。按周語云：「使公卿列士獻詩，瞽獻曲。」「曲」或誤爲「典」。王氏所用國語本與韋昭不同，未敢據彼以補此也。○鐸按：此仍當依今本國語作「使公卿至於列士獻詩，瞽獻曲。」韋注：「瞽，樂師。曲，樂曲也。」作「典」者訛字。史記周本紀及集解引韋注「曲」並作「典」，誤與此同。古書曲、典二字多相亂，荀子正論篇：「今子宋子嚴然而好説，聚人徒，立師説，成文曲。」王念孫曰：「『曲』當爲『典』，謂宋子十八篇也。」彼「典」誤爲「曲」，猶此「曲」誤爲「典」。「使三公至於列士獻典」，文有訛脱，非別本如此也。

〔三〕周語無「良」字。

〔四〕「史」舊作「叟」。

〔五〕「無敗」周語作「不悖」。

末世則不然〔一〕，徒信貴人驕妒之議，獨用苟媚〔二〕蠱惑之言，行豐禮者蒙愆咎〔三〕，論德義者見尤惡，於是諛臣〔四〕又從以詆訾之法〔五〕，被以議上之刑，此賢士之始困也〔六〕。夫詆訾之法者，伐賢之斧也，而驕妒者〔七〕，噬賢之狗也〔八〕。人君内秉伐賢之斧，權噬賢之狗〔九〕，而外招賢〔一〇〕，欲其至也〔一一〕，不亦悲乎！

〔一〕易繫辭下傳云：「其當殷之末世。」

〔二〕治要作「宿媚」。按「苟媚」亦見上文。

〔三〕僁，俗愆字。見廣韻二仙。

〔四〕説苑臣術篇云：「偷合苟容，與主爲樂，不顧其後害，如此者諛臣也。」治要「諛臣」下有「佞人」二字。

〔五〕漢書哀帝紀云：「除誹謗詆欺法。」

〔六〕漢書嚴安傳云：「此民之始苦也。」文與此同。治要「始」作「逅」。逅，遇也，義亦可通。○鐸按：日本尾張藩國本治要作「姤」，「姤」與「詬」同，恥也。「始」字誤耳。

〔七〕「驕妒者」治要作「驕妒之臣」。○鐸按：當據治要補「之臣」二字。「驕妒之臣者」、「詆訾之法者」兩文相對。

〔八〕即賢難篇所云「羣犬齧賢」。一切經音義一引三蒼云：「噬，齧也。」

〔九〕「權」如「權兵」之「權」，注見勸將篇。○俞樾云：「『權』字無義，當作『嚾』。廣韻二十九換云：『喚，呼也。嚾，上同。』然則『嚾』即『喚』字，猶云『呼噬賢之狗』耳。」○鐸按：權、秉互文。文選五等論注引賈逵國語注：「權，秉也。」勸將篇「權十萬之衆」，「權」亦秉之義。考「嚾」字見於荀子非十二子篇者，乃「讙」之別體。若大戴禮記易本命篇「咀者九竅而胎生」，「嚾」乃「嗺」字之訛。其用爲呼喚字，見抱朴子酒誡篇（「仰嚾天墜，俯地陷」），而他篇則仍用「喚」字（如疾謬篇「主則望客而喚狗」）。是以「嚾」爲「喚」，六朝始偶見之。俞氏泥於「喚狗」之熟語，欲以後世之字改漢人之書，不可從也。

〔一〇〕以上九字，治要作「而外招噬賢之狗」。

〔一一〕治要「至」下有「理」字，蓋誤。

潛夫論箋校正卷三

忠貴〔一〕第十一

世有莫盛之福，又有莫痛之禍。處莫高之位者，不可以無莫大之功。竊亢龍之極貴者〔二〕，未嘗不破亡也。成天地之大功者，未嘗不蕃昌也〔三〕。

〔一〕後漢書本傳作「貴忠」。○鐸按：本篇敍録云：「位以德興，德貴忠立。」忠於一人而賊於兆民者，則不得謂之忠。蓋忠可貴，而有辨焉。賊於民者，天罰之。天罰之，實民罰之也。凡言天者，託之以説教耳。

〔二〕「者」字舊脱。

〔三〕注見思賢篇。

帝王之所尊敬〔一〕，天之所甚愛者，民也〔二〕。今人臣受君之重位，牧天之所甚愛〔三〕，焉可以不安而利之，養而濟之哉〔四〕？是以君子任職則思利民〔五〕，達上則思進賢〔六〕，功孰大焉？故居上而下不重也，在前而後不殆也〔七〕。書稱「天工人其代之〔八〕」，王者法天而建官〔九〕，自公卿以下，至於小司〔一〇〕，輒〔一一〕非天官也？是故明主不敢以私愛，忠臣不敢以誣能〔一二〕。夫竊人之財，猶謂之盜〔一三〕，況偷天官以私己乎〔一四〕？以罪犯人，必加誅罰，況乃犯天，得無咎乎〔一五〕？

〔一〕本傳作「夫帝王之所尊敬者天也」。按春秋繁露郊義篇云：「天者，百神之君也，王者之所最尊也。」○鐸按：當從本傳，天、民韻。

〔二〕襄十四年左傳：「師曠曰：『天之愛民甚矣！』」

〔三〕襄十四年左傳：「師曠曰：『天生民而立之君，使司牧之。』」漢書鮑宣傳云：「爲天牧養元元。」

〔四〕漢書高帝紀十一年詔曰：「賢人已與我共平之矣，而不與吾共安利之可乎？」鼂錯傳云：「知所以安利萬民，則海内必從矣。」易繫辭下傳云：「萬民以濟。」

〔五〕桓六年左傳云：「上思利民，忠也。」説苑建本篇云：「賢臣之事君也，苟有可以安國家利民人者，不避其難，不憚其勞，以成其義。」政理篇云：「知爲吏者，奉法利民。」

〔六〕漢書楚元王傳劉向封事云：「賢人在上位，則引其類而聚之於朝。」楚策：「蘇子曰：『忠臣之於君也，必進賢人以輔之。』」呂氏春秋贊能篇云：「功無大乎進賢。」

〔七〕文子道德篇：「老子曰：『居上而民不重，居前而衆不害。』」

〔八〕臯陶謨。○鐸按：已見思賢篇。

〔九〕後漢書劉玄傳：「李淑云：『三公上應台宿，九卿下括河海，故天工人其代之。』」論衡紀妖篇云：「天官百二十，與地之王者無以異也。地之王者，官屬備具，法象天官，稟取制度。」桓八年公羊傳疏引春秋説云：「立三台以爲三公，北斗九星爲九卿，二十七大夫內宿部衛之，列八十一紀以爲元士，凡百二十官焉。」

〔一〇〕按後漢時有上司、小司之稱。中論譴交篇云：「下及小司，列城墨綬，莫不相商以得人，自矜以下士。」小司，謂官職之卑者。其稱上司者，皆謂司馬。光武改司馬爲太尉，故太尉稱上司，見後漢書郎顗、劉愷、楊震傳，及後漢紀章帝元和三年。若史弼傳云「承望上司，誣陷良善」，吴祐傳章懷注引陳留耆舊傳云「祐處同僚無私書之問，上司無牋檄之敬」，則皆以爲上官之通稱矣。

〔一一〕「輒」疑「執」。

〔一二〕管子法法篇云：「明君不以禄爵私所愛，忠臣不誣能以干爵禄。」○鐸按：誣能，謂本無能而自以爲能。荀子君道篇：「臣不能而誣能，則是臣詐也。」韓非子二柄篇：「君見好，則羣臣誣能。」語皆本於管子。

〔一三〕僖廿四年左傳介之推語。

〔一四〕○鐸按：僖二十四年左傳「偷」作「貪」。俞樾云：「『貪』讀爲『探』。探，取也。『偷』亦

『取』也。」劉文淇曰：「『偷天』或左氏舊説。」

〔一五〕○鐸按：遏利篇云：「盜人必誅，況乃盜天乎？得無受禍焉？」注見彼。

五代建侯，開國成家，傳嗣百世，歷載千數〔一〕，皆以能當天官，功加百姓。周公東征，後世追思〔二〕，召公甘棠，人不忍伐〔三〕，見愛如是，豈欲私害之者哉〔四〕？此其後之封君多矣〔五〕，或不終身，或不期月，而莫隕墜，其世無者，載莫盈百，是人何也哉〔六〕？

〔一〕注見思賢篇。

〔二〕詩破斧。

〔三〕詩甘棠。

〔四〕史記商君傳集解引新序云：「昔周、召施善政，及其死也，後世思之，『蔽芾甘棠』之詩是也。嘗舍於樹下，後世思其德，不忍伐其樹，況其身乎？」今新序佚此文。

〔五〕史記樂書云：「封君世辟。」

〔六〕「而莫」以下，文有脱誤。按漢書高惠高后文功臣表敍引杜業説云：「昔唐以萬國致時雍之政，虞、夏以之多羣后饗共己之治。湯法三聖，殷氏太平。周封八百，重譯來賀。成王察牧野之克，顧羣后之勤，知其恩結於民心，功光於王府也，故追述先父之志，録遺老之策，高其位，大其寓。至其没也，世主歎其功，無民而不思。所息之樹且猶不伐，況其廟乎？是以燕、齊之祀與周並傳，子繼弟及，歷載不墮。豈無刑辟？繇祖之竭力，故支庶賴焉。迹漢功臣，亦皆割符世爵，受山、河之誓。百餘年閒，而襲封者盡，或絶失姓，或乏無主，朽骨孤於墓，苗裔流於道。以往況今，甚可悲傷。」此文自「五代」以下，大恉本於彼。「是何也哉」見勸將篇，此「人」字亦疑衍。○鐸按：「莫」下疑脱「不」字。「世無」疑當作「撫世」，語見下文及德化篇。「也」疑當作「在」。

五代之臣，以道事君〔一〕，以仁撫世，澤及草木〔二〕，兼利外内，普天率土〔三〕，莫不被德〔四〕，其所安全，真天工也。是以福祚流衍〔五〕，本枝百世〔六〕。季世之臣〔七〕，不思順天，而時主是諛，謂破敵者爲忠，多殺者爲賢。白起、蒙恬〔八〕，秦以爲功，天以爲賊。息夫、董賢〔九〕，主以爲忠，天以爲盜。此等之儔，雖見貴於時君，然上不順天心，下不得民意〔一〇〕，故卒泣血號咷，以辱終也〔一一〕。易曰：「德薄而位尊，智小而謀大，力少而任重，鮮不及矣〔一二〕。」是故德不稱其任，其禍必酷；能不稱其位，其殃必大。

〔一〕論語。

〔二〕漢書嚴助傳淮南王上書云：「恩至禽獸，澤及草木。」

〔三〕後漢書班彪後固傳明堂詩：「普天率土，各以其職。」章懷注：「詩小雅曰：『溥天之下，莫非王土；率土之濱，莫非王臣。』『普』亦『溥』也。」

〔四〕漢書禮樂志：「董仲舒云：『德化被四海。』」

〔五〕漢書敍傳王命論云：「福祚流於子孫。」

〔六〕詩文王。「枝」今作「支」。莊六年左傳引詩與此同。

〔七〕昭三年左傳：「晏子曰：『此季世也。』」

〔八〕並見史記。

〔九〕並見漢書。

〔一〇〕漢書元后傳：「王章云：『上順天心，下安百姓。』」王莽傳云：「承順天心，快百姓意。」

〔一一〕易屯上六：「泣血漣如。」旅上九：「旅人先笑後號咷。」淮南子繆稱訓云：「小人在上位，如寢關曝纊，不得須臾寧，故易曰：『乘馬班如，泣血漣如。』言小人處非其位，不可長也。」

〔一二〕易繫辭下傳。「少」今本作「小」，唐石經作「少」。按晉書山濤傳云：「德薄位高，力少任重。」後漢書朱馮虞鄭周列傳贊章懷注引易同。荀子儒效篇：「能小而事大，辟之是猶力之少而任重也。」亦用易語。錢宮詹大昕云：「三國志王修傳注引魏略：『力少任重。』漢書王莽傳：『自知德薄位尊，力少任大。』今本『少』作『小』，惟北宋景祐本是『少』字。」〇鐸按：經義述聞二王念孫曰：「『少』與『小』形聲皆相似，又涉上句『知小』而誤耳。今本作『力小』，乃後人依俗本改之。集解引虞注尚未改。又潛夫論及羣書治要、顔師古漢書敍傳注引易並作『力少而任重』。明涂禎本鹽鐵論毁學篇『故德薄而位高，力少而任重』，即本繫辭傳文，張之象本復改『少』爲『小』。」

且夫竊位之人〔一〕，天奪其鑒〔二〕，神惑其心。是故貧賤之時，雖有鑒明之資〔三〕，仁義之志，一旦富貴，則背親捐〔四〕舊，喪其本心〔五〕。皆疎骨肉而親便辟〔六〕，薄知友而厚狗馬〔七〕。財貨滿於僕妾〔八〕，禄賜盡於猾奴〔九〕。寧見朽貫千萬，而不忍賜人一錢；寧積粟腐倉，而不忍貸人一斗〔一〇〕。人多驕肆〔一一〕，負債不償〔一二〕，骨肉怨望於家〔一三〕，細民謗讟於道〔一四〕。前人以敗，後争襲之，誠可傷也。

〔一〕注見賢難篇。

〔二〕僖二年左傳云：「是天奪之鑒，而益其疾也。」○鐸按：晉語二作「天奪其鑒」。「其」猶「之」也。荀子君道篇：「然而求卿相輔佐，則獨不若是其公也。」韓詩外傳二「其」作「之」，「是」、「其」與「之」同也。他例詳經傳釋詞卷五、卷九。

〔三〕王先生云：「『鑒明』當依本傳作『明察』，鑒、察形近而譌。」繼培按：「鑒」蓋「賢」之誤，漢書五行志云：「人君有賢明之材，畏天威命。」王褒傳云：「世必有聖知之君，而後有賢明之臣。」

〔四〕「捐」舊作「損」，據傳改。

〔五〕孟子云：「此之謂失其本心。」

〔六〕史記伍子胥傳云：「疎骨肉之親。」「辟」讀爲「嬖」。漢書佞幸傳贊云：「咎在親便嬖。」

〔七〕鹽鐵論散不足篇云：「百姓或短褐不完，而犬馬衣文繡。」説苑正諫篇：「咎犯曰：『民有饑色，而馬有粟秩。』」

〔八〕史記孟嘗君傳云：「僕妾餘粱肉，而士不厭糟糠。」

〔九〕漢書貢禹傳云：「禄賜愈多，家日以益富。」一切經音義一引三蒼云：「猾，黠惡也。」史記貨殖傳云：「桀黠奴，人之所患也。」

〔一〇〕史記平準書云：「京師之錢累巨萬，貫朽而不可校。太倉之粟，陳陳相因，充溢露積於外，至腐敗而不可食。」高祖紀云：「實不持一錢。」田敬仲世家云：「田常復修釐子之政，以大斗出貸，以小斗收。」御覽八百四十「一斗」作「一升」。按此文即墨子尚同上篇所云：「腐朽餘財，不以相分。」

〔一一〕管子霸言篇云：「富而驕肆者復貧。」

〔一二〕説文云：「償，還也。」「債」本書多作「責」，責、債古今字。〇鐸按：漢書宣元六王傳淮陽憲王傳：「舅張博言負責數百萬，願王爲償。」師古注：「責，謂假貸人財物未償者也。」漢時驕貴多假貸於民，其實勒索也。事亦見三式、斷訟篇。

〔一三〕毛詩角弓序云：「骨肉相怨。」鄭玄詩箋云：「骨肉之親相疎遠，則以親親之望，易以生怨。」按怨、望同義，史記陳餘傳：「餘怒曰：『不意君之望臣深也。』」索隱云：「望，怨責也。」○鐸按：説文：「謓，責望也。」書傳通以「望」爲之。漢書文三王傳梁孝王傳：「上由此怨望於梁王。」景十三王傳江都易王傳：「建恐誅，與其后祝詛上，語怨望。」陳湯傳：「海内怨望。」「怨望」二字平列。

〔一四〕晏子春秋諫下云：「不顧細民。」昭元年左傳云：「民無謗讟。」○鐸按：宣十二年左傳注：「讟，謗也。」「謗讟」亦二字平列。

歷觀前世貴人之用心也，與嬰兒等〔一〕。嬰兒有常病，貴臣有常禍〔二〕，父母有常失，人君有常過。嬰兒常病，傷飽也；貴臣常禍，傷寵也。父母常失，在不能已於媚子〔三〕；人君常過，在不能已於驕臣〔四〕。哺乳太多〔五〕，則必掔縱而生癇〔六〕；貴富太盛，則必驕佚而生過〔七〕。是故媚子以賊其軀者，非一門也；驕臣用滅其家者，非一世也〔八〕。或以背叛横逆不道〔九〕，或以德薄不稱其貴。文昌奠功，司命舉過〔一〇〕，觀惡深淺，稱罪降罰，或捕格斬首〔一一〕，或拉髆掣胸〔一二〕，掊死深穽〔一三〕，銜刀都市〔一四〕，殭屍破家，覆宗滅族者，皆無功於民氓者也。而後人貪權冒寵，蓄積無極〔一五〕，思登顛隕之臺〔一六〕，樂循覆車之迹〔一七〕，願裨福祚〔一八〕，以備員滿貫者〔一九〕，何世無之？

〔一〕「與嬰」二字舊空，據程本。釋名釋長幼云：「人始生曰嬰兒。胸前曰嬰，抱之嬰前，乳養之也。」

〔二〕「貴臣」程本作「貴人」。按本傳及意林並作「貴臣」，下同。

〔三〕詩思齊毛傳：「媚，愛也。」

〔四〕後漢書陳元傳云：「人君患在自驕，不患驕臣。」

〔五〕漢書賈誼傳云「抱哺其子」，顏師古注：「哺，飤也。」

〔六〕說文手部：「瘈，引縱曰瘈。」疒部：「瘛，小兒瘛瘲病也。」戴侗六書故云：「瘛瘲謂小兒風驚，乍掣乍縱。掣，搐也；縱則掣而乍舒也。」玉篇云：「癇，小兒瘨病。」按素問大奇論云：「癇瘛筋攣。」○鐸按：今謂小兒驚風，漢書藝文志有瘲瘛方三十卷，即治此病者。

〔七〕趙策：公子牟曰：「貴不與富期而富至，富不與粱肉期而粱肉至，粱肉不與驕奢期而驕奢至，驕奢不與死亡期而死亡至。累世以前，坐此者多矣。」成六年左傳云：「國饒則民驕佚。」○鐸按：史記貨殖傳：「游媚貴富。」

〔八〕春秋繁露身之養重於義篇云：「忘義而殉利，去理而走邪，以賊其身，而禍其家。」「賊軀」

猶「賊身」。漢書梅福傳云：「漢興以來，社稷三危，吕、霍、上官，皆母后之家也。親親之道，全之爲右，當與之賢師良傅，教以忠孝之道。今迺尊寵其位，授以魁柄，使之驕逆，至於夷滅，此失親親之大者也。」此文意與彼同。

〔九〕横逆不道，即述赦篇所云「大逆不道」也。漢書陳湯傳云：「不道無正法，以所犯劇易爲罪。」大逆，不道之劇者。

〔一〇〕史記天官書云：「斗魁戴匡六星曰文昌宫，四曰司命。」禮記祭法「司命」，鄭注：「司命主督察三命。」疏云：「皇氏云：『司命者，文昌宫星。』」白虎通壽命篇云：「隨命者，隨行爲命，欲使民務仁立義無滔天，滔天則司命舉過，言則用以弊之。」後漢書張衡傳章懷注引春秋佐助期曰：「司命神名爲滅黨，長八尺，小鼻，望羊，多髭，癯瘦，通於命運期度。」

〔一一〕後漢書劉盆子傳章懷注：「相拒而殺之曰格。」按漢書馮奉世後野王傳：「池陽令並素行貪汙，野王部督郵掾趙都按驗，得其主守盗十金罪，收捕。並不首吏，都格殺。」顔師古注：「不首吏，謂不伏從收捕也。」

〔一二〕莊元年公羊傳「搚幹而殺之」，何休注：「搚，折聲也。」釋文：「『搚』亦作『拉』。」釋名釋姿容云：「掣，制也。制頓之使順己也。」鹽鐵論散不足篇云：「吏捕索掣頓，不以道理。」續漢書五行志載梁冀事云：「吏卒掣頓，折其要脊。」

〔一三〕周禮掌囚：「凡殺人者，踣諸市。」鄭注：「踣，僵尸也。」「掊」與「踣」同。「穽」傳作「牢」。

按「穽」蓋「窂」之誤。廣韻云：「『窂』與『牢』同。」漢碑「太牢」字多作「窂」。鹽鐵論褒賢篇云：「身在深牢，莫知恤視。」後漢書黨錮傳范滂傳論云：「幽深牢，破室族。」○鐸按：漢書谷永傳「又以掖庭獄大爲亂阱」，顏注：「穿地爲坑阱以拘繫罪人也。」「穽」與「阱」同，今謂地牢也。

〔一四〕漢書王嘉傳云：「奉職負國，當伏刑都市，以示萬衆。」○鐸按：三式篇：「其耗亂無狀者，皆銜刀瀝血於市。」銜刀，謂以刀斷脰，猶今俗言「刀嵌頸」也。

〔一五〕楚語：「鬬且廷見令尹子常，歸以語其弟曰：『令尹問蓄聚積實，如餓豺狼焉，殆必亡者也。』」文十八年左傳云：「貪於飲食，冒於貨賄，聚斂積實，不知紀極。」杜注：「『冒』亦『貪』也。」

〔一六〕太玄經上次七：「升於顛臺。」

〔一七〕新書連語：「周諺曰：『前車覆而後車戒。』」韓詩外傳五云：「前車覆而後車不誡，是以後車覆也。」後漢書隗囂傳云：「循覆車之軌。」

〔一八〕詩采菽云「福禄膍之」，毛傳：「膍，厚也。」「裨」與「膍」同。儀禮覲禮鄭注：「『裨』之爲言『埤』也。」詩北門毛傳：「埤，厚也。」

〔一九〕史記平原君傳云：「秦之圍邯鄲，趙使平原君求救合縱於楚，約與食客門下二十人偕，得十九人，餘無可取者。門下有毛遂者，前自贊於平原君曰：『願君即以遂備員而行。』」張丞相傳云：「自申屠嘉死之後，丞相皆以列侯繼嗣，娖娖廉謹，爲丞相備員而已。」宣六年左傳：「中行桓子曰：『使疾其民，以盈其貫，將可殪也。』」韓非子説林下云：「有與悍者鄰，欲賣宅而避之。人曰：『是其貫將滿也，子姑待之。』答曰：『吾恐其以我滿貫也。』」

○鐸按：今猶謂數之極限爲「滿貫」，古語之遺也。

當呂氏之貴也，太后稱制而專政，祿、産秉事而握權，擅立四王，多封子弟，兼據將相，外内磐結，自以雖湯、武興，五霸作，弗能危也。於是廢仁義而尚威虐，滅禮信而務譎詐。海内怨痛，人欲其亡，故一朝摩滅而莫之哀也〔一〕。霍氏之貴，專相幼主，誅滅同僚，廢帝立帝，莫之敢違。禹繼父位，山、雲屏事，諸壻專典禁兵，婚姻本族〔二〕。王氏之貴，九侯五將〔三〕，朱輪二十三〔四〕。太后專政，秉權三世。莽爲宰衡，封安漢公，居攝假號，身當南面，卒以篡位，十有餘年，自以居之已久，威立恩行，永無禍敗，故遂肆心恣意，私近忘遠，崇聚羣小，重賦殫民，以奉無功，動爲姦詐，託之經義，迷罔百姓，欺誣天地。自以我密，人莫之知，皇天從上鑒其姦，神明自幽照其態，豈有誤哉〔五〕！

〔一〕事見漢書高后紀。晉語云：「一朝而滅，莫之哀也。」按方言云：「摩，滅也。」「摩」與「靡」

通。漢書司馬遷傳云：「古者富貴而名摩滅，不可勝紀。」字亦作「糜」，賈山傳云：「萬鈞之所壓，無不糜滅者。」

〔二〕事見漢書霍光傳。「屏」當作「秉」。魏相傳：「相奏封事言：『光死，子復爲大將軍，兄子秉樞機，昆弟諸壻據權執，在兵官。』」張禹傳云：「總秉諸事」，亦「秉事」之證。王先生云：「『本族』疑『帝族』。」○鐸按：上文「禄、産秉事」，足證「屏事」之誤。霍光傳：「茂陵徐生曰：『霍氏秉權日久。』」「秉事」即「秉權」也。「秉權」亦見下文。

〔三〕漢書王莽傳云：「家凡九侯五大司馬。」「五將」即「五大司馬」也。元后傳：「解光奏：『曲陽侯根宗重身尊，三世據權，五將秉政。』」五行志云：「五將世權。」

〔四〕漢書楚元王傳劉向封事云：「王氏一姓，乘朱輪華轂者二十三人。」

〔五〕事見漢書王莽傳。按此言吕、霍、王氏事，大恉本劉向封事。

夫鳥以山爲卑而橧巢其上，魚以淵爲淺而穿穴其中，卒所以得之者餌也〔一〕。貴戚懼家之不吉而聚諸令名〔二〕，懼門之不堅而爲作鐵樞〔三〕，卒其以敗者〔四〕，非苦禁忌少〔五〕而門樞朽也，常苦崇財貨而行驕僭〔六〕，虐百姓而失民心爾。

〔一〕曾子疾病篇文。大戴禮「橧」作「曾」，「穿」作「蹷」。説苑敬慎篇、談叢篇並作「穿」。○經義述聞十一王念孫曰：「『蹷穴』與『曾巢』對文。蹷者，穿也。言更於淵中穿土爲穴也。廣雅曰：『欻，穿也。』欻、廘通。」〇鐸按：荀子法行篇「橧」作「增」，「穿」作「堀」，並字異而義同。

〔二〕史記秦始皇紀云：「阿房宮成，欲更擇令名名之。」「聚」傳作「制」。按「聚」乃「製」之誤。西京雜記云：「初修上林苑，羣臣遠方各獻名果異樹，亦有製爲美名，以標奇麗。」「製名」亦一證。

〔三〕説文云：「樞，户樞也。」

〔四〕本傳「其」下有「所」字，天中記十五同。〇鐸按：本書雖或以「以」爲「所以」，然例以上文，則當作「所以」。

〔五〕漢書藝文志論陰陽家云：「拘者爲之，則牽於禁忌。」

〔六〕漢書貢禹傳云：「守相崇財利。」王商傳云：「王鳳顓權，行多驕僭。」〇鐸按：「崇」與「叢」同，聚也。上文「崇聚」平列。

孔子曰：「不患無位，患己不立〔一〕。」是故人臣不奉遵禮法，竭精思職〔二〕，推誠輔君，效功百姓，下自附於民氓，上承順於天心，而乃欲任其私知，竊君威德，以陵下民，反戾天地，欺誣神明，偷進苟得，以自奉厚；居累卵之危，而圖泰山之安〔三〕，爲朝露之行〔四〕，而思傳世之功〔五〕，譬猶始皇之舍德任刑，而欲計一以至於萬也〔六〕。豈不惑哉！

〔一〕論語作「患所以立」。○鐸按：劉寶楠論語正義謂此所引當是以義增成。

〔二〕漢書梅福傳云：「厲志竭精。」

〔三〕漢書枚乘傳諫吳王書云：「必若所欲爲，危於絫卵，難於上天。變所欲爲，易於反掌，安於泰山。」

〔四〕史記商君傳：「趙良曰：『君之危，如朝露。』」

〔五〕墨子所染篇云：「功名傳於後世。」漢書禮樂志郊祀歌云：「傳世無疆。」

〔六〕漢書賈山傳云：「古者聖王作謚，三四十世耳。秦皇帝曰：『死而以謚法，是父子名號有時相襲也。以一至萬，則世世不相復也。』故死而號曰始皇帝，其次曰二世皇帝者，欲以一至萬也。」

浮侈〔一〕第十二

王者以四海爲一家〔二〕，以兆民爲通計〔三〕。一夫不耕，天下必受其饑者；一婦不織，天下必受其寒者〔四〕。今舉世舍農桑，趨商賈，牛馬車輿，填塞道路，游手爲巧〔五〕，充盈都邑，治本者少，浮食者衆〔六〕。商邑翼翼，四方是極〔七〕。今察洛陽〔八〕，浮末者什於農夫，虛僞游手者什於浮末。是則一夫耕，百人食之，一婦桑，百人衣之，以一奉百，孰能供之？天下百郡千縣，市邑萬數，類皆如此，本末何足相供？則民安得不饑寒？饑寒並至，則安能不爲非？爲非則姦宄，姦宄繁多，則吏安能無嚴酷？嚴酷數加，則下安能無愁怨？愁怨者多，則咎徵並臻，下民無聊，而〔九〕上天降災，則國危矣〔一〇〕。

〔一〕○鐸按：東漢浮僞，諸所譏刺，自衣食器用之靡，車輿廬舍之僭，下至游敖博弈之紛，俳倡戲弄之巧，巫覡祝禱之誕，婚姻禮節之繁，無巨細咸列舉之，而尤痛疾於喪葬祠祭之濫。蓋與鹽鐵論散不足篇所縷陳者，詳略互見焉。參合觀之，則兩京貧富不均之狀可知矣。

〔二〕漢書高帝紀七年：「蕭何曰：『天子以四海爲家。』」荀子王制篇云：「四海之內若一家。」

〔三〕閔元年左傳云：「天子曰兆民。」

〔四〕管子揆度篇云：「農有常業，女有常事。一農不耕，民有爲之饑者；一女不織，民有受其寒者。」呂氏春秋愛類篇云：「神農之教曰：『士有當年而不耕者，則天下或受其饑矣；

女有當年而不績者，則天下或受其寒矣。』」新書無蓄篇云：「古人曰：『一夫不耕，或爲之饑；一婦不織，或爲之寒。』」

〔五〕後漢書章帝紀元和三年詔曰：「務盡地力，勿令游手。」按漢書貨殖傳云「童手指千」，孟康曰：「古者無空手游口，皆有作務。作務須手指，故曰手指。」「巧」舊作「功」，據本傳改。

〔六〕漢書成帝紀陽朔四年詔曰：「閒者民彌惰怠，鄉本者少，趨末者衆。」地理志云：「漢興，立都長安，郡國輻輳，浮食者多，民去本就末。」治要載崔實政論云：「世奢服僭，則無用之器貴，本務之業賤矣。農桑勤而利薄，工商逸而入厚，故農夫輟耒而雕鏤，工女投杼而刺文，躬耕者少，末作者衆。」

〔七〕詩殷武云：「商邑翼翼，四方之極。」漢書匡衡傳衡上疏引詩與今同，漢紀載衡疏作「京邑翼翼，四方是則」。後漢書樊宏後準傳又引云「京師翼翼，四方是則」，章懷注謂出韓詩。張衡東京賦「京邑翼翼，四方所視」，薛綜注云：「京，大也。大邑謂洛陽也。」此文引詩以證洛陽，疑本作「京邑」，後人據毛詩改之。○鐸按：此書引詩多三家，則本作「京邑翼翼，四方是則」。漢紀之文本於衡疏，今本衡疏作「商邑翼翼，四方之極」，亦後人所改。樊準傳作「京師」，因彼處下文「京師」字而誤。後魏書甄琛傳、白帖七十六兩引亦並作「京邑翼翼，四方是則」，後魏時齊詩已亡，唐時韓詩尚存，則皆韓詩也。說詳經義述聞卷七。又匡衡疏引詩以證長安，與此文引詩之旨合，作「四方是極」，則非其旨矣。後漢書魯恭傳恭引魯詩亦作「四方是則」。

〔八〕後漢書光武帝紀云：「建武元年冬十月，車駕入洛陽，遂定都焉。」按「洛」當依下文作「雒」。漢書地理志：「河南郡雒陽」，顏師古注：「魚豢云：『漢火德，忌水，故去洛水而加佳。』如魚氏説，則光武以後，改爲『雒』字也。」○鐸按：古字本作「雒」，非漢所改，明、清地理家多能辨之。

〔九〕「而」舊作「則」，據傳改。○鐸按：「則」猶「而」也，不煩改作。

〔一〇〕管子八觀篇云：「主上無積而宮室美，氓家無積而衣服修，乘車者飾觀望，步行者雜文采，本資少而末用多者侈國之俗也。國侈則用費，用費則民貧，民貧則姦智生，姦智生則邪巧作。姦邪之所生，生於匱不足；匱不足之所生，生於侈；侈之所生，生於毋度。故曰：審度量，節衣服，儉財用，禁侈泰，爲國之急也。」墨子辭過篇云：「其民饑寒並至，故爲姦邪多。姦邪多則刑罰深，刑罰深則國亂。」説苑反質篇：「魏文侯問李克曰：『刑罰之源安生？』李克曰：『生於奸邪淫佚之行。凡奸邪之心，饑寒而起。淫佚者，久饑之詭也。雕文刻鏤，害農事者也。錦繡纂組，傷女工者也。農事害，則饑之本也；女工傷，則寒之原也。饑寒並至，而能不爲姦邪者，未之有也。男女飾美以相矜，而能無淫佚者，未嘗有也。故上不禁技巧，則國貧民侈。國貧窮者爲姦邪，而富足者爲淫佚，則驅民而爲邪也。民已爲邪，因以法隨誅之，不赦其罪，則是爲民設陷也。刑罰之起有原，人主不塞其本而替其末，傷國之道也。』」新書孽産子篇云：「百人作之，不能衣一人也，欲天下之無寒，胡可得也？一人耕之，十人聚而食之，欲天下之無饑，胡可得也？饑寒切於民之肌膚，欲其無爲姦邪盜賊，不可得也。」漢書景帝紀後二年詔曰：「雕文刻鏤，傷農事者也；錦繡纂組，害女紅者也。農事傷，則饑之本也；女工害，則寒之原也。夫饑寒並至，而能亡爲非者寡矣。」按數家所言，意恉相同，此文所從出也。

夫貧生於富，弱生於强，亂生於治，危生於安〔一〕。是故明王之養民也，憂之勞之〔二〕，教之誨之〔三〕，慎微防萌，以斷其邪〔四〕。故易美「節以制度，不傷財，不害民〔五〕」；七月詩大小教之，終而復始〔六〕。由此觀之，民固不可恣也〔七〕。

〔一〕孫子兵勢篇云：「亂生於治，怯生於勇，弱生於强。」

〔二〕漢書董仲舒傳云：「憂勞萬民。」淮南子氾論訓云「以勞天下之民」，高誘注：「『勞』猶『憂』也。勞，讀『勞勑』之『勞』。」

〔三〕詩緜蠻。

〔四〕說苑雜言篇：「孔子曰：『中人之情，有餘則侈，不足則儉，無禁則淫，無度則失，縱欲則敗。飲食有量，衣服有節，宫室有度，畜聚有數，車器有限，以防亂之源也。』」漢書王吉傳云：「古者衣服車馬，貴賤有章，以褒有德，而別尊卑。今上下僭差，人人自制，是以貪財誅利，不畏死亡。周之所以能致治，刑措而不用者，以其禁邪於冥冥，絕惡於未萌也。」

〔五〕節象辭。

〔六〕豳風。

〔七〕淮南子主術訓云：「古之置有司也，所以禁民使不得自恣也。」

今民奢衣服，侈飲食，事口舌〔一〕，而習調欺〔二〕，以相詐紿〔三〕，比肩是也〔四〕。或以謀姦合任爲業〔五〕，或以游敖博弈爲事〔六〕；或〔七〕丁夫世不傳犂鋤〔八〕，懷丸挾彈，攜手遨游〔九〕。或取好土作丸賣之，於彈外不可以禦寇，內不足以禁鼠〔一〇〕，晉靈好之以增其惡〔一一〕，未嘗聞志義之士喜操以游者也。惟無心之人，羣豎小子〔一二〕，接而持之，妄彈鳥雀，百發不得一，而反中面目，此最無用而有害也。或坐作竹簧〔一三〕，削銳其頭，有傷害之象，傳以蠟蜜，有甘舌之類〔一四〕，皆非吉祥善應。或作泥車、瓦狗、馬騎、倡排〔一五〕，諸戲弄小兒之具以巧詐〔一六〕。

〔一〕史記蘇秦傳云：「兄弟嫂妹妻妾竊皆笑之曰：『周人之俗，治產業，力工商，逐什二以爲務。今子釋本而事口舌，困不亦宜乎？』」

欺也。」

〔二〕廣雅釋詁云：「調，欺也。」一切經音義十二引通俗文：「大調曰譺。」蒼頡篇：「譺，欺也。」

〔三〕說文云：「詒，相欺詒也。」「紿」與「詒」通。

〔四〕晏子春秋雜下云：「臨淄三百閭，張袂成陰，揮汗成雨，比肩繼踵而在。」

〔五〕本傳注云：「合任，謂相合爲任俠也。」按「合」疑當作「會」，詳述赦篇。漢書酷吏尹賞傳「受賕報讎」，漢紀成帝永始三年作「受任報讎」，「任」即「合任」之「任」，疑漢書爲後人所改。○鐸按：「合任」即「會任」，謂并兼任俠也。史記貨殖列傳：「其在閭巷少年，攻剽椎埋，劫人作姦，掘冢鑄幣，任俠并兼，借交報仇。」即此所謂「以謀姦合任爲業」者也。

〔六〕漢書循吏召信臣傳云：「府縣吏家子弟好游敖，不以田作爲事，輒斥罷之。」

〔七〕「或」字疑衍。○鐸按：本傳無。

〔八〕「傳」本傳作「扶」，蓋本是「傳」字。尚書大傳云：「距冬至四十五日，始出學，傅農事。」「世」當爲「卉」，說文云：「卉，三十并也。」○鐸按：「傳」當作「傳」。釋名釋言語：「扶，傳也。」是漢世二字同音之證。

〔九〕說文云：「彈，行丸也。」管子輕重丁云：「挾彈懷丸，遊水上，彈翡燕小鳥。」輕重戊云：「衆鳥居其上，丁壯者胡丸操彈居其下，終日不歸。」詩北風云：「攜手同行。」柏舟云：「以遨以遊。」文選王褒四子講德論云：「相與結侶，攜手俱游。」按北堂書鈔一百廿四引東觀漢記詔曰：「三輔皆好彈，一大老從旁舉身曰：『噫嘻哉！』」東京時挾彈成俗，父老歎息，王氏所言爲不虚矣。

〔一〇〕○鐸按：王紹蘭云：「『於』當爲『其』，御覽兵部引作：『其彈外不可禦盜，内不足禁鼷鼠。』」

〔一一〕宣二年左傳。

〔一二〕史記平原君傳：「毛遂曰：『白起，小豎子耳。』」

〔一三〕「坐」疑衍，蓋即「作」字之駁文。釋名釋樂器云：「簧，横也。以竹鐵作，於口横鼓之。」○鐸按：「坐」字副詞，思賢篇「坐作驕奢」，是其用例。

〔一四〕御覽五百八十一「傅」作「塞」，「甘」作「口」。按漢書五行志云：「有口舌之痾。」傅，謂塗附之，如漢書佞幸傳云「傅，脂粉也」。○鐸按：塞則不能鼓而出聲，傅蜜則有類甜言蜜語，傅、甘二字爲長。

〔一五〕「排」何本作「俳」。説文云：「倡，樂也。俳，戲也。」漢書霍光傳云：「引内昌邑樂人擊鼓歌吹，作俳倡。」按俳、排古亦通用，莊子在宥篇云「人心排下而進上」，釋文：「『排』崔本作『俳』。」○鐸按：泥車、瓦狗、馬騎、倡俳，漢墓中多有之。

〔一六〕漢書地理志云：「趙中山地薄人衆，作姦巧，多弄物，爲倡優。」成帝紀永始二年詔曰：「將作大匠萬年，妄爲巧詐。」新書瑰瑋篇云：「飾知巧以相詐利。」

詩刺「不績其麻，女也婆娑〔一〕」。今多不修中饋〔二〕，休其蠶織〔三〕，而起學巫祝，鼓舞事神〔四〕，以欺誣細民，熒惑百姓〔五〕。婦女羸弱〔六〕，疾病之家，懷憂憒憒〔七〕，皆易恐懼，至使奔走便時，去離正宅〔八〕，崎嶇路側〔九〕，上漏下濕〔一〇〕，風寒所傷〔一一〕，姦人所利，賊盜所中，益禍益祟〔一二〕，以致重者不可勝數。或棄醫藥，更往事神，故至於死亡，不自知爲巫所欺誤，乃反恨事巫之晚，此熒惑細民之甚者也〔一三〕。

〔一〕詩東門之枌。「女」今詩作「市」。按本傳亦作「市」。○鐸按：漢書地理志云：「周武王封舜後嬀滿於陳，是爲胡公，妻以元女大姬。婦人尊貴，好祭祀，用史巫，故其俗巫鬼。陳詩曰：『東門之枌，宛丘之栩，子仲之子，婆娑其下。』此其風也。」此云「起學巫祝，鼓舞事神」，與班説合，皆本三家詩也。盧文弨、李富孫並謂作「女」爲三家異文是已。陳喬樅、陳奐以爲誤字，殆不然。

〔二〕易家人六二：「在中饋。」

〔三〕詩瞻卬。

〔四〕説文：「巫，祝也。女能事無形，以舞降神也。」鹽鐵論散不足篇云：「世俗飾僞行詐，爲民巫祝，以取釐謝，堅額健舌，或以成業致富，故憚事之人，釋本相學。是以街巷有巫，閭里有祝。」

〔五〕史記淮南王傳云：「熒惑百姓」，漢書作「營」，顏師古注：「營，謂回繞之。」按説文云：「䁝，惑也。」熒、營並與「䁝」通。周禮「凡以神仕者」，鄭注：「國語曰：『古者，民之精爽不攜貳者，而又能齊肅中正，其知能上下比義，其聖能光遠宣朗，其明能光照之，其聰能聽徹之，如是則神明降之。在男曰覡，在女曰巫。是以使制神之處位次主，而爲之牲器時服。』巫既知神如此，又能居以大濩，是以聖人用之。今之巫祝既闇其義，何明之見？何濩之行？正神不降，或於淫厲，苟貪貨食，遂誣人神，令此道滅，痛矣！」

〔六〕説文云：「羸，瘦也。」漢書匈奴傳云：「見其羸弱。」

〔七〕方言云：「愁恚憒憒，毒而不發，謂之氐惆。」郭注：「『氐惆』猶『懊憹』也。」易林訟之升：「憒憒不説，憂從中出。」大有之蒙：「李梅零墜，心思憒憒，懷憂少愧，亂我魂氣。」齊策：「孟嘗君曰：『文倦於事，憒於憂。』」

〔八〕漢時有避疾之事。漢書游俠原涉傳云：「人嘗置酒請涉。涉入里門，客有道涉所知母病，避疾在里宅者。涉即往候。」後漢書來歙後歷傳云：「皇太子驚病不安，避幸安帝乳母野王君王聖舍。」魯恭後丕傳云：「趙王商嘗欲避疾，便時移住學官。丕止，不聽。」按漢書孝平王皇后傳顏師古注云：「便時，取時日之便也。」

〔九〕漢書司馬相如傳云：「民人升降移徙，崎嶇而不安。」史記作「陭𨺒」。按説文作「攲𨺒」。

〔一〇〕莊子讓王篇云：「原憲居魯，環堵之室，上漏下濕。」

〔一一〕素問玉機真藏論云：「風者，百病之長也。今風寒客於人，使人豪毛畢直，皮膚閉而爲熱。」漢書王吉傳云：「冬則爲風寒之所匽薄。」匈奴傳云「郅支人衆中寒道死」，顔師古注：「中寒，傷於寒也。」敘傳云：「道病中風」，師古注：「中，傷也。爲風所傷。」

〔一二〕説文云：「禍，害也。祟，神禍也。」

〔一三〕史記扁鵲傳云：「信巫不信醫，不治也。」論衡辨祟篇云：「人之疾病，希有不由風濕與飲食者。當風卧濕，握錢問祟，飽飯饜食，齋精解禍，而病不治謂祟不得，命自絶謂巫不審，俗人之知也。」

或裁好繒〔一〕，作爲疏頭，令工采畫，雇人書祝〔二〕，虚飾巧言，欲邀多福〔三〕。或裂拆繒綵，裁廣數分，長各五寸，縫繪佩之。或紡綵絲而縻〔四〕，斷截以繞臂。此長無益於吉凶〔五〕，而空殘滅繒絲，縈悸小民〔六〕。或〔七〕剋削綺縠〔八〕，寸竊八采〔九〕，以成榆葉〔一〇〕、無窮〔一一〕、水波之紋〔一二〕，碎刺縫紩〔一三〕，作〔一四〕爲笥囊、裙襦、衣被〔一五〕，費繒百縑〔一六〕，用功十倍。此等之儔，既不助長農工女〔一七〕，無有益於世〔一八〕，而坐食嘉穀〔一九〕，消費白日〔二〇〕，毁敗成功，以完〔二一〕爲破，以牢爲行〔二二〕，以大爲小，以易爲難，皆宜禁者也〔二三〕。

〔一〕説文云：「繒，帛也。」

〔二〕「雇」程本作「顧」。漢書鼂錯傳顔師古注：「顧，讎也。若今言雇賃也。」廣韻十一暮：「雇，九雇鳥也。相承借爲雇賃字。」周禮太祝：「掌六祝之辭，以事鬼神示，祈福祥，求永貞。」

〔三〕詩天保云：「詒爾多福。」

〔四〕説文云：「紡，網絲也。」王先生云：「『而』當作『爲』。」○鐸按：「爲」字古文作「[illegible]」，與「而」相似，故誤。或曰：「而」猶「如」也。

〔五〕「長」字衍。下文云「此無益於奉終」，即其例。○鐸按：「長」乃「最」字之誤，上文：「此最無用而有害」，是其例。「最無益」與「空殘滅」相對，少一字則句法參差矣。箋説失之。

〔六〕「縈」與「熒」通。漢書酷吏田延年傳：「霍光因舉手自撫心曰：『使我至今病悸。』」韋昭云：「心中惴息曰悸。」御覽廿三引風俗通云：「夏至著五綵辟兵，題曰游光厲鬼，知其名者，無温疾。五綵，辟五兵也。」又永建中京師大疫云：「厲鬼字野重，游光亦但流言，無指見之者。其後歲歲有病，人情愁怖，復增題之，冀以脱禍。今家人織新縑，皆取著後縑絹二寸許繫户上，此其驗也。」卅一引云：「五月五日，以五綵絲繫臂者，辟兵及鬼，令人不病温。」八百十四引云：「五月五日，賜五色續命絲，俗説益人命。」此文所云，蓋即指此類。

〔七〕「或」字舊脱，據御覽八百十六引補。

〔八〕「剋」與「刻」通。説文云：「綺，文繒也。縠，細縛也。」

〔九〕「寸竊」當作「扚切」。説文云：「切，扚也。扚，切也。」御覽八十引春秋合誠圖「面八彩」，注云：「八彩，彩色有八也。」○鐸按：韋昭國語解敍「切不自料」，「切」即「竊」字，故此以「竊」爲「切」。寸切，蓋謂切之各長寸許耳。「作扚切」，則長度不明。上文「裂拆繒綵」，著其寬廣之度，是其例。

〔一〇〕方言云：「揄鋪、艦、極、帗縷、葉輸，毳也。」郭璞注：「今名短度絹爲葉輸。」「輸」玉篇作「褕」。「揄葉」疑即「葉輸」之誤。○鐸按：方言「葉輸」，戴氏疏證本已據玉篇改正。

〔一一〕廣雅釋器云：「無緣，綵也。」緣、窮聲相近。後漢書馬援傳章懷注引何承天纂文曰：「都致、錯履、無極，皆布名。」隸釋國三老袁良碑：「孝順時拜梁相，册云：『賜玉具劍佩、書刀、繡文印衣、無極手巾各一。』」「無極」亦「無窮」之義。

〔一二〕淮南子本經訓云「嬴鏤彫琢，詭文回波」，高誘注：「詭文，奇異之文也。回波，若水波也。」

〔一三〕説文云：「縫，以鍼紩衣也。紩，縫也。」又云：「黹，會五采繒色。黹，鍼縷所紩衣。」「刺」與「黹」通。「碎」疑當作「黹」。黹、黹、縫、紩四字同義。○鐸按：「碎刺」蓋謂細密刺之爲花紋，故下云「用功十倍」。

〔一四〕「作」舊作「詐」。

〔一五〕「禡」舊作「䙛」。按「禡」與「襦」同，周禮司服注鄭司農云「衣有禡裳者爲端」，釋文：「『禡』本亦作『襦』。」莊子外物篇云：「未解裙襦。」

〔一六〕説文云：「縑，并絲繒也。」○鐸按：本傳作「單費百縑」。

〔一七〕王侍郎云：「『長農』當作『良農』。」繼培按：「良」字是也。桓十四年穀梁傳云：「國非無良農工女也。」

〔一八〕○鐸按：「無有」疑當作「又無」，上文「無益於吉凶」，是其例。上言「既」，故下言「又」，作「無有益於世」，則句不相承，而又累於詞矣。此書多以既、又連言，明闇篇：「既患其正義以繩己矣，又恥居上位而明不及下。」本篇下文：「既不生穀，又坐爲蠹賊也。」皆其證。

〔一九〕書呂刑云：「農殖嘉穀。」

〔二〇〕漢書宣帝紀元康二年詔曰：「譬猶踐薄冰以待白日。」按禮記檀弓云：「殷人尚白，大事斂用日中。」鄭注：「日中時亦白。」凡言「白日」者義如此。

〔二一〕「完」舊作「見」。

〔二二〕傳作「破牢爲僞」。按古者謂物不牢爲「行」，治要載崔寔政論云：「器械行沽。」周禮司市「害者使亡」，鄭注：「害，害於民，謂物行苦者。」胥師「察其詐僞飾行儥慝者」，疏謂「後鄭以爲行濫」。行沽、行苦、行濫義並同。書舜典「朕堲讒説殄行」，史記五帝紀作「朕畏忌讒説殄僞」，行、僞同訓，故傳易「行」爲「僞」。鹽鐵論力耕篇亦云：「工致牢而不僞。」○經義述聞八王引之曰：「『行』與『牢』正相反。以牢爲行，猶言『以堅爲脆』耳。今京師人謂貨物不牢爲『行貨』，古之遺語也。」○鐸按：今通言「行貨子」。

〔二三〕新書瑰瑋篇云：「雕文刻鏤，周用之物繁多，纖微苦窳之器日變而起，民棄完堅而務雕鏤纖巧，以相競高。作之宜一日，今十日不輕能成，用一歲，今半歲而弊。作之費日挾巧，用之易弊，不耕而多食農人之食，是天下之所以困貧而不足也。」

山林不能給野火，江海不能灌漏卮〔一〕。孝文皇帝躬衣弋綈，足履革舄，以韋帶劍，集上書囊以爲殿帷〔二〕，盛夏苦暑，欲起一臺，計直百萬，以爲奢費而不作也〔三〕。今京師貴戚，衣服、飲食、車輿、文飾、廬舍，皆過王制，僭上甚矣〔四〕。從奴僕妾，皆服葛子升越，筩中女布〔五〕，細緻〔六〕綺縠〔七〕，冰紈〔八〕錦繡〔九〕。犀象珠玉，虎魄〔一〇〕瑇瑁，石山隱飾〔一一〕，金銀錯鏤〔一二〕，麞麂履舄〔一三〕，文組綵緤〔一四〕，驕奢僭主，轉相誇詫，箕子所唏，今在僕妾〔一五〕。富貴嫁娶，車軿各十〔一六〕，騎奴〔一七〕侍僮〔一八〕，夾轂節引〔一九〕。富者競欲相過，貧者恥不逮及〔二〇〕。是故一饗之所費，破終身之本業〔二一〕。

〔一〕淮南子氾論訓云：「霤水足以溢壺榼，而江河不能實漏卮。」鹽鐵論本議篇云：「川源不能實漏巵，山海不能贍溪壑。」

〔二〕見漢書東方朔傳。按「弋綈」賈誼傳作「皁綈」。廣韻云：「黓，皁也。」「弋」即「黓」之省。

〔三〕漢書文帝紀贊云：「嘗欲作露臺，召匠計之，直百金。上曰：『百金，中人十家之産也。吾奉先帝宮室，常恐羞之，何以臺爲？』」王嘉傳云：「孝文皇帝欲起露臺，惜百金之費，克己不作。」按「百萬」即「百金」，隱三年公羊傳「百金之魚」，何休注：「『百金』猶『百萬』也。古者以金重一斤，若今萬錢矣。」

〔四〕漢書食貨志云：「宗室有土，公卿、大夫以下爭於奢侈，室廬車服，僭上亡限。」

〔五〕文選左思吳都賦云：「桃笙象簟，韜於筒中。蕉葛升越，弱於羅紈。」劉淵林注：「蕉葛，葛之細者。升越，越之細者。」按後漢書明德馬皇后紀章懷注：「白越，越布。」越絶書外傳記地傳云：「葛山者，句踐罷吳種葛，使越女織治葛布，獻於吳王夫差。」「越布」之名起此。華陽國志蜀志云：「安漢上下朱邑出好麻黄潤細布，有羌筩盛。」藝文類聚六十一引揚雄蜀都賦云：「其布則筩中黄潤，一端數金。」本傳注：「荆州記曰：『秭歸縣室多幽閑，其女盡織布，至數十升。今永州俗猶呼貢布爲女子布也。』」○鐸按：布八十縷爲「升」。

〔六〕釋名釋采帛云：「細緻，染縑爲五色，細且緻，不漏水也。」

〔七〕綺縠，見上。

〔八〕漢書地理志云「齊地織作冰紈綺繡純麗之物」，臣瓚曰：「冰紈，紈細密，堅如冰者也。」顔師古曰：「如説非也。冰，謂布帛之細，其色鮮絜如冰者也。紈，素也。」按「冰」蓋即「綾」之古文。藝文類聚六十九引六韜云：「桀、紂之時，婦女坐以文綺之席，衣以綾紈之衣。」韓詩外傳七：「陳饒曰：『綾紈綺縠，靡麗於堂，從風而弊。』」「綾紈」即「冰紈」也。方言云：「東齊言布帛之細者曰綾。」釋名云：「綾，凌也。其文望之如冰凌之理也。」

〔九〕説文云：「錦，襄色織文也。繡，五采備也。」考工記云「五采備謂之繡」。

〔一〇〕「虎魄」舊作「琥珀」，據傳改。按漢書西域傳亦作「虎魄」。

〔一一〕本傳注云：「謂隱起爲山石之文也。」

〔一二〕説文云：「錯，金涂也。」爾雅釋器云：「金謂之鏤。」

〔一三〕急就篇云「麇、麈、麖、麀皮給履」，顔師古注：「麇，即今之麞也。」釋名釋衣服云：「履，複其下曰舄。」按此文「履」當作「屨」。周禮屨人鄭注：「複下曰舄，禪下曰屨。古人言屨以通於複，今世言屨以通於禪。」方言云：「自關而西謂之屨，中有木者謂之複舄。」履其通語也。

〔一四〕組，謂履組。文選陸士衡弔魏武帝文李善注引晏子春秋云：「景公爲履，黄金之綦，飾以組，連以珠。」「褋」當爲「屧」，説文云：「屧，履中薦也。」漢書賈誼傳云「今民賣僮者，爲之繡衣絲履偏諸緣」，服虔曰：「加牙條以作履緣。」「組」即「牙條」也。

〔一五〕淮南子説山訓云：「紂爲象箸而箕子唏。」方言：「哀而不泣曰唏。」鹽鐵論散不足篇云：「箕子之譏，始在天子，今在匹夫。」○鐸按：「唏」史記十二諸侯年表序同，韓非子喻老、説林上篇並作「怖」。

〔一六〕釋名釋車云：「軿車。軿，屏也；四面屏蔽，婦人所乘牛車也。」按「各十」謂送迎之車也。詩鵲巢云「百兩御之」，毛傳：「百兩，百乘也。諸侯之子嫁於諸侯，送御皆百乘。」鄭箋：「御，迎也。家人送之，良人迎之，車皆百乘。」此「十乘」亦其比也。或云：「各十」當爲「駱驛」，漢書王莽傳云：「駱驛道路」，顔師古注：「駱驛，言不絶。」後漢書獨行范冉傳云：「車徒駱驛。」

〔一七〕漢書何並傳云：「王林卿令騎奴還至寺門，持刀剥其建鼓。」

〔一八〕按説文云：「僮，未冠也。童，男有辠曰奴，奴曰童。」後世多以「僮」爲「童」，以「童」爲「僮」。

〔一九〕文選羽獵賦李善注引春秋感精符云：「黄池之會重吳子，滕、薛夾轂。」周禮大馭「凡馭路儀以鸞和爲節」，鄭注：「舒疾之法也。」漢書蕭望之傳云「少史冠法冠，爲妻先引」，文穎曰：「先引，謂導車前。」

〔二〇〕鹽鐵論國病篇云：「葬死殫家，遣女滿車。富者欲過，貧者欲及。富者空減，貧者稱貸。」漢書地理志云：「列侯貴人，車服僭上，衆庶放效，羞不相及，嫁娶尤崇侈靡，送死過度。」

王吉傳云「聘妻送女無節，則貧人不及」，漢紀作「貧人恥不相及」。

〔二〕漢書地理志云：「好稼穡，務本業。」後漢書明帝紀永平十二年詔曰：「糜破積世之業，以供終朝之費。」

古者必有命民，然後乃得衣繒綵而乘車馬〔一〕。今者既不能盡復古〔二〕，細民誠可不須，乃踰於古昔孝文〔三〕，衣必細緻，履必麞麂，組必文采〔四〕，飾襪必緰此〔五〕，挍飾車馬〔六〕，多畜奴婢。諸能若此者，既不生穀，又坐爲蠹賊也〔七〕。

〔一〕尚書大傳云：「古之帝王，必有命民。民能敬長憐孤，取舍好讓，舉事力者，命於其君。得命，然後得乘飾車駢馬，衣文錦。」

〔二〕漢書貢禹傳云：「承衰救亂，矯復古化，在於陛下。臣愚以爲盡如太古難，宜少放古以自節焉。」荀子王制篇云：「衣服有制，宮室有度，人徒有數，喪祭、械用皆有等宜，聲則凡非雅聲者舉廢，色則凡非舊文者舉息，械用則凡非舊器者舉毀。夫是之謂復古。」

〔三〕大戴禮五帝德篇云：「女欲一日辯聞古昔之説。」禮記曲禮云：「必則古昔，稱先生。」

〔四〕「采」上作「綵」。

〔五〕説文云：「韤，足衣也。」「襪」與「韤」同，見廣韻十月。王先生云：「『此』當作『㡭』。急就篇『服瑣緰㡭與繒連』，顏注：『緰㡭，緆布之尤精者也。』」繼培：按説文云：「緰，緰貲布也。」繫傳本又作「緰紫」。

〔六〕史記司馬相如傳云「校飭厥文」，徐廣曰：「『校』一作『祓』，『祓』猶『拂』也。」漢書作「祓飾」。此「校」字疑「文」之誤，即上所云「車輿文飾」也。墨子辭過篇云：「飾車以文采。」説苑反質篇侯生諫秦始皇亦云：「衣服輕煖，輿馬文飾，所以自奉，麗靡爛漫，不可勝極。」○鐸按：作「文飾」是。

〔七〕鹽鐵論散不足篇云：「宮室奢侈，林木之蠹也。器械雕琢，財用之蠹也。衣服靡麗，布帛之蠹也。狗馬食人之食，五穀之蠹也。口腹從恣，魚肉之蠹也。用費不節，府庫之蠹也。漏積不禁，田野之蠹也。喪祭無度，傷生之蠹也。」賊，謂蟊賊。詩瞻卬云「蟊賊蟊疾」，鄭箋：「其爲殘酷痛病於民，如蟊賊之害禾稼。」

子曰「古之葬者，厚衣之以薪，葬之中野，不封不樹，喪期無時；後世聖人易之以棺槨」〔一〕，桐木爲棺，葛采爲緘，下不及泉，上不泄臭〔二〕。後世以楸梓槐柏杶樗〔三〕，各取方土所出，膠漆分致〔四〕，釘細要，削除鏟靡，不見際會〔五〕，其堅足恃，其用足任，如此可矣。其後京師貴戚，必欲江南檽〔六〕梓豫章楩柟〔七〕；邊遠下土〔八〕，亦競相倣傚〔九〕。夫檽梓豫章，所出殊遠，又乃生於深山窮谷〔一〇〕，經歷山岑〔一一〕，立千步之高，百丈之谿，傾倚險阻〔一二〕，崎嶇不便，求之連日然後見之，伐斫連月〔一三〕然後訖〔一四〕，會衆然後能動擔〔一五〕，牛列然後能致水〔一六〕，油潰入海〔一七〕，連淮逆河〔一八〕，行數千里，然後到雒〔一九〕。工匠雕治〔二〇〕，積累日月，計一棺之成，功將千萬。夫既其終用，重且萬斤，非大衆不能舉，非大車不能輓。東至樂浪〔二一〕，西至敦煌〔二二〕，萬里之中，相競用之。此之費功傷農〔二三〕，可爲痛心〔二四〕！

〔一〕易繫辭下傳。「時」王弼本作「數」，按傳亦作「數」。

〔二〕漢書楊王孫傳云：「昔帝堯之葬也，窾木爲匵，葛藟爲緘，其穿下不亂泉，上不泄殠，故聖王生易尚，死易葬也。」

〔三〕「杶」舊作「杔」，據傳改。「楟」傳作「樗」。◯鐸按：說文：「杶，杶木也。」或體作「櫄」。山海經中山經：「成侯之山，其上多櫄木。」郭注：「似樗，材中車轅。」即今香椿也。說文又云：「楟，楟木也。讀若華。」即今白樺。詩七月、我行其野毛傳並云：「樗，惡木。」即今臭椿，不中爲棺。樗、楟同音，說文各本亦互訛，故此亦誤。

〔四〕新語道基篇云：「傅致膠漆丹青玄黄琦瑋之色。」詩泮水「戎車孔博」，鄭箋云：「『博』當作『傅』，甚傅緻者，言安利也。」致、緻古通用。

〔五〕江淹集銅劍讚云：「往古之事，棺皆不用釘，悉用細腰。其細腰之法，長七寸，廣三寸，厚二寸五分，狀如木枰，兩頭大而中央小，仍鑿棺際而安之，因普漆其外。一棺凡用細腰五十四枚。大略如此。」按「細要」亦作「小要」，禮記檀弓云：「棺束縮二橫三，衽每束一。」鄭注：「衽，今小要。」喪大記云：「君蓋用漆，三衽三束。大夫蓋用漆，二衽二束。士蓋不用漆，二衽二束。」鄭注：「用漆者，塗合牝牡之中也。衽，小要也。」釋名釋喪制云：「棺束曰緘。緘，函也。古者棺不釘也。旁際曰小要，其要約小也。又謂之衽。衽，任也，任制際會使不解也。」魏志文帝傳終制云：「棺但漆際會三過。」周禮弁師鄭注：「會，縫中也。」藝文類聚七十引後漢張紘瓌材枕賦云：「會緻密固，絶際無閒。」一切經音義四引蒼頡篇云：「鏟，削平也。」「靡」當作「磨」。○鐸按：此「磨」字之壞，通「摩」，研也。

〔六〕「檽」當作「樗」。○鐸按：王先謙後漢書集解引沈欽韓曰：「『檽』疑『梜』字之借。爾雅：『梜，鼠梓。』郭注：『楸屬也。』今人謂之苦楸。」

〔七〕淮南子修務訓云：「楩柟豫章之生也，七年而後知，故可以爲棺、舟。」

〔八〕漢書劉輔傳云：「新從下土來，未知朝廷體。」○鐸按：語亦見三式篇。

〔九〕漢書匡衡傳云：「今長安天子之都，親承聖化，然其習俗無以異於遠方。郡國來者，無所法則，或見侈靡而放效之。」

〔一〇〕新書資質篇云：「楩柟豫章，天下之名木也。生於深山之中，産於谿谷之傍。」治要「柟」作「梓」，文選劉公幹公讌詩注、司馬紹統贈山濤詩注引同。昭四年左傳云：「深山窮谷。」

〔一一〕漢書哀帝紀云：「經歷郡國。」按廣雅釋詁云：「俓、歷，過也。」「俓」與「經」通。爾雅釋山云：「山小而高，岑。」釋名釋山云：「岑，嶃也，嶃嶃然也。」

〔一二〕成十三年左傳云：「踰越險阻。」

〔一三〕詩甘棠毛傳：「伐，擊也。」説文伐、斫並訓擊。

〔一四〕説文云：「訖，止也。」

〔一五〕説文云：「儋，何也。」儋、擔正俗字。齊語「負任擔荷」，韋昭注：「背曰負，肩曰擔。」管子八觀篇云：「大木不可獨伐也，大木不可獨舉也，大木不可獨運也。」○鐸按：「會衆」疑當作「衆會」，與「牛列」對。

〔一六〕王先生云：「『列』疑『引』，形近之誤。」繼培按：論衡效力篇云：「任車上坂，强牛引前。」○鐸按：上文「會衆」謂會合衆人，則「牛列」爲次列多牛，本傳作「多牛而後致」，是其義。字不煩改。

〔一七〕「油」當作「漕」。漢書趙充國傳云：「臣前部士入山伐材木，大小六萬餘枚，皆在水次，冰解漕下。」顏師古注：「漕下，以水運木而下也。」後漢書班彪後固傳西都賦云：「通溝大漕，潰渭洞河。」章懷注引蒼頡篇云：「潰，旁決也。」○俞樾云：「『油潰』疑當作『潰油』。油，水名。説文云：『油水，出武陵孱陵西，東南入江。』『潰』即西都賦『潰渭洞河』之

「潰」。潰油入海，蓋從油水入江而由江入海也。大木之所出多在楚、蜀，運木者必取道荆、襄。江表傳稱：『劉備爲荆州牧，立營油口。』此即古油水故道，謂之油口，則其爲往來之所經歷可知。」○鐸按：「潰油入海」與「連淮逆河」，兩文相對，俞説近是。

〔一八〕王先生云：「孟子『從流上而亡反謂之連』，此『連淮』之訓。」

〔一九〕新語資質篇云：「楩柟豫章，因江河之道，而達於京師之下。」

〔二〇〕説文云：「雕，琢文也。」

〔二一〕漢書武帝紀云：「元封三年，朝鮮降，以其地爲樂浪、臨屯、玄菟、真番郡。」

〔二二〕武帝紀云：「元鼎六年，分武威、酒泉地置張掖、敦煌郡。」

〔二三〕鹽鐵論散不足篇云：「墮成變故傷功，工商上通傷農。」○鐸按：「此之費功傷農」，「之」猶「其」也。

〔二四〕成十三年左傳云：「痛心疾首。」吕氏春秋禁塞篇云：「世有興主仁士，深意念此，亦可以痛心矣。」

古者墓而不崇。仲尼喪母，冢高四尺，遇雨而墮，弟子請治之。夫子泣曰：「禮不修墓〔一〕。」鯉死，有棺而無椁〔二〕。文帝葬於芷陽〔三〕，明帝葬於洛南〔四〕，皆不藏珠寶，不造廟，不起山陵〔五〕。陵墓雖卑而聖高〔六〕。今京師貴戚，郡縣豪家〔七〕，生不極養，死乃崇喪〔八〕。或至刻金鏤玉〔九〕，檽梓楩柟，良田造塋〔一〇〕，黄壤致藏，多埋珍寶偶人車馬〔一一〕，造起大冢，廣種松柏，廬舍祠堂，崇侈上僭〔一二〕。寵臣貴戚，州郡世家〔一三〕，每有喪葬，都官〔一四〕屬縣〔一五〕，各當遣吏齎奉〔一六〕，車馬帷帳，貸假待客之具，競爲華觀。此無益於奉終，無增於孝行，但作煩攪擾，傷害吏民〔一七〕。

〔一〕禮記檀弓，「崇」作「墳」，「墮」作「崩」，「禮」作「古」。本傳與記同。○鐸按：此皆節信以意易之，非别本如是。傳則據禮記改。

〔二〕論語。

〔三〕「芷陽」舊作「芒碭」，據傳改。史記將相名臣年表云：「孝文帝九年，以芷陽鄉爲霸陵。」

〔四〕後漢書章帝紀章懷注引帝王世紀云：「明帝顯節陵，故富壽亭也。西北去雒陽三十七里。」

〔五〕事見漢書文帝紀、後漢書明帝紀。

〔六〕「聖高」傳作「德最高」。

〔七〕管子輕重甲云：「吾國之豪家。」史記吕不韋傳云：「子楚夫人，趙豪家女也。」

〔八〕即務本篇所云「約生以待終」，注詳前。

〔九〕後漢書梁統後商傳云：「賜以東園朱壽之器，銀鏤黄腸玉匣。」章懷注：「壽器，棺也。以朱飾之，以銀鏤之。」續漢書禮儀志劉昭注引漢舊儀云：「帝崩，以玉爲襦，如鎧狀，連縫之，以黄金爲鏤，腰以下以玉爲札，長一尺二寸，半爲柙，下至足，亦縫以黄金縷。」

〔一〇〕禮記檀弓云：「公叔文子升於瑕丘，蘧伯玉從。文子曰：『樂哉斯丘也！死則我欲葬焉。』伯玉曰：『吾子樂之，則瑗請前。』」鄭注：「刺其欲害人良田。」又云：「孔子曰：『古也墓而不墳。』」鄭注：「墓，謂兆域，今之封塋也。」

〔一一〕鹽鐵論散不足篇云：「古者，明器有形無實，示民不用也。及其後，則有醯醢之藏，桐馬偶人彌祭，其物不備。今厚資多藏，器用如生人。郡國繇吏素桑楺偶車櫓輪。」漢書韓延壽傳云「賣偶車馬下里僞物」，顔師古注：「偶，謂木土爲之，象真車馬之形也。偶，對也。」○鐸按：「黄壤」疑當作「黄腸」。漢書霍光傳「賜便房黄腸題湊各一具」，蘇林曰：「以柏木黄心致累棺外，故曰黄腸。」後漢書梁商傳：「賜銀鏤黄腸玉匣什物二十八種。」周禮方相氏鄭注云：「天子之椁，柏黄腸爲裏，而表以石焉。」蓋「黄腸」本天子之器，貴家非受賜而用之者則爲僭，故治要載崔實政論云：「送終之家，亦無法度，至用檽梓黄腸，多藏珍寶。」「黄腸致藏」者，「致」與「緻」同，密也。言用黄腸緻密而藏之。若作「黄壤」，則無以見其侈矣。藉黄壤爲薄葬，見後漢書趙咨傳。

〔一二〕鹽鐵論散不足篇云：「古者不封不樹，反虞祭於寢，無壇宇之居，廟堂之位。及其後則封之，庶人之墳半仞，其高可隱。今富者積土成山，列樹成林，臺榭連閣，集觀增樓。中者祠堂屏閤，垣闕罘罳。」

〔一三〕漢書食貨志云「世家子弟」，如淳曰：「世家，謂世世有禄秩家也。」

〔一四〕後漢書郎顗傳云：「洛陽都官。」按漢書宣帝紀顏師古注云：「中都官，凡京師諸官府也。」

〔一五〕漢書薛宣傳云：「歷行屬縣。」

〔一六〕周禮小祝「及葬，設道齎之奠」，注：「杜子春云：『齎當爲粢，道中祭也。漢儀，每街路輒祭。』」後漢書桓榮後曄傳云：「父鸞卒，楊賜遣吏奉祠，因縣發取祠具，曄拒不受。」

〔一七〕易節象曰：「不傷財，不害民。」

今按鄗、畢之郊，文、武之陵〔一〕，南城之壘，曾析之冢〔二〕。周公非不忠也，曾子非不孝也，以爲褒君顯父〔三〕，不在聚財；揚名顯祖〔四〕，不在車馬。孔子曰：「多貨財傷於德，弊則没禮〔五〕。」晉靈厚賦以雕牆，春秋以爲非君〔六〕。華元、樂吕厚葬文公，春秋以爲不臣〔七〕。況於羣司士庶，乃可僭侈主上，過天道乎〔八〕？

〔一〕漢書楚元王傳：「劉向云：『文、武、周公葬於畢。』」史記周本紀集解引皇覽云：「文王、武王、周公冢，皆在京兆長安鎬聚東社中。」正義引括地志云：「武王墓在雍州萬年縣西南三十八里畢原上。」崔寔政論：「文、武之兆，與平地齊。」

〔二〕傳注云：「南城山，曾子父所葬，在今沂州費縣西南。」按續漢書郡國志，泰山郡有南城縣，注：「故屬東海。」漢書地理志東海郡作「南成」。曾析，論語作曾晳，孔安國曰：「曾參父也。名點。」○鐸按：名點字晳，名字相應。析，省借字。

〔三〕白虎通謚篇云：「人臣之義，莫不欲褒稱其君。」孝經云：「以顯父母。」

〔四〕禮記祭統云：「顯揚先祖，所以崇孝也。」

〔五〕儀禮聘禮云：「多貨則傷於德，弊美則没禮。」荀子大略篇引聘禮志作：「幣厚則傷德，財侈則殄禮。」此以爲孔子語，而文又異，或别有所本。

〔六〕宣二年左傳。○鐸按：程本「以」作「之」，「之」字當在「爲」下，「爲之」即「謂之」也。或據閔二年左傳：「衣之尨服，遠其躬也；佩以金玦，棄其衷也。」漢書五行志「之」作「以」，謂「之」猶「以」，不可從也。

〔七〕成二年左傳「吕」作「舉」，吕氏春秋安死篇高誘注引傳作「吕」。按文十八年、宣二年傳並作「吕」。○鐸按：魏志文帝紀作「樂莒」，吕、莒、舉古同聲而通用。

〔八〕漢書貢禹傳云：「後世争爲奢侈，轉轉益甚，臣下亦相放效，衣服履絝刀劍，亂於主上。主上時臨朝入廟，衆人不能别異，甚非其宜。然非自知奢僭也，猶魯昭公曰『吾何僭矣？』今大夫僭諸侯，諸侯僭天子，天子過天道，其日久矣。」

景帝時，武原侯衛不害坐葬過律奪國〔一〕。明帝時，桑民摐陽侯坐冢過制髡削〔二〕。今天下浮侈離本，僭奢過上，亦已甚矣〔三〕！

〔一〕見史記高祖功臣侯者年表。舊脱「武」字，據表補。

〔二〕未詳。周禮冢人鄭注：「漢律曰：『列侯墳高四丈，關内侯以下至庶人各有差。』」

〔三〕○鐸按：周禮考工記：「輪已崇，則人不能登也。」注：「已，太也。」

凡諸所譏，皆非民性，而競務者，亂政薄化使之然也〔一〕。王者統世，觀民設教，乃能變風易俗，以致太平〔二〕。

〔一〕崔實政論云：「王政一傾，普天率土莫不奢僭者，非家至人告，乃時勢驅之使然。」漢書匡衡傳云：「此非其天性，有由然也。」

〔二〕易觀象曰：「先王以省方觀民設教。」漢書嚴安傳云：「變風易俗，化於海内。」地理志云：「凡民函五常之性，而其剛柔緩急音聲不同，繫水土之風氣，故謂之風；好惡取舍動静亡常，隨君上之情欲，故謂之俗。孔子曰：『移風易俗，莫善於樂。』言聖王在上，統理人倫，必移其本而易其末。此混同天下，壹之虖中和，然後王教成也。」按此篇大恉本鹽鐵論散不足篇。東、西京風俗靡敝略同，詔告頻煩，莫爲衰止，今録兩書詔文，以明王氏之意。漢書成帝紀永始四年詔曰：「聖王明禮制以序尊卑，異車服以章有德，雖有其財而無其尊，不得踰制，故民興行，上義而下利。方今世俗奢僭罔極，靡有厭足。公卿列侯，親屬近臣，四方所則，未聞修身遵禮，同心憂國者也。或迺奢侈逸豫，務廣第宅，治園池，多畜奴婢，被服綺縠，設鍾鼓，備女樂，車服嫁娶葬埋過制。吏民慕效，寖以成俗，而欲望百姓儉節，家給人足，豈不難哉？其申飭有司，以漸禁之。」後漢書光武帝紀建武七年詔曰：「世以厚葬爲德，薄終爲鄙，至於富者奢僭，貧者單財，法令不能禁，禮義不能止，倉卒乃知其咎。其布告天下，令知忠臣孝子慈兄悌弟薄葬送終之義。」明帝紀永平十二年詔曰：「昔曾、閔奉親，竭歡致養；仲尼葬子，有棺無槨。喪貴致哀，禮存寧儉。今百姓送終之制，競爲奢靡，生者無擔石之儲，而財力盡於墳土，伏臘無糟糠，而牲牢兼於一奠，糜破積世之業，以供終朝之費，子孫饑寒，絶命於此，豈祖考之意哉？又車服制度，恣極耳目，田荒不耕，游食者衆。有司其申明科禁宜於今者，宣下郡國。」章帝紀建初二年詔曰：「比年陰陽不調，饑饉屢臻。深惟先帝憂人之本，詔書曰：『不傷財，不害民』，誠欲元元去末歸本。而今貴戚近親，奢縱無度，嫁娶送終，尤爲僭侈。有司廢典，莫肯舉察。今自三公，並宜明糾非法，宣振威風。其科條制度所宜施行，在事者備爲之禁，先京師而後諸夏。」和帝紀永元十一年詔曰：「吏民踰僭，厚死傷生，是以舊令節之制度。頃者，貴戚近親，百僚師尹，莫肯率從，有司不舉，怠放日甚。又商賈小民，或忘法禁，奇巧靡貨，流積公行。其在位犯者，當先舉正。市道小民，但具申明憲綱，勿因科令，加虐羸弱。」安帝紀：永初元年詔三公明申舊令，禁奢侈，毋作浮巧之物，殫財厚葬。元初五年詔曰：「舊令制度，各有科品，欲令百姓務崇節約。遭永初之際，人離荒戹，朝廷躬自菲薄，去絶奢飾，食不兼味，衣無二綵。比年雖獲豐穰，尚乏儲積，而小人無慮，不圖久長，嫁娶送終，紛華靡麗。至有走卒奴婢，被綺縠，著珠璣。京師尚若斯，何以示四遠？設張法禁，懇惻分明，而有司惰任，訖不奉行。秋節既立，鷙鳥將用，且復重申，以觀後效。」桓帝紀永興二年詔曰：「輿服制度，有踰侈長飾者，皆宜損省。郡縣務存儉約，申明舊令，如永平故事。」

慎微〔一〕第十三

凡山陵之高，非削成而崛起也〔二〕，必步增而稍上焉。川谷之卑，非截斷而顛陷也〔三〕，必陂池而稍下焉〔四〕。是故積上不止，必致嵩山之高〔五〕；積下不已，必極黄泉之深〔六〕。

〔一〕○鐸按：「盡小者大，積微者著。」然積善未必昌，而積惡則必致危亡。論政者所以尤戒慎於積惡也。賈子審微既揭其旨於前，節信此篇復申其義於後，慎微之教，亦幾於備矣。

〔二〕「成而」舊倒。山海經西山經：「太華之山，削成而四方。」漢書敍傳班彪王命論云：「未見運世無本，功德不紀，而得屈起在此位者也。」文選作「倔起」，李善注云：「埤蒼曰：『倔，特起也。』」「崛」與「倔」同。

〔三〕說文云：「陷，高下也。一曰陊也。」

〔四〕史記司馬相如傳云「陂池貏豸」，索隱引郭璞曰：「陂池，旁穨之貌。」按池，讀爲「陁」。傳又云：「罷池陂陁。」即「貏豸陂池」也。○鐸按：亦作「陂陀」，爾雅釋地「陂者曰阪」，郭注「陂陀不平」是也。陂池、貏豸、罷池、陂陁、陂阤，並以疊韻表義，故無定字。

〔五〕釋名釋山云：「山大而高曰嵩。嵩，竦也，亦高稱也。」按「嵩」古作「崇」。○鐸按：爾雅釋山：「山大而高崧。」釋文：「『崧』又作『嵩』。」郝懿行義疏云：「嵩、崇並見釋詁，或説古無『嵩』字，非也。」

〔六〕隱元年左傳云：「不及黃泉。」史記鄭世家集解引服虔注：「天玄地黃，泉在地中，故曰黃泉。」漢書揚雄傳解嘲云：「深者入黃泉。」

非獨山川也，人行亦然，有布衣〔一〕積善不怠〔二〕，必致顏、閔之賢〔三〕，積惡不休，必致桀、跖之名〔四〕。非獨布衣也，人臣亦然〔五〕，積正不倦，必生節義之志，積邪不止，必生暴弑之心。非獨人臣也，國君亦然，政教積德〔六〕，必致安泰之福〔七〕，舉錯數失，必致危亡之禍〔八〕。故仲尼曰：湯、武非一善而王也，桀、紂非一惡而亡也。三代之廢興也，在其所積〔九〕。積善多者，雖有一惡，是謂過失，未足以亡。積惡多者，雖有一善，是謂誤中，未足以存。人君聞此，可以悚懼〔一〇〕。布衣聞此，可以改容〔一一〕。

〔一〕鹽鐵論散不足篇云：「古者庶人耋老而後衣絲，其餘則麻枲而已，故命曰布衣。」王先生云：「三字不辭，疑有脱誤。」○鐸按：「有」蓋「布」之駁文，無脱字。

〔二〕禮記曲禮云：「敦善行而不怠。」

〔三〕論語云：「德行：顏淵，閔子騫。」

〔四〕荀子榮辱篇云：「爲桀、跖則常危辱。」

〔五〕趙策：「蘇秦曰：『天下之卿相人臣乃至布衣之士。』」

〔六〕王先生云：「『德』當作『得』，與下『失』字對文。」○鐸按：義對而文無取相對，「德」字不誤。

〔七〕老子云：「往而不害，安平泰。」

〔八〕易繫辭上傳云：「舉而措之天下之民，謂之事業。」「錯」與「措」通。趙策：「客見趙王曰：『今治天下舉錯非也，國家爲虛戾而社稷不血食。』」漢書董仲舒傳云：「人君莫不欲安存而惡危亡。」

〔九〕漢書賈誼傳云：「安者非一日而安也，危者非一日而危也，皆以積漸然，不可不察也。」

〔一〇〕漢書董仲舒傳云：「積善在身，猶長日加益而人不知也；積惡在身，猶火之銷膏，而人不見也。非明乎情性，察乎流俗者，孰能知之？此唐、虞之所以得令名，而桀、紂之可爲悼懼者也。」説文云：「懼，恐也。古文作愳。」

〔一一〕史記司馬相如傳上林賦云：「愀然改容，超若自失。」

是故君子戰戰慄慄，日慎一日〔一〕，克己三省〔二〕，不見是圖〔三〕。孔子曰：「善不積不足以成名，惡不積不足以滅身〔四〕。小人以小善謂無益而不爲也，以小惡謂無傷而不去也，是以惡積而不可掩，罪大而不可解也〔五〕。」此蹶、蹻〔六〕所以迷國而不返〔七〕，三季所以遂往而不振者也〔八〕。

〔一〕淮南子人閒訓云：「堯戒曰：『戰戰慄慄，日慎一日，人莫蹪於山，而蹪於垤。』是故人皆輕小害，易微事以多悔，患至而後憂之，是猶病者已惓而索良醫也。」後漢書光武帝紀建武二年詔曰：「諸將業遠功大，誠欲傳於無窮，宜如臨深淵，如履薄冰，戰戰慄慄，日甚一日。」

〔二〕昭十二年左傳：「仲尼曰：『古也有志，克己復禮，仁也。』」論語：「曾子曰：『吾日三省吾身。』」

〔三〕成十六年左傳：「夏書曰：『怨豈在明？不見是圖。』」○鐸按：僞古文尚書五子之歌取傳文。晉語九：「夏書有之曰：『一人三失，怨豈在明？不見是圖。』」韋注：「不見，未形也。」

〔四〕此下舊接「夫賢聖卑革」至「胡福不除」，又複「足以滅身」四字，今移正。

〔五〕易繫辭下傳。王弼本「謂」作「爲」。「不爲」、「不去」、「不」俱作「弗」。「是以」作「故」。按新書審微篇云：「善不可謂小而無益，不善不可謂小而無傷。」又見連語，古易蓋有作「謂」者。淮南子繆稱訓云：「君子不謂小善不足爲也而舍之，小善積而爲大善；不謂小不善爲無傷也而爲之，小不善積而爲大不善。是故積羽沈舟，羣輕折軸，故君子禁於微。」

〔六〕「踽」舊作「屬」，據本政篇改。今詩作「楀」。

〔七〕韓詩外傳一云：「懷其寶而迷其國者，不可與語仁。」按「迷國」論語作「迷邦」，漢人避高祖諱改。漢時劾奏大臣多用之，漢書王尊傳劾奏匡衡、張譚「懷邪迷國」，王嘉傳孔光等劾嘉「迷國罔上不道」，師丹傳策免丹云「懷諼迷國」，蓋當時律令如此。

〔八〕晉語：「郭偃曰：『夫三季王之亡也宜。』」漢書敍傳敍天文志云「三季之後，厥事放紛」，顔師古注：「三季，三代之末也。」史記樂書云：「流沔沈佚，遂往不反。」司馬相如傳上林賦云：「恐後世靡麗，遂往而不反。」周語云「踣斃不振」，韋昭注：「振，救也。」

夫積微成顯，積著成〔一〕，鄂譽鄂譽；鄂致存亡〔二〕，聖人常慎其微也〔三〕。文王小

心翼翼〔四〕，武王夙夜敬止〔五〕，思慎微眇，早防未萌〔六〕，故能太平而傳子孫〔七〕。

〔一〕「成」下脱一字。按漢書律曆志云：「三微而成著，三著而成象。」易乾鑿度云：「三微而成一著，三著而成一體。」○鐸按：荀子大略篇云：「夫盡小者大，積微者著。」「積著成」下蓋脱「象」字，與「亡」爲韻。

〔二〕文有脱誤。按漢書韋賢傳云「睮睮諂夫，咢咢黄髮」，如淳曰「睮睮，自媚貌」，顔師古曰：「咢咢，直言也。」此文疑當作「鄂鄂礐礐，以致存亡」。「鄂鄂」與「咢咢」通，「礐礐」與「睮睮」通。「鄂礐致存亡」，即史記商君傳趙良所謂「武王諤諤以昌，殷紂墨墨以亡」也。韓詩外傳十云：「有諤諤争臣者，其國昌。有默默諛臣者，其國亡。」

〔三〕淮南子人閒訓云：「聖人敬小慎微。」漢書董仲舒傳云：「衆少成多，積小致鉅，故聖人莫不以晻致明，以微致顯。是以堯發於諸侯，舜興乎深山，非一日而顯也，蓋有漸以致之矣。言出於己，不可塞也。行發於身，不可掩也。言行，治之大者，君子之所以動天地也。故盡小者大，慎微者著。」按「盡小者大」二語，本荀子大略篇。

〔四〕詩大明。

〔五〕詩閔予小子。按此爲成王詩，「武」當作「成」。○鐸按：匡衡以此詩爲武王畢喪。衡學齊詩，則是齊詩説也。節信引詩多本三家，「武」字必不可改。

〔六〕漢書賈誼傳云：「禮云禮云者，貴絶惡於未萌，而起教於微眇。」

〔七〕詩閟宮鄭箋云：「文王、武王繼太王之事，至受命致太平。」烈文箋云：「文王、武王以純德受命，定天位。」又云：「天之錫之以此祉福也，又長愛之，無有期竟，子孫得傳世，安而居之。」此即用詩誼，與鄭氏同。○鐸按：「能」下疑脱「致」字，考績篇：「三代於世，皆致太平。」是其例。又鄭箋詩不專主毛，此蓋亦三家説也。

且夫邪之與正，猶水與火不同原，不得並盛〔一〕。正性勝，則遂重己不忍虧也，故伯夷餓死而不恨〔二〕。邪性勝，則忸怵而不忍舍也〔三〕，故王莽竊位而不慙〔四〕。積惡習之所致也。夫積惡習非久，致死亡非一也。世品人遂〔五〕

〔一〕淮南子詮言訓云：「君子行正氣，小人行邪氣。內便於性，外合於義，循理而動，不繫於物者，正氣也。重於滋味，淫於聲色，發於喜怒，不顧後患者，邪氣也。邪與正相傷，欲與性相害，不可兩立，一置一廢，故聖人損欲而從事於性。」

〔二〕論語。

〔三〕「怵」當爲「忕」。爾雅釋言云「狃，復也」，郭注：「狃忕復爲。」後漢書馮異傳云「忸忕小利」，章懷注：「『忸忕』猶『慣習』也，謂慣習前事復爲之。」狃、忸字通。詩四月疏、蕩釋文並引説文云：「忕，習也。」今説文無「忕」字。「怈」字注：「習也。」「忕」當即「怈」之别體。怵，説文訓恐，與「狃習」義别。漢書武帝紀元狩元年詔「怵於邪説」，服虔曰「怵，音裔」，應劭曰「忸，忲也」，如淳曰：「怵，音怵惕。」蓋服、應本作「忲」，如本作「怵」，字形之誤如此。○鐸按：「狃忲」字本作「忕」，以「大」爲聲。大、世古音同部（如「太子」即「世子」，「大室」即「世室」，「子大叔」即「子世叔」）。蓋「忕」或作「怈」（如荀子榮辱篇「憍泄」即「驕汰」），故又易爲「⿰忄曳」，猶「泄」、「枻」亦作「洩」、「栧」也。「忕」字桓十三年左傳疏、爾雅釋言疏引説文亦有之，當據補。

〔四〕漢書。

〔五〕「積惡習」以下，文有脱誤。漢書董仲舒傳云：「暴逆不仁者，非一日而亡也，亦以漸至。」此文蓋本之。「世品人遂」下，舊接「俾爾多益」至末，今移正。然此四字下尚有脱文。

夫聖賢卑革〔一〕，則登其福〔二〕。慶封、伯有〔三〕，荒淫於酒，沈湎無度，以弊其家〔四〕。晉平殆政〔五〕，惑以喪志，良臣弗匡，故俱有禍〔六〕。楚莊、齊威，始有荒淫之行〔七〕，削弱之敗〔八〕，幾於亂亡，中能感悟，勤恤民事〔九〕，勞精苦思〔一〇〕，孜孜不怠〔一一〕，夫出陳應，爵命管蘇〔一二〕，召即墨，烹阿大夫〔一三〕，故能中興，彊霸諸侯，當時尊顯，後世見思，傳爲令名，載在圖籍〔一四〕。由此言之，有希〔一五〕人君，其行一也，知己曰明，自勝曰彊〔一六〕。

〔一〕「革」疑「恭」之誤。後漢書竇融傳云：「每召會進見，容貌辭氣，卑恭已甚。」

〔二〕昭十五年左傳云：「福祚之不登，叔父焉在？」

〔三〕「有」字舊脱。

〔四〕襄廿八年、卅年左傳。

〔五〕孫侍御云：「『殆』與『怠』同。」繼培按：新書道術篇云：「志操精果謂之誠，反誠爲殆。」詩玄鳥「受命不殆」，鄭箋云：「受天命而行之不解殆。」是鄭讀「殆」爲「怠」也。淮南子泰族訓：「句踐棲於會稽，修政不殆。」鹽鐵論論菑篇：「周文、武尊賢受諫，敬戒不殆。」方言後劉子駿與揚雄書：「收藏不殆。」並以「殆」爲「怠」。

〔六〕昭元年左傳。○鐸按：晉語八韋注：「良臣，謂趙孟。」

〔七〕毛詩雞鳴序云：「哀公荒淫怠慢。」

〔八〕秦策云：「地削兵弱。」

〔九〕周語云：「勤恤民隱。」

〔一〇〕「精」舊作「積」。漢書張敞傳云：「勞精於政事。」論衡命禄篇云：「勞精苦形。」韓詩外傳五云：「勞心苦思。」

〔一一〕漢書平當傳云：「聖漢受命而王，繼體成業，二百餘年，孜孜不怠。」

〔一二〕按新序一稱楚共王有疾，命令尹爵筦蘇，遣申侯伯。王薨，令尹即拜莞蘇爲上卿，逐申侯伯出之境。吕氏春秋長見篇「莞蘇」作「莧譆」，説苑君道篇作「筦饒」，並以爲荆文王事。

申侯伯即僖七年左傳申侯，楚文王死後出奔鄭。是二人皆在文王時，新序以爲共王者誤也。漢書古今人表中上有陳應，在楚嚴王、箴尹克黃、五參之後，申公子培、樂伯、優孟之前，楚薳賈、申叔時、孫叔敖之下，則爲莊王時人無疑。但表列陳應於中上，必賢大夫，不應被出。且與管蘇不同時。疑此陳應當爲申侯，陳、申，應、侯，字形皆相近，遂以致誤。然事在文王時，此以爲莊王，則又誤也。

〔一三〕齊威王事，見史記田完世家。

〔一四〕韓非子用人篇云：「書圖著其名。」○鐸按：論榮篇「載於圖書」，義同。

〔一五〕「有希」當作「布衣」。漢碑「布」作「希」，與「希」相似。

〔一六〕老子云：「自知者明，自勝者彊。」○鐸按：韓非子喻老篇作「自見之謂明，自勝之謂强。」

夫有不善未嘗不知，知之未嘗復行，此顏子所以稱庶幾也〔一〕。詩曰：「天保〔二〕定爾，亦孔之固。俾爾亶〔三〕厚，胡福不除〔四〕？俾爾多益，以莫不庶〔五〕。」蓋此言也〔六〕，言天保佐王者，定其性命，甚堅固也。使汝信厚，何不治？而多益之，甚庶衆焉。不〔七〕遵履五常，順養性命，以保南山之壽，松柏之茂也？

〔一〕易繫辭下傳。

〔二〕「保」舊作「禄」。盧學士云：「下仍以『天保』解之，當依今詩作『保』。」○鐸按：胡承珙毛詩後箋亦謂作「天祿」，乃轉寫字譌。

〔三〕「亶」今詩作「單」。○鐸按：詩大雅桑柔疏引亦作「亶」。「亶厚」二字平列。

〔四〕此下舊接「足以滅身。小人以小善」云云。

〔五〕詩天保。

〔六〕「蓋」舊作「善」，下有「也」字。按本書班祿篇引詩，其下亦云「蓋此言也」，今依例改之。

〔七〕「不」字誤，或當作「目」。王侍郎云：「上云『甚堅固也』，『甚庶衆』下疑脱『也』字。『焉不』二字屬下讀。」○鐸按：「焉」屬上讀，「不」上疑脱「可」字。陳喬樅魯詩遺説考八疑脱「罔」字，則爲直陳句，今亦不從。

德輶如毛〔一〕，爲仁由己〔二〕。莫與併螽，自求辛螫〔三〕。禍福無門，惟人所召〔四〕。天之所助者順也，人之所尚者信也，履信思乎順，又以尚賢，是以吉無不利也〔五〕。亮哉斯言〔六〕！可無思乎？

〔一〕詩烝民。○鐸按：荀子彊國篇明積微至著之功，亦引此詩證之。

〔二〕論語。

〔三〕詩小毖。「併螽」今作「荓蜂」。按「併」當作「拼」，桑柔詩「荓云不逮」，釋文云：「『荓』本或作『拼』。」○鐸按：陳喬樅魯詩遺説考十八云：「爾雅釋訓：『甹夆，掣曳也。』此據魯詩之文。潛夫論多用魯說，字亦當作『甹夆』。」胡承珙毛詩後箋云：「潛夫論言『禍福無門，唯人自召』，此正謂無人掣曳於我，禍福皆自己求之也。」「與」今詩作「予」，馬瑞辰云：「『予』即『與』之借，箋訓『我』非。」

〔四〕襄廿三年左傳閔子馬語。

〔五〕易繫辭上傳。「所尚」王弼本作「所助」，本書巫列篇同。

〔六〕爾雅釋詁云：「亮，信也。」

實貢〔一〕第十四

國以賢興，以諂衰，君以忠安，以忌危〔二〕。此古今之常論，而世所共知也。然衰國危君繼踵不絕者〔三〕，豈世無忠信正直之士哉？誠苦忠信正直之道不得行爾。

〔一〕○鐸按：東漢，求貢不相稱，名實不相副。此篇痛貢士不依質幹，空造虛美，既與考績相發，而尤憤於責備求全，視賢難復有進矣。

〔二〕王先生云：「『忌』當依本傳作『佞』。」繼培按「佞」字是也。漢書京房傳云：「房嘗宴見，問上曰：『幽、厲之君何以危？所任者何人也？』上曰：『君不明，而所任者巧佞。』」

〔三〕尹文子大道篇云：「危亡繼踵。」

夫十步之間，必有茂草，十室之邑，必有俊士〔一〕。賢材之生，日月相屬，未嘗乏絶。是故亂殷有三仁〔二〕，小衛多君子〔三〕。以漢之廣博，士民之衆多〔四〕，朝廷之清明，上下之修治〔五〕，而官無直吏，位無良臣。此非今世之無賢也，乃賢者廢錮而不得達於聖主之朝爾〔六〕。

〔一〕説苑談叢篇云：「十步之澤，必有香草，十室之邑，必有忠士。」

〔二〕論語。

〔三〕襄廿九年左傳。○鐸按：莊廿八年穀梁傳：「衛小齊大。」成三年左傳杜注：「春秋時以彊弱爲大小，故衛雖侯爵，猶爲小國。」

〔四〕「多」字舊空，據程本補。漢書梅福傳云：「夫以四海之廣，士民之數，能言之類至衆多也。」本傳「漢」上有「大」字。按下文云：「今漢土之廣博。」急就篇云：「漢地廣大，無不容盛。」

〔五〕詩大明云：「會朝清明。」漢書伍被傳云：「被竊觀朝廷，君臣、父子、夫婦、長幼之序皆得其理。上之舉錯，遵古之道。風俗紀綱，未有所缺。雖未及古太平時，然猶爲治也。」

〔六〕漢書朱雲傳云：「廢錮終元帝之世。」按成二年左傳云「子反請以重幣錮之」，杜注：「禁錮勿令仕。」

夫志道者少友，逐俗者多儔。是以舉世多黨而用私，競比質而行趨華〔一〕。貢士者，非復依其質幹，準其材行也，直虚造空美，掃地洞説。擇能者而書之，公卿刺史掾從事，茂才孝廉且二百員〔二〕。歷察其狀，德侔顔淵、卜、冉〔三〕，最其行能〔四〕，多不及中〔五〕。誠使皆如狀文，則是爲歲得大賢二百也。然則災異曷爲譏〔六〕？此非其實之効〔七〕。

〔一〕傳作「朋黨用私，背實趨華」。按韓非子孤憤篇云：「臣利在朋黨用私。」漢書貨殖傳序云：「僞民背實而要名。」此以「朋」爲「多」，以「背實」爲「比質」，並誤。「行」字亦疑衍。程本又誤「用」爲「朋」。古書多、朋、用三字往往相亂，戰國策韓公仲朋，亦作韓侈，史記甘茂傳作公仲侈，漢書古今人表又作公中用。霍去病傳：「校尉僕多有功，封爲煇渠侯。」顔師古曰：「功臣侯表作僕朋。今此作『多』，轉寫者誤也。」二事正與此類。○鐸按：明闇篇「而多比周則法亂」，「多」亦「朋」訛。

〔二〕通典十三云：「後漢光武十二年，詔三公舉茂才各一人，廉吏各一人。左右將軍歲察廉吏各二人。光禄歲舉郎、茂才、四行各一人，察廉吏三人。中二千石歲舉廉吏各一人，廷尉、大司農各二人。將兵將軍歲察廉吏各二人。監御史、司隸、州牧歲舉茂才各一人。」

續漢書百官志劉昭注載此詔稱漢官目録云。按後漢書章帝紀建初元年詔云:「茂才、孝廉,歲以百數。」丁鴻傳載和帝時定郡舉孝廉之數,通典引之,注云:「推核當時户口,一歲所貢,不過二百餘人。」鴻傳語詳實邊篇注。

〔三〕按漢時保舉人皆有狀。後漢書朱浮傳章懷注引漢官儀博士舉狀云:「生事愛敬,喪没如禮。通易、尚書、孝經、論語,兼綜載籍,窮微闡奥。隱居樂道,不求聞達。身無金痍痼疾。卅六屬不與妖惡交通,王侯賞賜。行應四科,經任博士。下言某官某甲保舉。」他狀當類此。「窮微闡奥」下,通典十三有「師事某官,見授門徒五十五人以上」。論語云:「德行:顔淵,閔子騫,冉伯牛,仲弓。」淮南子精神訓云:「顔回、季路、子夏、冉伯牛,孔子之通學也。」

〔四〕漢書公孫弘傳云:「臣弘行能不足以稱。」後漢書和帝紀永元五年詔曰:「選舉良才,爲政之本。科别行能,必由鄉曲。」按「科别行能」,即周禮鄉大夫職所謂「考其德行道藝而興賢者能者」,鄭司農云:「興賢者,謂若今舉孝廉;興能者,謂若今舉茂才。」漢書周勃傳顔師古注:「最者,凡也。」

〔五〕漢書李廣傳云:「校尉以下,材能不及中。」顔師古注:「中,謂中庸之人也。」史記作「才能不及中人」。

〔六〕「譏」舊作「饑」。漢書董仲舒傳云:「春秋之所譏,災害之所加也。春秋之所惡,怪異之所施也。」京房傳云：「古帝王以功舉賢，則萬化成，瑞應著。末世以毀譽取人，故功業廢而致災異。宜令百官各試其功，災異可息。」此文大指如房所言。

〔七〕漢書魏相傳云：「今郡國守相，多不實選，風俗尤薄，水旱不時。」後漢書順帝紀陽嘉元年詔曰：「閒者以來，吏政不勤，故災咎屢臻，盜賊多有。退省所由，皆以選舉不實，官非其人。是以天心未得，人情多怨。」

夫說粱飯食肉〔一〕，有好於面目〔二〕，而不若糲粢藜烝之可食於口也〔三〕。圖西施、毛嬙，有〔四〕悅於心〔五〕，而不若醜妻陋妾之可御於前也。虛張高譽〔六〕，彊蔽疵瑕〔七〕，以相誑耀〔八〕，有快於耳〔九〕，而不若忠選實行可任於官也。周顯拘時〔一〇〕，故蘇秦〔一一〕；燕噲利虛譽，故讓子之〔一二〕，皆舍實聽聲，嘔哇之過也〔一三〕。

〔一〕漢書王莽傳云：「王業市所賣粱飯肉羹，持入視莽曰：『居民食，咸如此。』」

〔二〕王先生云：「此語與下『有悅於心』句當互易，『面』字衍。」繼培按：淮南子說林訓云：「佳人不同體，美人不同面，而皆悅於目。」

〔三〕白虎通諫諍篇云：「黎蒸不熟。」「黎」即「藜」之省。

〔四〕「有」舊作「可」。

〔五〕管子小稱篇云：「毛嬙、西施，天下之美人也。」淮南子說山訓云：「畫西施之面，美而不可說。」論衡言毒篇云：「好女說心。」

〔六〕北堂書鈔五十四引東觀漢紀云：「鄧豹遷大匠，工無虛張之繕。」

〔七〕僖七年左傳云：「不女疵瑕。」

〔八〕漢書宣元六王傳：「張博常欲誑燿淮南王。」元后傳：「莽日誑燿太后。」王莽傳：「所以誑燿媚事太后，下至旁側長御，方故萬端。」又云：「欲以誑燿百姓。」「耀」與「燿」同。

〔九〕漢書息夫躬傳云：「辯口快耳，其實未可從。」

〔一〇〕「時」下脫一字。

〔一一〕「故」下脫一字，疑是「疏」，「疏」與「蘇」聲相涉而失之。史記蘇秦傳云：「求說周顯王。顯王左右素習知蘇秦，皆少之，弗信。」

〔一二〕史記燕世家。

〔一三〕淮南子主術訓云：「天下多眩於名聲而寡察其實，是故處人以譽尊，而游者以辯顯。」列子說符篇云：「爰旌目餓於道，狐父之盜下壺餐以哺之。爰旌目三餔而後能視，曰：『譆！汝非盜耶？吾義不食子之食也。』兩手據地而歐之。狐父之人則盜矣，而食非盜也。以人之盜，因謂食爲盜而不敢食，是失名實者也。」「歐」與「嘔」同。

夫聖人純，賢者駁〔一〕，周公不求備〔二〕，四友不相兼〔三〕，況末世乎？是故高祖所

輔佐，光武所將相，不遂僞舉，不責兼行〔四〕，**亡秦之所棄，王莽之所捐**〔五〕，**二祖任用以誅暴亂，成致治安**〔六〕。**太平之世，而云無士，數開横選，而不得真，甚可憤也**〔七〕！

〔一〕論衡明雩篇云：「世稱聖人純而賢者駁。」漢書梅福傳云：「一色成體謂之純，白黑雜合謂之駁。」

〔二〕論語。○鐸按：已見論榮篇。

〔三〕「友」舊作「肢」，據傳改。博物志云：「文王四友：南宫括，散宜生，閎夭，太顛。」按尚書大傳「文王胥附、奔輳、先後、禦侮謂之四隣，以免乎牖里之害」，指此四人，故孔子以回、賜、師、由擬之，章懷注此傳即以四友屬孔子，非也。春秋繁露天地之行篇云：「任羣臣無所親，若四肢之各有職也。」新語懷慮篇云：「目以精明，耳以主聽，口以别味，鼻以聞芳，手以之持，足以之行，各受一性，不得兩兼。」舊作「肢」，義亦可通，然與下「末世」云云，文意不合，故定從本傳。

〔四〕尹文子大道篇云：「天下萬事，不可備能。責其備能於一人，則賢聖其猶病諸！設一人能備天下之事，則前後左右之宜，遠近遲疾之閒，必有不兼者焉。苟有不兼，於治闕矣。」後漢書韋彪傳云：「夫人才行，少能相兼。」

〔五〕「捐」舊作「損」。

〔六〕漢書文帝紀：「元年，有司固請曰：『古者殷、周有國，治安皆且千歲。』」顔師古注：「治安，言治理而且安寧也。」賈誼傳云：「陳治安之策。」○鐸按：「成致」連用，亦見下文。

〔七〕「真」舊作「直」。按續漢書五行志劉昭注引馬融上書云：「孔子曰：『十室之邑，必有忠信如丘者焉。』以天下之大，四海之衆，云無若人，臣以爲誣矣。宜特選詳譽，審得其真。」語意與此同。

夫明君之詔也若聲，忠臣之和也當如響應〔一〕，長短大小，清濁疾徐，必相和也。是故求馬問馬，求驢問驢，求鷹問鷹，求駹問駹〔二〕。由此教令，則賞罰必也。

〔一〕荀子彊國篇云：「下之和上，譬之若響之應聲，影之象形也。」新書大政上篇云：「故爲人君者，其出令也其如聲，士民學之其如響。」說文云：「咊，相譍也。譍，以言對也。」「應」與「譍」同。

〔二〕「鷹」蓋「驪」之誤。說文云：「驢，似馬長耳。驪，馬深黑色。駹，馬面顙皆白也。」馬、驢、驪、駹爲一物，又以馬、驢爲一物，驪、駹爲一物，馬驢以形，驪、駹以色也。漢書匈奴傳云：「匈奴騎，其西方盡白，東方盡駹，北方盡驪，南方盡騂馬。」此駹、驪並舉之證。○俞樾云：「『鷹』字不倫。『駹』則仍即馬之一種，上既言馬，不應下又言『駹』，疑皆字之誤。『鷹』當作『雞』，『雞』誤爲『痽』，因改爲『鷹』矣。『駹』當作『尨』，謂犬也，涉上『驢』字而加馬旁耳。馬、驢一類，雞、犬一類也。」○鐸按：俞說「駹」爲「尨」之加旁字是也，而「鷹」字不煩改。鷹、犬逐捕雉兔者，亦一類也。

夫高論而相欺，不若忠論而誠實〔一〕。且攻玉以石〔二〕，治金以鹽，濯錦以魚，浣布以灰〔三〕。夫物固有以賤治貴，以醜治好者矣。智者棄其所短而採其所長，以致其功，明君用士亦猶是也〔四〕。物有所宜，不廢其材，況於人乎？

〔一〕漢書張釋之傳：「文帝曰：『卑之毋甚高論。』」韓非子八經篇云：「人臣忠論以聞姦。」說苑説叢篇云：「高議而不可及，不若卑論之有功也。」

〔二〕詩鶴鳴云：「他山之石，可以攻玉。」淮南子説山訓云「玉待礛諸而成器」，高誘注：「礛諸，攻玉之石。」説文作「厱諸」。

〔三〕儀禮喪服傳云：「冠六升外畢，鍛而弗灰。」士喪禮云「冪奠用功布」，鄭注：「功布，鍛濯灰治之布也。」既夕禮注：「功布，灰治之布也。」禮記深衣注：「深衣者，用十五升布鍛濯灰治。」雜記「加灰錫也」，疏云：「取緦以爲布，又加灰治之，則曰錫。」考工記云「㡃氏湅帛，以欄爲灰，渥淳其帛」，鄭注：「以欄木之灰漸釋其帛也。」内則云：「冠帶垢，和灰請漱。衣裳垢，和灰請澣。」

〔四〕管子形勢解云：「明主之官物也，任其所長，不任其所短，故事無不成，功無不立。」後漢書第五倫後種傳云：「春秋之義，選人所長，棄其所短。」

夫修身慎行〔一〕，敦方正直，清廉潔白〔二〕，恬淡無爲〔三〕，化之本也。憂君哀民，獨覩亂原〔四〕，好善嫉惡〔五〕，賞罰嚴明，治之材也。明君兼善而兩納之，惡行之器也，爲金玉寶政之材剛鐵用。無此二寶〔六〕，苟務作異以求名，詐静以惑衆，則敗俗傷化〔七〕。今世慕虚者，此謂堅白〔八〕。堅白之行，明君所憎，而王制所不取〔九〕。

〔一〕孝經云：「修身慎行，恐辱先也。」

〔二〕吕氏春秋離俗覽云：「布衣人臣之行，潔白清廉中繩，愈窮愈榮。」

〔三〕莊子胠篋篇文。

〔四〕春秋繁露度制篇云：「凡百亂之源，皆出嫌疑纖微，以漸寖稍長至於大。」五行相生篇云：「昭然獨見存亡之機，得失之要，治亂之源，豫禁未然之前。」鹽鐵論申韓篇云：「塞亂源而天下治。」

〔五〕漢書竇嬰傳：「藉福曰：『君侯資性，喜善疾惡。』」顔師古注：「喜，好也。」

〔六〕「惡行」以下，文有脱誤。

〔七〕淮南子齊俗訓云：「矜僞以惑世，伉行以違衆，聖人不以爲民俗。」漢書師丹傳哀帝策免丹云：「朕疾夫比周之徒，虚僞壞化，寖以成俗。」敍傳敍貨殖傳云：「侯服玉食，敗俗傷化。」

〔八〕公孫龍子有堅白篇。史記平原君傳云：「公孫龍善爲堅白之辯。」莊子秋水篇：「公孫龍問於魏牟曰：『龍少學先生之道，長而明仁義之行，合同異，離堅白，然不然，可不可，困百家之知，窮衆口之辯。』」齊物論云「以堅白之昧終」，釋文：「司馬云：『謂堅石、白馬之辯也。』」

〔九〕禮記王制云：「行僞而堅，言僞而辨，學非而博，順非而澤，以疑衆，殺。」

是故選賢貢士，必考覈其清素〔一〕，據實而言，其有小疵〔二〕，勿彊衣飾〔三〕，以壯虛聲〔四〕。一能之士，各貢所長〔五〕，出處默語〔六〕，勿彊相兼，則蕭、曹、周、韓之論〔七〕，何足得矣〔八〕？吳、鄧、梁、竇之徒〔九〕，而致十〔一〇〕。各以所宜，量材授任〔一一〕，則庶官無曠〔一二〕，興功可成，太平可致，麒麟可臻〔一三〕。

〔一〕「清」當作「情」。史記蔡澤傳：「應侯云：『披腹心，示情素。』」治要載尸子分篇云：「違情見素，則是非不蔽。」

〔二〕易繫辭上傳云：「悔吝者，言乎其小疵也。」漢書平帝紀詔曰：「不以小疵妨大材。」

〔三〕方言云：「凡相被飾亦曰獘。」「衣飾」猶「被飾」也。後漢書黄瓊傳云：「梁冀前後所托辟召，一無所用。雖有善人，而爲冀所飾舉者，亦不加命。」

〔四〕韓非子六反篇云：「世主聽虛聲而禮之。」後漢書黄瓊傳李固遺瓊書云：「俗論皆言處士純盜虛聲。」

〔五〕淮南子主術訓云：「有一能者服一事。」漢書丙吉傳云：「士亡不可容，能各有所長。」説苑君道篇云：「君使臣自貢其能，則萬一之不失矣。」

〔六〕易繫辭上傳：「子曰：『君子之道，或出或處，或默或語。』」

〔七〕「論」當作「倫」。蕭何、曹參、周勃、韓信，並見史記。○鐸按：本傳作「倫」。

〔八〕「得矣」蓋「專美」之訛。○鐸按：此謂不難得，作「何足專美」，則非其本旨。

〔九〕吳漢、鄧禹、梁統、竇融，並見後漢書。

〔一〇〕「十」當作「也」，「而致」上蓋脱二字。楚策：「莫敖子華曰：『若君王誠好賢，此五臣者，皆可得而致之。』」此或即「可得而致」四字。

〔一一〕漢書董仲舒傳云：「量材而授官。」

〔一二〕書皋陶謨。

〔一三〕詩麟之趾疏引鄭康成答張逸云：「周之盛德，關雎化行之時，公子化之，皆信厚與禮合，古太平致麟之時，不能過也。」此言「太平致麟」，蓋亦用詩誼矣。○鐸按：成、臻，耕、真合韻。

且燕小，其位卑，然昭王尚能招集他國之英俊，興誅暴亂，成致治彊〔一〕。今漢土之廣博，天子尊明，而曾無一良臣，此誠不愍兆黎之愁苦〔二〕，不急賢人之佐治爾。孔子曰：「未之思也，夫何遠之有〔三〕？」忠良之吏誠易得也〔四〕，顧聖王欲之不爾。

〔一〕史記燕世家云：「燕昭王即位，卑身厚幣以招賢者。樂毅自魏往，鄒衍自齊往，劇辛自趙往，士争趨燕。於是遂以樂毅爲上將軍，與秦、楚、三晉合謀以伐齊，盡取其寶，燒其宫室宗廟。齊城之不下者，獨惟聊、莒、即墨，其餘皆屬燕。」漢書敍傳云「招輯英俊」，顔師古注：「『輯』與『集』同。」

〔二〕漢書王莽傳云：「期於安兆黎矣。」「苦」字舊空，據程本。

〔三〕論語。○鐸按：此引孔子語以證人君第不求賢，求則何遠之有？毛奇齡論語稽求篇據本傳删節之文，謂「此正以貴賤、好醜、長短、清濁相反而實相成，以見思反之義」，乖節信本旨矣。

〔四〕成十七年左傳云：「能與忠良，吉孰大焉？」後漢書循吏王涣傳鄧太后詔曰：「夫忠良之吏，國家所以爲理也。求之甚勤，得之至寡。」

潛夫論箋校正卷四

班禄〔一〕第十五

太古之時〔二〕，烝黎初載〔三〕，未有上下，而自順序，天未事焉，君未設焉。後稍矯虔〔四〕，或相陵虐〔五〕，侵漁不止〔六〕，爲萌巨害〔七〕。於是天命聖人使司牧之，使不失性〔八〕，四海蒙利〔九〕，莫不被德〔一〇〕，僉共奉戴，謂之天子〔一一〕。

〔一〕○鐸按：孟子萬章下篇：「周室班爵禄也，如之何？」趙注：「班，列也。」訓本方言。鄭玄三禮目録云：「名曰王制者，以其記先王班爵授禄祭祀養老之法度。」今周禮地官司禄闕其職，而孟子答北宫錡問，已謂其詳不可得聞，及漢孝文時，始命博士諸生采集傳記以爲王制。此篇説班禄本之。然王制與孟子有不合者，則以其書後出，而諸儒又復有損益也。自當以孟子爲正。

〔二〕禮記郊特牲鄭注：「唐、虞以上曰太古。」

〔三〕漢書司馬相如傳云「覺寤黎烝」，顔師古注：「黎烝，衆庶也。」「烝黎」與「黎烝」同。蔡中郎集陳留太守胡公碑銘亦云：「悠悠蒸黎。」藝文類聚十一引此文「烝」作「兆」。「兆黎」

見上篇。詩大明云「文王初載」，毛傳：「載，識。」按此文「初載」，即爾雅釋詁「初、哉」，並取始義。載、哉古字通。

〔四〕書呂刑云：「奪攘矯虔。」「後稍」類聚作「末後」。

〔五〕襄十八年左傳云「陵虐神主」，杜注：「神主，民也。」

〔六〕漢書宣帝紀神爵三年詔曰「侵漁百姓」，顏師古注：「漁者，若言漁獵也。」

〔七〕呂氏春秋高義篇高誘注：「萌，民也。」按「萌」爲「甿」之借，説文云：「民，衆萌也。氓，民也。讀若盲。」新書大政下篇云：「民之爲言也，瞑也。萌之爲言也，盲也。」漢書楚元王傳劉向疏云「民萌何以勸勉」，顏師古注：「『萌』與『甿』同。」陳勝項藉傳贊云「甿隸之人」，如淳曰：「甿，古文萌字。萌，民也。」

〔八〕襄十四年左傳：「師曠曰：『天生民而立之君，使司牧之，勿使失性。』」「使不」類聚作「勿令」。

〔九〕漢書食貨志云：「百姓蒙利。」

〔一〇〕「莫不」類聚作「草木」。按淮南子氾論訓云：「禽獸草木，莫不被其澤。」

〔一一〕「僉共」類聚作「恭儉」，誤。説文云：「撿，拱也。拱，斂手也。」二字連文，「僉共」即「撿拱」省文。襄廿五年左傳：「子産云：『奉戴厲公。』」杜注：「『奉戴』猶『奉事』。」文十八年傳云：「同心戴舜，以爲天子。」新書威不信篇云：「古之正義，東西南北，苟舟車之所達，人迹之所至，莫不率服，而後云天子。」按管子君臣下篇云：「古者未有君臣上下之別，未有夫婦妃匹之合，獸處羣居，以力相征。於是智者詐愚，彊者凌弱，老幼孤獨，不得其所。故智者假衆力以禁强虐，而暴人止，爲民興利除害，正民之德，而民師之。」此文意與彼同。○鐸按：說文：「僉，皆也。」禮記内則注：「『共』猶『皆』也。」僉共奉戴，言四海之民皆奉戴之也。箋以爲「撿拱」，非。

故天之立君，非私此人也，以役民，蓋以誅暴除害利黎元也〔一〕。是以人謀鬼謀，能者處之〔二〕。詩云：「皇矣上帝！臨下以〔三〕赫。監觀四方，求民之瘼〔四〕。惟此二國，其政不獲。惟此〔五〕四國，爰究爰度。上帝指之〔六〕，憎其式惡〔七〕。乃睠〔八〕西顧，此惟與度〔九〕。」蓋此言也，言夏、殷二國之政不得，乃用奢夸廓大〔一〇〕，上帝憎之，更求民之瘼聖人〔一一〕，與天下四國究度而使居之也。

〔一〕荀子大略篇云：「天之生民，非爲君也。天之立君，以爲民也。」淮南子兵略訓云：「所爲立君者，以禁暴討亂也。」又云：「明王之用兵也，爲天下除害，而與萬民共享其利。」漢書嚴安傳云：「興利除害，誅暴禁邪。」蕭望之後育傳云：「其於爲民除害安元元而已。」谷永傳云：「天下黎元，咸安家樂業。」按嚴安傳云：「元元黎民。」「黎元」即「元元黎民」

也。史記文帝紀索隱引姚察云：「古者謂人云『善人』也，因『善』爲『元』，故云『黎元』。其言『元元』者，非一人也。」○鐸按：「以役民」疑當在「立君」下。

〔二〕注見思賢篇。

〔三〕「以」今詩作「有」。○李富孫詩經異文釋云：「桓七年左傳『有信有義』四句，論衡詰術皆引作『以』，義並通。」○鐸按：有，助詞，作「以」蓋聲之誤。或謂「有」猶「以」，非。

〔四〕「瘼」今詩作「莫」。蔡中郎集和熹鄧后謚議云：「參圖考表，求人之瘼。」蜀志馬超傳云：「兼董萬里，求民之瘼。」晉書武帝紀云：「皇天鑒下，求人之瘼。」後漢書循吏傳序：「廣求民瘼。」蓋本三家詩。此文當本作「瘼」，後人或據毛詩改之。孫侍御云：「文選齊安陸昭王碑文云『慮深求瘼』，李善注云：『詩：求民之莫。班固漢書引詩而爲此瘼，爾雅曰：瘼，病也。』今漢書敍傳亦作『莫』，顔師古訓『莫』爲『定』，與毛、鄭同，宋書符瑞志引漢書作『瘼』。」○鐸按：馬瑞辰亦謂匡謬正俗「不知民瘼」，義本三家詩。「瘼」蓋今「毛病」字。陳喬樅魯詩遺説考十五云：「王符用魯詩，引詩當同蔡邕作「瘼」字，下文『更求民之瘼』，可證也。」

〔五〕「此」今作「彼」。○文四年左傳引詩彼、此二字互易。陳喬樅詩經四家異文考云：「潛夫論引詩上下皆作『惟此』，疑原本上句作『惟彼』，與左傳同，後人依毛改『彼』作『此』耳。」馬瑞辰曰：「彼、此蓋隨言之，非有異義。」○鐸按：「此」字重複無理，或當依左傳。

〔六〕「指」今作「耆」。按詩正月：「有皇上帝，伊誰云憎。」鄭箋云：「欲天指害其所憎而已。」所用詩與此同。◎鐸按：指、耆同從旨聲，故得通用。馬瑞辰曰：「玉篇：『耆，怒訶也。』廣雅釋言：『指，斥也。』『指斥』亦怒責之義。」胡承珙毛詩後箋云：「『耆』疑即『指』之借字。『美服患人指，高明逼神惡』，是『指』有惡義。」

〔七〕「惡」今作「廓」。◎鐸按：陳喬樅云：「『惡』字乃『廓』之誤，下文云：『乃用奢夸廓人，上帝憎之』，是潛夫論引詩文本作『式廓』也。」鄒漢勳讀書偶識卷三說略同。

〔八〕「睠」今作「眷」，釋文云：「本又作『睠』。」◎鐸按：眷、睠同字。初學記一、北堂書鈔四、文選長楊賦注、頭陀寺碑注引詩並作「睠」。

〔九〕「度」今作「宅」。論衡初稟篇亦作「度」。漢書韋玄成傳注臣瓚曰：「按古文宅、度同。」◎臧琳經義雜記云：「古文尚書『宅』字，兩漢人所引皆作『度』。然以『宅』爲『度』者，今文形聲之誤。毛詩爲古文，凡『宅居』字皆作『宅』，『度謀』字皆作『度』。」◎鐸按：此引詩正是今文，故「宅」作「度」。

〔一〇〕◎鐸按：程本作「奢夸廓人」。◎鄒漢勳云：「奢夸者爲廓人。今世俗尚有『廓人』之語，其由來久矣。潛夫所舉，殆三家詩說也。」◎鐸按：「奢夸廓」，猶潛歎篇「幽隱囚人」，皆以三同義詞爲定語。「廓人」即「闊人」，新方言釋言：「今謂人奢泰爲闊綽。」「闊人」謂闊綽之人也。叔子此解雖臆創，然核之辭例語義皆合，自不得以悖於雅訓而棄之。

〔一二〕○鐸按：鄒氏讀「更求民之瘼聖人」七字爲句，云：「語不順，殆是『更求知民瘼之聖人』，倒奪而如此。」

前哲良人〔一〕，疾□□〔二〕無紀極也〔三〕，乃惟度法象〔四〕，明著禮秩〔五〕，爲優〔六〕憲藝，縣之無窮〔七〕。故傳曰：「制禮，上物不過十二，天之道也〔八〕。」是以先聖籍田有制〔九〕，供神有度〔一〇〕，奉己有節〔一一〕，禮賢有數，上下大小，貴賤親疏，皆有等威，階級衰殺〔一二〕，各足禄其爵位〔一三〕，公私達其等級，禮行德義〔一四〕。

〔一〕「哲」舊作「招」。成八年左傳云：「賴前哲以免也。」詩黄鳥云：「殲我良人。」

〔二〕空格程本作「奢夸廓」三字。○鐸按：此承上文「奢夸廓人」，言前哲疾其無紀極，故爲之制法修憲，文義甚明，程本是也。

〔三〕文十八年左傳云：「聚斂積實，不知紀極。」

〔四〕周禮太宰：「縣治象之法於象魏，使萬民觀治象。」○鐸按：此言取法於天，非懸法於象魏之謂。

〔五〕莊八年左傳云：「衣服禮秩如適。」○鐸按：「秩」與「豑」同，説文：「豑，爵之次弟也。」

〔六〕「優」疑「修」。

〔七〕文六年左傳云「陳之藝極」，杜注：「藝，準也。」漢書蕭望之傳云：「作憲垂法，爲無窮之規。」○鐸按：爾雅釋詁：「憲，法也。」「憲藝」猶「法則」。

〔八〕哀七年左傳，「天之道」作「天之大數」。○鐸按：廣雅釋言：「數，術也。」吴語：「道將不行」，韋注：「道，術也。」是數、道同義，此引以意易之。

〔九〕禮記祭義云：「天子爲藉千畝，諸侯爲藉百畝。」

〔一〇〕周語：「襄王曰：『昔我先王之有天下也，規方千里以爲甸服，以供上帝山川百神之祀。』」昭七年左傳云：「上所以共神也。」

〔一一〕毛詩鴛鴦序云：「思古明王，交於萬物有道，自奉養有節焉。」

〔一二〕宣十二年左傳云：「君子小人，物有服章，貴有常尊，賤有等威。」杜注：「威儀有等差。」桓二年傳云「皆有等衰」，杜注：「衰，殺也。」禮記月令云：「以爲旗章，以别貴賤等級之度。」

〔一三〕「禄」當作「保」，慎微篇亦誤「保」爲「禄」。孝經云：「保其禄位。」

〔一四〕文有脱誤。成二年左傳云：「器以藏禮，禮以行義。」杜注：「車服所以表尊卑，尊卑有禮，各得其宜。」此文大意蓋與傳同。

當此之時也，九州之内，合三千里，爾八百國〔一〕。其班禄也，以上農爲正，始於庶人在官者，禄足以代耕，蓋食九人。諸侯下士亦然。中士倍下士，食十八人。上士倍中士，食三十六人。大夫倍之，食七十二人。小國之卿，二於大夫。次國之卿，三於大夫。大國之卿，四於大夫，食二百八十八人。君各什其卿。天子三公〔二〕，采視公侯，蓋方百里。卿采視伯，方七十里。大夫視子男，方五十里。元士視附庸，方三十里〔三〕。功成者封〔四〕。是故官政專公，不慮私家〔五〕；子弟事學，不干〔六〕財利，閉門自守〔七〕，不與民交争，而無飢寒之道〔八〕，而不陷〔九〕；臣養優而不隘〔一〇〕，吏愛官而不貪〔一一〕，民安静而强力〔一二〕，此則太平之基立矣〔一三〕。乃惟慎貢選，明必黜陟，官得其人，人任其職；欽若昊天，敬授民時〔一四〕，同我婦子，饁彼南畝〔一五〕；上務節禮，正身示下，下悦其政，各樂竭己奉戴其上〔一六〕。是以天地交泰〔一七〕，陰陽和平〔一八〕，民無姦匿〔一九〕，機衡不傾〔二〇〕，德氣流布而頌聲作也〔二一〕。

〔一〕禮記王制云：「凡四海之内九州，州方千里。」又云：「凡四海之内，斷長補短，方三千里。」又云：「凡九州千七百七十三國。」漢書賈山傳云：「昔者周蓋千八百國，以九州之民，養千八百國之君。」地理志云：「周爵五等，而土三等，公侯百里，伯七十里，子男五十里，不滿爲附庸，蓋千八百國。」此有脱誤。○鐸按：「爾」疑當作「千」。「千」與「尔」草書形近，「千」誤爲「尔」，後人又改爲「爾」也。

〔二〕「公」下舊衍「侯」字。

〔三〕本王制。

〔四〕白虎通考黜篇云：「以德封者，必試之爲附庸，三年有功，因而封之五十里。元士有功者，亦爲附庸，世其位。大夫有功成，封五十里。卿功成，封七十里。公功成，封百里。」

〔五〕漢書賈誼傳云：「國耳忘家，公耳忘私。」鮑宣傳云：「志但在營私家。」

〔六〕「干」舊作「於」，何本改「與」，並誤。「干」誤爲「于」，又轉誤爲「於」也。

〔七〕漢書王莽傳云：「閉門自守，又坐隣伍鑄錢挾銅，姦吏因以愁民。」

〔八〕漢書董仲舒傳云：「受禄之家，食禄而已，不與民爭業，然後利可均布，而民可家足。」

〔九〕「而」上脱三字。

〔一〇〕漢書韋賢後玄成傳：「玄成友人侍郎章上疏云：『宜優養玄成。』」禮記禮器云「君子以爲隘矣」，鄭注：「『隘』猶『狹陋』也。」

〔一一〕史記平準書云：「守閭閻者食粱肉，爲吏者長子孫，居官者以爲姓號，故人人自愛而重犯法。」

〔一二〕漢書成帝紀陽朔四年詔曰：「先帝劭農，薄其租税，寵其强力，令與孝弟同科。」

〔一三〕毛詩南山有臺序云：「立太平之基。」

〔一四〕書堯典。

〔一五〕詩七月。

〔一六〕毛詩吉日序云：「能慎微接下，無不自盡以奉其上焉。」

〔一七〕易泰象曰：「天地交而萬物通。」

〔一八〕淮南子氾論訓云：「陰陽和平，風雨時節。」

〔一九〕「匿」讀爲「慝」。魯語云「下無姦慝」，韋昭注：「慝，惡也。」

〔二〇〕書堯典云：「在璿機玉衡。」史記天官書云：「北斗七星，所謂旋機玉衡，以齊七政。」漢書揚雄傳云：「玉衡正而泰階平。」

〔二一〕宣十一年公羊傳云：「什一行而頌聲作。」

其後忽養賢而鹿鳴思〔一〕，背宗族而采蘩怨〔二〕，履畝稅而碩鼠作〔三〕，賦斂重而譚告通〔四〕，班祿頗而傾甫刺〔五〕，行人定而綿蠻諷〔六〕，故遂耗亂衰弱。

〔一〕此後所述詩義，皆與毛傳異，蓋本三家之說。○鐸按：史記十二諸侯年表序：「仁義陵遲，鹿鳴刺焉。」文選嵇康琴賦李善注引蔡邕琴操：「鹿鳴者，周大臣之所作也。王道衰，大臣知賢者幽隱，故彈絃諷諫。」御覽五百七十八引同。陳喬樅魯詩遺説考云：「皆本魯詩之説。」

〔二〕○鐸按：馬瑞辰曰：「『采蘩』當爲『采蘋』之譌。蓋三家詩或因詩有『宗室牖下』一語，遂以爲背宗族而作也。」陳喬樅云：「潛夫論以鹿鳴爲怨詩，與司馬遷史記年表、蔡邕琴操、高誘淮南注(詮言訓)并合，又以行葦爲咏公劉詩，亦與劉向列女傳(晉弓工妻傳)合，是其用魯詩之明證。然則此以采蘩爲怨詩者，當亦據魯說也。」

〔三〕鹽鐵論取下篇云：「周之末塗，德惠塞而嗜欲衆，君奢侈而上求多，民困於下，怠於公乎(鐸按：「公乎」當作「上公」，張敦仁說)，是以有履畝之稅，碩鼠之詩作也。」○鐸按：魏風碩鼠序云：「刺重斂也。」陳奐曰：「三家與毛序刺重斂合。」顧廣圻曰：「公羊宣十五年傳云：『稅畝者何？履畝而稅也。』又云：『什一行而頌聲作矣。』正爲碩鼠詩而言。三家詩、公羊皆今文，宜其說之相近。」陳喬樅云：「桓寬用齊詩，然則此詩魯、齊說同矣。」皮錫瑞師伏堂筆記一云：「碩鼠詩是魏風。魏滅於春秋初，豈是時已有履畝之稅乎？據春秋經、傳則始於宣公，或魯是時初用之耳。」

〔四〕舊脫「而」字，「譚」作「譯」。按毛詩大東序云：「東國困於役而傷於財，譚大夫作是詩以告病。」

〔五〕顧茂才廣圻云：「『傾』當作『頎』。隸釋高陽令楊著碑：『頎甫班爵。』頎甫即毛詩祈父，頎、傾字形相近而誤。」繼培按：志氏姓篇以單傾公爲頎公，誤正類此。「刺」舊亦誤作「賴」。治要載陸景典語謂「周褒申伯，吉甫著誦，祈父失職，詩人作刺，官人封爵，不可不慎。」說與此合。按毛傳：「圻父，司馬也。」鄭箋申之云：「司馬掌祿士，故司士屬焉。」其說蓋採之三家。隸釋繁陽令楊君碑云：「民思遺愛，奔告於王，頎不審真，莫肯慰揚。」頎亦謂頎甫。安平相孫根碑又云：「圻甫考績。」

〔六〕顧茂才云：「『定』當作『乏』。」繼培按：尚書大傳云：「行而無資謂之乏。」呂氏春秋季春紀「振乏絶」，高誘注：「行而無資曰乏。」是行人得言乏矣。或云：「定」當爲「穵」之誤，説文云：「穵，貧病也。」穵、定字形亦相近。○鐸按：僖三十年左傳：「行李之往來，共其乏困。」「行李」即行人之官，是行人言乏之證。詩緜蠻箋：「古者卿大夫出行，士爲末介。士之禄薄，或困乏於資財，則當賙贍之。」與此説合，並本三家。或説未允。邵本作「蹙」，吳闓生詩義會通作「病」，皆臆改。陳喬樅疑「畏」字之譌，亦非。

及周室微而五伯作，六國弊而暴秦興，背義理而尚威力，滅典禮而行貪叨〔一〕，重賦斂以厚己，强臣下以弱枝〔二〕，文德不獲封爵〔三〕，列侯不獲〔四〕。是以賢者不能行禮以從道〔五〕，品臣不能無枉以從利〔六〕。君又驟赦以縱賊〔七〕，民無恥而多盜竊。

〔一〕韓詩外傳五云：「自周室壞以來，王道廢而不起，禮義絶而不繼。秦之時，非禮義，棄詩、書，略古昔，大滅聖道，專爲苟妄，以貪利爲俗，以告獵爲化，而天下大亂。」燕策：「太子丹曰：『今秦有貪饕之心，而欲不可足也。』」説文云：「饕，貪也。」重文作「叨」。按考績篇作「貪饕」。

〔二〕春秋繁露盟會要篇云：「强幹弱枝，以明大小之職。」

〔三〕漢書公孫弘傳封弘詔云：「古者任賢以序位，量能以授官，勞大者厥禄厚，德盛者獲爵尊，故武功以顯重，而文德以行褒。」按三式篇引崧高、烝民詩而釋之云：「申伯、山甫，文德致升平，而王封以樂土，賜以盛服。」「文德獲封」，蓋三家詩説有之。

〔四〕下脱二字，當是「不獲治民」，即三式篇所云「列侯或有德宜子民，而道不得施」也。

〔五〕詩北門云「終窶且貧」，毛傳：「窶者，無禮也。」箋云：「君於己禄厚，終不足以爲禮。」

〔六〕「品臣」猶言「衆臣」。通典卅五引應劭漢官儀載張敞、蕭望之言曰：「夫倉廩實而知禮節，衣食足而知榮辱，今小吏奉率不足，常有憂父母妻子之心，雖欲潔身爲廉，其勢不能。」後漢書仲長統傳昌言損益篇云：「選用必取善士。善士富者少而貧者多，禄不足以供養，安能不少營私門乎？」崔實政論云：「今所使分威權御民人理獄訟幹賦庫者，皆羣臣之所爲，而其奉禄甚薄，仰不足以養父母，俯不足以活妻子。父母者，性所愛也；妻子者，性所親也。所愛所親，方將凍餒，雖冒刃求利，尚猶不避，況可令臨財御衆乎？是所謂渴馬守水，餓犬護肉，欲其不侵，亦不幾矣。」

〔七〕○鐸按：「驟赦」即「數赦」。宣三年左傳「宣子驟諫」，賈逵注：「驟，疾也。」爾雅釋詁：「數，疾也。」小爾雅廣言：「驟，數也。」二字古音同部，故義亦相通。

何者？咸氣加而化上風〔一〕，患害切而迫飢寒〔二〕，此臧紇〔三〕所以不能詰其盜者也〔四〕。詩云：「大風有隧，貪人敗類〔五〕。」「爾之教矣，民斯效矣〔六〕。」是故先王將發號施令〔七〕，諄諄如也〔八〕，惟恐不中而道於邪，故作典以爲民極〔九〕，上下共之，無有私曲〔一〇〕，三府制法〔一一〕，未聞赦彼有罪〔一二〕，獄貨惟寶者也〔一三〕。

〔一〕「咸」當作「戾」，「戾氣」與下「和氣」相對。說苑貴德篇云：「天子好利則諸侯貪，諸侯貪則大夫鄙，大夫鄙則庶人盜。上之變下，猶風之靡草也。」

〔二〕漢書魏相傳云：「飢寒在身則亡廉恥，寇賊姦軌所由生也。」

〔三〕「臧紇」舊作「滅絕」。

〔四〕襄廿一年左傳。

〔五〕桑柔。○鐸按：遏利篇亦引。

〔六〕角弓。今詩作「胥傚」，白虎通三教篇引詩作「斯效」。○鐸按：陳喬樅謂作「斯」者魯詩。

〔七〕淮南子本經訓云：「發號施令，天下莫不從風。」

〔八〕詩抑云：「誨爾諄諄。」按禮記中庸「肫肫其仁」，鄭注：「『肫肫』讀如『誨爾忳忳』之『忳』。忳忳，懇誠貌也。」春秋繁露相生篇云：「孔子爲魯司寇，斷獄屯屯，與衆共之。」說苑至公篇作「敦敦」。敦敦、諄諄、屯屯、忳忳義並同。○鐸按：孟子萬章上篇云：「諄諄然命之乎？」「諄諄如」即「諄諄然」。「如」猶「然」也。訓見經傳釋詞卷七。

〔九〕周禮云：「太宰掌建邦之六典。」又云：「設官分職，以爲民極。」

〔一〇〕管子五輔篇云：「公法行而私曲止。」

〔一一〕後漢書郎顗傳云「委任三府」，章懷注：「三公也。」按太尉、司徒、司空皆開府，故曰「三府」。

〔一二〕詩小弁云「舍彼有罪」，釋文：「舍，音捨，又音赦。」周禮司刺鄭注：「赦，舍也。」

〔一三〕書呂刑云：「獄貨非寶。」

是故明君臨衆，必以正軌〔一〕，既無厭有〔二〕，務節禮而厚下，復德而崇化，使皆阜於養生〔三〕而競於廉恥也〔四〕。是以官長正而百姓化，邪心黜而姦匿絶〔五〕，然後乃能協和氣而致太平也〔六〕。易曰：「聖人養賢以及萬民〔七〕。」爲本，君以臣爲基，然後高能可崇也〔八〕；馬肥，然後遠能可致也〔九〕。人君不務此而欲致太平，此猶薄趾〔一〇〕而望高牆〔一一〕，驥瘠而責遠道，其不可得也必矣。

〔一〕隱五年左傳云：「講事以度軌量謂之軌。」

〔二〕句有誤字。

〔三〕周語云「所以阜財用衣食」，韋昭注：「阜，厚也。」

〔四〕管子牧民篇云：「國有四維：一曰禮，二曰義，三曰廉，四曰恥。」淮南子泰族訓云：「民無廉恥，不可治也。非修禮義，廉恥不立。」

〔五〕「匿」讀爲「慝」。

〔六〕漢書楚元王傳劉向封事云：「和氣致祥，乖氣致異。祥多者其國安，異衆者其國危。」

〔七〕頤象辭。

〔八〕文有脱誤，當云「國以民爲本，君以臣爲基，基厚，然後高能可崇也」。鹽鐵論未通篇云：「築城者先厚其基而後求其高，畜民者先厚其業而後求其贍。」考工記云：「匠人，牆厚三尺，崇三之。」鄭注：「高厚以是爲率，足以相勝。」○鐸按：「能」猶「乃」也。下同。

〔九〕詩有駜毛傳：「駜，馬肥彊貌。馬肥彊則能升高進遠，臣彊力則能安國。」鄭箋云：「此喻僖公之用臣，必先致其禄食，禄食足而臣莫不盡忠。」

〔一〇〕「薄趾」二字當乙。

〔一一〕淮南子泰族訓云：「不益其厚而張其廣者毁，不廣其基而增其高者覆。」

述赦〔一〕第十六

凡治病者，必先知脈之虚實〔二〕，氣之所結〔三〕，然後爲之方〔四〕，故疾可愈而壽可長也〔五〕。爲國者，必先知民之所苦，禍之所起，然後設之以禁，故姦可塞國可安矣〔六〕。

〔一〕本傳在愛日篇後。○鐸按：驟赦縱賊，此篇極論其弊。蓋大惡不化，數赦適足以勸姦。本傳此篇在愛日篇後，觀前録忠貴、浮侈、實貢三篇適符今次，似舊第本如此。

〔二〕素問玉機真藏論：「黄帝曰：『凡治病，察其形氣色澤，脈之盛衰，病之新故，乃治之。』」論評虚實論：「岐伯曰：『邪氣盛則實，精氣奪則虚。』」

〔三〕莊子達生篇云：「忿滀之氣，散而不反，則爲不足；上而不下，則使人善怒；下而不上，則使人善忘；不上不下，中身當心，則爲病。」素問舉痛論：「帝曰：『余知百病生於氣也。怒則氣上，喜則氣緩，悲則氣消，恐則氣下，寒則氣收，炅則氣泄，驚則氣亂，勞則氣耗，思則氣結。』」

〔四〕素問至真要大論：「帝曰：『氣有多少，病有盛衰，治有緩急，方有大小。』」漢書藝文志云：「經方者，本草石之寒温，量疾病之淺深，假藥味之滋，因氣感之宜，辯五苦六辛，致水火之齊，以通閉解結，反之於平。」

〔五〕鹽鐵論輕重篇云：「扁鵲撫息脈而知疾所由生，陽氣盛則損之而調陰，寒氣盛則損之而調陽，是以氣脈調和，而邪氣無所留矣。」

〔六〕墨子兼愛篇云：「聖人以治天下爲事者也。必知亂之所自起，焉能治之；不知亂之所自起，則不能治。譬如醫之攻人之疾者然，必知疾之所自起，焉能攻之；不知疾之所自起，則弗能攻。」

今日賊良民之甚者，莫大於數赦〔一〕。赦贖數，則惡人昌而善人傷矣〔二〕。奚以明之哉？曰：孝悌之家，修身慎行〔三〕，不犯上禁，從生至死，無銖兩罪〔四〕；數有赦贖，未嘗蒙恩〔五〕，常反爲禍。何者？正直之士之爲吏也〔六〕，不避强禦〔七〕，不辭上官〔八〕。從事督察〔九〕，方懷不快〔一〇〕，而姦猾之黨〔一一〕，又加誣言〔一二〕，皆知赦之不久，則且共橫枉侵冤，誣奏罪法〔一三〕。今主上妄行刑辟〔一四〕，高至死徙，下乃淪冤〔一五〕，而被〔一六〕冤之家，乃甫當乞鞠告故以信直〔一七〕，亦無益於死亡矣〔一八〕。

〔一〕管子法法篇云：「凡赦者，小利而大害者也，故久而不勝其禍。毋赦者，小害而大利者也，故久而不勝其福。」

〔二〕後漢書桓譚傳云：「惡人誅傷，則善人蒙福。」此倒用其語。漢書刑法志文帝詔曰：「法者治之正，所以禁暴而衞善人也。」

〔三〕孝經云：「修身慎行，恐辱先也。」

〔四〕銖兩，言其輕。漢書趙廣漢傳云「銖兩之姦」，亦此意。○鐸按：猶今言「絲毫」。

〔五〕漢書文三王傳云：「比比蒙恩。」又云：「數蒙聖恩，得見貰赦。」

〔六〕「直」舊作「真」，據程本改。詩小明云：「正直是與。」

〔七〕漢書蓋寬饒傳：「王生予書曰：『明主知君絜白公正，不畏彊禦。』」後漢書鮑永傳：「永辟扶風鮑恢爲都官從事。恢亦抗直，不避强禦。」按詩烝民：「不畏强禦。」文十年左傳引詩「剛亦不吐，柔亦不茹」，杜注云：「詩大雅。美仲山甫不辟强禦。」秦策高誘注引詩亦作「不辟强禦」。誘多用韓詩，疑韓詩「畏」本作「辟」，「辟」與「避」通。○鐸按：陳喬樅亦疑高注所引爲三家異文。

〔八〕辭，謂辭謁。漢書尹翁歸傳云：「徵拜東海太守，過辭廷尉于定國。」後漢書丁鴻傳云：「竇憲兄弟各擅威權，鴻上封事曰：『大將軍雖欲勑身自約，不敢僭差，然而天下遠近皆惶怖承旨。刺史二千石初除謁辭，求通待報，雖奉符璽，受臺勑，不敢便去，久者至數十日。』」梁統後冀傳云：「冀愛監奴秦宮，官至太倉令，威權大震，刺史二千石皆謁辭之。」郭伋傳云「召見辭謁」，章懷注：「因辭而謁見也。」循吏傳云：「任延拜武威太守。帝親見，戒之曰：『善事上官。』」

〔九〕續漢書百官志云：「司隸校尉及諸州皆有從事史。」漢書翟方進傳云：「督察公卿」，顏師古注：「督，視也。」

〔一〇〕易艮六二：「其心不快。」漢書高帝紀：「六年，張良曰：『取上素所不快，計羣臣所共知最甚者一人先封，以示羣臣。』」

〔一一〕漢書武帝紀元狩六年詔曰：「姦猾爲害。」

〔一二〕説文云：「加，語相增加也。誣，加也。」漢書五行志「淮陽王上書寃博辭語增加」，顏師古注：「言博本爲石顯所寃，增加其語，故陷罪。」○鐸按：此言姦猾之黨又加之以誣枉之言，與下文「加誣」平列者有別。

〔一三〕崔寔政論云：「長吏或實清廉，心平行潔，内省不疚，不肯媚竈，曲禮不行於所屬，私愛無□於□府。州郡側目，以爲負折，乃選巧文猾吏，向壁作條，誣覆闔門，捕攝妻子。」

〔一四〕昭六年左傳：「叔向曰：『昔先王議事以制，不爲刑辟。』」漢書百官公卿表云：「廷尉掌刑辟。」宣帝紀元康二年詔曰：「用法或持巧心，析律貳端，深淺不平，增辭飾非，以成其罪。奏不如實，上亦亡繇知。」

〔一五〕漢書尹翁歸傳云：「按致其罪，高至於死。」按「高」、「下」猶「重」、「輕」也。○顧炎武日知録二十七云：「高，謂罪名之上者，猶言『上刑』。」孫詒讓札迻八云：「『令』當爲『令』，『淪寃』疑當爲『論免』，皆形之誤。此言誣奏良吏，令上失刑，重者至死，輕者亦論罪免官（上文云：『正直之士之爲吏也。』故此云『論免』）。今本作『淪寃』，則與『死徙』高下無別，蓋涉上文『横枉侵寃』，下文『被寃之家』而誤。」○鐸按：孫説甚是。「令」字程本正作「令」。

〔一六〕「被」舊作「彼」。

〔一七〕「信」讀爲「申」。説文云：「鞫，窮治辠人也。」經典通用「鞫」。禮記文王世子云「告於甸人」，鄭注：「『告』讀爲『鞫』。讀書用灋曰鞫。」周禮小司寇「讀書則用灋」，注：「鄭司農云：『如今時讀鞫已，乃論之。』」史記夏侯嬰傳云：「嬰試補縣吏，與高祖相愛。高祖戲而傷嬰，人有告高祖。高祖時爲亭長，重坐傷人，告故不傷嬰。」集解：「鄧展曰：『律有故乞鞫。高祖自告不傷人。』」索隱：「案晉灼云：『獄結竟，呼囚鞫，語罪狀。囚若稱枉欲乞鞫者，許之也。』」漢書景武昭宣元成功臣表「新時侯趙弟坐爲太常鞫獄不實」，如淳曰：「鞫者，以其辭決罪也。」晉灼曰：「律説出罪爲故縱，入罪爲故不直。」

〔一八〕漢書刑法志緹縈上書云：「死者不可復生，刑者不可復屬。」

及隱逸行士，淑人君子〔一〕，爲讒佞利口所加誣覆冒〔二〕，下士冤民〔三〕，能至闕者，萬無數人，其得省問者，不過百一，既對尚書，空遣去者，復十六七。雖蒙考覆〔四〕，州郡轉相顧望〔五〕，留苦其事〔六〕。春夏待秋冬，秋冬復涉春夏，如此行逢赦者，不可勝數〔七〕。

〔一〕詩尸鳩。

〔二〕論語云：「惡利口之覆邦家者。」漢書王尊傳云：「浸潤加誣，以復私怨。」列女傳齊威虞姬傳云：「執事者誣其辭而上之。虞姬曰：『有司受賂，聽用邪人，卒見覆冒，不能自明。』」明德馬后傳云：「時有楚獄，因證相引，繫者甚多。后恐有單辭妄相覆冒，承閒爲上言之。」後漢書皇甫規傳云：「今見覆没，恥痛實深。」「覆没」即「覆冒」，冒、没聲近義同。

〔三〕漢書于定國傳云：「張釋之爲廷尉，天下無寃民。」「下土」注見浮侈篇。○鐸按：三式篇：「下土邊遠，能詣闕者，萬無數人。」「下土」即「邊遠」也。

〔四〕「覆」當作「覈」。說文云：「覈，實也。考事襾笮邀遮其辭得實曰覈。」○鐸按：「考覆」亦漢時律令語，謂稽考覆按之。漢書鄭崇傳：「尚書令趙昌奏崇與宗族通，疑有姦。上責崇。崇對曰：『臣門如市，臣心如水。願得考覆。』上怒，下崇獄窮治。」是其證。汪說失之。

〔五〕漢書王嘉傳云：「內外顧望。」

〔六〕「留苦其事」舊作「留吾真事」。按漢書西域大宛傳云「不敢留苦」，顏師古注：「不敢留連及困苦之也。」易林咸之豫、萃之咸、巽之井、未濟之需並云：「稽難行旅，流連愁苦。」

〔七〕漢書楚元王後向傳云「得踰冬減死論」，服虔曰「踰冬至春，行寬大而減死罪」，如淳曰：「獄冬盡當決竟，而得踰冬，復至後冬，故或逢赦，或得減死也。」魏相傳云：「大將軍用武庫令事，遂下相廷尉獄，久繫，踰冬，會赦出。」

又謹慎之民，用天之道，分地之利，擇莫犯土〔一〕，謹身節用〔二〕，積累纖微，以致小過〔三〕，此言質良蓋民，惟國之基也〔四〕。

〔一〕句有誤字，程本「土」作「法」。○孫詒讓曰：「案此當作『捽草杷土』。漢書貢禹傳云：『農夫父子，暴露中野，不避寒暑，捽屮（顏注云：「屮，古草字也。」）杷土，手足胼胝。』即王節信所本。今本上三字皆形近譌易，惟『土』字未譌，而程榮又臆改爲『法』，繆之甚也！」○鐸按：孫校至確。班禄篇「莫不被德」，類聚作「草木被德」，亦草、莫二字相涉之證。

〔二〕孝經云：「用天之道，分地之利，謹身節用，以養父母，此庶人之孝也。」急就篇云：「鬼薪白粲鉗釱髡，不肯謹慎自令然。」

〔三〕後漢書梁統後商傳云：「大獄一起，無辜者衆，死囚久繫，纖微成大。」後漢紀安帝永寧元年岑宏議云：「幾微生過，遂陷不義。」論衡累害篇云：「將吏異好，清濁殊操。清吏增郁郁之白，舉涓涓之言。濁吏懷恚恨，徐求其過，因纖微之謗，被以罪罰。」韓詩外傳九云：「禍起於纖微。」漢書張湯後安世傳云：「累積纖微。」

〔四〕禮記月令云：「黑黄蒼赤，莫不質良。」鄭注：「質，正也。良，善也。」按此當作「貞良」，「言」當作「皆」，「蓋」當作「善」，「此皆貞良善民」爲句。「貞良」見敍録。史記秦始皇紀琅邪臺刻石辭云：「姦邪不容，皆務貞良。」崔實政論云：「競摘微短，吹毛求疵，重案深詆，以中傷忠良。」「國基」注見本政篇。

輕薄惡子〔一〕，不道凶民〔二〕，思彼姦邪，起作盜賊，以財色殺人父母，戮人之子，滅人之門，取人之賄，及貪殘不軌〔三〕，凶惡弊吏，掠殺不辜〔四〕，侵寃小民〔五〕，皆望聖帝當爲誅惡治寃〔六〕，以解蓄怨〔七〕。反一門赦之，令惡人高會而夸詫〔八〕，老盜服臧而過門〔九〕，孝子見讎而不得討〔一〇〕，亡主見物而不得取〔一一〕，痛莫甚焉。故將赦而先暴寒者，以其多寃結悲恨之人也〔一二〕。

〔一〕漢書酷吏尹賞傳云：「雜舉長安中輕薄少年惡子。」

〔二〕漢書翟方進傳云「丞相宣以一不道賊」，如淳曰：「律，殺不辜一家三人爲不道。」蕭望之傳云：「諸盜及殺人犯不道者，百姓所疾苦也。」

〔三〕漢書王尊傳云：「五官掾張輔貪汙不軌。」

〔四〕漢書魏相傳云：「人有告相賊殺不辜。」谷永傳云：「多繫無辜，掠立迫恐。」後漢書章帝紀元和元年詔曰：「律云：掠者惟得榜笞立。又令丙，箠長短有數。自往者大獄已來，掠考多酷，鉆鑽之屬，慘苦無極。念其痛毒，怵然動心。」

〔五〕注見考績篇。

〔六〕漢書胡建傳云：「誅惡以禁邪。」

〔七〕楚語云：「蓄怨滋厚。」

〔八〕漢書高帝紀云「置酒高會」，服虔曰：「大會也。」○沈欽韓曰：「下云：『洛陽有主諧合殺人者，謂之會任之家，受人十萬，謝客數千。』此所謂『惡人高會而夸詫』也。」

〔九〕「臧」舊作「藏」，據傳改。臧，謂所竊物也。鹽鐵論刑德篇云：「盜有臧者罰。」周禮司厲注：「鄭司農云：『今時盜賊臧，加責，没入縣官。』」

〔一〇〕哀十三年左傳云：「越子伐吳，吳王孫彌庸見姑蔑之旗曰：『吾父之旗也。不可以見讎而弗殺也。』」

〔一一〕漢書于定國傳云：「或盜賊發，吏不亟追，而反繫亡家。」顔師古注：「不急追賊，反繫失物之家。」「亡主」猶「亡家」。○鐸按：今言「失主」。

〔一二〕漢書于定國傳云：「民多冤結。」○鐸按：廣雅釋詁二：「暴，猝也。」

夫養稊稗者傷禾稼，惠姦宄者賊良民〔一〕。書曰：「文王作罰，刑茲無赦〔二〕。」是故先王之制刑法也，非好傷人肌膚〔三〕，斷人壽命者也〔四〕，乃以威姦懲惡除民害也〔五〕。天下本以民不能相治，故爲立王者以統治之〔六〕。天子在於奉天威命，共行賞罰〔七〕。故經稱「天命有德，五服五章；天罰有罪，五刑五用〔八〕」。詩刺「彼宜有罪，汝反脱之〔九〕」。古者惟始受命之君，承大亂之極，被前王之惡，其民乃並爲敵讎〔一〇〕，罔不寇賊消義姦宄奪攘〔一一〕，以革命受祚〔一二〕，爲之父母〔一三〕，故得一赦。繼體以下，則無違焉〔一四〕。何者？人君配乾而仁，順育萬物以成大功〔一五〕，非得以養姦活罪爲仁，放縱天賊爲賢也〔一六〕。

〔一〕韓非子難一云：「夫惜草茅者耗禾穗，惠盜賊者傷良民。今緩刑罰，行寬惠，是利姦邪而害善人也。」按韓子語本管子明法解。後漢書梁統傳云：「刑輕之作，反生大患，惠加姦軌，而害及良善也。」

〔二〕康誥。

〔三〕漢書董仲舒傳云：「傷肌膚以懲惡。」

〔四〕白虎通壽命篇云：「壽命者，上命也。」淮南子精神訓云：「夫人之所以不能終其壽命，而中道夭於刑戮者，何也？以其生生之厚。」

〔五〕易繫辭下傳云：「不威不懲。」後漢書陳寵傳云：「往者斷獄嚴明，所以威懲姦慝。」管子明法解云：「賞功誅罪，所以爲天下致利除害也。」

〔六〕漢書谷永傳云：「臣聞天生蒸民，不能相治，爲立王者以統理之。」亦見成帝紀建始三年詔及王莽傳。

〔七〕「共」讀爲「恭」。書甘誓云：「今予惟恭行天之罰。」

〔八〕書皋陶謨。「罰」今作「討」。○鐸按：本傳亦作「討」，偏考羣書，若史記夏本紀、漢書刑法志、説文、後漢書梁統傳、應劭傳所引無作「罰」者。惟後漢書申屠剛傳剛對策云：

「王者承天順地，典爵主刑，不敢以天官私其宗，不敢以天罰私其親。」「天罰」與此同，蓋以説經而易字耳。

〔九〕詩瞻卬。「反脱」今作「覆説」。○鐸按：鄭箋：「覆，反也。」釋文云：「説，一音他活反。」

〔一〇〕書微子云：「小民方興，相爲敵讎。」

〔一一〕書呂刑云：「罔不寇賊鴟義姦宄奪攘矯虔。」王先生云：「『消』即『鴟』之誤。」○孫星衍曰：「或今文『鴟義』爲『消義』。」陳喬樅今文尚書經説考云：「尚書疏引鄭注云：『鴟義，盗賊狀如鴟梟，抄略良善，劫奪人物。』疑『消義』乃『梟義』之譌，以聲同致誤也。」○鐸按：陳説近是。

〔一二〕易革彖云：「湯、武革命。」

〔一三〕書洪範云：「天子作民父母。」

〔一四〕「違」當作「遵」。崔寔政論云：「大赦之造，乃聖王受命而興，討亂除殘，誅其鯨鯢，赦其臣民，漸染□化者耳。及戰國之時，犯罪者輒亡奔鄰國，遂赦之，以誘還其逋逃之民。漢承秦制，遵而不越。」荀悦漢紀云：「夫赦者，權時之宜，非常典也。漢興，承秦兵革之後，大過之世，比屋可刑，故設三章之法、大赦之令，蕩滌穢流，與民更始，時勢然也。後世承業，襲而不革，失時宜矣。」「大過」二字，今本漢紀缺，據初學記廿補。

〔一五〕舊無「物」字，據本傳補。春秋繁露王道通三篇云：「仁之善者在於天，天仁也。天覆育萬物，既化而生之，有養而成之，事功無已，終而復始。」又云：「天常以愛利爲意，以養長爲事，春秋冬夏，皆其用也。王者亦常以愛利天下爲意，以安樂一世爲事，好惡喜怒，而備用也。」

〔一六〕漢書宣帝紀黄龍元年詔曰：「今吏或以不禁姦邪爲寬大，縱釋有罪爲不苛；或以酷惡爲賢，皆失其中。」「天賊」即忠貴篇所云「天以爲賊」。或云：當作「大賊」，非。

今夫性惡之人〔一〕，居家不孝悌，出入不恭敬，輕薄慢傲，凶悍無辨〔二〕，明以威侮侵利爲行〔三〕，以賊殘酷虐爲賢〔四〕，故數陷王法者〔五〕，此乃民之賊〔六〕，下愚極惡之人也〔七〕。雖脱桎梏而出囹圄〔八〕，終無改悔之心，自詩以羸敖頭〔九〕，出獄踟躇〔一〇〕，復犯法者何不然〔一一〕。

〔一〕論衡本性篇云：「周人世碩以爲人性有善有惡。」

〔二〕淮南子時則訓云：「求不孝不悌戮暴傲悍而罰之。」吕氏春秋處方篇云「少不悍辟，而長不簡慢」，高誘注：「悍，兇也。」文選范蔚宗宦者傳論李善注引桓譚新論云：「居家循理，鄉里和順，出入恭敬，言語謹遜，謂之善士。」○鐸按：「辨」讀爲「變」，「無辨」猶言「不變」。下文云「雖脱桎梏而出囹圄，終無改悔之心」，又云「大惡之資，終不可化」，又云「未嘗見姦人冗吏，有肯變心悔服稱詔者也」，皆所謂「凶悍無辨」也。

〔三〕書甘誓云：「威侮五行。」史記匈奴傳：「中行説曰：『匈奴明以戰攻爲事。』」此用其文。

〔四〕「賊殘」疑倒。漢書哀帝紀詔曰：「察吏殘賊酷虐者，以時退。」李尋傳：「諸闒茸佞讇，抱虚求進，及用殘賊酷虐聞者，宜以時廢退。」翟方進傳劾奏朱博等云：「所居皆尚殘賊酷虐，苛刻慘毒，以立威。」

〔五〕漢書高惠高后文功臣表序云：「多陷法禁。」

〔六〕孟子云：「今之所謂良臣，古之所謂民賊也。」

〔七〕漢書古今人表序云：「可與爲惡，不可與爲善，是謂下愚。」王莽傳贊云：「窮凶極惡。」

〔八〕禮記月令云：「命有司省囹圄，去桎梏。」

〔九〕當云「自恃以數赦贖」，字形相近而誤。◯鐸按：「贏」與「數」形不相近，疑「贏」之誤。襄三十一年左傳注：「贏，受也。」

〔一〇〕論語云：「踧踖如也。」

〔一一〕何不然，言何所不然也。漢書韓信傳「何不誅」、「何不服」、「何不散」，顏注如此。匡衡傳云：「竊見大赦之後，姦邪不爲衰止，今日大赦，明日犯法，相隨入獄，此殆導之未得其務也。」

洛陽至有主諧合殺人者〔一〕，謂之會任之家〔二〕，受人十萬，謝客數千。又重饋部吏，吏與通姦〔三〕，利入深重，幡黨盤牙〔四〕，請至貴戚寵臣，説聽於上，謁行於下〔五〕。是故雖嚴令、尹〔六〕，終不能破攘斷絶〔七〕。何者？凡敢爲大姦者〔八〕，材必有過於衆，而能自媚於上者也〔九〕。多散苟得之財〔一〇〕，奉以諂諛之辭，以轉相驅，非有第五公之廉直〔一一〕，孰能不爲顧〔一二〕？今案洛陽主殺人者，高至數十，下至四五，身不死則殺不止，皆以數赦之所致也。由此觀之，大惡之資，終不可化，雖歲赦之，適勸姦耳〔一三〕。

〔一〕説文云：「諧，詥也。詥，諧也。」「合」乃「詥」之省。續漢書五行志載桓帝末童謠曰：「河間來合諧。」王先生云：「諧合殺人，若今律云『私和頂兇』矣。」○鐸按：諧合殺人，即浮侈篇所謂「以謀姦合任爲業」者，史記貨殖傳稱「借交報仇」亦指此。主其事者，受人厚賂，遣客爲之刺殺仇家。舊時滬上猶有之，今始永絶。王以爲「私和頂兇」，非也。

〔二〕「會任」浮侈篇作「合任」。按史記貨殖傳「子貸金錢千貫，節駔會」，漢書作「儈」，顔師古注：「儈者，會合二家交易者也。」一切經音義六引聲類云：「儈，合市人也。」「會」與「儈」同。○鐸按：此「會任」蓋與「駔儈」無涉。

〔三〕漢書宣帝子東平思王傳云：「通姦犯法。」

〔四〕漢書司馬相如傳上林賦云「翩幡互經」，郭璞曰：「互經，互相經過也。」「牙」即「互」字。谷永傳云「百官盤互」，顔師古注：「盤互，盤結而交互也。字或作『牙』，言如豕牙之盤曲，犬牙之相入也。」楚元王傳：「劉向云：『宗族磐互。』」師古亦云：「字或作『牙』。」後漢書滕撫傳云「盜賊羣起，磐牙連歲」，章懷注：「磐牙，謂相連結。」黨錮傳序注引謝承後漢書云：「中官黄門，磐牙境界。」魏志曹真後爽傳：「根據槃牙。」吴志陸瑁傳：「九域槃牙。」按「牙」並當作「互」，字形相近而誤。師古謂如豕犬之牙，非是。盤、磐、槃古字通。○鐸按：隸書「互」字作「㸦」，故與「牙」字恒相亂。

〔五〕漢書外戚恩澤侯表注：「如淳曰：『律，諸爲人請求於吏以枉法，而事已行，爲聽行者，皆爲司寇。』」

〔六〕「令、尹」，謂洛陽令、河南尹也。

〔七〕王先生云：「『攘』是『壞』字之誤。」繼培按：「破壞」見救邊篇。○鐸按：淮南子本經訓「壞險以爲平」，錢本文子下德篇「壞」作「攘」，誤正類此。

〔八〕一切經音義十六引三蒼云：「敢，必行也。不畏爲之。」史記酷吏張湯傳云：「趙王上書告湯大臣也，史謁居有病，湯至爲摩足，疑與爲大姦。」

〔九〕淮南子泰族訓云：「智伯有五過人之材。」史記衛將軍傳云：「以和柔自媚於上。」

〔一〇〕禮記曲禮云：「臨財毋苟得。」

〔一一〕第五倫也。見後漢書。

〔一二〕詩正月鄭箋云：「『顧』猶『視』也，『念』也。」按爲顧，謂曲法瞻狗。論衡逢遇篇云：「節高志妙，不爲利動；性定質成，不爲主顧。」「顧」亦謂委曲承意也。○鐸按：惠棟云：

「顧其財與辭也。史記曰『招權顧金錢』，又曰：『掉臂而不顧。』顧者，商賈人之語也。」

〔一三〕舊脱「赦之」二字。按匡衡傳云：「雖歲赦之，刑猶難使措而不用也。」此文多本衡語，今據補。崔實政論亦云：「雖日赦之，亂甫繁耳。」

或云：「三辰有候〔一〕，天氣當赦〔二〕，故人主順之而施德焉。」未必然也〔三〕。王者至貴，與天通精〔四〕，心有所想，意有所慮，未發聲色，天爲變移〔五〕。或若休咎庶徵，月之從星〔六〕，此乃宜有是事。故見瑞異，或戒人主〔七〕。若忽不察，是乃己所感致，而反以爲天意欲然，非直也〔八〕。

〔一〕「云」舊作「之」。初學記廿引「或三辰有候」。周禮「凡以神仕者，掌三辰之灋」，鄭注：「日、月、星辰。」○鐸按：本訓篇用易「變化云爲」，今作「之爲」，誤正類此。

〔二〕開元占經六十五引黃帝占云：「天牢中常有繫星三，以甲子、丙子、戊子、庚子、壬子暮視之，其一星去，有喜事；其二星去，有賜令爵禄之事；三星盡去，人君德令赦天下。甲子期八十一日，丙子期七十二日，戊子期六十日，庚子期八十日，壬子期六十二日而赦。」御覽六百五十二引風角書云：「春甲寅日，風高去地三四丈，鳴條，從申上來，爲大赦，期六十日。」又云：「候赦法，冬至後盡丁巳之日，南風從巳上來，滿三日以上，必有大赦。」又引望氣經云：「黃氣四出，注期五十日赦。」

〔三〕「然」舊作「殺」，「然」誤爲「煞」，又轉作「殺」也。「未必然也」見史記自序。

〔四〕御覽七十六引春秋保乾圖云：「天子至尊也，神精與天地通。」淮南子天文訓云：「人主之情，上通於天。」御覽九、八百七十六引「情」並作「精」。覽冥訓亦云：「遭急迫難，精通於天。」

〔五〕易緯是類謀云：「主有所貴，王侯元德，天下歸鄉。心有所維，意有所慮，未發顔色，莫之漸射出天地災捉，挺患無形之外，准萌纖微之初，先見吉凶，爲帝演謀，忽之可也，勿之無也。」此文本於彼。彼文有脱誤。後漢書楊震後賜傳云：「王者心有所惟，意有所想，雖未形顔色，而五星以之推移，陰陽爲其變度。」亦本易緯。

〔六〕書洪範。

〔七〕「或」字誤。王先生云：「疑『感』之誤。」

〔八〕「直」當作「真」。漢書息夫躬傳：「王嘉曰：『天之見異，所以勑戒人君，欲令覺悟反正，推誠行善。』」孔光傳云：「臣聞師曰，天右與王者，故災異數見以譴告之，欲其改更。若不畏懼，有以塞除，而輕忽簡誣，則凶罰加焉。」谷永傳云：「竊聞明王即位，正五事，建大中，以承天心，則庶徵序於下，日月理於上。如人君淫溺後宫，般樂游田，五事失於躬，大中之道不立，則咎徵降而六極至。」又云：「臣聞災異，皇天所以譴告人君過失，猶嚴父之明誡。畏懼敬改，則禍銷福降；忽然簡易，則咎罰不除。」

俗人又曰〔一〕：「先世欲赦，常先遣馬分行市里，聽於路隅，咸云當赦，以知天之教也，乃因施德。」若使此言也而信，則殆過矣。夫民之性，固好意度者也〔二〕，見久陰則稱將水，見久陽則稱將旱，見小貴則言將饑，見小賤則言將穰〔三〕，然或信或否。由此觀之，民之所言，未必天下〔四〕。前世贖赦稀疏，民無覬覦〔五〕。近時以來，赦贖稠數〔六〕，故每春夏，輒望復赦〔七〕；或抱罪之家，僥倖蒙恩〔八〕，故宣此言，以自悦喜。誠令仁君聞此，以爲天教而輒從之，誤莫甚焉。

〔一〕風俗通云：「止繫風俗，見善不徙，故謂之俗人。」見意林。

〔二〕韓非子解老篇云：「前識者無緣而忘意度者也。」

〔三〕兩「小」字當作「米」。○鐸按：天之陰陽不言天，則物之貴賤亦可不言物。史記貨殖傳云：「故物賤之徵貴，貴之徵賤。」又云：「計然曰：『知鬭則修備，時用則知物，二者形，則萬貨之情可得而觀矣。貴上極則反賤，賤下極則反貴。』」是貴賤包民生食用百物言之，不獨米也。且「小」與「久」對，皆狀語，若作「米」，則文法參差矣。

〔四〕「下」，讀如「下雨」之「下」。○鐸按：箋意以「下」爲「降」，然「天降」言「天下」，所未聞。今按「下」疑當作「示」。「示」字古文作「不」，與「下」相似，故訛而爲「下」。説文云：「示，天垂象，見吉凶，所以示人也。」此天言示之證。

〔五〕桓二年左傳：「師服曰：『民服事其上，而下無覬覦。』」

〔六〕説文云：「稠，多也。」

〔七〕崔寔政論云：「孝文皇帝即位，二十三年乃赦，示不廢舊章而已。近永平、建初之際，亦六七年乃一赦，亡命之子，皆老於草野，窮困懲艾，比之於死。頃間以來，歲且一赦，百姓忸忕，輕爲姦非，每迫春節徼幸之會，犯惡尤多。」

〔八〕説文云：「儌，幸也。」「僥倖」即「儌幸」之別。經典通作「徼幸」，昭六年左傳云：「徼幸以成之。」

論者多曰：「久不赦則姦宄熾，而吏不制〔一〕，故赦贖以解之。」此乃招亂之本原〔二〕，不察禍福之所生者之言也〔三〕。凡民之〔四〕所以輕爲盜賊，吏之所以易作姦匿者〔五〕，以赦贖數而有僥望也。若使犯罪之人終身被命〔六〕，得而必刑，則計姦之謀破，而慮惡之心絶矣。

〔一〕漢書刑法志云：「酷吏擊斷，姦軌不勝。」

〔二〕本傳作「此未昭政亂之本源」。「政」當是「治」，唐人避諱改之。本書斷訟篇云「必未昭亂之本原」，語意亦未足，按文義當作「此乃未昭治亂之本原」。昭九年左傳云：「木水之有本原。」

〔三〕管子君臣下篇云：「審知禍福之所生。」正世篇云：「古之欲正世調天下者，必先觀國政，料事務，察民俗，本治亂之所生，知得失之所在，然後從事，故法可立而治可行。」

〔四〕「之」字舊脱。

〔五〕「匿」，讀爲「慝」。○鐸按：已見上篇。

〔六〕漢書刑法志云「已論命」，晉灼注：「命者名也，成其罪也。」張耳傳云「嘗亡命遊外黄」，顔師古注：「命者名也。凡言『亡命』，謂脱其名籍而逃亡。」鮑宣傳云「名捕隴西辛興」，師古注：「詔顯其名而捕之。」「被命」猶言「名捕」也。

夫良贖可〔一〕，孺子可令姐〔二〕，中庸之人，可引而下〔三〕，故其諺曰：「一歲載赦，奴兒噫嗟〔四〕。」言王誅不行，則痛瘀之子皆輕犯〔五〕，況狡乎？若誠思畏〔六〕盜賊多而姦不勝故赦，則是爲國爲姦宄報也〔七〕。夫天道賞善而刑淫〔八〕，天工人其代之〔九〕，故凡立王者，將以誅邪惡而養正善，而以逞邪惡逆，妄莫甚焉〔一〇〕。

〔一〕「良」疑「赦」，「可」疑「行」。

〔二〕釋名釋長幼云：「兒始能行曰孺子。孺，濡也，言濡弱也。」説文云：「㜘，驕也。」「姐」乃「㜘」之省。○鐸按：嵇康幽憤詩「恃愛肆姐」，亦省作「姐」。

〔三〕後漢書楊終傳云：「上智下愚，謂之不移。中庸之流，要在教化。」「引」舊作「弘」。新書連語云：「中主者，可引而上，可引而下。」申鑒政體篇云：「教化之廢，推中人而墜於小人之域。教化之行，引中人而納於君子之塗。」

〔四〕「奴」，讀爲「駑」。崔實政論亦載此諺。困學紀聞十三引政論「奴」作「好」。或云：「好兒」即「好人」，非也。「噫嗟」政論作「喑噁」。史記韓信傳云「項王喑噁叱咤，千人皆廢」，索隱：「喑噁，懷怒氣。」漢書作「意烏猝嗟」，晉灼注：「意烏，恚怒聲也。」方言云：「宋、衛之閒，凡怒而噎噫，謂之脅閱。」莊子知北游篇云「生者喑醷物也」，釋文：「李、郭皆云：『喑醷，聚氣貌。』」一切經音義十五：「喑噫，大呼也。」噫嗟、喑噁、意烏、噎噫、喑醷、喑噫並聲近義同。淮南子繆稱訓云「意而不戴」，高誘注：「意，恚聲。戴，嗟也。」「意嗟」，急氣言之則爲「意」。○鐸按：王應麟引政論作「好兒」，閻若璩謂「好兒」即「好人」，皆是也。范祖禹唐鑑三云：「帝謂侍臣曰：『古語有之，赦者小人之幸，君子之不幸，一歲再赦，善人喑啞。夫養稂莠者傷嘉穀，赦有罪賊良民。朕即位以來，不欲數赦，恐小人恃之輕犯憲章也。』」其説悉本此篇，「善人」即「好兒」，是唐太宗所見本不作「奴兒」也。汪讀「奴」爲「駑」，蓋以下文「痛瘀之子」當「奴兒」，不知「好兒噫嗟」者，怒王誅之不行，而「痛瘀之子皆輕犯」者，謂弱者亦皆爲惡，節信固發明諺意，而非順釋原文也。自以作「好」爲是。

〔五〕急就篇云：「瘧瘚瘀痛瘼温病。」説文云：「瘀，積血也。」

〔六〕「思」字衍，即「畏」之駁文。

〔七〕按漢書韓安國傳云：「丞相蚡言於太后曰：『王恢首爲馬邑事，今不成而誅恢，是爲匈奴報讐也。』」陳湯傳：「湯上疏言：臣與吏士共誅郅支單于，幸得禽滅，萬里振旅，宜有使者迎勞道路，今司隸反逆收繫按驗，是爲郅支報仇也。」爲國爲姦宄報，謂姦人讐良民，而得放釋，不啻爲姦人報讐，與蚡、湯所言同意。○鐸按：「爲姦宄報」疑當作「爲姦報仇」。上文言「姦不勝」，故此承之而言「爲姦報仇」，因「仇」字倒在「報」字上，後人又以「姦宄」字常見而改之也。又爲盜賊報仇，非「爲國報仇」之謂，「國」字亦疑有誤。

〔八〕襄十四年左傳：「師曠曰：『良君將賞善而刑淫。』」

〔九〕書皋陶謨。○鐸按：忠貴篇、本訓篇亦引。

〔一〇〕漢書刑法志宣帝詔曰：「決獄不當，使有罪興邪，不辜蒙戮。」晉灼注：「當重而輕，使有罪者起邪惡之心也。」○鐸按：「逞邪惡逆」，猶本書上篇「疾奢夸廓」，皆平列三字爲賓語。下文「兼縱惡逆」，「惡逆」連文，又「妄莫甚焉」亦與上文「痛莫甚焉」、「誤莫甚焉」句法一律，益知「逆」字不當屬下讀矣。或曰：「惡逆」當是「道惡」，「道」與「導」同，非。

且夫國無常治，又無常亂，法令行則國治，法令弛則國亂〔一〕；法無常行，亦無常弛〔二〕，君敬法則法行，君慢法則法弛。昔孝明帝時，制舉茂才〔三〕，過闕謝恩，賜食事訖，問何異聞，對曰：「巫有劇賊九人〔四〕，刺史數以竊郡〔五〕，訖不能得。」帝曰：「汝非部南郡從事邪？」對曰：「是。」帝乃振怒〔六〕，曰：「賊發部中而不能擒，然材〔七〕何以爲茂？」捶數百，便免官，而切讓州郡，十日之間，賊即伏誅。由此觀之，擒滅盜賊，在於明法，不在數赦。

〔一〕管子任法篇云：「法者不可恒也，存亡治亂之所從出。」又云：「君臣上下貴賤皆從法，此謂爲大治。」韓非子有度篇云：「國無常彊，無常弱，奉法者彊則國彊，奉法者弱則國弱。」

〔二〕「亦」舊作「法」，據諸子彙函改。

〔三〕御覽二百六十五、六百五十二並作「荆州舉茂才」。按作「荆州」是也。下云「部南郡從事」，續漢書郡國志，南郡屬荆州。○鐸按：書鈔七十九引作「刺史舉茂才」，亦誤。

〔四〕續漢書郡國志，巫縣屬南郡。漢書朱博傳云：「縣有劇賊。」

〔五〕「竊」當作「察」。漢書朱博傳云：「部刺史奉使典州，督察郡國。」竊、察聲相近。莊子庚桑楚篇「竊竊乎」，釋文：「崔本作『察察』。」齊物論篇「竊竊然知之」，釋文：「司馬云：『竊竊猶察察也。』」家語好生篇「竊夫其有益與無益」，王肅注：「『竊』宜爲『察』。」皆其證。○鐸按：「竊郡」，御覽六百五十二作「牙郡」，「牙」乃「互」字之誤，言南郡與鄰郡盤互相交，賊此逐彼竄，故不能得。義亦可通。

〔六〕書洪範云：「帝乃震怒。」振、震古字通。管子七臣七主篇云：「臣下振怒。」○鐸按：御覽六百五十二引作「震」。

〔七〕「材」當作「才」。○鐸按：書鈔及御覽並作「才」。又舊本書鈔無「然」字。

今不顯行賞罰以明善惡，嚴督牧守以擒姦猾，而反數赦以勸之，其文常〔一〕曰：「謀反大逆不道諸犯，不當得赦皆除之，將與士大夫灑心更始〔二〕。」歲歲灑之，然未嘗見姦人冗吏〔三〕，有肯變心悔服稱詔者也〔四〕。有司奏事，又俗〔五〕以赦前之微過，妨今日之顯舉。然則改往修來，更始之詔，亦不信也〔六〕。

〔一〕「常」舊作「帝」。○鐸按：常、帝二字形近多相亂，例見敍録敍潛歎。

〔二〕御覽六百五十二引漢舊儀云：「踐祚，改元，立皇后、太子，赦天下。每赦，自殊死以下，及謀反大逆不道，諸不當得赦者，皆赦除之。令下，丞相、御史復奏可，分遣丞相、御史乘傳駕行郡國，解囚徒，布詔書。郡國各分遣使傳厩車馬，行屬縣，解囚徒。」後漢書順帝紀陽嘉三年詔曰：「嘉與海内洗心更始，其大赦天下，自殊死以下，謀反大逆諸犯，不當得赦者，皆赦除之。」文與此同。崔實政論云：「踐祚改元際，未嘗不赦，每其令曰：『蕩滌舊惡，將與士大夫更始。』是褒己薄先，且違無改之義，非所以明孝抑邪之道也。」

〔三〕周禮槁人「掌共外内朝冗食者之食」，鄭注「冗食者，謂留治文書，若今尚書之屬諸上直者」，疏云：「宂食者，冗散也。外内朝上直諸吏謂之宂吏，亦曰散吏。」王先生云：「「冗」疑「宄」。」○鐸按：冗吏未必皆作姦，王説近是。汪曲爲之説，非也。

〔四〕悔服，謂悔過服罪。漢書蕭望之傳云：「不悔過服罪，深懷怨望。」宣帝子東平思王宇傳云：「王既悔過服罪，太后寬忍以貫之。」

〔五〕「俗」疑「欲」，彙函作「乃」。○俞樾云：「作「欲」是也，惟「欲」上當補「不」字。蓋赦前之事，不得復奏，故不欲以赦前之微過，妨今日之顯舉也。無「不」字，則義不可通。」

〔六〕漢書平帝紀即位詔曰：「夫赦令者，將與天下更始，誠欲令百姓改行絜己，全其性命也。往者，有司多舉奏赦前事，累增罪過，誅陷亡辜，殆非重信慎刑洒心自新之意也。及選舉者，其歷職更事有名之士，則以爲難保，廢而弗舉，甚謬於赦小過舉賢材之義。諸有臧及内惡未發而薦舉者，皆弗案驗，令士厲精鄉進，不以小疵妨大材。自今以來，有司無得陳赦前事置奏上。有不如詔書，爲虧恩，以不道論。」

詩譏「君子屢盟，亂是用長〔一〕」。故不若希其令，必其言。若良不能了無赦者〔二〕，罕之爲愈，令世歲老古時一赦〔三〕，則姦宄之減十八九，可勝必也。昔大司馬吴漢老病將卒，世祖問以遺戒，對曰：「臣愚不智，不足以知治，慎無赦而已矣〔四〕。」

〔一〕巧言。

〔二〕「了」舊作「子」。廣雅釋詁云：「了，訖也。」王侍郎云：「『子』疑『于』。」○鐸按：「良猶甚」也。

〔三〕「世」當作「卅」，謂三十年也。「老」蓋「放」字，與「攷」字形相近，「攷」通「考」，轉誤爲「老」。漢書貢禹傳云：「承衰救亂，矯復古化，在於陛下。臣愚以爲盡如太古難，宜少放古。」是其證。崔寔政論云：「今如欲遵先王之制，宜曠然更下大赦令，因明諭使知永不復赦，則羣下震慄，莫輕犯罪。縱不能然，宜十歲以上，乃時一赦。」意與此同。

〔四〕後漢書。

夫方以類聚，物以羣分〔一〕。人之情皆見乎辭〔二〕，故諸言不當赦者，非修身慎〔三〕行，則必憂哀謹慎而嫉毒姦惡者也。諸利數赦者，非不達赦〔四〕務，則必〔五〕內懷隱憂〔六〕有願爲者也。人君之發令也，必諮於羣臣，羣臣之姦邪者，固必伏罪〔七〕，雖正直吏，猶有公過，自非鬻拳〔八〕、李離〔九〕，孰肯刑身以正國〔一〇〕？然則是皆接私計以論公政也〔一一〕。與狐議裘，無時焉可〔一二〕！

〔一〕易繫辭上傳。

〔二〕繫辭下傳云：「聖人之情見乎辭。」

〔三〕「慎」舊作「修」。

〔四〕「赦」疑「政」。○鐸按：作「政」是也。下文「論公政」可證。

〔五〕「必」舊作「交」。

〔六〕詩柏舟云：「如有隱憂。」

〔七〕隱十一年左傳云：「許既伏其罪矣。」

〔八〕莊十九年左傳。

〔九〕史記循吏傳。

〔一〇〕循吏傳論云：「李離過殺而伏劍，晉文以正國法。」

〔一一〕御覽六百九十四「接」作「挾」，下有「夫」字。按「接」讀爲「挾」，儀禮鄉射禮「兼挾乘矢」，鄭注：「古文『挾』皆作『接』。」大射儀注同。漢書賈誼傳云「陛下接王淮南諸子」，孟康曰：「接，音『挾』，挾持欲王淮南諸子也。」

〔一二〕「與狐」舊作「興瓜」，據御覽改。按「與狐議裘」，蓋相傳有是言。抱朴子博喻篇云：「與嫉勝己者而謀舉疾惡之賢，是與狐議治裘也。」天中記引符子云：「魯侯欲以孔子爲司徒，將召三桓而議之，左邱明曰：『周人有愛裘而好珍羞，欲爲千金之裘而與狐謀其皮，欲具少牢之珍而與羊謀其羞，言未卒，狐相率逃於重邱之下，羊相呼藏於深林之中，故周人之謀失之矣。今君欲以孔子爲司徒，召三桓謀之，非亦與狐謀裘，羊謀羞哉？』」○鐸按：「無時焉可」猶言「何時而可」，蓋方俗語如此。

傳曰：「民之多幸，國之不幸也〔一〕。」夫有罪而備辜〔二〕，寃結而信理〔三〕，此天之正也，而王之法也。故曰：「無縱詭隨，以謹無良〔四〕。」若枉善人以惠姦惡，此謂「斂怨以爲德」〔五〕。先帝制法，論衷刺刀者〔六〕。何則？以其懷姦惡之心，有殺害之意也。聖主有子愛之情〔七〕，而是有殺害之意，故誅之，況成罪乎？

〔一〕宣十六年左傳。

〔二〕漢書王莽傳云：「所征殄滅，盡備厥辜。」按「備」俱「犕」之誤。後漢書皇甫嵩傳：「董卓曰：『義真犕未乎？』」章懷注：「犕，古『服』字。」◯鐸按：古讀「服」爲「備」，故「服辜」爲「備辜」。定四年左傳「備物典策」，王引之曰：「『備物』即『服物』也。『服』與『備』古字通，趙策『騎射之服』，史記趙世家作『騎射之備』，漢書王莽傳：『盡備厥辜』，即『盡服厥辜』，皆其證。」說見經義述聞十九。汪謂「備」俱「犕」之誤，猶未達一間耳。

〔三〕信，讀爲「申」。後漢書馮異傳云：「申理枉結。」◯鐸按：「信」讀「申」，已見上文。

〔四〕詩民勞。

〔五〕詩蕩。

〔六〕「衷」與「衷甲」之「衷」同。或當作「裏」。漢書金日磾傳云：「何羅裏白刃從東箱上。」裏、叓同字。「刺刀」疑「刺刃」，禮記少儀云：「凡有刺刃者，以授人，則辟刃。」○鐸按：作「叓」是，「叓」即「袖」字。

〔七〕漢書匡衡傳云：「陛下聖德天覆，子愛海內。」○鐸按：「子愛」即「慈愛」，禮記文王世子「庶子之正於公族者，教之以孝弟睦友子愛」，緇衣「故長民者，章志貞教，尊仁以子愛百姓」，王引之並謂子愛，慈愛也。說詳經義述聞卷四、卷十五。

尚書康誥：「王曰：『於戲〔一〕！封，敬明乃罰。人有小罪匪省〔二〕，乃惟終自作不典，戒〔三〕爾，有厥罪小，乃不可不殺。』」言惡〔四〕人有罪雖小，然非以過差爲之也〔五〕，乃欲終身行之，故雖小，不可不殺也。何則？是本頑凶思惡而爲之者也。「乃有大罪匪〔六〕終，乃惟省哉〔七〕，適爾，既道極厥罪〔八〕，時亦〔九〕不可殺。」言殺人雖有大罪，非欲以終身爲惡，乃過誤爾，是不殺也〔一〇〕。若此者，雖曰赦之可也〔一一〕。金作贖形，赦作有罪〔一二〕，皆謂良人吉士〔一三〕，時有過誤，不幸陷離者爾〔一四〕。

〔一〕○鐸按：「於戲」今書作「烏呼」。段玉裁古文尚書撰異云：「潛夫論作『於戲』，此今文尚書也。凡古文尚書作『烏呼』，凡今文尚書作『於戲』，見匡謬正俗。今本匡謬正俗古、今字互譌，證以漢石經殘碑『於戲』字可定。」

〔二〕「匪省」今書作「非眚」。○鐸按：「省」即「眚」之借。

〔三〕「戒」今作「式」。○鐸按：「戒」當作「式」。王鳴盛尚書後案云：「釋言云：『式，用也。』『式爾』者，故用如此。」江聲尚書集注音疏説同。

〔四〕「惡」舊作「恐」。○鐸按：段氏亦云：「『恐』當是『惡』字。」

〔五〕漢書王嘉傳云：「人情不能不有過差。」

〔六〕「匪」今作「非」。

〔七〕「省哉」今作「眚災」。○鐸按：陳喬樅今文尚書經説考云：「堯典『怙終賊刑，眚災肆赦』，鄭注云：『怙其姦衺，終身以爲殘賊，則用刑之。過失雖有害，則赦之。』是康誥此節正本堯典之文。鄭君堯典注正與潛夫論相同，皆今文家説也。」

〔八〕「罪」今作「辜」。○鐸按：爾雅釋詁：「辜，罪也。」

〔九〕「亦」今作「乃」。○鐸按：陳氏云：「蓋今文尚書之異文也。」

〔一〇〕周禮調人：「凡過而殺傷人者，以民成之。」鄭注：「過，無本意也。」司刺「再宥曰過失」，鄭司農云：「過失，若今律過失殺人不坐死。」後漢書郭躬傳云：「法令有故、誤。誤者其文則輕。」

〔一一〕○鐸按：「曰」疑「日」。上文「雖歲赦之」，御覽六百五十二引崔實政論「雖日赦之」，皆其例。

〔一二〕書堯典云：「金作贖刑，眚災肆赦。」○鐸按：形、刑通。

〔一三〕詩黃鳥云：「殲我良人。」卷阿云：「藹藹王多吉士。」

〔一四〕襄廿一年左傳：「人謂向叔曰：『子離於罪，其爲不知乎！』」

先王議讞獄以制〔一〕，原情論意〔二〕，以救善人，非欲令兼縱惡逆以傷人也。是故周官差八議之辟〔三〕，此先王所以整萬民而致時雍也〔四〕。易故觀民設教〔五〕，變通移時之義〔六〕。今日捄世，莫乎此意〔七〕。

〔一〕「議讞」衍一字。昭六年左傳：「叔向云：『昔先王議事以制，不爲刑辟。』」漢書景帝紀中元五年詔曰：「諸獄疑，若雖文致於法，而於人心不厭者，輒讞之。」張湯傳云：「平亭疑法，奏讞疑。」説文云：「瀻者，議辠也。」「讞」與「瀻」同。○鐸按：易中孚象辭：「君子以議獄緩死。」此作「議讞獄」者，蓋一本作「議」，一本作「讞」，而寫者誤合之也。

〔二〕漢書王嘉傳云：「聖王斷獄，必先原心定罪，探意立情。」五行志引京房易傳曰：「誅不原情，茲謂不仁。」後漢書霍諝傳云：「諝聞春秋之義，原情定過，赦事誅意。」○鐸按：論衡答佞篇云：「刑故無小，宥過無大，聖君原心省意，故誅故貰誤。」漢書薛宣傳：「春秋之義，原心定罪。」師古注：「原，謂尋其本也。」

〔三〕小司寇。○鐸按：廣雅釋詁：「差，次也。」

〔四〕莊廿三年左傳：「曹劌曰：『夫禮所以整民也。』」書堯典云：「黎民於變時雍。」

〔五〕觀象辭。

〔六〕繫辭下傳云：「易窮則變，變則通，通則久。」○鐸按：「移時」兼用易隨象辭「隨時」之義，移、隨聲近義通。之，是也。詩小雅斯干：「唯酒食是議。」句法與此同。

〔七〕何本「乎」作「先」。按當作「莫急乎此」。

三式〔一〕第十七

高祖定漢，與羣臣約，自非劉氏不得王，非有武功不得侯〔二〕。孝文皇帝始封外祖〔三〕，因爲典式，行之至今。孝武皇帝封爵丞相，以襃有德，後亦承之〔四〕，建武乃絶。

〔一〕○鐸按：敍録云「將脩太平，必媚此法」，「式」即「法」也。此篇述封建遺法有宜遵者三：封爵三公，以襃有德，若其尸素，則從渥刑，一也；分封諸侯，期於佐治，有功者遷，無狀者奪，二也；審選守相，明察治功，稱職者封，懷姦者戮，三也。此諸臣者，所司不同，而欲使之竭忠思職，則信賞必罰而已。漢世列侯率多襲爵，無德於民；而州郡牧守，亦多不卹公事。風俗陵夷，積怠已甚，故議法古以救之。

〔二〕史記絳侯世家：「亞夫曰：『高皇帝約，非劉氏不得王，非有功不得侯。不如約，天下共擊之。』」

〔三〕史記外戚世家云：「文帝追尊薄太后父爲靈文侯。」

〔四〕漢書公孫弘傳云：「元朔中，代薛澤爲丞相。先是，漢常以列侯爲丞相，惟弘無爵，上於是下詔封弘爲平津侯。其後以爲故事。」

傳記所載，稷、卨、伯夷、皋陶、伯翳，日〔一〕受封土〔二〕。周宣王時，輔相大臣，以德佐治，亦獲有國。故尹吉甫作封頌二篇〔三〕，其詩曰：「亹亹申伯，王纘之事，于邑于謝，南國于是式〔四〕。」又曰：「四牡彭彭，八鸞鏘鏘，王命仲山甫，城彼東方〔五〕。」此言申伯、山甫文德致升平，而王封以樂土，賜以盛服也〔六〕。

〔一〕「日」疑「皆」。

〔二〕詩長發疏云：「中候握河紀說堯云：『斯封稷、契、皋陶，賜姓號。』」又云：「考河命說舜之事云：『褒賜羣臣，賞爵有功，稷、契、皋陶益土地。』」「卨」即「契」字。○鐸按：稷、契、皋陶見本政篇。

〔三〕「頌」疑當爲「誦」。詩崧高云「吉甫作誦」，毛傳：「作是工師之誦也。」○鐸按：陳奐曰：「疑三家詩此及烝民詩『誦』作『頌』字。」

〔四〕崧高。「是」舊作「二」，據程本改。今詩「國」下無「于」字。按志氏姓篇引詩「纘」作「薦」，

「謝」作「序」，「于是」作「爲」。此書引詩不用毛氏，後人或據毛詩改之，遂致兩引互異。○鐸按：「南國于是式」，蓋本作「南國于式」，與志氏姓篇「南國爲式」同。詩定之方中「作于楚宫，作于楚室」，張載注魏都賦引作「作爲楚宫，作爲楚室」，是于、爲同也。説詳經傳釋詞卷一。後人不知此義，因據毛詩增「是」字，遂使非今非古，而成五字句矣。然幸其增而不改，猶得考見古本之舊也。

〔五〕烝民。

〔六〕漢書梅福傳云「升平可致」，張晏曰：「民有三年之儲曰升平。」按食貨志云：「民三年耕，則餘一年之畜，衣食足而知榮辱，廉讓生而争訟息。故三載考績，孔子曰：『苟有用我者，期月而已可也，三年有成。』成此功也。三考黜陟，餘三年食。進業曰登，再登曰平，餘六年食。三登曰泰平，二十七歲，遺九年食，然後王德流洽，禮樂成焉。」「升平」即「登平」。升平受封，與志説合。○陳奂曰：「漢書杜欽傳：『仲山甫，異姓之臣，無親於宣，就封於齊。』鄧展以爲韓詩。隸釋載孟郁修堯廟碑云：『天生仲山甫，翼佐中興，宣王平功，遂受封於齊。』又潛夫論三式篇亦云：『此言申伯、山甫文德致升平，而王封以樂土，賜以盛服也。』並用韓義。」○鐸按：此非韓詩義，乃魯詩義，陳喬樅已辯之。説見魯詩遺説考十七、韓詩遺説考十四。

易曰：「鼎折足，覆公餗，其刑渥。凶〔一〕。」此言公不勝任，則有渥刑也。是故三公在三載之後，宜明考績黜刺，簡練其材。其有稷、卨、伯夷、申伯、仲山甫致治之效者，封以列侯，令受南土八蠻之賜〔二〕。其尸禄素餐〔三〕，無進治之效、無忠善之言者，使從渥刑。是則所謂明德慎罰〔四〕，而簡練能否之術也。誠如此，則三公競思其職，而百寮争竭其忠矣〔五〕。

〔一〕鼎九四。「刑」王弼本作「形」。○鐸按：「刑渥」，虞翻本同，注云：「大刑也。」

〔二〕王先生云：「『蠻』當作『鸞』。」

〔三〕文選曹子建求自試表李善注引韓詩曰：「何謂素餐？素者，質也。人但有質朴而無治民之材，名曰素餐。尸禄者，頗有所知，善惡不言，默然不語，苟欲得禄而已，譬若尸矣。」漢書貢禹傳禹上書云：「血氣衰竭，耳目不聰明，非復能有補益，所謂素餐尸禄洿朝之臣也。」谷永傳云：「無使素餐之吏，久尸厚禄。」

〔四〕書康誥。

〔五〕書皐陶謨云：「百僚師師。」「寮」與「僚」同。一式。

先王之制，繼體立諸侯，以象賢也〔一〕。子孫雖有食舊德之義〔二〕，然封疆立國，不爲諸侯，張官置吏，不爲大夫〔三〕，必有功於民，乃得保位，故有考績黜刺九錫三削之義〔四〕。詩云：「彼君子兮，不素餐兮〔五〕。」由此觀之，未有得以無功而禄者也〔六〕。當今列侯〔七〕，率皆襲先人之爵，因祖考之位，其身無功於漢，無德於民，專國南面，卧食重禄，下殫百姓，富有國家，此素餐之甚者也〔八〕。孝武皇帝患其如此，乃令酎金以黜之，而益多怨〔九〕。

〔一〕禮記郊特牲云：「繼世以立諸侯，象賢也。」鄭注：「賢者子孫，恒能法其先父德行。」

〔二〕易訟六三：「食舊德，貞厲終吉。」

〔三〕荀子大略篇云：「天之生民，非爲君也。天之立君，以爲民也。故古者列地建國，非以貴諸侯而已；列官職，差爵禄，非以尊大夫而已。」白虎通封公侯篇云：「列土爲疆，非爲諸侯，張官設府，非爲卿大夫，皆爲民也。」後漢書光武帝紀建武六年詔曰：「張官置吏，所以爲人也。」按「張官置吏」本管子明法解。

〔四〕白虎通考黜篇云：「諸侯所以考黜何？王者所以勉賢抑惡，重民之至也。尚書曰：『三載考績，三考黜陟。』禮説九錫：車馬、衣服、樂則、朱户、納陛、虎賁、鈇鉞、弓矢、秬鬯，皆隨其德可行而賜。」又云：「百里之侯，一削爲七十里侯，再削爲七十里伯，三削爲寄公。七十里伯，一削爲五十里伯，再削爲五十里子，三削地盡。五十里子，一削爲三十里子，再削爲三十里男，三削地盡。五十里男，一削爲三十里男，再削爲三十里附庸，三削爵盡。」

〔五〕伐檀。

〔六〕毛詩伐檀序云：「在位貪鄙，無功而受禄。」

〔七〕獨斷云：「漢制，皇子封爲王者，其實古諸侯也。周末諸侯或稱王，而漢天子自以皇帝爲稱，故以王號加之，總名諸侯王。子弟封爲侯者，謂之諸侯。羣臣異姓有功封者，謂之徹侯，後避武帝諱，改曰通侯，法律家皆曰列侯。」御覽一百九十八引風俗通云：「列者，言其功德列著乃饗爵也。」

〔八〕漢書張湯後延壽傳云：「延壽已歷位九卿，既嗣侯，國在陳留，别邑在魏郡，租入歲千餘萬。延壽自以身無功德，何以能久堪先人大國，數上書讓減户邑。」此即本其意言之。

〔九〕「酎」舊作「酹」。漢書景帝紀：「元年，高廟酎。」張晏曰：「正月旦作酒，八月成，名曰酎。酎之言純也。至武帝時，因八月嘗酎，會諸侯廟中，出金助祭，所謂酎金也。」武帝紀：「元鼎五年九月，列侯坐獻黄金酎祭宗廟不如法，奪爵者百六人。」如淳曰：「漢儀注，諸侯王歲以户口酎黄金於漢廟，皇帝臨受獻金。金少不如斤兩，色惡，王削縣，侯免國。」臣瓚曰：「食貨志：『南越反時，卜式上書願死之。天子下詔褒揚，布告天下，天下莫應。列侯以百數，莫求從軍。至酎飲酒，少府省金，而列侯坐酎金失侯者百餘人。』」續漢書禮儀志劉昭注引漢律金布令云：「列侯各以民口數，率千口奉金四兩，奇不滿千口至五百口亦四兩，皆會酎，少府受。」

今列侯或有德宜子民，而道不得施〔一〕；或有凶頑醜〔二〕，不宜有國，而惡不上聞〔三〕。且人情莫不以己爲賢而效其能者，周公之戒，不使大臣怨乎不以〔四〕。詩云：「駕彼四牡，四牡項領〔五〕。」今列侯年卅以來，宜皆試補長吏墨綬以上，關内侯補黄綬〔六〕，以信〔七〕其志，以旌其能〔八〕。其有韓侯、邵虎之德〔九〕，上有功於天子〔一〇〕，下有益於百姓，則稍遷位益土，以彰有德〔一一〕。其懷姦藏惡尤無狀者〔一二〕，削土奪國，以明好惡。

〔一〕白虎通封公侯篇云：「擇賢而封之，使治其民，以著其德，極其才。上以尊天子，備蕃輔；下以子養百姓，施行其道。」

〔二〕脱一字。

〔三〕漢書王吉傳諫昌邑王賀云：「恩愛行義孅介有不具者，於以上聞，非饗國之福也。」張敞傳顔師古注：「上聞，聞於天子也。」按漢書景帝子河閒獻王傳：「有司奏元殘賊不改，不可君國子民。」趙敬肅王彭祖傳：「彭祖取淖姬，生一男，號淖子。彭祖薨時，淖姬兄爲漢宦者。上召問：『淖子何如？』對曰：『爲人多欲。』上曰：『多欲不宜君國子民。』」外戚傳云：「霍光以許皇后父廣漢刑人，不宜君國。」「君國子民」蓋亦漢時律令文，語本湯征，見史記殷本紀。

〔四〕論語。○鐸按：趙岐注：「以，用也。」

〔五〕節南山。毛傳：「項，大也。」箋云：「四牡者，人君所乘駕。今但養大其領，不肯爲用。喻大臣自恣，王不能使也。」此引詩以明大臣怨乎不以，則以四牡項領而靡所騁，喻賢者有才而不得試，與鄭氏異誼。蓋本三家詩説。中論爵禄篇云：「君子不患道德之不建，而患時世之不遇。詩曰：『駕彼四牡，四牡項領，我瞻四方，蹙蹙靡所騁。』傷道之不遇也。」新序雜事五云：「處勢不便，豈可以量功校能哉！詩不云乎？『駕彼四牡，四牡項領。』夫久駕而長不得行，項領不亦宜乎！」隸釋堂邑令費鳳碑云：「退己進弟，不營榮禄，棲遲歷稔，項領滯畜。」易林履之剥、否之屯、噬嗑之歸妹、未濟之明夷並云：「名成德就，項領不試。」抱朴子嘉遁篇云：「空谷有項領之駿者，孫陽之耻也。」勗學篇云：「項領之駿，騁迹於千里。」博喻篇云：「兩絆而項領，則騏騄與蹇驢同矣。」誼並與此同。○鐸按：劉向習魯詩，故陳喬樅魯詩遺説考云：「中論語意與新序同，皆本魯詩之義。」又陳奂云：「此非獨三家詩義則然。毛傳質略，當亦謂賢者懷材莫用，靡所騁馳也。鄭箋非傳意。」

〔六〕漢書百官公卿表云：「爵十九關内侯，二十列侯。」又云：「凡吏秩比六百石以上，皆銅印黑綬；比二百石以上，皆銅印黄綬。」

〔七〕「信」讀爲「申」。○鐸按：以「信」爲「申」，上篇兩見。

〔八〕周語韋昭注：「旌，表也。」

〔九〕詩韓奕、江漢。「邵」今作「召」。

〔一〇〕「子」舊作「下」。

〔一一〕書皋陶謨云：「天命有德，五服五章哉！」「彰」與「章」義同。

〔一二〕「懷姦」亦漢時律令文。漢書孫寶傳：「劾奏立、尚懷姦罔上。」翟方進傳：「方進劾立懷姦邪，亂朝政。」又奏立黨友後將軍朱博、鉅鹿太守孫閎、故光禄大夫陳咸，「皆内懷姦猾」。元后傳：「解光奏曲陽侯根内懷姦邪，欲筦朝政。」晉語云「使百姓莫不有藏惡於其心中」，韋昭注：「人懷悖逆也。」後漢書章帝紀建初元年詔「刺史明加督察尤無狀者」，章懷注：「無狀，謂其罪惡尤大，其狀無可寄言，故云『無狀』。」

且夫列侯皆剖符受策〔一〕，國大臣也，雖身在外，而心在王室〔二〕。宜助聰明與智賢愚〔三〕，以佐天子〔四〕。何得坐作奢僭，驕育負責〔五〕，欺枉小民，淫恣酒色，職爲亂階〔六〕，以傷風化而已乎〔七〕？詔書横選，猶乃特進〔八〕，而不令列侯舉〔九〕，此於主德大洽，列侯大達〔一〇〕，非執術督責總覽獨斷御下方也〔一一〕。今雖未使典始〔一二〕治民，然有

横選，當循王制，皆使貢士，不宜闕也。

〔一〕史記高祖紀：「六年，乃論功與諸列侯剖符行封。」釋名釋書契云：「漢制，約勑諸侯曰冊。」說文云：「冊，符命也，諸侯進受於王也。」「冊」與「策」同。周禮大宗伯「王命諸侯則儐」，鄭注：「儐，進之也。王將出命，假祖廟，立依前，南鄉。儐者進當命者，延之命使登，内史由王右以策命之。降，再拜稽首，登，受策以出。」

〔二〕書顧命云：「雖爾身在外，乃心罔不在王室。」

〔三〕句有誤字。淮南子主術訓云：「羣臣輻湊並進，無愚智賢不肖，莫不盡其能者，則君得所以制臣，臣得所以事君，治國之道明矣。」○俞樾云：「『愚』字衍文也。『與』讀爲『舉』，古字通用。言宜舉智賢以佐天子也。下文云：『當循王制，皆使貢士。』可證其義。」○鐸按：俞讀「與」爲「舉」是也。下文「而不令列侯舉」，亦其證。

〔四〕詩六月。

〔五〕「育」蓋「贏」字之壞。大戴禮曾子制言上篇云：「富貴吾恐其贏驕也。」字亦作「盈」。漢書楚元王傳劉向封事云：「驕盈無厭。」淮南厲王傳云：「驕盈行多不軌。」敍傳云：「武安驕盈。」又云：「常山驕盈。」○鐸按：「負責」詳斷訟篇。「責」與「債」同。

〔六〕詩巧言。

〔七〕漢書韓延壽傳云：「既傷風化，重使賢長吏、嗇夫、三老、孝弟受其恥。」按景十三王傳：

「趙王曰：『中山王但奢淫，不佐天子拊循百姓，何以稱爲藩臣？』」此文本之。

〔八〕後漢書左雄傳云：「特選橫調，紛紛不絕。」楊震後秉傳云：「秉上言：自頃所徵，皆特拜不試。」又云：「時郡國計吏多留拜爲郎。秉上言：宜絶横拜，以塞覬覦之端。」李固傳云：「舊任三府選令史，光禄試尚書郎，時皆特拜，不復選試。」「横選特進」猶云「特拜横拜」也。

〔九〕「舉」下當脱「士」字。○鐸按：此疑本作「與士」。與、舉古字通，思賢篇「與直」及上文「與智賢愚」，俞氏並讀「與」爲「舉」，是其例。因借「與」爲「舉」，寫者不達，遂誤合「與士」二字而爲「舉」字耳。

〔一〇〕兩「大」字疑當作「未」。一切經音義六引蒼頡篇云：「洽，遍徹也。」

〔一一〕漢書公孫弘傳對策云：「擅殺生之柄，通壅塞之塗，權輕重之數，論得失之道，使遠近情僞必見於上，謂之術。」鼂錯傳：「上書言：人主所以尊顯，功名揚於萬世之後者，以知術數也。」史記李斯傳云：「賢主者，必且能全道而行督責之術者也。」又云：「能獨斷而審督責，必深罰，故天下不敢犯也。」後漢書光武帝紀云：「明慎政體，總攬權綱。」「覽」即「攬」之省。

〔一二〕「始」當作「司」。

是誠封三公以旌積德〔一〕，試〔二〕列侯以除素餐，上合建侯之義〔三〕，下合黜刺之法。賢材任職，則上下蒙福〔四〕，素餐委國〔五〕，位無凶人〔六〕。誠如此，則諸侯必内思制行而助國矣〔七〕。今則不然，有功不賞，無德不削，甚非勸善懲惡〔八〕，誘進忠賢〔九〕，移風易俗之法術也〔一〇〕。

〔一〕書盤庚云：「汝有積德。」○鐸按：「是」猶「是故」也。大戴禮哀公問於孔子篇「是仁人之事親也如事天」，禮記哀公問篇作「是故仁人之事親也如事天」，是其證。

〔二〕「試」舊作「誡」。○鐸按：涉上「誠」字而誤。

〔三〕易屯：「利建侯。」○鐸按：「建侯」已見忠貴篇。

〔四〕後漢書竇融傳光武賜書云：「内則百姓蒙福。」○鐸按：「則」字疑當在「賢」字上。

〔五〕春秋繁露立元神篇云：「退讓委國而去。」

〔六〕文十八年左傳云：「賓於四門，四門穆穆，無凶人也。」

〔七〕「制」舊作「刺」。按「刺」乃「刺」字之誤。「刺」即「制」字，説文云：「刺，裁也。從刀，從未。未，物成有滋味，可裁斷。」

〔八〕漢書賈誼傳云：「慶賞以勸善，刑罰以懲惡。」張敞傳云：「非賞罰無以勸善懲惡。」

〔九〕漢書循吏傳云：「蜀地辟陋，有蠻夷風，文翁欲誘進之。」爾雅釋詁云：「誘，進也。」

〔一〇〕孝經云：「移風易俗，莫善於樂。」二式。

昔先王撫世，選練明德〔一〕，以統理民〔二〕，建正封不過百，取法於震〔三〕，以爲賢人聰明不是過也；又欲德能優而所治纖〔四〕，則職修理而民被澤矣〔五〕。今之守相，制地千里，威權勢力，盛於列侯，材明德義，未必過古，而所治逾百里，此以〔六〕所治多荒亂也。是故守相不可不審也〔七〕。

〔一〕定四年左傳云：「選建明德。」史記趙世家云：「選練舉賢，任官使能。」

〔二〕史記陸賈傳云：「統理中國。」

〔三〕王先生云：「『百』下脱『里』字。」繼培按：後漢書光武帝紀：「建武二年，博士丁恭議曰：『古帝王封諸侯不過百里，故利以建侯，取法於雷。』」白虎通封公侯篇云：「諸侯封不過百里，象雷震百里。」昭七年左傳云：「諸侯正封。」

〔四〕漢書食貨志：「賈誼曰：『古之治天下，至孅至悉也。』」顔師古注：「『孅』與『纖』同。」

〔五〕漢書薛宣傳云：「衆職修理。」

〔六〕「以」字舊脱。

〔七〕鹽鐵論除狹篇云：「古者封賢禄能，不過百里。百里之中而爲都，彊垂不過五十。猶以爲一人之身，明不能照，聰不能達，故立卿大夫士以佐之，而政治乃備。今守相或無古諸侯之賢，而莅千里之政，不可不熟擇也。」呂氏春秋務本篇云：「處官則荒亂。」

昔宣皇帝興於民間，深知之，故常嘆曰：「萬民所以安田里無憂患者，政平訟治也。與我共此者，其惟良二千石。」於是明選守相，其初除者，必躬見之，觀其志趣，以昭其能，明察其治，重其刑賞〔一〕。姦宄減少、户口增息者，賞賜金帛，爵至封侯〔二〕。其耗亂無狀者〔三〕，皆銜刀瀝血於市〔四〕。賞重而信，罰痛而必〔五〕，羣臣畏勸，競思其職〔六〕。故能致治安而世升平，降鳳皇而來麒麟，天人悦喜，符瑞並臻，功德茂盛，立爲中宗〔七〕。由此觀之，牧守大臣者，誠盛衰之本原也，不可不選練也；法令賞罰者，誠治亂之樞機也，不可不嚴行也〔八〕。

〔一〕見漢書循吏傳序。後漢書左雄傳亦載之。

〔二〕謂王成、黄霸，見漢書循吏傳。崔實政論云：「漢法亦三年一察治狀，舉孝廉尤異。宣帝時，王成爲膠東相，黄霸爲潁川太守，皆且十年，但就增秩賜金，封關内侯，以次入爲公卿。」

〔三〕漢書景帝紀後二年詔曰：「不事官職耗亂者，丞相以聞，請其罪。」

〔四〕○鐸按：「銜刀」見忠貴篇。

〔五〕漢書宣帝紀贊云：「孝宣之治，信賞必罰。」按韓非子五蠹篇云：「賞莫如厚而信，使民利之；罰莫如重而必，使民畏之。」

〔六〕宣帝紀贊云：「吏稱其職，民安其業。」

〔七〕續漢書禮儀志光武帝建武十九年詔曰：「惟孝宣帝有功德，其上尊號曰中宗。」後漢書光武帝紀：「中元元年，羣臣奏言：『孝宣帝每有嘉瑞，輒以改元，神爵、五鳳、甘露、黄龍，列爲年紀，蓋以感致神祇，表章德信，是以化致升平，稱爲中興。』」論衡宣漢篇云：「孝宣皇帝元康二年，鳳皇集於太山，後又集於新平。四年，神爵集於長樂宫，或集於上林；九真獻麟。神爵二年，鳳皇、甘露降集京師。四年，鳳皇下杜陵及上林。五鳳三年，帝祭南郊，神光並見，或興於谷，燭耀齋宫，十有餘日。明年，祭后土，靈光復至。至如南郊之時，甘露、神爵降集延壽萬歲宫。其年三月，鸞鳳集長樂宫東門中樹上。甘露元年，黄龍至，見於新豐，醴泉滂流。彼鳳皇雖五六至，或時一鳥而數來，或時異鳥而各至。麒麟、神爵，黄龍、鸞鳥，甘露、醴泉；祭后土天地之時，神光靈耀，可謂繁盛累積矣。」

〔八〕韓非子六反篇云：「聖人之治也，審於法禁。法禁明著則官法必於賞罰。」五蠹篇云：「明其法禁，必其賞罰。」

昔仲尼有言：「政寬則民慢，慢則糾之以猛；猛則民殘，殘則施之以寬。寬以濟猛，猛以濟寬，政是以和〔一〕。」今者刺史、守相，率多怠慢，違背法律，廢忽詔令，專情務利，不卹公事〔二〕。細民寃結，無所控告〔三〕，下土邊遠，能詣闕者，萬無數人，其得省治，不能百一。郡縣負其如此也〔四〕，故至敢延期，民日往上書。此皆太寬之所致也。

〔一〕昭廿年左傳。

〔二〕續漢書百官志劉昭注引蔡質漢儀云：「詔書舊典，刺史班宣，周行郡國，省察治政，黜陟能否，斷理寃獄，以六條問事。」其二條云：「二千石不奉詔書，遵承典制，倍公向私，旁詔守利，侵漁百姓，聚斂爲姦。」此所云，正其事矣。初學記廿四引崔實政論云：「今典州郡者，自違詔書，縱意出入。」御覽四百九十六又引云：「每詔書所欲禁絶，雖重懇惻，罵詈極筆，由復廢捨，終無悛意。故里語曰：『州郡記，如霹靂。得詔書，但挂壁。』」

〔三〕漢書武五子傳：「壺關三老上書云：『獨寃結而亡告。』」襄八年左傳云：「翦焉傾覆，無所控告。」

〔四〕説文云：「負，恃也。」

噬嗑之卦，下動上明，其象曰：「先王以明罰勅法。」夫積怠之俗，賞不隆則善不勸，罰不重則惡不懲〔一〕。故凡欲變風改俗者，其行賞罰者〔二〕也，必使足驚心破膽〔三〕，民乃易視〔四〕。

〔一〕管子正世篇云：「古之所謂明君者，非一君也。其設賞有薄有厚，其立禁有輕有重，迹行不必同。非故相反也，皆隨時而變，因俗而動。夫民躁而行僻，則賞不可以不厚，禁不可以不重。故聖人設厚賞非侈也，立重禁非戾也，賞薄則民不利，禁輕則邪人不畏。」

〔二〕「者」字疑衍。○鐸按：涉上「者」字而衍。

〔三〕漢書賈誼傳云：「大諸侯之有異心者，破膽而不敢謀。」谷永傳云「臣永所以破膽寒心」，顏師古注：「言懼甚。」後漢書崔駰後實傳政論云：「孝宣皇帝明於君人之道，審於爲政之理，故嚴刑峻法，破姦軌之膽。」

〔四〕漢書鮑宣傳云：「曠然使民易視。」

聖主誠肯明察羣臣，竭精稱職有功效者〔一〕，無愛金帛封侯之費；其懷姦藏惡別無狀者，圖鐵鑕鉞之決〔二〕。然則良臣如王成、黄霸、龔遂、邵信臣之徒〔三〕，可比郡而得也；神明瑞應，可期年而致也〔四〕。

〔一〕漢書薛宣傳云：「入守左馮翊，滿歲稱職爲真。」又云：「功效卓爾，自左内史初置以來，未嘗有也。」

〔二〕文有脱誤。王先生云：「當云『則有鐵鑕斧鉞之誅。』」○鐸按：「鐵」各本作「鈇」，則似當云「必圖碁鑽鈇鉞之決。」圖者，議也。決者，論也。後漢書陳寵傳「季秋論囚」，章懷注：「論，決也。」圖、決二字蓋不誤，句脱二字耳。

〔三〕並見漢書循吏傳。「邵」傳作「召」，顔師古注：「召，讀曰『邵』。」按召、邵古通用。○鐸按：禮記大傳鄭注：「然，如是也。」

〔四〕漢書楚元王傳：「劉向云：『神明之應，應若景嚮。』」京房傳：「古帝王以功舉賢，則萬化成，瑞應著。」三式。

愛日〔一〕第十八

國之所以爲國者，以有民也；民之所以爲民者，以有穀也；穀之所以豐殖者，以有〔二〕人功也；功之所以能建者，以日力也〔三〕。治國之日舒以長，故其民閒暇而力有餘〔四〕；亂國之日促以短，故其民困務而力不足。

〔一〕○鐸按：愛日者，謂愛惜日力民時也。呂氏春秋上農篇云：「敬時愛日，至老不休。」此篇名二字所本。

〔二〕「有」字疑衍。○鐸按：本傳亦有「有」字，汪例以下句而疑衍，然轉恐是下句字脱耳。

〔三〕後漢書張純後奮傳云：「國以民爲本，民以穀爲命。」崔實政論同。管子八觀篇云：「民非穀不食，穀非地不生，地非民不動，民非作力毋以致財。」淮南子主術訓云：「食者民之本也，民者國之本也，國者君之本也。是故人君者，上因天時，下盡地財，中用人力。」周語云：「豐殖九藪。」

〔四〕孟子云：「今國家閒暇。」

所謂治國之日舒以長者，非謁羲和而令安行也〔一〕，又非能增分度〔二〕而益漏刻也〔三〕。乃君明察而百官治，下循正而得其所，則民安静而力有餘，故視日長也〔四〕。所謂亂國之日促以短者，非謁羲和而令疾驅也，又非能減分度而損漏刻也。乃君不明〔五〕則百官亂而姦宄興〔六〕，法令鬻而役賦繁，則希民困於吏政〔七〕，仕者窮於典禮〔八〕，冤民□獄乃得直〔九〕，烈士交私乃見保〔一〇〕，姦臣肆心於上〔一一〕，亂化流行於下〔一二〕，君子載質而車馳，細民懷財〔一三〕而趨走〔一四〕，故視日短也。

〔一〕藝文類聚五十二「謁」上有「能」字，下同。山海經大荒南經：「東南海之外，甘水之閒，有羲和之國。有女子名曰羲和，方浴日於甘淵。」郭璞注：「羲和蓋天地始生主日月者也。故啟筮曰：『空桑之蒼蒼，八極之既張，乃有夫羲和，是主日月，職出入以爲晦明。』又曰：『瞻彼上天，一明一晦，有夫羲和之子，出於暘谷。故堯因此而立羲和之官，以主四時。』」楚辭離騷云「吾令羲和弭節兮」，王逸注：「羲和，日御也。弭，按也。按節，徐步也。」「安行」亦「弭節」之意。

〔二〕本傳注引洛書甄耀度曰：「凡周天三百六十五度四分度之一，一度爲千九百三十二里。日一日行一度，月一日行十三度十九分度之一也。」

〔三〕説文云：「漏，以銅受水刻節，晝夜百刻。」周禮挈壺氏鄭注：「漏之箭，晝夜共百刻，冬夏之閒，有長短焉。太史立成法，有四十八箭。」

〔四〕商子墾令篇云：「無宿治，則邪官不及爲私利於民，而百官之情不相稽，則農有餘日。」

〔五〕「君不明」類聚作「君暗」。

〔六〕漢書五行志云：「詩云：『爾德不明，以亡陪亡卿；不明爾德，以亡背亡仄。』言上不明，暗昧蔽惑，則不能知善惡，親近習，長同類。亡功者受賞，有罪者不殺，百官廢亂。」

〔七〕説文云：「俙，訟面相是也。」徐鍇曰：「面從相質也。」「希」乃「俙」之省。○俞樾云：「『希民』二字無義，疑當作『布衣』，以『布衣』與『仕者』對舉，猶慎微篇云：『人君聞此，可以悚懼；布衣聞此，可以改容』，以『布衣』與『人君』對舉也。慎微篇又云：『由此言之，有希人君，其行一也。』汪箋云：『有希當作布衣。漢碑布作帣，與希相似。』然則此篇『布』字，亦因作『帣』而誤作『希』可知矣。『衣』與『民』下半亦微似。」○鐸按：俞説是。

〔八〕「典」疑「曲」之誤。崔實政論云「長吏或實清廉，不肯媚竈，曲禮不行於所屬，私愛無□於□府」，魏志荀彧傳云：「文帝曲禮事彧」是也。漢書儒林傳云：「嚴彭祖廉直不事權貴，或説曰：『君且不修小禮曲意，亡貴人左右之助。』」「曲禮」即「小禮曲意」。按武帝紀建元元年詔曰「河海潤千里，其令祠官修山川之祠，爲歲事，曲加禮」，王莽傳云「外交英俊，内事諸父，曲有禮意」，皆「曲禮」之證。○鐸按：汪説是也。古書典、曲二字多相亂，周語上「瞽獻曲」，潛歎篇及史記周本紀作「獻典」，誤與此同。

〔九〕空格程本作「就」。漢書酷吏田延年傳：「霍將軍曰：『曉大司農通往就獄，得公議之。』」按就獄得直，吏政猶未大壞，此當爲「鬻獄」。昭十四年左傳云：「雍子自知其罪，而賂以買直。鮒也鬻獄。」「鬻獄乃得直」即所謂「買直」也。○鐸按：作「鬻獄」是也。程本作「就」，音近而誤。

〔一〇〕漢書張湯傳云：「與長安富賈田甲、魚翁叔之屬交私。」元后傳：「王鳳云：『御史大夫音謹勑，臣敢以死保之。』」○鐸按：「交私」字張湯傳兩見。

〔一一〕昭十二年左傳云：「昔穆王欲肆其心，周行天下。」

〔一二〕隱五年左傳云：「亂政亟行，所以敗也。」毛詩凱風序云：「衞之淫風流行。」

〔一三〕「財」類聚作「賄」。

〔一四〕後漢書皇甫規傳云：「載贄馳車，懷糧步走。」○鐸按：孟子滕文公下篇：「出疆必載質。」白虎通瑞贄篇云：「贄者，質也。」

詩云：「王事靡盬，不遑將父〔一〕。」言在古閒暇而得行孝，今迫促不得養也〔二〕。孔子稱庶則富之，既富則教之〔三〕。是故〔四〕禮義生於富足〔五〕，盜竊起於貧窮〔六〕，富足生於寬暇〔七〕，貧窮起於無日。聖人深知，力者乃民之本也，而國之基〔八〕，故務省役而爲民愛日。是以堯勑羲和，欽若昊天，敬授民時〔九〕；邵伯訟不忍煩民，聽斷棠下〔一〇〕，能興時雍而致刑錯〔一一〕。

〔一〕四牡。

〔二〕漢書武帝紀建元元年詔曰：「今天下孝子順孫，願自竭盡以承其親，外迫公事，內乏資財，是以孝心闕焉。」意與此同。○鐸按：此魯詩義，說見陳喬樅魯詩遺說考八。

〔三〕論語。

〔四〕「是故」舊脱，據傳補。

〔五〕史記貨殖傳云：「倉廩實而知禮節，衣食足而知榮辱，禮生於有而廢於無，故君子富好行其德，小人富以適其力。」淮南子齊俗訓云：「夫民有餘即讓，不足則爭。讓則禮義生，爭則暴亂起。」

〔六〕鄧析子無厚篇云：「凡民有穿窬爲盜者，有詐僞相迷者，此皆生于不足，起於貧窮。」

〔七〕「足」舊作「貴」，據傳改。漢書郊祀志：「公孫卿曰：『非少寬暇，神不來。』」

〔八〕「國基」注見本政篇。○鐸按：本傳「也」字在「基」下。

〔九〕書堯典。○鐸按：此引「人時」作「民時」，用今文。

〔一〇〕詩甘棠鄭箋云：「召伯聽男女之訟，不重煩勞百姓，止舍小棠之下而聽斷焉。」此「訟」上當有「決」字，史記燕世家云：「召公巡行鄉邑，有棠樹，決獄政事其下。」定九年左傳杜注：「召伯決獄於蔽芾小棠之下。」○鐸按：「訟」上疑脱「理」字，「理訟」見下文。

〔一一〕書堯典云：「黎民於變時雍。」「刑錯」注見德化篇。

今則不然。萬官撓民〔一〕，令長自衒〔二〕，百姓廢農桑〔三〕而趨府庭者，非朝晡不得通〔四〕，非意氣不得見〔五〕，訟不訟輒連月日，舉室釋作，以相瞻視，辭人之家〔六〕，輒請鄰里應對送餉，比事訖，竟亡一歲功〔七〕，則天下獨有受其饑者矣〔八〕，而品人俗士之司典者，曾不覺也。郡縣既加冤枉，州司不治，令破家活，遠詣公府〔九〕。公府不能照察真僞〔一〇〕，則但欲罷之以久困之資〔一一〕，故猥說一科〔一二〕，令此注百日〔一三〕，乃爲移書〔一四〕，其不滿百日，輒更造數〔一五〕，甚違邵伯訟棠之義。此所謂誦詩三百，授之以政，不達，雖多亦奚以爲者也。

〔一〕逸周書史記解云：「外內相閒，下撓其民。」說文云：「撓，擾也。」

〔二〕傳作「令長以神自蓄」。按說文云：「衙，行且賣也。或從玄作衒。賣，衒也。讀若育。」賣、蓄聲相近。○鐸按：本傳章懷注：「難見如神也。」難見如神，則與衒賣適相反。今按「衒」當爲「眩」。眩，幻也。言令長變幻自神，以惑百姓也。楚策三：「蘇秦曰：『謁者難得見如鬼，王難得見如天帝。』」亦此義。衒、眩古不通用，然務本篇「衒世俗之心」，以「衒」爲「眩」，是其比也。汪說失之。

〔三〕「農」字據傳補，下文亦云：「民廢農桑而守之。」

〔四〕「晡」舊作「餔」。按說文云：「朝，旦也。餔，日加申時食也。」又申字下云：「吏以餔時聽事，申旦政也。」高誘淮南子敍云：「除東郡濮陽令，以朝餔事畢之閒，乃深思先師之訓，參以經傳道家之言，比方其事，爲之注解。」後漢書趙熹傳云：「朝晡入臨。」晡、餔古通用。○鐸按：「晡」即「餔」之後出改旁字。

〔五〕漢書宣帝紀元康二年詔曰：「或擅興繇役，飾廚傳，稱過使客。」韋昭曰：「廚謂飲食，傳謂傳食。言修飾意氣以稱過使而已。」後漢書仲長統傳昌言法誡篇云：「近臣外戚宦豎，請托不行，意氣不滿，立能陷入於不測之禍。」獨行陸續傳云：「使者大怒，以爲獄門吏卒通傳意氣。」蜀志法正傳云：「以意氣相致。」鄧芝傳云：「性剛簡，不飾意氣。」風俗通窮通篇云：「韓演爲丹陽太守，法車徵。從事汝南閻符迎之於杼秋，意氣過於所望。」莊子列禦寇篇：「小夫之知，不離苞苴竿牘。」釋文引司馬彪注云：「竿牘，謂竹簡爲書，以相問遺，修意氣也。」世説紕漏篇云：「虞嘯父爲孝武侍中，帝從容問曰：『卿在門下，初不聞有所獻替。』虞家富春，近海，謂帝望其意氣，對曰：『天時尚煖，鮆魚蝦鮓未可致，尋當有所上獻。』帝撫掌大笑。」以餽獻爲意氣，漢、晉人習語也。○鐸按：今謂饋物爲「人情」，亦此意。

〔六〕説文云：「辭，訟也。」

〔七〕漢書元帝紀建昭五年詔曰：「不良之吏，覆按小罪，徵召證案，興不急之事，以妨百姓，使失一時之作，亡終歲之功。」

〔八〕吕氏春秋愛類篇云：「士有當年而不耕者，則天下或受其饑矣。」

〔九〕後漢書靈帝紀光和三年章懷注：「公府，三公府也。」

〔一〇〕「照」舊作「昭」。按實邊篇、交際篇並作「照察」，今據改。楚辭九辯云「信未達乎從容」，王逸注：「君不照察其真僞。」亦一證。管子形勢解云：「日月，昭察萬物者也。天多雲氣，蔽蓋者衆，則日月不明。人主猶日月也。羣臣多姦立私，以擁蔽主，則人主不得昭察其臣下。」「昭」亦「照」之誤，「照察」本於彼。九辯又云「彼日月之照明兮」，王逸注：「三光照察。」詩柏舟鄭箋：「衣之不澣，則憒辱無照察。」東方之日毛傳：「人君明盛，無不照察。」禮記哀公問「已成而明」，鄭注：「照察有功。」論衡吉驗篇：「照察明著。」皆其證也。

〔一〕「罷」讀爲「疲」。

〔二〕盧學士云：「『說』疑當作『設』。」繼培按：「設」字是也。後漢書質帝紀本初元年詔曰：「造設科條。」○鐸按：論衡正說篇：「說隱公享國五十年，將盡紀元以來邪？」孫詒讓謂「說」當爲「設」，形聲相近而誤。正與此同。

〔三〕王先生云：「『科令』爲句。『此注百日』是『比滿百日』之誤。」○鐸按：周禮獸人疏：「『注』猶『聚』也。」說文：「注，灌也。」廣雅釋詁三：「灌，聚也。」「注」自有滿義，不必改。「令」字屬下讀。

〔四〕廣韻五支「移」字注云：「官曹公府不相臨敬，則爲移書，箋表之類也。」

〔五〕按「造數」疑當作「遭赦」。

孔子曰：「聽訟，吾猶人也〔一〕。」從此觀之，中材以上〔二〕，皆議曲直之辨，刑法之理可〔三〕；鄉亭部吏〔四〕，足以斷決〔五〕，使無怨言〔六〕。然所以不者，蓋有故焉。

〔一〕並見論語。○鐸按：上用論語作結。此引論語起下。言凡人但使秉心正直，則皆可斷訟也。當分別出注，語脈始明。

〔二〕史記魏豹彭越傳贊云：「中材以上，且羞其行。」

〔三〕「可」字疑當在「皆」字下；或當作「耳」，帶上讀。○鐸按：前説是。「中材以上，皆可議曲直之辨，刑法之理」，與「鄉亭部吏，足以斷決，使無怨言」相對成文。

〔四〕漢書百官公卿表云：「大率十里一亭，亭有長。十亭一鄉，鄉有三老、有秩、嗇夫、游徼。」周禮大司徒：「凡萬民之不服教而有獄訟者，與有地治者，聽而斷之。」鄭司農云：「與其地部界所屬吏共聽斷之。」蜡氏：「有地之官」，鄭司農云：「有地之官，有部界之吏，今時鄉亭是也。」

〔五〕禮記月令云：「審斷決。」

〔六〕僖廿四年左傳云：「且出怨言。」

傳曰：「惡直醜正，實繁有徒〔一〕。」夫直者貞正而不撓志〔二〕，無恩於吏。怨家務主者〔三〕結以貨財，故鄉亭與之爲排直家〔四〕，後反覆時吏坐之〔五〕，故共枉之於庭〔六〕。以羸民與豪吏訟〔七〕，其勢不如也。是故縣與部并，後有反覆，長吏坐之〔八〕，故舉縣排之於郡。以一人與一縣訟，其勢不如也。故郡與縣并，後有反覆，太守坐之，故舉郡排之於州。以一人與一〔九〕郡訟，其〔一〇〕勢不如也。故州與郡并，而不肯治，故乃遠詣公府爾。公府不能察，而苟欲以錢刀課之〔一一〕，則貧弱少貨者終無以〔一二〕曠旬滿祈〔一三〕。豪富饒錢者〔一四〕取客使往〔一五〕，可盈千日，非徒百也。治訟若此，爲務助豪猾而鎮貧弱也〔一六〕，何寃之能治？

〔一一〕昭廿八年左傳，「繁」作「蕃」。○鐸按：僞古文尚書仲虺之誥「寔繁有徒」，周書「繁」作「蕃」，古字通用。

〔一二〕晉語云：「撓志以從君。」漢書楚元王傳劉向封事云：「君子獨處守正，不撓衆枉。」按說文云：「橈，曲木。」後世「橈曲」字皆從手。○鐸按：「撓志」已見遏利篇。

〔一三〕「務」當作「賂」，昭十四年左傳云「雍子自知其罪，而賂以買直」是也。列女傳齊威虞姬傳云：「周破胡賂執事者使竟其罪，執事者誣其辭而上之。」「主者」即「執事者」。周禮訝士鄭注「如今郡國亦時遣主者吏詣廷尉議者」，史記呂不韋傳「太后乃陰厚賜主腐者吏」，張丞相傳「任敖擊傷主呂后吏」，外戚世家「竇姬請其主遣宦者吏」，皆所謂「主者」。

〔一四〕說文云：「排，擠也。」

〔一五〕周禮鄉士「旬而職聽於朝」，鄭注：「十日乃以職事治之於外朝，容其自反覆。」方士「書其刑殺之成與其聽獄訟者」，鄭注：「但書其成與治獄之吏姓名，備反覆有失實者。」○鐸按：「後」下當依下文例補「有」字。

〔一六〕傳作「廷」，謂縣廷也。史記游俠傳「縣廷」，漢書作「庭」。王先生云：「以上下文例之，

「枉」當爲「排」，此「枉」字疑後人據傳改之。」

〔七〕史記曹相國世家云：「居縣爲豪吏。」

〔八〕漢書百官公卿表云：「縣萬户以上爲令，減萬户爲長，皆有丞尉，是爲長吏。」○鐸按：縣與部并，謂縣長吏維持鄉亭部吏原判也。本傳作「縣承吏言，故與之同」，是其義。

〔九〕舊脱。

〔一〇〕舊脱。

〔一一〕「錢刀」傳作「日月」。按「錢刀」字非誤。漢書薛宣傳云：「宣爲相，府辭訟例不滿萬錢不爲移書，後皆遵用薛侯故事。」

〔一二〕「以」舊作「已」，據傳改。

〔一三〕王先生云：「『祈』疑『期』之誤。」

〔一四〕史記秦始皇紀：「二十六年，徙天下豪富於咸陽。」平準書云：「募豪富人，相假貸。」小爾雅廣詁云：「饒，多也。」

〔一五〕治要載崔實政論云：「假令無奴，當復取客，客庸一月千。」○鐸按：「取客」猶今言「雇人」。

〔一六〕説文云：「鎮，博壓也。」漢書酷吏嚴延年傳云：「其治務在摧折豪强，扶助貧弱。」此反言之。江充傳云：「交通郡國豪猾。」

非獨鄉部辭訟也。武官斷獄，亦皆始見枉於小吏，終重寃於大臣。怨故未讐〔一〕，輒逢赦令，不得復治，正士懷寃結而不得信〔二〕，猾吏崇姦宄而不痛坐〔三〕。郡縣所以易侵小民，而天下所以多饑窮也。

〔一〕史記蔡澤傳云：「今君之怨已讐，而德已報。」

〔二〕「信」讀爲「申」。○鐸按：述赦篇：「寃結而信理。」三式篇：「細民寃結無所控告。」詞義皆可互參。

〔三〕漢書陳萬年傳云：「豪猾吏及大姓犯法，輒論輸府。」論衡商蟲篇云：「豪民猾吏。」

除上天感動，降災傷穀，但以人功見事言之〔一〕，今自三府以下，至於縣道鄉亭〔二〕，及從事督郵〔三〕，有典之司，民廢農桑而守之，辭訟告訴〔四〕，及以官事應對吏者，一人之〔五〕，日廢十萬人，人〔六〕復下計之，一人有事，二人獲餉〔七〕，是爲日三十萬人離其業也〔八〕。以中農率之，則是歲三百萬口受其饑也〔九〕。然則盜賊何從消〔一〇〕，太平何從作？

〔一〕「除」舊作「於」，據傳改。按「但」當作「且」，本書邊議篇云「除其仁恩，且以計利言之」，後漢書竇融傳亦云「除言天命，且以人事論之」，皆其例也。後漢書光武帝紀建武五年詔曰：「久旱傷麥，秋種未下，朕甚憂之。將殘吏未勝，獄多冤結，元元愁恨，感動天氣乎？」此文本之。漢書成帝紀鴻嘉四年詔曰：「一人有辜，舉家拘繫，農民失業，怨恨者衆，傷害和氣，水旱爲災。」亦此意也。○鐸按：此言除去天災不計，但以人事言之，其禍已有如下述者。文義甚明，「但」字似不誤。

〔二〕續漢書百官志云：「凡縣主蠻夷曰道。」

〔三〕百官志：「諸州刺史下有從事，屬國都尉下有督郵。」

〔四〕周禮小司徒云：「聽其辭訟。」説文云：「訴，告也。或從朔、心作愬。」管子任法篇云：「告愬其主。」

〔五〕「之」下有脱文。○鐸按：此疑本作「一人之日廢，日廢十萬人」，字相重而脱。上「日」謂時日，下「日」即一日。

〔六〕疑衍，或當作「又」。○鐸按：此「人」字涉上下文而衍。

〔七〕王先生云：「『獲』當是『護』，傳云『二人經營』，亦護持之意。」繼培按：護、獲形近易誤，儀禮大射儀：「授獲者退立於西方，獲者興，共而俟。」鄭注：「古文『獲』皆作『護』。」此其類也。

〔八〕尉繚子將理篇論決獄云：「農無不離田業。」

〔九〕「三百」當作「二百」。中農食七人，三十萬人當食二百一十萬人，云二百者，舉成數也。漢書貢禹傳云：「漢家鑄錢及諸鐵官皆置吏卒徒，攻山取銅鐵，一歲功十萬人以上，中農食七人，是七十萬人常受其饑也。」此文本之。

〔一〇〕漢書嚴安傳云：「盜賊銷則刑罰少。」「消」與「銷」同。

孝明皇帝嘗問：「今旦何得無上書者？」左右對曰：「反支故〔一〕。」帝曰：「民既廢農遠來詣闕，而復使避反支，是則又奪其日而冤之也。」乃勑公車受章，無避反支〔二〕。上明聖主〔三〕爲民愛日如此，而有司輕奪民時如彼〔四〕，蓋所謂有君無臣〔五〕，有主無佐〔六〕，元首聰明，股肱怠惰者也〔七〕。詩曰〔八〕：「國既卒斬，何用不監〔九〕！」傷三公居人尊位，食人重祿，而曾不肯察民之盡瘁也〔一〇〕。

〔一〕本傳注云：「凡反支日，用月朔爲正，戌亥朔一日反支，申酉朔二日反支，午未朔三日反支，辰巳朔四日反支，寅卯朔五日反支，子丑朔六日反支。見陰陽書也。」

〔二〕續漢書百官志：「公車司馬令屬衛尉，掌吏民上章。」

〔三〕當作「上聖明主」。

〔四〕孟子云：「彼奪其民時，使不得耕耨。」漢舊儀云：「郡國守丞長史上計事竟，君侯出坐庭上，親問百姓所疾苦。計室掾史一人大音者讀勅畢，遣。勅曰：『詔書數下，禁吏無苛暴。丞史歸告二千石，順民所疾苦，急去殘賊，審擇良吏，無任苛刻，治獄決訟，務得其中。明詔憂百姓困於衣食，二千石帥勸農桑，思稱厚恩，有以賑贍之，無煩擾，奪民時。』」

〔五〕「有君無臣」，僖二年公羊傳文。

〔六〕按漢書鼂錯傳錯對策云：「臣聞五帝其臣莫能及，則自親之。三王臣主俱賢，則共憂之。五伯不及其臣，則任使之。今執事之臣，莫能望陛下清光，譬之猶五帝之佐也。」「有主無佐」蓋即本於彼。

〔七〕書皋陶謨。

〔八〕「曰」何本作「云」。

〔九〕節南山。

〔一〇〕〇鐸按：小雅節南山之詩，本書引者凡四：此篇及賢難篇「國既卒斬」二語一也；志氏姓篇「尹氏大師」二語二也；敍録「卒勞百姓」三也；三式篇「四牡項領」二語四也。其用「項領」之義本魯詩，則此亦魯詩説也。又「盡瘁」即「憔悴」。詩小雅北山「或盡瘁事國」，昭七年左傳作「憔悴」。周禮小司寇「議勤之辟」，鄭注：「謂憔悴以事國。」賈疏引詩同。經義述聞卷六王引之云：「蓋毛詩之『盡悴』，三家詩有作『憔悴』者，故鄭、賈皆用之爲説。『憔悴』二字平列，『盡瘁』二字亦平列，非謂盡其瘁也。盡瘁，雙聲也；憔悴，亦雙聲也。」此文「盡瘁」二字或後人據毛詩改之。

孔子病夫「未之得也，患不得之，既得之，患失之」者〔一〕。今公卿始起州郡而致宰相〔二〕，此其聰明智慮〔三〕，未必闇也，患其苟先私計而後公義爾〔四〕。詩云：「莫肯念亂，誰無父母〔五〕！」今民力不暇，穀何以生？百姓不足，君孰與足〔六〕？嗟哉，可無思乎！

〔一〕論語「患不得之」今作「患得之」。按荀子子道篇：「孔子曰：『小人者，其未得也，則憂不得；既已得之，又恐失之。』」說苑雜言篇同，論語古本亦當有「不」字。漢書朱雲傳云：「今朝廷大臣，上不能匡主，下亡以益民，皆尸位素餐，孔子所謂『鄙夫不可與事君』，『苟患失之，亡所不至』者也。」○鐸按：「患得之」，宋沈作喆寓簡亦謂當作「患不得之」。雖所據者不過韓愈王承福傳，然亦足證唐人所見論語有如此作者。焦循、劉寶楠二家並申何晏「患得之，患不得之」之注，謂古人語急，「得」猶「不得」。說殆不然。

〔二〕漢書朱博傳云：「漢家至德溥大，宇內萬里，立置郡縣，部刺史奉使典州，督察郡國，吏民安寧。故事，居部九歲，舉爲守相，其有異材功效著者，輒登擢。」又云：「故事，選郡國守相高第爲中二千石，選中二千石爲御史大夫，任職者爲丞相。」

〔三〕韓非子難三云：「恃盡聰明勞智慮。」

〔四〕漢書鮑宣傳云：「羣臣幸得居尊官，食重禄，豈有肯加惻隱於細民，助陛下流教化者耶？志但在營私家，稱賓客，爲姦利而已。」説苑臣術篇云：「安官貪禄，營於私家，不務公事，懷其智，藏其能，容容乎與世沈浮上下，左右觀望。如此者，具臣也。」

〔五〕沔水。○鐸按：釋難篇亦引，説詳彼。

〔六〕論語。○鐸按：此論語顔淵篇有若答魯哀公語，與説苑政理篇載孔子語「未見子富而父母貧」意同。

潛夫論箋校正卷五

斷訟〔一〕第十九

五代不同禮，三家不同教，非其苟相反也，蓋世推移而俗化異也〔二〕。俗化異則亂原殊，故三家符世〔三〕，皆革定法〔四〕。高祖制三章之約〔五〕，孝文除克膚之刑〔六〕，是故自非殺傷盜臧〔七〕，文罪之法，輕重無常，各隨時宜，要取足用勸善消惡而已〔八〕。

〔一〕○鐸按：東漢獄訟繁興，其流有二：一則王侯驕淫負債，殘掠官民；一則姦徒迫嫁婦人，利其聘幣。禍根所在，紿欺而已。故節信議重罰塞原而著之篇。

〔二〕史記秦始皇紀：「李斯曰：『五帝不相復，三代不相襲，各以治，非其相反，時變異也。』」漢書武帝紀元朔六年詔曰：「朕聞五帝不相復禮，三代不同法，所繇殊路，而建德一也。」韓安國傳：「王恢曰：『臣聞五帝不相襲禮，三王不相復樂，非故相反也，各因世宜也。』」匡衡傳：「衡上疏曰：『臣聞五帝不同禮，三王各異教，民俗殊務，所遇之時異也。』」數家語意相襲，而文或少異。淮南子齊俗訓云：「世異則事變，時移則俗易。」修務訓高誘注：「『推移』猶『轉易』也。」

〔三〕「符」當作「御」，御、符字形相近。或當爲「撫」，聲之誤也。「御世」見敍録，「撫世」見忠貴、三式、德化篇。○鐸按：御、符字形絶遠，無緣致誤。或説是已，而未得其字。今按「符」當作「拊」。拊、撫古通用，故「拊掌」或作「撫掌」，「撫循」或作「拊循」，詩小雅蓼莪「拊我畜我」後漢書梁竦傳引「拊」作「撫」也。「撫世」字古書常見，故他篇皆作「撫」。此「拊」字若不誤爲「符」，則後人亦必改爲「撫」矣。凡因訛誤而轉足考見元本之舊者，多類此。

〔四〕管子正世篇云：「古之所謂明君者，非一君也。其設賞有薄有厚，其立禁有輕有重，迹行不必同。非故相反也，皆隨時而變，因俗而動。」商子更法篇云：「伏犧、神農教而不誅，黄帝、堯、舜誅而不怒。及至文、武，各當時而立法，因事而制禮，禮法以時而定，制令各順其宜。」壹言篇云：「聖人之爲國也，不法古，不修今，因世而爲之治，度俗而爲之法。故法不察民之情而立之則不成，治宜於時而行之則不干。」

〔五〕漢書高帝紀：「元年，召諸縣豪傑曰：『與父老約法三章耳，殺人者死，傷人及盗抵罪。』」服虔曰：「隨輕重制法也。」

〔六〕漢書文帝紀：「十三年，除肉刑法。」刑法志載詔云：「夫刑，至斷支體，刻肌膚，終身不息，何其刑之痛而不德也！」「克」與「刻」通，説文云：「克，象屋下刻木之形。」

〔七〕「臧」程本作「賊」，誤。漢書高帝紀李奇注云：「傷人有曲直，盗臧有多少，罪名不可豫定，故凡言抵罪。」

〔八〕漢書刑法志云：「漢興，高祖初入關，約法三章曰：『殺人者死，傷人及盜抵罪。』蠲削煩苛，兆民大說。其後四夷未附，兵革未息，三章之法，不足以禦姦，於是相國蕭何攈摭秦法，取其宜於時者，作律九章。」循吏黄霸傳：「張敞云：『漢家承敝通變，造起律令，即以勸善禁姦。條貫詳備，不可復加。』」

夫制法之意，若爲藩籬溝壍以有防矣〔一〕，擇禽獸之尤可數犯者，而加深厚焉。今姦宄雖衆，然其原少；君事雖繁，然其守約。知其原少姦易塞，見其守約政易持〔二〕。塞其原則姦宄絶〔三〕，施其術則遠近治。

〔一〕楚語云：「爲之關籥蕃籬而遠備閑之。」「壍」當作「塹」。説文云：「塹，阬也。」周禮雍氏「春令爲阱擭溝瀆之利於民者」，鄭注：「阱，穿地爲塹，所以禦禽獸。」

〔二〕舊作「治」，據下文改。

〔三〕鹽鐵論申韓篇云：「塞亂原而天下治。」大戴禮盛德篇云：「刑罰之所從生有源，不務塞其源而務刑殺之，是爲民設陷以賊之也。」

今一歲斷獄，雖以萬計〔一〕，然辭訟之辯〔二〕，鬬賊之發，鄉部之治，獄官之治者〔三〕，

其狀一也。本皆起民不誠信，而數相欺紿也〔四〕。舜勑龍以讒説殄行，震驚朕師〔五〕，乃自上古患之矣。故先慎己喉舌〔六〕，以元示民〔七〕。孔子曰：「亂之所生也，則言語以爲階〔八〕。」「小人不恥不仁，不畏不義〔九〕。」脉脉規規〔一〇〕，常懷姦唯〔一一〕，昧冒前利，不顧廉恥〔一二〕，苟且中〔一三〕，後則榆解奴抵〔一四〕，以致禍變者，比屋是也。

〔一〕漢書董仲舒傳云：「一歲之獄，以萬千數。」鹽鐵論申韓篇云：「今斷獄歲以萬計。」

〔二〕説文云：「辡，辠人相與訟也。辯，治也。從言在辡之間。」

〔三〕漢書鼂錯傳云：「獄官主斷。」〇鐸按：「獄官之治」，「治」字複上文，疑當作「決」。淮南子時則訓「審決獄」，高注：「決，斷也。」是其義。

〔四〕漢書韓延壽傳云「吏民不忍欺紿」，「紿」與「詒」同。

〔五〕書堯典。

〔六〕「喉」舊作「唯」。詩烝民云：「王之喉舌。」〇鐸按：凡從「侯」從「隹」之字，隸書往往訛溷。淮南子兵略訓「疾如鍭矢」，今本「鍭」作「錐」；方言「雞雛，齊、魯之間謂之⿱秋隹子」，今本作「秋侯子」；墨子非命下篇「非將勤勞其喉舌」，今本作「惟舌」，皆以字形相似而誤。説見讀書雜志卷九。

〔七〕「元」當爲「玄德」之「玄」。荀子正論篇云：「上周密則下疑玄矣。」〇俞樾云：「讀『元』爲『玄』非是。汪又引荀子『上周密則下疑玄矣』，如此又讀『玄』爲『眩』，與前説歧異，而義益不通矣。汪所據者元刻本，而漢魏叢書本作『以示小民』，今鄂局本從之，文義明白，不必徇元本之譌，曲爲之説。」○鐸按：王氏讀書雜志九墨子三引作「以示下民」，雖不知所據何本，然知其亦不以作「以元示民」者爲是。又荀子正論篇「疑玄」，解蔽篇作「疑元」，並即「疑眩」，是汪説義涉兩歧。

〔八〕易繫辭上傳。

〔九〕繫辭下傳。

〔一〇〕玉篇云：「脈脈，姦人視也。」亦作「脉」。「脉脉」與「脈脈」通。漢書東方朔傳云「跂跂脈脈善緣壁」，顏師古注：「脈脈，視貌。」莊子秋水篇云：「規規然自失」，釋文云：「規規，驚視自失貌。」荀子非十二子篇「莫莫然，瞡瞡然」，楊倞注：「『瞡』與『規』同。規規，見小之貌。」按「莫莫」與「脉脉」聲亦相近。

〔一一〕「唯」當爲「詐」。禮記經解云：「君子審禮，不可誣以姦詐。」王侍郎云：「『唯』疑『睢』，『姦睢』猶『恣睢』。」○鐸按：作「詐」是。

〔一二〕襄廿六年左傳云「楚王是故昧於一來」，杜注：「『昧』猶『貪冒』。」周語云：「戎、狄冒没輕儳，貪而不讓。」「昧冒」猶「冒没」也。漢書匈奴傳云：「單于咸棄其愛子，昧利不顧。」説苑正諫篇云：「吴王欲伐荆，舍人少孺子曰：『園中有樹，其上有蟬。蟬高居悲鳴飲露，不知螳螂在其後也。螳螂委身曲附欲取蟬，而不知黄雀在其傍也。黄雀延頸欲啄螳螂，而不知彈丸在其下也。此三者，皆欲得其前利，而不顧其後之有患也。』」鹽鐵論結和篇云：「登得前利，不念後咎。」

〔一三〕「中」下脱一字。

〔一四〕「榆」蓋「偷」之誤。解，讀爲「懈」。「奴抵」字未詳。

非唯細民爲然，自封君〔一〕王侯貴戚豪富，尤多有之。假舉驕奢，以作淫侈，高負千萬，不肯償責。小民守門號哭啼呼，曾無怵惕慙怍哀矜之意〔二〕。苟崇聚酒徒無行之人〔三〕，傳空引滿〔四〕，啁啾罵詈〔五〕，晝夜鄂鄂，慢遊是好〔六〕。或毆擊責主，入〔七〕於死亡，羣盜攻剽，劫人無異〔八〕。雖會赦贖，不當復得在選辟之科，而州司公府反爭取之。且觀諸敢妄驕奢而作大責者，必非救飢寒而解困急，振貧窮而行禮義者也，咸以崇驕奢而奉淫湎爾〔九〕。

〔一〕「君」字舊脱。

〔二〕崔實政論云：「今官之接民，甚多違理，作使百工，及從民市，輒設計加以誘來之，器成之後，更不與直。老弱凍餓，痛號道路，守闕告哀，終不見省。」孟子云：「皆有怵惕惻隱之心。」書呂刑云：「皇帝哀矜庶戮之不辜。」

〔三〕史記酈生傳云："吾高陽酒徒也。"淮陰侯傳云："始爲布衣時，貧無行。"漢書五行志："谷永云：『崇聚票輕無誼之人，以爲私客。』"○鐸按：酈生"高陽酒徒"之語，在朱建傳內。崇、叢古字通。説文："叢，聚也。"書酒誥"矧曰其敢崇飲"，傳："崇，聚也。"忠貴篇："崇聚羣小"，並二字平列。

〔四〕漢書敍傳云："趙、李諸侍中，皆引滿舉白。"孟康曰："舉白，見驗飲酒盡不也。""傳空"猶"舉白"也。○鐸按："傳空"猶"舉白"，想當然耳。

〔五〕禮記三年問云"猶有啁噍之頃焉"，釋文："啁噍，聲。""啁啾"與"啁噍"同。文選長笛賦李善注引蒼頡篇："啾，衆聲也。"史記魏豹傳云："漢王慢而侮人，罵詈諸侯羣臣，如罵奴耳。"

〔六〕書皋陶謨云："惟慢遊是好。"又云："罔晝夜頟頟。"按頟、鄂聲相近。幽州人謂"頟"爲"鄂"，見釋名釋形體。○鐸按：洪亮吉云："潛夫論云『晝夜鄂鄂』，則今文『頟』又作『鄂』也。"

〔七〕"入"舊作"人"。

〔八〕史記酷吏傳云："義縱少年時，嘗與張次公俱，攻剽爲羣盜。"貨殖傳云："閭巷少年，攻剽椎埋，劫人作姦。"晉書刑法志陳羣新律序云："舊律，盜律有劫略。"

〔九〕成二年左傳云："淫湎毁常。"詩蕩云"天不湎爾以酒"，釋文引韓詩云："飲酒閉門不出客，曰湎。」

春秋之義，責知誅率〔一〕。孝文皇帝至寡動，欲任德〔二〕，然河陽侯陳信坐負六月免國〔三〕。孝武仁明，周陽侯田彭祖坐當軹侯宅而不與免國〔四〕，黎陽侯邵延坐不出持馬，身斬國除〔五〕。二帝豈樂以錢財之故〔六〕而傷大臣哉？乃欲絶詐欺之端〔七〕，必國家之〔八〕法，防禍亂之原〔九〕，以利民也。故一人伏正罪而萬家蒙乎福者，聖主行之不疑。永平時〔一〇〕，諸侯負責，輒有削绌之罰。此其後皆不敢負民，而世自節儉，辭訟自消矣〔一一〕。

〔一〕王侍郎云：「公羊桓五年『葬陳桓公』，何休注云：『不月者，責臣子也。知君父有疾，當營衛，不謹而失之也。』襄二十五年：『吳子謁伐楚，門於巢，卒。』何休注云：『君子不怨所不知，故與巢得殺之。』是責知也。昭二十六年『尹氏、召伯、毛伯以王子朝奔楚』，何休注云：『立王子朝，獨舉尹氏，出奔并舉召伯、毛伯者，明本在尹氏，當先誅渠率，後治其黨。』是誅率也。」繼培按：後漢書孔融傳云：「漢律，與罪人交關三日以上，皆應知情。」即「責知」之意。鹽鐵論疾貪篇云：「春秋刺譏，不及庶人，責其率也。」漢書孫寶傳云：「春秋之義，誅首惡而已。」皆用公羊誼。○鐸按：王紹蘭又補公羊一條，見序（載附録）。

〔二〕○鐸按：邵本「動欲」二字互易，似可從。漢書景帝紀元年詔曰「孝文皇帝減耆欲」，即此所謂「至寡欲」也。又贊云「專務以德化民」，即此所謂「動任德」也。

〔三〕「月」舊作「日」。史記高祖功臣侯者年表云：「坐不償人責過六月，奪侯。」○鐸按：漢書高惠高后文功臣表云：「孝文三年，河陽侯陳信，坐不償人責過六月，免。」

〔四〕漢書外戚恩澤侯表作「田祖坐當歸軹侯宅，不與，免」，此脱「歸」字。史記惠景間侯者年表亦作彭祖。軹侯作章侯，誤。表無「章侯」。軹者，薄昭所封國也。○鐸按：漢表脱「彭」字。

〔五〕「除」舊空，據程本。史記惠景間侯者年表作犂侯，漢書功臣表作黎侯，並無「陽」字，此蓋與「周陽」相涉而誤。「邵」，史、漢並作「召」。漢書顔師古注云：「時發馬給軍，匿而不出也。」按武帝紀：「元狩五年，天下馬少，平牡馬匹二十萬。」食貨志云：「車騎馬乏，縣官錢少，買馬難得，迺著令，令封君以下至三百石吏，以差出牡馬。」「持馬」蓋「特馬」之誤，「特馬」即「牡馬」。周禮校人：「凡馬，特居四之一。」鄭司農云：「四之一者，三牝一牡。」○鐸按：「持馬」兩表並誤。

〔六〕莊子徐无鬼篇云：「錢財不積，則貪者憂。」

〔七〕漢書王尊傳云：「絶詐欺之路。」

〔八〕「之」字舊脱。

〔九〕漢書金日磾傳云：「亂國大綱，開禍亂原。」春秋繁露度制篇云：「凡百亂之源，皆出嫌疑纖微，以漸寖稍長至於大。聖人章其疑者，別其微者，絶其纖者，不得嫌，以蚤防之。聖人之道衆，隄防之類也。」

〔一〇〕永平，後漢明帝紀元。

〔一一〕史記平津侯傳後載王元后詔云：「儉化俗民，則尊卑之序得，而骨肉之恩親，争訟之原息。」漢書楚元王傳劉向封事云：「崇推讓之風，以銷分争之訟。」「消」與「銷」同。

今諸侯貴戚，或曰〔一〕敕民〔二〕慎行，德義無違，制節謹度〔三〕，未嘗負責，身絜規避〔四〕，志厲青雲〔五〕。或既欺負百姓，上書封租，願且償責〔六〕，此乃殘掠官民〔七〕，而還依縣官也〔八〕，其誣罔慢易〔九〕，罪莫大焉〔一〇〕。

〔一〕「曰」字誤。○鐸按：「曰」蓋「有」之誤。或、有古同聲，故連用。

〔二〕王先生云：「『民』疑『己』之誤。」○鐸按：疑當作「敕身」。

〔三〕孝經。

〔四〕王先生云：「『規避』當作『珪璧』。」繼培按：後漢書馮衍傳衍説鮑永云：「珪璧其行。」

〔五〕淮南子氾論訓文。

〔六〕後漢書孝明八王傳云：「梁節王暢少驕貴，頗不尊法度。梁相舉奏暢不道。暢慙懼，上疏辭謝，不敢復有所橫費，租入有餘，乞裁食睢陽、穀孰、虞、蒙、寧陵五縣。」此類是也。

〔七〕「掠」與「略」同，注見下。

〔八〕「依」讀爲「薆」，蔽也。史記絳侯世家索隱云：「縣官，謂天子也。所以謂國家爲縣官者，夏家王畿内縣即國都也。王者官天下，故曰官也。」○鐸按：説文：「依，倚也。」廣雅釋詁三：「依，恃也。」「還依縣官」者，言反倚恃天子之寵以自保。後漢書孝明八王傳梁節王暢傳云：「暢上疏辭謝，乞裁食五縣（全文見上注引）。詔報曰：『朕惟王至親之屬，傅相不良，不能防邪，至令有司紛紛有言。今王深思悔過，朕惻然傷之。王其强食自愛！』暢固讓，章數上，卒不許。」蓋天子不許封租，則官民爲之杜口，而王侯之負債自若也。故曰「其誣罔慢易，罪莫大焉」。汪讀「依」爲「薆」，未得其恉。

〔九〕「罔」程本作「國」，誤。「誣罔」亦漢時律令文，漢書武帝紀「元鼎五年，樂通侯欒大坐誣罔」是也。説文云：「嫚，侮易也。」經典通作「慢」，大戴禮子張問入官篇云：「慢易者，禮之所以失也。」○鐸按：説文：「傷，輕也。」蒼頡篇：「傷，慢也。」書傳通以「易」爲之。誣罔、慢易並二字平列。

〔一〇〕昭五年左傳：「昭子曰：『豎牛禍叔孫氏，使亂大從，罪莫大焉。』」

孝經曰：「陳之以德義而民興行，示之以好惡而民知禁。」今欲變巧僞以崇美化，息辭訟以閒官事者，莫若表顯有行〔一〕，痛誅無狀〔二〕，導文、武之法，明詭詐之信〔三〕。

〔一〕白虎通辟雍篇云：「顯有能，褒有行。」

〔二〕晏子春秋諫下云：「痛誅其罪。」

〔三〕「信」疑「罰」。

今佞王貴戚不得浸廣〔一〕，姦宄遂多。豈謂每有爭鬭辭訟，婦女必致此乎？亦以傳見。凡諸禍根不早斷絶〔二〕，則或轉而滋蔓〔三〕，人〔四〕若斯邪〔五〕。是故原官察之所以務念〔六〕，臣主之所以憂勞者〔七〕，其本皆鄉亭之所治者，大半詐欺之所生也〔八〕。故曰：知其原少則姦易塞也，見其守約則政易持也〔九〕。

〔一〕下有脱文。○鐸按：「得」讀爲「德」。「浸廣」與「遂多」對，即有脱文，亦當在「浸廣」上。

〔二〕韓非子初見秦篇云：「削迹無遺根，無與禍鄰，禍乃不存。」漢書匈奴傳：「陳饒曰：『椎破故印，以絶禍根。』」

〔三〕隱元年左傳云：「無使滋蔓。」

〔四〕疑「必」。○鐸按：疑「令」。

〔五〕疑「也」。○鐸按：「邪」猶「耳」。

〔六〕昭六年左傳云：「明察之官。」○鐸按：「念」當作「急」。「急」本作「㤂」，故訛。

〔七〕越語：「范蠡曰：『爲人臣者，君憂臣勞。』」

〔八〕漢書刑法志云：「原獄刑所以蕃若此者，禮教不立，刑法不明，民多貧窮，豪傑務私，姦不輒得，獄犴不平之所致也。」服虔曰：「鄉亭之獄曰犴。」

〔九〕「姦宄遂多」至此，當在篇末，蓋總結一篇之意。○鐸按：「姦宄遂多」，下接「或婦人之行」，文義自順。錯簡乃自「豈謂」至「易持也」一段。

或婦人之行，貴令鮮絜〔一〕，今以〔二〕適矣，無顏復入甲門〔三〕，縣官原之〔四〕，故令使留所既入家。必未昭亂之本原〔五〕，不惟貞絜所生者之言也〔六〕。貞女不二心以數變〔七〕，故有匪石之詩〔八〕；不枉行以遺憂〔九〕，故美歸寧之志〔一〇〕。一許不改，蓋所以長貞絜而寧父兄也。其不循此而二三其德者〔一一〕，此本無廉恥之家，不貞專之所也〔一二〕。若然之人，又何醜恡〔一三〕？輕薄父兄，淫僻婦女〔一四〕，不惟義理，苟疎一德，借本治生〔一五〕，逃亡抵中〔一六〕，乎〔一七〕以致於刳腹芟頸滅宗之禍者〔一八〕，何所無之？

〔一〕詩采蘋鄭箋云：「婦人之行，尚柔順，自潔清。」「鮮絜」猶言「潔清」。荀子宥坐篇：「孔子曰：『夫水，以出以入，以就鮮絜。』」

〔二〕「以」、「已」同。

〔三〕「適」下當有「乙」字。古人稱人以甲乙。韓非子用人篇云：「罪生甲，禍歸乙。」此其例也。周禮司刺疏云：「甲乙者，興喻之義。」○鐸按：日知録二十三有「假名甲乙」條，説頗備。

〔四〕周禮司厲疏云：「漢時名官爲縣官，非謂州縣也。」

〔五〕「亂」上當有「治」字，説見述赦篇。○鐸按：「必」當依述赦篇作「此」。

〔六〕詩南有喬木鄭箋云：「賢女雖出遊流水之上，人無欲求犯禮者，亦由貞絜使之然。」蝃蝀箋云：「淫奔之女，大無貞絜之信。」

〔七〕史記田單傳論：「王蠋曰：『貞女不更二夫。』」成三年左傳云：「無有二心。」

〔八〕柏舟。○鐸按：邶風柏舟。

〔九〕詩斯干云「無父母詒罹」，毛傳：「罹，憂也。」鄭箋云：「無遺父母之憂。」史記韓安國傳：「帝謝太后曰：『兄弟不能相教，乃爲太后遺憂。』」

〔一〇〕詩葛覃云：「歸寧父母」，毛傳：「寧，安也。父母在，則有時歸寧。」草蟲箋云：「君子待己以禮，庶自此可以寧父母。」

〔一一〕詩氓。

〔一二〕詩關雎「窈窕淑女」，毛傳：「幽閒貞專之善女。」文選顔延年秋胡詩李善注引薛君韓詩章句曰：「窈窕，貞專貌。」列女傳宋鮑女宗云：「婦人以專一爲貞。」梁寡高行傳頌云：「貞專精純。」史記秦始皇紀會稽刻石云：「有子而嫁，倍死不貞。」

〔一三〕方言云：「恪，恨也。」「悋」與「恪」同。

〔一四〕禮記經解云：「婚姻之禮廢，則夫婦之道苦，而淫辟之罪多。」列女傳周主忠妾傳頌云：「主妻淫僻。」

〔一五〕史記貨殖傳云：「善治生者，能擇人而任時。」

〔一六〕史記孟嘗君傳：「馮驩云：『不足者雖守而責之十年，息愈多，急即以逃亡自捐之。若急，終無以償。上則爲君好利，不愛士民；下則有離上抵負之名。』」周禮朝士：「凡屬責者，以其地傅而聽其辭。」鄭注：「屬責，轉責使人歸之，而本主死亡，歸受之數相抵冒者也。」「抵中」之「抵」，義與「抵負」、「抵冒」同。

〔一七〕「乎」當作「卒」，屬下讀。乎、卒字形相近，儀禮士冠禮：「啐醴」，鄭注：「『啐』古文爲『呼』。」此其比也。

〔一八〕呂氏春秋順説篇云：「刈人之頸，刳人之腹。」「芟」當作「艾」，「艾」與「刈」通。○鐸按：「芟」當作「殳」。釋名：「殳，殊也。」昭廿三年左傳釋文引説文：「殊，一曰：斷也。」「殳頸」猶「斷頸」耳。

先王因人情喜怒之所不能已者，則爲之立禮制而崇德讓〔一〕；人所可已者，則爲之設法禁而明賞罰〔二〕。今市賣勿相欺，婚姻無相詐，非人情之不可能者也。是故不若立義順法，遏絶其原〔三〕。初雖慙悋於一人，然其終也，長利於萬世〔四〕。小懲而大戒〔五〕，此所以全小而濟頑凶也〔六〕。

〔一〕舊脱「不」字。鹽鐵論散不足篇云：「宮室輿馬，衣服器械，喪祭飲食，聲色玩好，人情之所不能已也。故聖人爲之制度以防之。」禮記坊記云：「禮者，因人之情而爲之節文，以爲民坊者也。」

〔二〕韓非子五蠹篇云：「明其法禁，必其賞罰。」

〔三〕書呂刑云：「遏絶苗民。」管子正法篇云：「遏之以絶其志意，毋使民幸。」

〔四〕周語云：「王天下者，必先諸民，然後庇焉，則能長利。」韓非子難一：「文公曰：『雍季言，萬世之利也。』」

〔五〕易繫辭下傳。「戒」王本作「誡」。

〔六〕「小」下當脱「人」字。易曰：「此小人之福也。」

夫立法之大要〔一〕，必令善人勸其德而樂其政，邪人痛其禍而悔其行〔二〕。諸一女許數家，雖生十子，更百赦〔三〕，勿令得蒙一還私家，則此姦絶矣。不則髡其夫妻，徙千里外劇縣〔四〕，乃可以毒其〔五〕心而絶其後〔六〕，姦亂絶則太平興矣〔七〕。

〔一〕漢書陳萬年傳顔師古注：「大要，大歸也。」

〔二〕昭卅一年左傳云：「上之人能使昭明，善人勸焉，淫人懼焉。」

〔三〕○鐸按：漢書朱博傳：「皆知喜、武前已蒙恩詔決事，更三赦。」師古注：「又經三赦也。」更、經一聲之轉。

〔四〕漢時有劇縣、平縣之目，見後漢書安帝紀永初元年。

〔五〕「其」舊作「者」，據何本改。

〔六〕説苑政理篇云：「刑者，懲惡而禁後者也。」

〔七〕史記秦始皇紀云：「欲以興太平。」漢書路温舒傳云：「太平之風，可興於世。」

又貞絜寡婦，或男女備具，財貨富饒〔一〕，欲守一醮之禮〔二〕，成同穴之義〔三〕，執節堅固〔四〕，齊懷必死〔五〕，終無更許之慮〔六〕。遭值不仁世叔〔七〕，無義兄弟，或利其娉幣〔八〕，或貪其財賄〔九〕，或私其兒子，則彊中欺嫁〔一〇〕，處〔一一〕迫脅遣送，人〔一二〕有自縊房中，飲藥車上〔一三〕，絶命喪軀，孤捐童孩。此猶迫脅人命自殺也〔一四〕。

〔一〕漢書地理志云：「民以富饒。」

〔二〕禮記郊特牲云：「壹與之齊，終身不改，故夫死不嫁。」鄭注：「齊，謂共牢而食，同尊卑也。『齊』或爲『醮』。」列女傳蔡人之妻曰：「適人之道，一與之醮，終身不改。」宋鮑女宗云：「婦人一醮不改。」陳寡孝婦傳頌同。

〔三〕詩大車云：「死則同穴。」

〔四〕列女傳齊孝孟姬頌云：「孟姬好禮，執節甚公。」漢書賈捐之傳云：「守道堅固，執義不回。」

〔五〕列女傳節義傳序云：「惟若節義，必死無二。」召南申女傳云：「守節持義，必死不往。」

〔六〕列女傳息君夫人云：「人生要一死而已，終不以身更貳醮。」

〔七〕爾雅釋親云：「父之晜弟，先生爲世父，後生爲叔父。」

〔八〕漢書陳平傳云：「平貧，迺假貸幣以聘。」「聘」與「娉」同。

〔九〕淮南子覽冥訓高誘注云：「齊之寡婦無子，不嫁，事姑謹敬。姑無男有女。女利母財，令母嫁婦。婦益不肯。」正此類也。詩氓云：「以爾車來，以我賄遷。」毛傳：「賄，財；遷，徙也。」鄭箋：「徑以女車來迎我，我以所有財遷徙就女也。」貪其財賄，奪之使不得遷矣。

〔一〇〕桓九年紀季姜歸於京師，穀梁傳云：「爲之中者歸之也。」范甯注：「中，謂關與婚事。」

〔一一〕○鐸按：「處」疑當作「遽」。

〔一二〕○鐸按：「人」即「婦人」，故下文或言「人」，或言「婦人」。

〔一三〕莊卅二年公羊傳云：「季子和藥而飲之。」

〔一四〕「命」當爲「令」。漢書景十三王傳云：「河間王元迫脅凡七人，令自殺。」又云：「趙王元迫脅自殺者，凡十六人。」

或後夫多設人客，威力脅載，守將抱執〔一〕，連日乃緩，與彊掠人爲妻無異〔二〕。婦人軟弱〔三〕，猥爲衆彊所扶與執迫〔四〕，幽阨連日，後雖欲復修本志，嬰絹〔五〕吞藥〔六〕。

〔一〕説文云：「⿰爿手，扶也。」「將」即「⿰爿手」字。漢書外戚傳孝景王皇后傳云：「女逃匿，扶將出拜。」後漢書列女陰瑜妻傳云：「扶抱載之。」

〔二〕史記陳丞相世家云：「曾孫何坐略人妻。」「掠」與「略」同。方言云：「略，强取也。」

〔三〕廣韻云：「輭，柔也。【軟】俗。」史記貨殖傳云：「妻子軟弱。」按輭、軟蓋「偄」之别體。説文云：「偄，弱也。」漢書王尊傳又作「耎弱」。

〔四〕○鐸按：「與」疑「舁」，説文：「舁，共舉也。」

〔五〕漢書司馬遷傳云：「嬰金鐵受辱」，顔師古注：「嬰，繞也。」史記秦始皇紀後班固論云：「素車嬰組。」「嬰絹」猶「嬰組」，即上云「自縊」也。

〔六〕下有脱文。何本增「晚矣」二字，大誤。

衰制〔一〕第二十

無慢制而成天下者〔二〕，三皇也；畫則象而化四表者，五帝也；明法禁而和海内者，三王也〔三〕。行賞罰而齊萬民者，治國也；君立法而下不行者，亂國也；臣作政而君不制者，亡國也〔四〕。

〔一〕○鐸按：衰制，謂衰世之制。上古任德，中古用刑，其所以如此者，世衰則不可純任德教也。俗儒不知通變，故節信辭而闢之。

〔二〕王先生云：「『慢』疑『憲』，形近之誤。」

〔三〕白虎通五刑篇云：「聖人治天下，必有刑罰何？所以佐德助治順天之度也。故懸爵賞者，示有所勸也；設刑罰者，明有所懼也。傳曰：『三皇無文，五帝畫象，三王明刑。』」襄廿九年公羊傳何休注引孔子曰：「三皇設言民不違，五帝畫象世順機，三王肉刑揆漸加，應世黠巧姦僞多。」疏云：「孝經説文。」○鐸按：此説本孝經鉤命決，引見周禮保氏疏。

〔四〕管子明法篇云：「所謂治國者，主道明也；所謂亂國者，臣術勝也。」

是故民之所以不亂者，上有吏〔一〕；吏之所以無姦者，官有法〔二〕；法之所以順行者，國有君也；君之所以位尊者，身有義也〔三〕。義者君之政也，法者君之命也〔四〕。人君思正以出令，而貴賤賢愚莫得違也，則君位於上，而民氓治於下矣〔五〕。人君出令而貴臣驕吏弗順也，則君幾於弒，而民幾於亂矣〔六〕。

〔一〕○鐸按：管子明法篇云：「奉主法，治境内，使强不凌弱，衆不暴寡，萬民驩，盡其力而奉養其主，此吏之所以爲功也。」賈子大政下篇云：「王者有易政而無易國，有易吏而無易民。故民之治亂在於吏，國之安危在於政。」

〔二〕商子靳令篇云：「法平則吏無奸。」

〔三〕「義」下舊衍「身有」二字，無「也」字。商子君臣篇云：「古者未有君臣上下之時，民亂而不治。是以聖人列貴賤，制爵位，立名號，以别君臣上下之義。地廣民衆萬物多，故分五官而守之；民衆而奸邪生，故立法制爲度量以禁之。是故有君臣之義，五官之分，法制之禁，不可不慎也。」

〔四〕按下文云：「法也者，先王之政也；令也者，己之命也。」此有脱誤。

〔五〕管子法法篇云：「政者，正也。正也者，所以正定萬物之命也。是故聖人精德立中以生正，明正以治國。故正者，所以止過而逮不及也。」任法篇云：「生法者君也，守法者臣也，法於法者民也。君臣上下貴賤皆從法，此謂大治。」

〔六〕商子君臣篇云：「處君位而令不行則危，五官分而無常則亂，法制設而私善行則民不畏刑。君尊則令行，官修則有常事，法制明則民畏刑。法制不明，而求民之行令也，不可得也。民不從令，而求君之尊也，雖堯、舜之智，不能以治。」

夫法令者，君之所以用其國也。君出令而不從，是與無君等〔一〕。主令不從則臣令行，國危矣〔二〕。

〔一〕藝文類聚五十四引申子云：「君之所以尊者令，令之不行，是無君也，故明君慎令。」

〔二〕尹文子大道篇云：「公法廢，私政行，亂國也。」御覽六百卅八引崔實政論云：「君以審令爲明，臣以奉令爲忠。故背制而行賞，謂之作福；背令而行罰，謂之作威。作威則人畏之，作福則人歸之。夫威福，人主之神器也。譬之操莫邪，執其柄，則人莫敢抗；失其柄，則還見害也。」

夫法令者，人君之銜轡箠策也〔一〕，而民者，君之輿馬也。若使人臣廢君法禁而施己政令，則是奪君之轡策，而己獨御之也。愚君闇主〔二〕託坐於左，而姦臣逆道〔三〕執轡於右，此齊騶馬繻所以沈胡公於具水〔四〕，宋羊叔牂所以弊華元於鄭師〔五〕，而莫之能御也〔六〕。是故陳恆執簡公於徐州〔七〕，李兑害主父於沙丘〔八〕，皆以其毒素奪君之轡策也〔九〕。文言故曰：「臣弒其君，子弒其父，非一朝一夕之故也，其所由來者漸矣，由變之不蚤變也〔一〇〕。」是故妄違法之吏，妄造令之臣，不可不誅也。

〔一〕淮南子主術訓云：「法律度量者，人主之所以執下，釋之而不用，是猶無轡銜而馳也。」

〔二〕荀子臣道篇云：「闇主惑君。」

〔三〕史記李斯傳云：「兼行田常、子罕之逆道。」

〔四〕「繻」舊作「傳」。楚語云：「昔齊騶馬繻以胡公入於貝水。」古書「需」字多作「耎」，與「專」相似。「貝水」水經注巨洋水篇引國語作「具水」，云：「袁宏謂之巨昧，王韶之以爲巨蔑，亦或曰朐瀰，皆一水也，而廣其目焉。」元和夏孝廉文燾云：「具、巨、朐聲相近。」則作「具」是也。○鐸按：具、貝形近多相亂，「具水」之訛爲「貝水」，猶集韻「蜀人謂平川爲垻」，今俗作「壩」是也。

〔五〕宣二年左傳。按僖十年傳「敝於韓」，杜注：「敝，敗也。」「弊」與「敝」同。○鐸按：此以叔牂爲羊斟字，與杜注合。

〔六〕楚語云：「遭世之亂，而莫之能禦也。」韋昭注：「禦，止。」「御」與「禦」同。○鐸按：「抵禦」字正當作「御」。

〔七〕哀十四年左傳作「舒州」。○鐸按：徐、舒古同聲而通用。陳恆即田常，注見明闇篇。

〔八〕楚策：「孫子曰：『李兑用趙，餓主父於沙丘。』」事詳史記趙世家。

〔九〕「毒」字衍，即「素」之駁文。○鐸按：毒、蓄古音同部，例得借用，老子「亭之毒之」，以「毒」爲「蓄」，即其證。「毒」字義自可通，蓋非衍。

〔一〇〕王易「故」下無「也」字，「蚤變」作「早辨」，古字並通用。「由變」之「變」舊作「辯」，蓋後人以王本改之。○鐸按：荀本亦作「由變」，宋翔鳳周易考異云：「作『變』者，乃荀氏讀正之字，故不與諸家古文同。」李富孫易經異文釋亦謂「辯、變義通，荀隨義異字」。

議者必將以爲刑殺當不用，而德化可獨任〔一〕。此非變通者之論也，非叔世者之言也〔二〕。夫上聖不過堯、舜，而放四子〔三〕，盛德不過文、武，而赫斯怒〔四〕。詩云：「君子如怒，亂庶遄沮；君子如祉，亂庶遄已〔五〕。」是故君子之有喜怒也，蓋〔六〕以止亂也〔七〕。故有以誅止殺，以刑禦殘〔八〕。

〔一〕漢書董仲舒傳云：「天道之大者在陰陽，陽爲德，陰爲刑，刑主殺而德主生。是故陽常居大夏，而以生育養長爲事，陰常居大冬，而積於空虚不用之處，以此見天之任德不任刑也。王者承天意以從事，故任德教而不任刑。刑者不可任以治世，猶陰之不可任以成歲也。」

〔二〕「變通」注見述赦篇。王先生云：「『叔』當作『救』，昭六年左傳子産曰：『吾以救世也。』」

繼培按：漢書元帝紀云：「見宣帝所用多文法吏，以刑名繩下，嘗侍燕，從容言：『陛下持刑太深，宜用儒生。』宣帝作色曰：『漢家自有制度，本以霸、王道雜之，奈何純任德教，用周政乎？且俗儒不達時宜，好是古非今，使人眩於名實，不知所守，何足委任！』」此文意與彼同。

〔三〕書堯典。

〔四〕詩皇矣。○鐸按：大雅皇矣「王赫斯怒」，「王」指文王。此言文、武，兼用孟子文義，梁惠王下篇「文王一怒而安天下之民，而武王亦一怒而安天下之民」是也。

〔五〕巧言。

〔六〕「蓋」舊作「善」。

〔七〕○鐸按：宣十七年左傳范武子召文子曰：「吾聞之，喜怒以類者鮮，易者實多。詩曰：『君子如怒，亂庶遄沮；君子如祉，亂庶遄已。』君子之喜怒，以已亂也。」此文本之。

〔八〕商子畫策篇云：「以殺去殺，雖殺可也；以刑去刑，雖重刑可也。」

且夫治世者若登丘矣，必先躡其卑者，然後乃得履其高〔一〕。是故先致治國，然後三王之政乃可施也；道齊三王，然後五帝之化乃可行也；道齊五帝，然後三皇之道乃可從也。

〔一〕禮記中庸云：「譬如登高必自卑。」

且夫法也者，先王之政也；令也者，己之命也〔一〕。先王之政所以與〔二〕衆共也，己之命所以獨制人也〔三〕，君誠能授法而時貸之，布令而必行之，則羣臣百吏莫敢不悉心從己令矣〔四〕。己令無違，則法禁必行矣。故政令必行，憲禁必從，而國不治者，未嘗有也。此一弛一張，以今行古，以輕重尊卑之術也〔五〕。

〔一〕呂氏春秋圜道篇云：「令者，人主之所以爲命也。」

〔二〕「與」字舊脱。

〔三〕呂氏春秋處方篇云：「法也者，衆之所同也。」商子修權篇云：「法者，君臣之所共操也。權者，君之所獨制也。」

〔四〕漢書成帝紀建始四年詔曰：「公卿大夫，其勉悉心。」顔師古注：「悉，盡也。」

〔五〕管子重令篇云：「凡君國之重器，莫重於令。令重則君尊，君尊則國安；令輕則君卑，君卑則國危。故安國在乎尊君，尊君在乎行令，行令在乎嚴罰。罰嚴令行，則百吏皆恐；罰不嚴，令不行，則百吏皆喜。故明君察於治民之本，本莫要於令。故曰：虧令者死，益令者死，不行令者死，留令者死，不從令者死。五者死而無赦，惟令是視，故曰令重而下恐。」禮記雜記：「孔子曰：『一弛一張，文、武之道也。』」

勸將〔一〕第二十一

太古之民，淳厚敦朴，上聖撫之，恬澹無爲〔二〕，體道履德，簡刑薄威，不殺不誅，而民自化，此德之上也。德稍弊薄〔三〕，邪心孳生，次聖繼之，觀民設教〔四〕，作〔五〕爲誅賞，以威勸之，既作五兵，又爲之憲，以正厲之〔六〕。詩云：「修爾輿馬，弓矢戈兵，用戒作則，用逖蠻方〔七〕。」故曰：兵之設也久矣〔八〕。涉歷五代，以迄於今〔九〕，國未嘗不以德昌而以兵彊也〔一〇〕。

〔一〕○鐸按：西羌之亂，與後漢相終始，而其横涌旁決，莫劇於安、順之時。所以然者，士無死敵之勇，將無合變之奇，故雖烏合獸聚，猝發而不能制。節信有激而言，非徒議兵已也。此以下三篇皆論邊事，當參合觀之。

〔二〕素問陰陽應象大論云：「聖人爲無爲之事，樂恬憺之能。」按說文恬、憺並訓「安」，「澹」則「憺」之假借，亦作「淡」，莊子胠篋篇云：「恬淡無爲。」

〔三〕○鐸按：「德」疑當作「後」，涉上「德」字而誤。班祿篇云：「太古之時，烝黎初載，未有上下，而自順序，天未事焉，君未設焉。後稍矯虔，或相陵虐，侵漁不止。」此節文勢正與彼同。

〔四〕易觀象詞。○鐸按：已見浮侈、述赦篇。

〔五〕「作」舊作「坐」。古「侳」字與「坐」相近。○鐸按：此俗音訛。

〔六〕商子更法篇云：「伏羲、神農教而不誅，黄帝、堯、舜誅而不怒。及至文、武，各當時而立法，因事而制禮。禮法以時而定，制令各順其宜，兵甲器備，各便其用。」

〔七〕抑。今詩「輿」作「車」，「戈」作「戎」，「作則」作「戎作」，「遡」作「逿」。按説文云：「逿，古文遡。」○鐸按：此所引乃魯詩，故文義並與毛詩不同，説見陳喬樅魯詩遺説考十七。

〔八〕襄廿七年左傳。

〔九〕「迄」治要作「迨」。

〔一〇〕史記自序序律書云：「非兵不彊，非德不昌。」

今兵巧之械〔一〕，盈乎府庫〔二〕，孫、吴之言，聒乎將耳〔三〕，然諸將用之，進戰則兵敗，退守則城亡〔四〕。是何也哉？曰：彼此之情，不聞乎主上，勝負之數，不明乎將心〔五〕，士卒進無利而自退無畏〔六〕，此所以然也。

〔一〕史記律書云「其於兵械尤所重」，正義云：「内成曰器，外成曰械。械謂弓、矢、殳、矛、戈、戟。」漢書藝文志論兵書云：「技巧者，習手足，便器械，積機關，以立攻守之勝者也。」

〔二〕禮記樂記云：「車甲釁而藏之府庫。」曲禮云：「在府言府，在庫言庫。」鄭注：「庫，謂車馬兵甲之處也。」月令云：「審五庫之量。」御覽一百九十一引蔡邕月令章句云：「五庫者，一曰車庫，二曰兵庫。」淮南子時則訓云：「七月官庫。」高誘注：「庫，兵府也。」說文云：「庫，兵車藏也。」

〔三〕韓非子五蠹篇云：「境内皆言兵，藏孫、吴之書者家有之。」漢書藝文志兵家：「吴孫子兵法八十二篇，吴起四十八篇。」說文云：「聒，讙語也。」一切經音義廿引蒼頡篇云：「擾亂耳孔也。」

〔四〕韓非子五蠹篇云：「出兵則軍敗，退守則城拔。」

〔五〕孫子謀攻篇云：「知彼知己，百戰不殆。」始計篇云：「主孰有道？將孰有能？天地孰得？法令孰行？兵衆孰强？士卒孰練？賞罰孰明？吾以此知勝負矣。」商子戰法篇云：「兵起而程敵，政不若者勿與戰，食不若者勿與久，敵衆勿爲客，敵盡不如，擊之勿疑。故曰：兵大律在謹，論敵察衆，則勝負可先知也。」六韜兵徵篇：「太公曰：『勝負之徵，精神先見，明將察之。』」

〔六〕治要無「自」字。按晉語梁由靡論慶鄭云：「不聞命而擅進退，犯政也。」又云：「戰而自退，後不可用。」此「自退」之證。或云：「自」即「而」之駁文，讚學篇亦以「而」爲「自」。○鐸按：退而無畏，則爲擅退甚明，「自」字贅，故魏徵删之。

夫服重上阪〔一〕，出馳千里〔二〕，馬之禍也。然節馬〔三〕樂之者，以王良足爲盡力也〔四〕。先登陷陣，赴死嚴敵，民之禍也。然節士樂之者，以明君可爲效死也〔五〕。凡人所以肯赴死亡而不辭者〔六〕，非爲趨利，則因以避害也〔七〕。無賢鄙愚智皆然，顧其所利害有異爾。不利顯名，則利厚賞也〔八〕；不避恥辱〔九〕，則避禍亂也。非此〔一〇〕四者，雖聖王不能以要其臣，慈父不能以必其子〔一一〕。明主深知之，故崇利顯害以與下市〔一二〕，使親疏貴賤賢鄙愚智，皆必順我令乃得其欲〔一三〕，是以一旦軍鼓雷震，旌旗並發〔一四〕，士皆奮激，競於死敵者，豈其情厭久生，而樂害死哉〔一五〕？乃義士且以徼其名〔一六〕，貪夫且以求其賞爾〔一七〕。

〔一〕「阪」治要作「嶔」，誤。楚策：「汗明曰：『夫驥之齒至矣，服鹽車而上太行，中阪遷延，負轅不能上。』」漢書鼂錯傳云：「上下山阪，出入溪澗，中國之馬弗與也。」

〔二〕莊子秋水篇云：「騏驥驊騮，一日而馳千里。」「出馳」治要作「步驟」。按荀子哀公篇云：「步驟馳騁。」

〔三〕「節馬」治要作「騏驥」。王先生云：「『節馬』當是『良馬』，涉下『節士』而誤。」

〔四〕「以王良」治要作「以御者良」。按「王良」疑當作「良工」。呂氏春秋知士篇云：「今有千里之馬於此，非得良工，猶若弗取。良工之與馬也相得，則然後成。譬之若枹之與鼓。夫士亦有千里，高節死義，此士之千里也。能使士行千里者，其惟賢者也。」○鐸按：王良識馬，故馬樂爲盡力，猶明君愛士，故士樂爲效死。此義出楚策。論衡狀留篇本之云：「驥曾以引鹽車矣，垂頭汗落，行不能進。伯樂顧之，王良御之，空身輕馳，故有千里之名。」此言王良，猶楚策言伯樂，而論衡二人並舉也。治要「御者良」，衍「者」字，淮南子覽冥訓高注：「王良，晉大夫郵無恤子良也，所謂御良也。」是王良亦稱御良之證。新語術事亦云：「馬爲御者良。」

〔五〕史記貨殖傳云：「壯士在軍，攻城先登，陷陣卻敵，斬將搴旗，前蒙矢石，不避湯火之難者，爲重賞使也。」韓詩外傳十：「卞莊子曰：『節士不以辱生。』」楚策：「張儀曰：『法令既明，士卒安難樂死。』」

〔六〕「者」字舊脱，據治要補。

〔七〕管子明法解云：「人臣之行理奉命者，非以愛主也，且以就利而避害也。」

〔八〕「賞」當作「實」。史記魯仲連傳云：「此兩計者，顯名厚實也。」下文亦云「榮名厚實」。

〔九〕「恥」舊作「聖」，據程本改。

〔一〇〕「此」字舊脱，據治要補。

〔一一〕管子形勢解云：「民之所以守戰至死而不衰者，上之所以加施於民者厚也。故上施厚，則民之報上亦厚；上施薄，則民之報上亦薄。故薄施而厚責，君不能得之於臣，父不能得之於子。」

〔一二〕韓非子難一云：「臣盡死力以與君市，君垂爵禄以與臣市。君臣之際，非父子之親也，計數之所出也。」説苑復恩篇云：「君臣相與，以市道接。君懸禄以待之，臣竭力以報之。逮臣有不測之功，則主加之以重賞。如主有超異之恩，則臣必死以復之。」

〔一三〕商子賞刑篇云：「所謂壹賞者，利禄官爵，摶出於兵，無有異施也。夫故知愚貴賤勇怯賢不肖，皆知盡其胸臆之知，竭其股肱之力，出死而爲上用也。」

〔一四〕説苑指武篇：「子路曰：『鐘鼓之音，上聞於天，旌旗翩翻，下蟠於地，由且舉兵而擊之。』」呂氏春秋期賢篇云：「野人之用兵也，鼓聲則似雷。」

〔一五〕史記司馬相如傳喻巴蜀檄云：「人懷怒心，如報私讐，彼豈樂死惡生，非編列之民，而與巴蜀異主哉？」「害」治要作「空」。按作「空」是也。史記仲尼弟子列傳：「子羔謂子路曰：『出公去矣，而門已閉，子可還矣，毋空受其禍。』」漢書高帝紀：「項伯夜馳見張良，具告其實，欲與俱去，毋特俱死。」蘇林曰：「特，但也。」顔師古曰：「但，空也。空死而無成名。」

〔一六〕「徼」舊作「激」，據治要改。「徼」與下「求」字同義。説苑談叢篇云：「人激於名，不毁爲聲。」「激」言「於」，不言「其」。漢書揚雄傳云：「不修廉隅，以徼名當世。」顔師古注：

「徼，要也。字或作『激』，激，發也。」按「激」亦字誤，顏説非也。

〔一七〕淮南子兵略訓云：「夫人之所樂者，生也，而所憎者，死也。然而高城深池，矢石若雨，平原廣澤，白刃交接，而卒争先合者，彼非輕死而樂傷也，謂其賞信而罰明也。」

今吏從軍敗没死公事者，以十萬數，上不聞弔唁嗟歎之榮名，下又無禄賞之厚實〔一〕，節士無所勸慕，庸夫無所貪利〔二〕。此其所以人懷沮解〔三〕，不肯復死者〔四〕也。

〔一〕商子壹言篇云：「民之從事死制也，以上之設榮名，置賞罰之明也。」管子權修篇云：「將用民力者，則禄賞不可不重也。」

〔二〕韓非子六反篇云：「厚賞者，非獨賞功也，又勸一國。受賞者甘利，未賞者慕業，是報一人之功，而勸境内之衆也。欲治者何疑於厚賞？」

〔三〕「解」舊作「懈」，據治要改。鹽鐵論擊之篇云：「西域迫近胡寇，沮心内解，必爲巨患。」漢書趙充國傳云「欲沮解之」，顏師古注：「沮，壞也。欲壞其計，令解散之。」○鐸按：「沮解」即「沮懈」，倒之則爲「懈沮」，後漢書龐參傳永初元年上書曰：「蓄精鋭，乘懈沮。」是其例。治要作「阻解」，二字皆借。

〔四〕「者」字據治要補。○鐸按：「復」疑「赴」，上文「赴死嚴敵」，又「肯赴死亡」，皆其比也。

軍起以來，暴師五年〔一〕，典兵之吏，將以〔二〕千數，大小之戰，歲十百合〔三〕，而希有功。歷察其敗，無他故焉，皆將不明於〔四〕變勢，而士不勸於死敵也〔五〕。其士之不能死也〔六〕，乃其將不能效也，言賞則不與，言罰則不行〔七〕，士進有獨死之禍，退蒙衆生之福。此其〔八〕所以臨陣亡戰〔九〕，而競思奔北者也〔一〇〕。

〔一〕史記蒙恬傳云：「暴師於外十餘年。」

〔二〕「以」舊作「下」，據治要改。

〔三〕漢書高帝紀云：「旦日合戰。」蕭何傳云：「多者百餘戰，少者數十合。」

〔四〕「於」字據治要補。

〔五〕孫子地形篇云：「將不能料敵，以少合衆，以弱擊强，兵無選鋒，曰北。」六韜奇兵篇云：「將不明，則三軍大傾。」管子法法篇云：「民不勸勉，不行制，不死節，則戰不勝而守不固。」兵法篇云：「賞罰明，則勇士勸也。」

〔六〕○鐸按：「也」猶「者」，訓見經傳釋詞卷四。或曰：「其」猶「豈」，「也」同「邪」。

〔七〕「效」當作「故」。韓非子初見秦篇云：「白刃在前，斧鑕在後，而卻走不能死也，非其士民不能死也，上不能故也，言賞則不與，言罰則不行，賞罰不信，故士民不死也。」又難二云：「趙簡子圍衛之郛郭，鼓之而士不起。簡子投枹曰：『烏乎！吾之士數弊也。』行人燭過免胄而對曰：『臣聞之，亦有君之不能耳，士無弊者。』」

〔八〕「其」字據治要補。

〔九〕○鐸按：「亡」與「忘」同，治要正作「忘」。

〔一〇〕鄧析子無厚篇云：「御軍陣而奔北。」

孫子曰：「將者，智也，仁也，敬也，信也，勇也，嚴也〔一〕。」是故智以折敵〔二〕，仁以附衆〔三〕，敬以招賢，信以必賞，勇以益氣，嚴以一令。故折敵則能合變，衆附愛則思力戰，賢智集則英謀得〔四〕，賞罰必則士盡力，勇氣益則兵勢自倍，威令一則惟將所使。必有此六者，乃可折衝擒敵〔五〕，輔主安民。

〔一〕孫子始計篇云：「將者，智，信，仁，勇，嚴也。」魏武帝注：「將宜五德備。」此益以「敬」，蓋所見本異。

〔二〕「折」疑「料」之誤。史記白起傳論云：「料敵合變。」○鐸按：作「料」是也。孫子何延錫注：「非智不可以料敵應機。」蓋本此。

〔三〕史記司馬穰苴傳云：「文能附衆，武能威敵。」

〔四〕「英」程本作「陰」。按「英」疑「策」之誤。詩兔罝鄭箋云：「此兔罝之人，於行攻伐，可用爲策謀之臣，使之慮無，亦言賢也。」○鐸按：「陰謀」見史記陳丞相世家，「英」字蓋俗音訛。

〔五〕大戴禮王言篇云：「明王之守也，必折衝乎千里之外。」

前羌始反時〔一〕，將帥以定令之羣〔二〕，藉富厚之蓄〔三〕，據列城而氣〔四〕利勢，權十萬之衆〔五〕，將勇傑之士，以誅草創新叛散亂之弱虜〔六〕，擊自至之小寇，不能擒滅，輒爲所敗，令遂雲烝〔七〕起，合從連横〔八〕，掃滌并、涼〔九〕，内犯司隸，東寇趙、魏〔一〇〕，西鈔蜀、漢〔一一〕，五州殘破，六郡削迹〔一二〕。此非天之災，長吏過爾〔一三〕。

〔一〕先零羌滇零以永初元年爲寇，明年自稱天子。六年，滇零死，子零昌復襲僞號，至元初四年，爲任尚客刺死，隴右始平。詳後漢書安帝紀及西羌傳。

〔二〕管子霸形篇云：「朝定令於百吏。」王先生云：「『羣』字是『郡』字之誤。」○俞樾云：「『定令』當作『守令』。下文引『孫子曰：將者，民之司命，而國家安危之主也。是故諸有寇之郡，太守令長不可以不曉兵。』又曰：『是故選諸有兵之長吏，宜踔躒豪厚，越取幽奇，材明權變，任將帥者。』然則此篇所謂勸將，即指郡縣之守令而言，非命將出師之謂也。汪以管子說之，未得其旨。」○鐸按：俞說「定令」當作「守令」是也。而不駁王說，則亦以「羣」當爲「郡」，而訓「之」爲「往」。然羌反以前，諸郡已有守令，及永初元年，先零羌叛，遣車騎將軍鄧騭、征西校尉任尚等討之，明非此時始以將帥兼爲守令而往郡也。「守令之羣」，猶班固封燕然山銘「侯王君長之羣」，謂其人之衆也。「以守令之羣」者，「以」猶

「率領」。僖四年左傳「齊侯以諸侯之師侵蔡」，史記齊世家作「齊桓公率諸侯伐蔡」，是介詞「以」字表率領之證。「以守令之羣」，與「藉富厚之蓄」，兩文相對。如王説，則句法不一律矣。

〔三〕史記游俠傳序云：「藉於有土卿相之富厚。」

〔四〕當作「處」。

〔五〕下篇云「諸郡皆據列城而擁大衆」，或疑「權」爲「擁」之誤。按史記呂后紀：「灌嬰曰：『諸呂權兵關中。』」易林益之臨：「帶季、兒良，明知權兵。」權兵，言執兵柄。史記袁盎傳「絳侯爲太尉，主兵柄」，是其義矣。本書潛歎篇「權噬賢之狗」，義與此同。

〔六〕漢書終軍傳云：「萬事草創。」後漢書隗囂傳章懷注：「草創，謂始造也。」○鐸按：此「草創」與「散亂」連言，則非論語「裨諶草創」之義。此語本書凡三見：實邊篇云「草創新起」，邊議篇云「草創散亂」（舊誤作「草食」，説詳彼）。以聲求之，蓋猶「草蔡」也。説文：「丰，艸蔡也。象艸生之散亂也。」字亦作「草竊」。書微子：「好草竊姦宄」，俞氏羣經平議讀「竊」爲「蔡」是也。草創、草蔡、草竊並雙聲相轉，皆無組織、無紀律之謂。汪以「始造」説之，非其義矣。

〔七〕「烝」下脱一字。

〔八〕漢書刑法志云：「合從連衡，轉相攻伐。」顔師古注：「衡，横也。戰國時，齊、楚、韓、魏、燕、趙爲從，秦國爲横。」

〔九〕「涼」舊作「源」，據下篇改。後漢書隗囂傳討王莽檄云：「緣邊之郡，江海之瀕，滌地無類。」章懷注：「滌，蕩也。蕩地無遺類也。」

〔一〇〕續漢書郡國志，趙國魏郡屬冀州。

〔一一〕郡國志，蜀郡漢中屬益州。後漢書循吏王涣傳章懷注：「鈔，掠也。」一切經音義二引通俗文云：「遮取謂之抄掠。」「抄」與「鈔」同。

〔一二〕漢書趙充國傳云「六郡良家子」，服虔曰：「金城、隴西、天水、安定、北地、上郡是也。」按天水，後漢明帝永平十七年更名漢陽。郡國志，金城、隴西、漢陽、安定、北地屬涼州，上郡屬并州。

〔一三〕「非」舊作「亦」，據下文改。孫子地形篇云：「兵有走者，有弛者，有陷者，有崩者，有亂者，有北者。凡此六者，非天地之災，將之過也。」越絶書計倪内經：「計倪曰：『與人同時而戰，獨受天之殃，未必天之罪也，亦在其將。』」

孫子曰：「將者，民之司命，而國家安危之主也〔一〕。」是故諸有寇之郡，太守令長不可以不曉兵。今觀諸將〔二〕，既無斷敵合變之奇〔三〕，復無明賞必罰之信，然其士民又甚貧困，器械不簡習〔四〕，將恩不素結〔五〕，卒〔六〕然有急，則吏以暴發虐其士，士以所拙〔七〕遇敵巧。此爲將〔八〕吏驅怨以禦讎〔九〕，士卒縛手以待寇也〔一〇〕。

〔一〕孫子作戰篇文。舊脱「家」字，據孫子補。

〔二〕「將」謂郡守。漢書酷吏嚴延年傳顔師古注云：「謂郡守爲郡將者，以其兼領武事也。」

〔三〕「斷」治要作「料」。按史記白起傳論云：「白起料敵合變，出奇無窮。」料、斷義相近，古亦通用。史記韓信傳云：「大王自料，勇悍仁强，孰與項王？」新序善謀篇作「自斷」。又新序雜事一宋玉對楚王問：「豈能與之斷天地之高？」文選「斷」亦作「料」。〇鐸按：此當從治要作「料敵」，「斷」字俗書作「断」，故與「料」字相亂。

〔四〕吴語云：「申胥、華登，簡服吴國之士於甲兵。」韋昭注：「簡，習也。」

〔五〕史記淮陰侯傳云：「信非得素拊循士大夫也，此所謂驅市人而戰之。」

〔六〕「卒」，讀爲「猝」。

〔七〕「拙」治要作「屈」。〇鐸按：拙、巧對舉，作「屈」者借字。

〔八〕「將」字據治要補。

〔九〕漢書鼂錯傳云：「其與秦之行怨民，相去遠矣。」顔師古注：「言發怨恨之人，使行戍也。」

〔一〇〕淮南子説山訓云：「縛手走，不能疾。」

夫將不能勸其士，士不能用其兵，此二者與無兵等〔一〕。無士無兵，而欲合戰，其敗負也，理數也然〔二〕。故曰：其敗者，非天之所災，將之過也。

〔一〕六韜軍略篇云：「凡帥師將軍，慮不先設，器械不備，教不精信，士卒不習，若此不可以爲王者之兵也。」漢書鼂錯傳云：「士不選練，卒不服習，起居不精，動靜不集，趨利弗及，避難不畢，前擊後解，與金鼓之音相失，此不習勒卒之過也，百不當十。兵不完利，與空手同；甲不堅密，與袒裼同；弩不可以及遠，與短兵同；射不能中，與亡矢同；中不能入，與亡鏃同。此將不省兵之禍也，五不當一。故兵法曰：器械不利，以其卒予敵也；卒不可用，以其將予敵也；將不知兵，以其主予敵也；君不擇將，以其國予敵也。」

〔二〕舊作「治數也」，據治要改、補。管子兵法篇云：「治衆有數，勝敵有理。察數而知理。」○鐸按：「然」字當屬下讀。「然故」，「是故」也。說詳經傳釋詞卷七。

饒士處世〔一〕，但患無典爾〔二〕。故苟有土地，百姓可富也；苟有市列，商賈可來也；苟有士民，國家可彊也；苟有法令，姦邪可禁也〔三〕。夫國不可從外治，兵不可從中御〔四〕。郡縣長吏，幸得兼此數者之斷已，而〔五〕不能以稱明詔安民氓哉〔六〕，此亦陪克闒茸〔七〕，無里之爾〔八〕。

〔一〕「饒士」謂士之才德優饒者。

〔二〕「典」，司也。

〔三〕商子錯法篇云：「古之明君，錯法而民無邪，舉事而材自練，賞行而兵强。」又云：「苟有道里，地足容身，士民可致也；苟容市井，財貨可聚也。有土者不可以言貧，有民者不可以言弱。」漢書食貨志云「令弘羊令吏坐市列」，顔師古注：「市列謂市肆。」

〔四〕六韜立將篇云：「國不可從外治，軍不可從中御。」白虎通三軍篇云：「大夫將兵出，不從中御者，欲盛其威，使士卒一意繫心也。」○鐸按：語亦見淮南子兵略篇。

〔五〕「之」舊作「丈」，又重「而」字，據程本删、改。

〔六〕漢舊儀云：「御史大夫敕上計丞長史曰：『詔書數下，布告郡國。臣下承宣無狀，多不究，百姓不蒙恩被化。守丞長史到郡，與二千石同力，爲民興利除害，務有以安之，稱詔書。』」漢書鼂錯傳云：「甚不稱明詔求賢之意。」○鐸按：此「哉」字乃語已詞，非歎詞、疑詞。

〔七〕詩蕩云：「曾是掊克。」按敍録亦作「掊」。「闒茸」見賢難篇。○鐸按：漢人引蕩詩多作「倍克」，與毛詩定本同。陪、倍古字通。敍録「掊」字或後人據今詩改。

〔八〕「里」當作「俚」，「之」下脱一字。漢書季布欒布田叔傳贊云：「其畫無俚之至耳。」晉灼曰：「揚雄方言曰：『俚，聊也。』許慎曰：『賴也。』此爲其計畫無所聊賴。」

夫世有非常之人，然後定非常之事，必道〔一〕非常之失，然後見〔二〕。是故選諸有兵之長吏，宜踔躒豪厚，越取幽奇〔三〕，材明權變，任將帥者〔四〕。不可苟惟〔五〕基序，或阿親戚〔六〕，使〔七〕典兵官〔八〕。此所謂以其國與敵者也〔九〕。

〔一〕「道」疑「遇」。○鐸按：道，由也。字蓋不誤。

〔二〕「見」下脱四字。史記司馬相如傳云：「蓋世必有非常之人，然後有非常之事，有非常之事，然後有非常之功。」此文當同之。

〔三〕漢書孔光傳云：「竊見國家故事，尚書以久次轉遷，非有踔絶之能，不相踰越。」顏師古注：「踔，高遠也。」「踔躒」猶言「踔絶」。後漢書班彪後固傳西都賦云：「逴犖諸夏。」典引云：「卓犖乎方州。」文苑禰衡傳：「英才卓礫。」並與「踔躒」同。説苑談叢篇云：「德以純厚故能豪。」按「越取」謂不次擢用。漢書東方朔傳云：「武帝初即位，徵天下舉方正賢良文學材力之士，待以不次之位。」顏師古注：「不拘常次，言超擢之。」後漢書安帝紀永初二年詔云：「二千石長吏，明以詔書，博衍幽隱。朕將親覽，待以不次。」是其義也。

〔四〕後漢書南蠻傳「永和時，日南、象林徼外蠻夷攻圍日南」，李固議亦云：「宜更選有勇略仁惠任將帥者，以爲刺史太守。」

〔五〕「惟」疑「推」。○鐸按：惟、唯古字通。老子：「唯之與阿，相去幾何？」唯、阿並聽從之義，字本不誤。

〔六〕墨子兼愛下篇云：「勿有親戚弟兄之所阿。」漢書貢禹傳云：「不阿親戚。」

〔七〕舊作「便」。

〔八〕蓋謂鄧騭也。騭以車騎將軍討羌，戰敗，羌遂大盛，朝廷不能制，詔騭還師，以鄧太后故，拜騭爲大將軍。見後漢書西羌傳。

〔九〕注見上。

救邊〔一〕第二十二

聖王之政，普覆兼愛，不私近密，不忽踈遠〔二〕，吉凶禍福，與民共之〔三〕，哀樂之情，恕以及人〔四〕，視民如赤子〔五〕，救禍如引手爛〔六〕。是以四海歡悦，俱相得用。

〔一〕○鐸按：上篇論羌虜坐大，其故在將不知兵。此篇則譏士大夫惟圖苟安，欲棄邊委寇。蓋内外無人，國將不國，此節信所以獨排惑議，思救邊民於水火者也。

〔二〕鹽鐵論地廣篇云：「王者包含并覆，普愛無私，不爲近重施，不爲遠遺恩。」

〔三〕「共」意林作「同」。易繫辭上傳云：「吉凶與民同患。」

〔四〕漢書杜周傳杜欽對策云：「克己就義，恕以及人。」

〔五〕漢書路温舒傳云：「愛民如赤子。」按傳云：「文帝永思至德，以承天心，崇仁義，省刑罰，通關梁，一遠近，敬賢如大賓，愛民如赤子，内恕情之所安，而施之於海内。是以囹圄空虛，天下太平。」此節大恉本於彼。

〔六〕鹽鐵論刑德篇云：「有司治之，若救爛撲焦。」

往者羌虜背叛，始自涼、并，延及司隸，東禍趙、魏，西鈔蜀、漢，五州殘破，六郡削迹，周迴千里，野無孑遺〔一〕，寇鈔禍害，晝夜不止，百姓滅没，日月焦盡〔二〕。而内郡之士〔三〕不被殃者，咸云當且放縱〔四〕，以待天時〔五〕。用意若此，豈人心也哉〔六〕！

〔一〕詩雲漢云：「靡有孑遺。」

〔二〕淮南子兵略訓云：「勇敢輕敵，疾若滅没。」荀子議兵篇云：「若赴水火，入焉焦没耳。」説文云：「㸑，火所傷也。或省作雧。雧，火餘也。」「盡」與「㶳」同。詩桑柔「具禍以燼」，鄭箋云：「災餘曰燼。」釋文：「燼，本亦作『盡』。」

〔三〕漢書宣帝紀本始元年詔「内郡國舉文學高第」，韋昭曰：「中國爲内郡，緣邊有夷狄障塞者爲外郡。」

〔四〕後漢書烏桓傳班彪上言：「烏桓天性輕黠，好爲寇賊，若久放縱而無總領者，必復侵掠居人。」

〔五〕越語：「范蠡曰：『天時不作，弗爲人客。』」韋昭注：「謂天時利害災變之應。」漢書趙充國傳宣帝敕讓充國云：「今五星出東方，中國大利，蠻夷大敗。太白出高，用兵深入，敢戰者吉，弗敢戰者凶。將軍急裝，因天時，誅不義，萬下必全。」後漢書王昌傳云：「展轉中山，來往燕、趙，以須天時。」章懷注：「須，待也。」

〔六〕漢書宣帝紀地節四年詔曰：「何用心逆人道也？」

前羌始反，公卿師尹咸欲捐棄涼州，却保三輔〔一〕，朝廷不聽。後羌遂侵〔二〕，而論者多恨不從惑〔三〕議。余竊笑之，所謂媾亦悔，不媾亦有悔者爾〔四〕，未始識變之理。地〔五〕無邊，無邊亡國。是故失涼州，則三輔爲邊；三輔内入，則弘農爲邊；弘農内入，則洛陽爲邊。推此以相況，雖盡東海猶有邊也〔六〕。今不厲武以誅虜〔七〕，選材以全境〔八〕，而云邊不可守，欲先自割，示偄寇敵，不亦惑乎〔九〕！

〔一〕漢書百官公卿表云：「右扶風與左馮翊、京兆尹是爲三輔。」服虔曰：「皆治在長安中。」

〔二〕「侵」下有脱字。

〔三〕「惑」疑「或」。○鐸按：諸大臣之議甚悖，自知者觀之，則爲惑議，故竊笑之。「惑」字不誤。

〔四〕秦策云：「三國攻秦，秦王欲割河東而講。公子池曰：『講亦悔，不講亦悔。』」高誘注：

「講，成也。」講、媾古字通。

〔五〕「地」下脱「不可」二字。

〔六〕後漢書龐參傳云：「永初元年，涼州先零種羌反叛，遣車騎將軍鄧騭討之。參上書曰：『萬里運糧，遠就羌戎，不若總兵養衆，以待其疲。車騎將軍騭宜且振旅，留征西校尉任尚使督涼州士民，轉居三輔。』四年，羌寇轉盛，兵費日廣，參奏記於鄧騭曰：『參前數言宜棄西域，乃爲西州士大夫所笑，果破涼州，禍亂至今。善爲國者，務懷其内，不求外利；務富其民，不貪廣土。三輔山原曠遠，民庶稀疏，故縣丘城，可居者多。今宜徙邊郡不能自存者入居諸陵，田戍故縣，孤城絶郡，以權徙之。』」又虞詡傳云：「永初四年，羌胡反亂，殘破并、涼。大將軍鄧騭以軍役方費，事不相贍，欲棄涼州，議者咸同。詡聞之，乃説李修曰：『先帝開拓土宇，劬勞後定，而今憚小費，舉而棄之。涼州既棄，即以三輔爲塞；三輔爲塞，則園陵單外。此不可之甚者也。』」節信所言與詡合。參傳「西州士大夫」蓋即指節信諸人。

〔七〕逸周書謚保解云：「静兆厲武。」大武解云：「武厲以勇。」

〔八〕漢書王嘉傳云：「今之郡守重於古諸侯。往者致選賢材。」

〔九〕「示」字舊脱，孫侍御補。按説文：「偄，弱也。」趙策：「虞卿曰：『坐而割地，自弱以强秦。』又云：『割地以和，是不亦大示天下弱乎？』」史記廉頗藺相如傳亦云：「王不行，示趙弱且怯也。」

昔樂毅以慱慱之小燕〔一〕，破滅彊齊，威震天下，真可謂良將矣〔二〕。然即墨大夫以孤城獨守，六年不下，竟完其民。田單帥窮卒五千，擊走騎劫，復齊七十餘城，可謂善用兵矣〔三〕。圍聊、莒連年，終不能拔〔四〕。此皆以至彊攻至弱，以上智圖下愚〔五〕，而猶不能克者何也？曰：攻常不足，而守恆有餘也〔六〕。前日諸郡，皆據列城而擁大衆。羌虜之智，非乃樂毅、田單也；郡縣之阸，未若聊、莒、即墨也。然皆不肯專心堅守〔七〕，而反彊驅劫其民，捐棄倉庫，背城邑走〔八〕。由此觀之，非苦城乏糧也，但苦將不食爾。

〔一〕按齊策貂勃云：「安平君以惴惴之即墨，三里之城，五里之郭，敝卒七千，禽其司馬，而反千里之齊。」「慱慱」即「惴惴」之誤。莊子齊物論云「小恐惴惴」，是其義已。漢書賈捐之傳論珠厓云：「顓顓獨居一海之中。」「顓顓」與「惴惴」同。顏師古注：「『顓』與『專』同。『專專』猶『區區』，一曰圜貌。」其説非也。

〔二〕事見史記樂毅傳。

〔三〕事見史記田單傳。舊作「田單師窮，率五千騎，擊走卻」，據單傳改。傳云：「夷殺騎劫。」

自序云：「田單用即墨破走騎劫。」

〔四〕史記魯仲連傳云：「田單攻聊城，歲餘，士卒多死，而聊城不下。」此文「聊、莒」，當作「聊城」，莒未嘗降燕也。

〔五〕論語云：「唯上知與下愚不移。」

〔六〕漢書趙充國傳云：「臣聞兵法，攻不足者守有餘。」後漢書馮異傳云：「夫攻者不足，守者有餘。」章懷注：「孫子兵法之文。」按孫子軍形篇云：「守則不足，攻則有餘。」

〔七〕昭廿七年左傳云：「有堅守之心。」

〔八〕詳實邊篇注。

折衝安民，要在任賢，不在促境〔一〕。齊、魏却守，國不以安。子嬰自削，秦不以在。武皇帝攘夷枖境〔二〕，面數千里，東開樂浪〔三〕，西置燉煌〔四〕，南踰交趾〔五〕，北築朔方〔六〕，卒定南越〔七〕，誅斬大宛〔八〕，武軍所嚮〔九〕，無不夷滅〔一〇〕。今虜近發封畿之内〔一一〕，而不能擒，亦自痛〔一二〕爾，非有邊之過也。脣亡齒寒，體傷心痛〔一三〕，必然之事，又何疑焉〔一四〕？君子見機〔一五〕，況已著乎？

〔一〕後漢書西域傳，延光二年，敦煌太守張璫上書陳三策，其下計謂「宜棄交河城，收鄯善等悉入塞」。尚書陳忠上疏，以爲「蹙國減土，經有明誡。敦煌宜置校尉，按舊增四郡屯兵，以西撫諸國，庶足折衝萬里」。意與此同。

〔二〕「柝」舊從手作。按淮南子原道訓云：「廓四方，柝八極。」高誘注：「柝，開也。」古亦省作「斥」。漢書武五子傳燕王旦上書云：「孝武皇帝，威武洋溢，遠方執寶而朝，增郡數十，斥地且倍。」韋賢後玄成傳云：「孝武皇帝，斥地遠境，起十餘郡。」匈奴傳云：「孝武世出師征伐，斥奪此地，攘之於幕北。」顏師古注並云：「斥，開也。」地理志云：「武帝攘卻胡、越，開地斥境。」夏侯勝傳云：「孝武皇帝廓地斥境，立郡縣。」又云：「武帝有攘四夷廣土斥境之功。」「斥境」即「柝境」，字亦借「拓」。後漢書傅燮傳云：「世宗拓境，列置四郡。」文苑傳杜篤論都賦云：「孝武拓地萬里，威震八荒，肇置四郡，據守敦煌。」鮮卑傳蔡邕議云：「世宗神武，將帥良猛，財賦充實，所拓廣遠。」

〔三〕漢書武帝紀。在元封三年。○鐸按：程本訛「洛浪」。

〔四〕元鼎六年。

〔五〕即定南越也。「趾」紀作「阯」，地理志作「趾」。後漢書光武帝紀建武五年章懷注云：「『阯』與『趾』同，古字通。應劭漢官儀曰：『始開北方，遂交於南，爲子孫基阯也。』」

〔六〕元朔二年。

〔七〕元鼎六年。

〔八〕太初四年。

〔九〕宣十二年左傳：「潘党曰：『君盍築武軍？』」杜注：「築軍營以章武功。」後漢書隗囂傳討王莽檄云：「有不從命，武軍平之。」

〔一〇〕漢書武五子傳贊云：「師行三十年，兵所誅屠夷滅，死者不可勝數。」梅福傳云：「至於夷滅」，顏師古注：「夷，平也。謂平除之也。」

〔一一〕史記文帝紀後二年詔曰：「封畿之内，勤勞不處。」

〔一二〕「痛」疑「病」。○鐸按：涉下「痛」字而誤。

〔一三〕鹽鐵論誅秦篇云：「中國與邊境，猶支體與腹心也。夫肌膚寒於外，腹腸疾於内，内外之相勞，非相爲助也，脣亡則齒寒，支體傷而心憯怛。故無手足則支體廢，無邊境則内國害。」按「脣亡齒寒」本僖五年左傳。

〔一四〕燕策云：「在必然之物，以成所欲，王何疑焉？」

〔一五〕易繫辭下傳。「機」王弼本作「幾」。○鐸按：幾，微也。故下云「況已著乎？」作「機」者，借字。

乃者〔一〕，邊害震如雷霆，赫如日月〔二〕，而談者皆諱之，曰猋并竊盗〔三〕。淺淺善靖，俾君子怠〔四〕，欲令朝廷以寇爲小，而不蚤憂，害乃至此，尚不欲救。諺曰〔五〕：「痛不著身言忍之，錢不出家言與之。」假使公卿子弟有被羌禍，朝夕切急如邊民者，則競言當誅羌矣。

〔一〕漢書曹參傳顏師古注云：「『乃者』猶言『曩者』。」

〔二〕詩常武云：「震驚徐方，如雷如霆。」後漢書范升傳升奏記王邑云：「今天下之事，昭昭於日月，震震於雷霆。」

〔三〕「猋」舊作「㸚」。按說文云：「猋，犬走貌。從三犬。」「猋并竊盜」，猶史記叔孫通傳云「鼠竊狗盜」也。王先生云：「『猋并』當是『犬羊』之誤。漢書王莽傳嚴尤云：『饑寒，羣盜犬羊相聚也。』後漢紀安帝永初四年：『虞詡遷朝歌長。時朝歌多盜賊，馬稜憂之。』詡曰：『此賊犬羊相聚，以求温飽耳。明府無以爲憂。』」

〔四〕書秦誓云：「惟截截善諞言，俾君子易辭。」文十二年公羊傳作「惟諓諓善竫言」。漢書李尋傳云：「秦穆公說諓諓之言。」鹽鐵論國病篇亦云：「諓諓者賊也。」論誹篇又云：「疾小人淺淺面從。」按莊子在宥篇：「而佞人之心翦翦者」，釋文引李頤注云：「翦翦，淺短貌。」翦翦、淺淺並與「諓諓」同。「俾君子怠」亦見史記三王世家齊王策文。○鐸按：此所引與公羊傳合，皆用今文尚書。說見陳喬樅今文尚書經說考卷三十一。僞古文「怠」作「辭」者，「辭」字籀文作「辝」，從「台」，傳寫遂誤爲「辭」。說見王鳴盛尚書後案卷二十九。

〔五〕「諺」字舊脱，據御覽八百卅六補。

今苟以己無慘怛冤痛〔一〕，故端坐相仍〔二〕，又不明修守禦之備〔三〕，陶陶閒澹〔四〕，卧委天□〔五〕。羌獨往來〔六〕，深入多殺〔七〕，己乃陸陸〔八〕，相將詣闕，諧辭禮謝〔九〕，退云狀〔一〇〕，會坐朝堂〔一一〕，則無憂國哀民懇惻之誠〔一二〕，苟轉相顧望，莫肯違止〔一三〕，日晏時移，議無所定〔一四〕，已且須後〔一五〕。後得小安〔一六〕，則恬然棄忘。旬時之間，虜復爲害，軍書交馳，羽檄狎至〔一七〕，乃復怔忪如前〔一八〕。若此以來，出入九載，庶曰式臧，覆出爲惡〔一九〕，佪佪潰潰〔二〇〕，當何終極！春秋譏「鄭棄其師」〔二一〕，況棄人乎？一人吁嗟，王道爲虧〔二二〕，況百萬之衆，叫號哭泣〔二三〕，感天心乎？

〔一〕漢書元帝紀初元二年詔曰「慘怛於心」，顔師古注：「慘，痛也；怛，悼也。」

〔二〕鹽鐵論禁耕篇云：「端坐而民豪。」按「端坐」猶言「安坐」也。吴志虞翻傳孫策云：「端坐悒悒。」諸葛恪傳云：「端坐使老。」晉書東海王越傳云：「端坐京輦，以失據會。」

〔三〕舊脱「守」字，據邊議篇補。六韜王翼篇云：「修溝塹，治壁壘，以備守禦。」齊語云：「小國諸侯，有守禦之備。」史記秦本紀云：「鄭君謹修守禦備。」

〔四〕詩君子陽陽毛傳云：「陶陶，和樂貌。」

〔五〕空格程本作「聽」，疑非。○鐸按：程本「聽」蓋「職」訛。

〔六〕六韜兵道篇云：「凡兵之道，莫過乎一。一者，能獨往獨來。」

〔七〕史記吳王濞傳云：「擊反虜者，深入多殺爲功。」

〔八〕後漢書馬援傳云「今更共陸陸」，章懷注：「『陸陸』猶『碌碌』也。」按莊子漁父篇：「祿祿而受變於俗。」史記平原君傳：「公等録録。」漢書蕭何曹參傳贊「當時録録」，顏師古注：「『録録』猶『鹿鹿』。」説文云：「逯，行謹逯逯也。娽，隨從也。」陸陸、碌碌、祿祿、録録、鹿鹿、逯逯、娽娽並通。

〔九〕後漢書橋玄傳云：「詣闕謝罪。」

〔一〇〕「狀」上當脱「無」字。「無狀」注見斷訟篇。

〔一一〕周禮考工記匠人「外有九室」，鄭注：「如今朝堂，諸曹治事處。」疏云：「鄭據漢法，謂正朝之左右爲廬舍者也。」按後漢時，國家有大事，皆於朝堂會議。後漢書鄧騭傳云：「其有大議，皆詣朝堂，與公卿參謀。」袁安傳云：「『北虜既已和親，而南部復往抄掠，北單于謂漢欺之，謀欲犯邊，宜還其生口以安慰之。』詔百官議朝堂。」又云：「竇太后兄車騎將軍憲北擊匈奴，安與太尉宋由、司空任隗及九卿詣朝堂上書諫。」班超後勇傳：「曹宗請擊匈奴，鄧太后召勇詣朝堂會議。」應奉後劭傳：「中平二年，漢陽賊東侵三輔，皇甫嵩討之，請發烏桓三千人。北軍中候鄒靖上言：『烏桓衆弱，宜開募鮮卑。』事下四府。大將軍掾韓卓與劭相難反覆。於是詔百官大會朝堂。」陳球傳：「竇太后將葬。曹節等欲别葬太后，而以馮貴人配祔。詔公卿大會朝堂，令中常侍趙忠監議。」盧植傳：「董卓大會百官於朝堂，議欲廢立。」鮮卑傳：「熹平六年，鮮卑寇三邊，夏育請徵幽州諸郡兵出塞擊之。大臣多有不同，乃召百官議朝堂。」皆其事也。

〔一二〕漢書傳喜傳云：「忠誠憂國。」按漢時每以不憂國責大臣。成帝紀永始四年詔曰：「公卿列侯、親屬近臣，四方所則，未聞修身遵禮，同心憂國者也。」孔光傳策免光云：「今相朕出入三年，憂國之風復無聞焉。」朱博傳奏封事言：「丞相光志在自守，不能憂國。」蓋詔奏之文相沿如此。

〔一三〕「顧望」注見述赦篇。「止」當作「正」。後漢書郅惲子壽傳云：「違衆正議，以安宗廟。」皇甫規傳云：「互相瞻顧，莫肯正言。」皆此意。獨斷云：「其有疑事，公卿百官會議。若臺閣有所正處，而獨執異意者，曰駁議。駁議曰：某官某甲議以爲如是，下言臣愚戇，議異。」「違正」即「駁議」也。

〔一四〕漢書龔勝傳云：「日暮，議者罷。」

〔一五〕禮記學記云「雖舍之可也」，鄭注：「舍之，須後。」漢書食貨志「詔書且須後」，後漢書循吏衛颯傳「須後詔書」，顔師古、章懷注並云：「須，待也。」

〔一六〕詩民勞云：「汔可小安。」

〔一七〕漢書息夫躬傳云：「軍書交馳而輻湊，羽檄重迹而押至。」文穎曰：「押，音『狎習』之『狎』。」文選陸倕石闕銘李善注引作「狎」。襄廿七年左傳云「晉、楚狎主諸侯之盟」，杜注：「狎，更也。」

〔一八〕方言云：「征伀，遑遽也。江、浙之間，凡窘猝怖遽謂之征伀。」「怔忪」與「征伀」同。玉篇云：「怔忪，懼貌。」○鐸按：漢人讀「伀」如「章」，征伀，雙聲。

〔一九〕詩雨無正。

〔二〇〕爾雅釋訓云：「儚儚、洄洄，惛也。」釋文：「『洄洄』本作『⿰衤廻⿰衤廻』。」按玉篇作「佪佪」，與此合。說文衣部又引「⿰衤廻⿰衤廻⿰衤貴⿰衤貴」。說文無「⿰衤貴」字，當依此作「潰」。今爾雅無「潰潰」，蓋脫佚也。○鐸按：說文引「⿰衤廻⿰衤廻⿰衤貴⿰衤貴」，即爾雅「委委佗佗」之異文。說見馬瑞辰毛詩傳箋通釋卷三。

〔二一〕閔二年。

〔二二〕後漢書魯恭傳云：「一夫吁嗟，王道爲虧。」鮑永後昱傳云：「一人呼嗟，王政爲虧。」蓋當時成語也。小爾雅廣訓云：「吁嗟，嗚呼也。有所歎美，有所傷痛，隨事有義也。」此即傷痛之義矣。

〔二三〕「叫」舊脫，據實邊篇補。詩北山云：「或不知叫號。」

且夫國以民爲基，貴以賤爲本〔一〕。是以聖王養民，愛之如子〔二〕，憂之如家〔三〕，危者安之，亡者存之〔四〕，救其災患，除其禍亂〔五〕。是故鬼方之伐〔六〕，非好武也〔七〕；玁狁於攘〔八〕，非貪土也〔九〕，以振民育德〔一〇〕，安疆宇也〔一一〕。古者，天子守在四夷〔一二〕，自彼氐、羌，莫不來享〔一三〕，普天思服，行葦賴德〔一四〕。況近我民蒙禍若此，可無救乎？

〔一〕淮南子泰族訓云：「國主之有民也，猶城之有基。」老子云：「貴以賤爲本，高以下爲基。」新書大政上篇云：「聞之於政也，民無不以爲本也，國以爲本，君以爲本，吏以爲本。故國以民爲安危，君以民爲威侮，吏以民爲貴賤，此之謂民無不爲本也。」

〔二〕襄十四年左傳：「師曠曰：『養民如子。』」新序雜事一「養」作「愛」。說苑政理篇：「太公曰：『善爲國者，遇民如父母之愛子。』」

〔三〕漢書翟方進傳云：「憂國如家。」

〔四〕趙策：「張孟談曰：『亡不能存，危不能安，則無爲貴知士也。』」

〔五〕襄十一年左傳云：「救災患，恤禍亂。」廿八年傳云：「救其菑患。」

〔六〕易既濟九三：「高宗伐鬼方。」

〔七〕周語：「祭公謀父曰：『是先王非務武也。』」

〔八〕詩出車：「攘」作「襄」。釋文：「『襄』本或作『攘』。」後漢書蔡邕傳釋誨云：「玁狁攘而吉甫宴。」邕集難夏育擊鮮卑云：「周宣王命南仲、吉甫攘玁狁，威荊蠻。」○鐸按：漢書敍傳：「於惟帝典，戎夷猾夏，周宣攘之，亦列風雅。」作「攘」與此同，皆用三家詩。

〔九〕淮南子兵略訓云：「古之用兵者，非利土壤之廣，而貪金玉之略，將以存亡繼絶，平天下之亂，而除萬民之害也。」

〔一〇〕易蠱象詞。

〔一一〕後漢書馮衍傳云：「安其疆宇。」

〔一二〕昭廿三年左傳沈尹戌語。

〔一三〕詩殷武。

〔一四〕詩北山云：「普天之下。」文王有聲云：「無思不服。」「行葦」義見下篇。

凡民之所以奉事上者，懷義恩也。痛則無恥，禍則不仁〔一〕。忿戾怨懟，生於無恥。今羌叛久矣！傷害多矣！百姓急矣！憂禍深矣！上下相從，未見休時。不一命大將以掃醜虜〔二〕，而州稍稍興役〔三〕，連連不已〔四〕。若排簾障風，探沙擁河〔五〕，無所能禦，徒自盡爾〔六〕。今數州屯兵十餘萬人〔七〕，皆廩食縣官〔八〕，歲數百萬斛，又有月直〔九〕。但此人耗，不可勝供〔一〇〕，而反憚暫出之費，甚非計也。

〔一〕「禍」舊作「福」，據程本改。

〔二〕詩常武云："仍執醜虜。"漢書䵍布傳云"埽淮南之衆"，顔師古注："埽者，謂盡舉之，如埽地之爲。""掃"與"埽"同。

〔三〕意林"州"下有"縣"字。按本書皆以"州郡"連言，此亦當作"州郡"。漢書西南夷傳云："州郡擊之不能服。"

〔四〕詩皇矣云："執訊連連。"漢書東方朔傳云："綿綿連連，殆哉！世之不絶也。"

〔五〕"簾"舊作"棧"，"攡"舊作"灌"，並據意林改。御覽九"簾"作"翣"。"翣"與"箑"通，扇也。八百五十四"簾"又作"糠"，"探"作"陶"。按"陶"當作"掏"，一切經音義七引通俗文云："掐出曰掏。"探、掏義同。

〔六〕意林作"無益於事，徒自弊耳"。

〔七〕哀元年左傳云："夫屯晝夜九日。"杜注："『夫』猶『兵』也。"疏云："屯是戍守之名，故詩序云：『屯戍於母家。』""十"舊作"才"，據程本改。後漢書西羌傳虞詡説任尚云："三州屯兵二十餘萬人，棄農桑，疲苦徭役，而未有功效，勞費日滋。"

〔八〕急就篇云"稟食縣官帶金銀"，顔師古注："稟食縣官，官給其食也。"漢書地理志顔注："稟，給也。""廩"與"稟"同。後漢書南蠻傳李固云"計人稟五升"，章懷注："古升小，故人日五升也。"

〔九〕後漢書陳寵後忠傳注引謝承書云："施延到吴郡海鹽，取卒月直，賃作半路亭父，以養其母。」

〔一〇〕「耗」猶「費」也。漢書西南夷傳都尉萬年曰：「兵久不決，費不可共。」顔師古注：「共，讀曰『供』。」

且〔一〕夫危者易傾，疑者易化。今虜新擅邊地，未敢自安，易震蕩也〔二〕。百姓新離舊壤〔三〕，思慕未衰〔四〕，易奬厲也〔五〕。誠宜因此遣大將誅討，迫脅離逖破壞之〔六〕。如寬假日月〔七〕，蓄積富貴，各懷安固之後，則難動矣。周書曰：「凡彼聖人必趨時〔八〕。」是故戰守之策，不可不早定也〔九〕。

〔一〕「且」舊作「是」。○鐸按：且、是草書形近，故多相亂。秦策：「且王攻楚之日，則惡出兵？」史記春申君傳同，姚本「且」作「是」，史記鄭世家：「齊彊，而厲公居櫟，即不往，且率諸侯伐我納厲公。」今本「且」作「是」，誤並與此同。或謂「是」猶「且」，非也。

〔二〕襄廿六年左傳：「析公曰：『楚師輕窕，易震蕩也。』」

〔三〕「壤」舊作「懷」。

〔四〕漢書元帝紀永光四年詔曰：「頃者，徙郡國民以奉園陵，令百姓遠棄先祖墳墓，破業失產，親戚别離，人懷思慕之心，家有不安之意。」

〔五〕「奬」舊作「將」。按説文云：「㢡，嗾犬厲之也。」經典多作「奬」。漢書哀帝紀云：「奬厲太子。」逸周書和寤解云「王乃厲翼於尹氏八士」，孔晁注：「厲，奬厲也。」

〔六〕書多方云：「離逖爾土。」漢書趙充國傳云：「虜破壞，可日月冀。」

〔七〕史記封禪書：「公孫卿曰：『非少寬假，神不來。』」

〔八〕周祝解。「凡」作「觀」，「趨」作「趣」。○鐸按：周書云：「凡彼濟者必不怠，觀彼聖人必趣時。」此作「凡彼聖人」者，因上句而誤記耳。趨、趣古字通。

〔九〕漢書高帝紀：「韓信曰：『吏卒皆山東之人，日夜企而望歸，及其鋒而用之，可以有大功。天下已定，民皆自寧，不可復用。不如決策東向。』」此文意與彼同。

邊議〔一〕第二十三

明於禍福之實者，不可以虛論惑也；察於治亂之情者，不可以華飾移也〔二〕。是故不疑之事，聖人不謀〔三〕；浮游之説，聖人不聽〔四〕。何者？計不背見實而更争言也〔五〕。是以明君先盡人情，不獨委夫良將，修己之備，無恃於人〔六〕，故能攻必勝敵，而守必自全也。

〔一〕○鐸按：上篇駁公卿大夫之非議，此則進而責主上之惑邪説矣，故别爲篇。

〔二〕韓非子姦劫弒臣篇云：「聖人者，審於是非之實，察於治亂之情也。」

〔三〕韓非子內儲說上：「惠子曰：『凡謀者，疑也。疑也者，誠疑以爲可者半，以爲不可者半。』」

〔四〕禮記緇衣云「大人不倡游言」，鄭注：「『游』猶『浮』也，不可用之言也。」漢書韓安國傳云：「訹邪臣浮說。」史記蘇秦傳云：「明主絕疑去讒，屏流言之迹。」

〔五〕詩小旻云：「維邇言是爭。」漢書灌夫傳：「韓安國云：『譬如賈豎女子爭言，何其無大體也！』」

〔六〕孫子九變篇云：「用兵之法，無恃其不來，恃吾有以待也；無恃其不攻，恃吾有所不可攻也。」

羌始反時，計謀未善，黨與未成，人衆未合，兵器未備，或持竹木枝，或空手相附〔一〕，草食散亂〔二〕，未有都督〔三〕，甚易破也。然太守令長，皆奴怯畏偄不敢擊〔四〕。故令虜遂乘勝上彊〔五〕，破州滅郡，日長炎炎〔六〕，殘破三輔，覃及鬼方〔七〕。若此已積十歲矣。百姓被害，迄今不止。而癡兒騃子〔八〕，尚云不當救助，且待天時。用意若此，豈人也哉！

〔一〕王先生云：「『附』疑『搏』。」○鐸按：「附」疑當作「拊」。

〔二〕「草食」疑當爲「草舍」。後漢書馮異傳云：「王郎起，光武自薊東南馳，晨夜草舍。」○俞樾云：「汪説非也。『草食』當爲『草創』。『創』字缺其半，因誤爲『食』耳。實邊篇云：『前羌始叛，草創新起。』是其明證。」○鐸按：俞説至確。古書倉、食二字多相亂。墨子七患篇：「故倉無備粟，不可以待凶饑。」今本「倉」訛作「食」，商君書去强篇：「竟内食口之數。」今本「食」訛作「倉」，皆其例。又「草創」已見勸將篇，義詳彼注。

〔三〕漢書敍傳敍西域傳云：「昭、宣承業，都護是立，總督城郭，三十有六。」「都督」即謂都護總督也。魏志夏侯惇傳云：「使惇都督二十六軍，留居巢。」其後遂以名官。

〔四〕奴，讀爲「駑」。漢書蘇建後武傳：「李陵曰：『陵雖駑怯。』」亦見霍光諸葛豐傳。武帝紀：「天漢三年，匈奴入雁門，太守坐畏愞棄市。」閩粵王傳云：「東粵王餘善發兵距漢，漢使大司農張成、故山州侯齒將屯，不敢擊，卻就便處，皆坐畏懦誅。」畏偄、畏愞、畏懦義並同。「擊」上當有「討」字，見下篇。後漢書西羌傳云：「時羌歸附既久，無復器甲，或持竹竿木枝以代戈矛，或負板案以爲楯，或執銅鏡以象兵。郡縣畏懦不能制。」本此及實邊篇。

〔五〕史記高祖紀云：「秦兵强，常乘勝逐北。」「上」疑「自」之誤。黥布傳云：「楚王恃戰勝自彊。」○鐸按：「上」謂虜勢騰上，字蓋不誤。

〔六〕吳語：「申胥曰：『日長炎炎。』」韋昭注：「炎炎，進貌。」

〔七〕詩蕩。

〔八〕說文云：「癡，不慧也。譺，騃也。儗，騃也。佁，癡貌，讀若騃。」癡、譺、儗、佁、騃同字。方言云：「癡，騃也。」周禮司刺「三赦曰惷愚」，鄭注：「惷愚，生而癡騃童昏者。」漢書息夫躬傳云：「左將軍公孫祿、司隸鮑宣，皆外有直項之名，內實騃不曉政事。」後漢書獨行傳：「戴就曰：『薛安庸騃。』」

夫仁者恕己以及人〔一〕，智者講功而處事〔二〕。今公卿內不傷士民滅没之痛，外不慮久兵之禍〔三〕，各懷一切〔四〕，所脱避前〔五〕，苟云不當動兵，而不復知引帝王之綱維〔六〕，原禍變之所終也。

〔一〕說文云：「恕，仁也。」管子版法解云：「取人以己者，度恕而行也。度恕者，度之於己也。己之所不安，勿施於人。」楚辭離騷云：「羌內恕己以量人兮。」漢書鼂錯傳云：「取人以己，內恕及人。」杜周傳杜欽對策云：「克己就義，恕以及人。」

〔二〕魯語云：「夫仁者講功，而智者處物。」周語云「言智必及事」，韋昭注：「能處事物爲智。」文十八年左傳云：「德以處事，事以度功。」禮記文王世子鄭注：「『物』猶『事』也。」

〔三〕孫子作戰篇云：「夫兵久而國利者，未之有也。」

〔四〕後漢紀和帝永元十三年班超上書曰：「公卿大夫，咸懷一切，而莫肯遠慮。」後漢書左雄傳云：「各懷一切，莫慮長久。」按漢書平帝紀元始元年顏師古注：「一切者，權時之事，非經常也。猶如以刀切物，苟取整齊，不顧長短縱横，故言一切。」

〔五〕句有誤字。續漢書五行志劉昭注載延光四年馬融上書云：「臣恐受任典牧者，苟脱目前，皆粗圖身一時之權，不顧爲國百世之利。」「所脱避前」，意當與「苟脱目前」同。漢紀成帝永始元年王仁上疏云：「萬乘之主，當持久長，非一切畢決目前者。」

〔六〕管子禁藏篇云：「法令爲維綱。」

易制禦寇〔一〕，詩美薄伐〔二〕，自古有戰，非乃今也〔三〕。傳曰：「天生五材，民並用之，廢一不可，誰能去兵？兵所以威不軌而昭文德也，聖人所以興，亂人所以廢〔四〕。」齊桓、晉文、宋襄，衰世諸侯，猶恥天下有相滅而己不能救〔五〕，況皇天所命四海主乎？晉、楚大夫，小國之臣，猶恥己之身而有相侵〔六〕，況天子三公典世任者乎？公劉仁德，廣被行葦〔七〕，況含血之人，己同類乎〔八〕？一人吁嗟，王道爲虧，況滅没之民百萬乎？書曰：「天子作民父母〔九〕。」父母〔一〇〕之於子也，豈可坐觀其爲寇賊之所屠剥〔一一〕，立視其爲狗豕之所啖食乎〔一二〕？

〔一〕易蒙上九：「利禦寇。」盧學士云：「『制』疑『利』。」

〔二〕漢書韋賢傳劉歆議曰：「臣聞周室既衰，四夷並侵，獫狁最彊，于今匈奴是也。至宣王而伐之，詩人美而頌之曰：『薄伐獫狁，至于太原。』」顏師古注：「小雅六月之詩也。」

〔三〕詩載芟云：「匪今斯今，振古如茲。」趙策蘇秦説趙王曰：「大王乃今然後得與士民相親。」

〔四〕襄廿七年左傳。

〔五〕公羊傳云：「天下諸侯有相滅亡者，桓公不能救，則桓公恥之。」○鐸按：僖二年、十四年。

〔六〕成十六年左傳：「欒武子曰：『不可以當吾世而失諸侯。』」○鐸按：武子，晉大夫欒書也。

〔七〕孫侍御云：「漢儒相承以行葦爲公劉之詩，蓋本三家舊説也。吴越春秋：『公劉慈仁，行不履生草，運車以避葭葦。』列女傳晉弓工妻曰：『君聞昔者公劉之行乎？羊牛踐葭葦，惻然爲民痛之。』後漢書寇榮傳：『公劉敦行葦，世稱其仁。』蜀志彭羕傳：『體公劉之德，行勿翦之惠。』班彪北征賦：『慕公劉之遺德，及行葦之不傷。』並與此同。」○鐸按：德化篇亦云：「公劉厚德，恩及草木。羊牛六畜，且猶感德。」與此篇所説並魯詩義，而齊、韓詩義同。説見陳喬樅魯詩遺説考十六。

〔八〕史記律書云：「自含血戴角之獸，見犯則校，而況於人？」孟子云：「聖人與我同類者。」

〔九〕洪範。

〔一〇〕「父母」二字舊脱，據程本補。○鐸按：「父母」二字以兩句相連而誤脱。列子仲尼篇云：「孤犢未嘗有母，非孤犢也。」「非」上脱「有母」二字，例與此同。參俞樾古書疑義舉例六。

〔一一〕漢書王莽傳云：「翟義黨王孫慶捕得，莽使太醫、尚方與巧屠共刳剥之。」○鐸按：「屠剥」猶言「屠殺」耳。莽傳下文云：「量度五臟，以竹筳導其脈，知所終始，云可以治病。」則是以罪犯作人體解剖，不當引以説此。

〔一二〕孟子云：「抑亦立而視其死與？」漢書貢禹傳云：「今民大飢而死，死又不葬，爲犬豬所食。」

除其仁恩〔一〕，且以計利言之〔二〕。國以民爲基，貴以賤爲本。願察開闢以來〔三〕，民危而國安者誰也？下貧而上富者誰也〔四〕？故曰：「夫君國將民之以，民實瘠，而君安得肥〔五〕？」夫以小民受天永命〔六〕，竊願聖主深惟國基之傷病〔七〕，遠慮禍福之所生〔八〕。

〔一〕莊子天下篇云：「以仁爲恩。」淮南子繆稱訓云：「仁者，積恩之見證也。」漢書丙吉傳云：「誠其仁恩内結於心也。」

〔二〕商子算地篇云：「民生則計利。」孟子云：「枉尺而直尋者，以利言也。」

〔三〕御覽一引尚書中侯云：「天地開闢。」

〔四〕「下」、「上」舊互置。按管子山至數篇云：「民富君無與貧，民貧君無與富。」荀子富國篇云：「下貧則上貧，下富則上富。」

〔五〕楚語云：「夫君國者，將民之與處。民實瘠矣，君安得肥？」詩江有汜鄭箋云：「『以』猶『與』也。」○鐸按：下文「是以晏子輕困倉之蓄」，亦以「以」爲「與」。又治要引楚語上亦無「矣」字，與此同。

〔六〕書召誥。○鐸按：此經巫列篇亦引。說詳彼。

〔七〕方言云：「惟，凡思也。」

〔八〕管子君臣下篇云：「審知禍福之所生。」

且夫物有盛衰，時有推移，事有激會，人有變〔一〕化〔二〕。智者揆象，不其宜乎！孟明補闕於河西〔三〕，范蠡收責於姑胥〔四〕，是以大功建於當世，而令名傳於無窮也〔五〕。

〔一〕舊作「愛」。

〔二〕史記蔡澤傳云：「物盛則衰，天地之常數也。進退盈縮，與時變化，聖人之常道也。」平準書贊云：「事勢之流，相激使然。」「推移」注見斷訟篇。

〔三〕文三年左傳。○鐸按：魯僖公三十三年四月，秦、晉殽之戰，晉虜孟明。後放歸，秦穆公不替孟明。及文三年五月，秦伐晉，渡茅津，封殽尸而還，遂霸西戎，用孟明也。故曰「孟明補闕於河西」。

〔四〕「姑」舊作「故」。姑胥即姑蘇也。後漢紀光武紀二方望謝隗囂書云：「范蠡收績於姑蘇。」後漢書隗囂傳作「范蠡收責勾踐」。章懷注：「收責，謂收其罪責也。」按「收責」讀如齊策「收責於薛」，言破吳以償會稽之敗，如歸責然也。後漢紀作「績」，蓋袁氏所改。

〔五〕秦策：「蘇秦曰：『寬則兩軍相攻，迫則杖戟相撞，然後可建大功。』」史記司馬相如傳喻巴蜀檄云：「名聲施於無窮，功烈著而不滅。」

今邊陲搔擾〔一〕，日放族禍〔二〕，百姓晝夜望朝廷救己〔三〕，而公卿以爲費煩不可。徒竊笑之〔四〕，是以〔五〕晏子「輕囷倉之蓄而惜一杯之鑽」何異〔六〕？今但知愛見薄之錢穀〔七〕，而不知末見之待民先也；知傜役之難動〔八〕，而不知中國之待邊寧也〔九〕。

〔一〕成十三年左傳云：「虔劉我邊垂。」垂、陲古字通。説文云：「騷，擾也。」「搔」與「騷」同。漢書敍傳云：「外内搔擾。」

〔二〕後漢書竇融傳云：「隗囂自知失河西之助，族禍將及。」寒朗傳云：「舊制，大罪禍及九族。」「放」疑當作「被」，實邊篇云「百姓暴被殃禍」，即其證。○鐸按：下篇云「或覆宗滅族」，即此所謂「族禍」。

〔三〕襄十六年左傳：「穆叔曰：『敝邑之急，朝不及夕，引領西望，曰庶幾乎！』」杜注：「庶幾晉來救。」漢書韓信傳：「漢王大怒，駡曰：『吾困於此，旦暮望而來佐我！』」

〔四〕後漢書西羌傳虞詡云：「公卿選懦，容頭過身，張解設難，但計所費，不圖其安。」意與此同。○鐸按：上篇「而論者多恨不從惑議。余竊笑之，所謂媾亦悔」云云，乃節信笑諸論者也。此亦當同。

〔五〕「以」猶「與」也。○鐸按：例見上文。

〔六〕今晏子無此文。○鐸按：蓋他書載晏子有此語，非必見晏子春秋。「饡」疑當作「饋」。說文：「饡，以羹澆飯也。」作「饡」則與「囷倉之蓄」不類矣。

〔七〕續漢書百官志云：「大司農掌諸錢穀金帛諸貨幣。郡國四時上月旦見錢穀簿，其逋未畢，各具別之。邊郡諸官請調度者，皆爲報給，損多益寡，取相給足。」○鐸按：「薄」即「簿」字，漢隸草、竹字頭不分。

〔八〕漢書高帝紀云「常繇咸陽」，應劭曰：「繇者，役也。」顔師古注：「繇，讀曰『傜』。」說文云：「役，戍邊也。」傜、繇，役、伇，並通。○鐸按：說文：「伇，古文從人。」「傜役」亦見下篇。

〔九〕鹽鐵論地廣篇云：「散中國肥饒之餘，以調邊境。邊境强則中國安。」急就篇云：「邊境無事，中國安寧。」後漢書龐參傳：「永初元年，涼州先零種羌反叛，遣車騎將軍鄧騭討之。」參上書有云：「方今西州流民擾動，而徵發不絕，重之以大軍，疲之以遠戍，農功消於轉運，資財竭於徵發。宜且振旅，督涼州士民轉居三輔，休徭役以助其時，止煩賦以益其財。」節信所云，正謂參等。

詩痛「或不知叫號，或慘慘劬勞〔一〕」。今公卿苟以己不被傷，故競割國家之地以與敵，殺主上之民以餧羌。爲謀若此，未可謂知，爲臣若此，未可謂忠〔二〕，才智未足使議〔三〕。

〔一〕北山。○鐸按：鄒漢勳讀書偶識三云：「如潛夫此言，則北山亦主於邊患。此北山對東國、南國，殆幽、并之北山也。」又「慘慘」程本作「慘以」，蓋三家詩異文。

〔二〕史記蘇秦傳秦説魏襄王云：「凡羣臣之言事秦者，皆姦人，非忠臣也。夫爲人臣，割其主之地以求外交，偷取一時之功，而不顧其後，願大王孰察之。」此文大旨本於彼。

〔三〕藝文類聚四十八引桓子新論云：「堯試舜於大麓者，録天下事，如今之尚書官矣。宜得大賢智，乃處議持平焉。」

且凡四海之内者，聖人之所以遺子孫也；官位職事者，羣臣之所以寄其身也。

傳子孫者，思安萬世〔一〕；寄其身者，各取一闋〔二〕。故常其言不久行，其業不可久厭〔三〕。夫此誠明君之所微察也，而聖主之所獨斷〔四〕。今言不欲動民以煩可也。即然〔五〕，當修守禦之備。必今之計，令虜不敢來，來無所得〔六〕；令民不患寇，既無所失。今則不然，苟憚民力之煩勞，而輕使受滅亡之大禍。非人之主，非民之將，非主之佐，非勝之主者也〔七〕。

〔一〕新書過秦上篇云：「子孫帝王萬世之業也。」漢書佞幸董賢傳：「王閎云：『陛下承宗廟，當傳子孫於無窮。』」

〔二〕闋，讀爲「缺」。「一缺」猶今言「一任」矣。

〔三〕「久行」上有脱字。方言云：「厭，安也。」漢書匈奴傳贊云：「規事建議，不圖萬世之固，而媮恃一時之事者，未可以經遠也。」〇鐸按：疑當作「故其言常不久行」，無脱字。

〔四〕管子明法解云：「明主者，兼聽獨斷。」霸言篇云：「獨斷者，微密之營壘也。」

〔五〕〇鐸按：「即」猶「若」也。説詳經傳釋詞卷八。

〔六〕「來」字舊不重。按後漢書陳俊傳云：「光武遣俊將輕騎馳出賊前，視人保壁堅完者，勑令固守，放散在野者，因掠取之。賊至無所得，遂散敗。」即此意也。漢書鼂錯傳云：「來而不能困，使得氣去，後未易服也。」

〔七〕孫子用閒篇文。「民」作「人」，無「非人之主」句。

且夫議者，明之所見也；辭者，心之所表也〔一〕。維其有之，是以似之〔二〕。諺曰：「何以服很？莫若聽之〔三〕。」今諸言邊可不救而安者，宜誠〔四〕以其身若子弟補邊太守令長丞尉，然後是非之情乃定，救邊乃無患。邊無患，中國乃得安寧。

〔一〕呂氏春秋離謂篇云：「辭者，意之表也。」

〔二〕詩裳裳者華。○鐸按：新序雜事一云「唯善故能舉其類」，下引此詩證之。劉向習魯詩，此蓋亦用魯義也。

〔三〕說文云：「很，不聽從也。」禮記曲禮云「很毋求勝」，鄭注：「很，鬩也。謂爭訟也。」

〔四〕「誠」疑「試」。○鐸按：「誠」字當在「宜」上，傳寫誤倒耳。下篇云：「今誠宜權時令邊郡舉孝一人，廉吏世舉一人。」是其語例。箋非。

實邊〔一〕第二十四

夫制國者，必照察遠近之情僞〔二〕，預禍福之所從來〔三〕，乃能盡羣臣之筋力〔四〕，而保興其邦家〔五〕。

〔一〕○鐸按：驅民内遷，前二篇已斥其謬矣。非但不可遷也，更當勸民往實之。此篇闡發實邊之要義。

〔二〕僖廿八年左傳云：「民之情僞，盡知之矣。」

〔三〕「預」下脱一字。説苑權謀篇云：「知命者預見存亡禍福之原。」吕氏春秋召類篇云：「禍福之所自來，衆人以爲命焉，不知其所由。」

〔四〕莊子徐无鬼篇云：「筋力之士矜難。」

〔五〕詩瞻彼洛矣云：「保其家邦。」

前羌始叛，草創新起，器械未備，虜或持銅鏡以象兵，或負板案以類楯，惶懼擾攘，未能相持。一城易制爾〔一〕，郡縣皆大熾〔二〕。及百姓暴被殃禍，亡失財貨，人哀奮怒，各欲報讎〔三〕，而將帥皆怯劣軟弱，不敢討擊，但坐調文書，以欺朝廷〔四〕。實殺民百則言一，殺虜一則言百；或虜實多而謂之少，或實少而謂之多〔五〕。傾側巧文，要取便身利己，而非獨憂國之大計，哀民之死亡也〔六〕。

〔一〕御覽三百五十七作「遑遽擾攘，未能相一，誠易制也」。

〔二〕後漢書西羌傳論云：「永初之閒，羣種蜂起。自西戎作逆，未有陵斥上國若斯其熾也。」

詩六月云「玁狁孔熾」，毛傳：「熾，盛也。」續漢書五行志云：「姦慝大熾。」王先生云：「『郡縣』下有脱文，宜言郡縣不爲意以至寇熾之事。」

〔三〕「哀」當作「褒」，與「懷」同。史記司馬相如傳喻巴蜀檄云：「人懷怒心，如報私讎。」

〔四〕史記李斯傳云：「高聞其文書相往來。」漢書匈奴傳顔師古注：「調，發也。」

〔五〕後漢書皇甫規傳云：「羌戎潰叛，不由承平，皆由邊將失於綏御，乘常守安，則加侵暴，苟競小利，則致大害，微勝則虚張首級，軍敗則隱匿不言。」按規所言，乃永和時事，而情狀正與此同。漢書王莽傳田況上言亦云：「盜賊始發，其原甚微，非部吏、伍人所能禽也。咎在長吏不爲意，縣欺其郡，郡欺朝廷，實百言十，實千言百。朝廷忽略，不輒督責，遂至延曼連州。」

〔六〕韓非子外儲説左下：「跀危曰：『公傾側法令。』」漢書刑法志宣帝詔曰：「間者吏用法，巧文寖深。」趙充國傳：「充國曰：『諸君但欲便文自營，非爲公家忠計也。』」按「便身利己」即賈誼傳所云「見利則逝，見便則奪，有便吾身者，則欺賣而利之」也。

又放散錢穀，殫盡府庫，乃復從民假貸，彊奪財貨。千萬之家，削身無餘，萬民匱〔一〕竭，因隨以死亡者，皆吏所餓殺也〔二〕。其爲酷痛，甚於逢虜〔三〕。寇鈔賊虜，忽然而過，未必死傷。至吏〔四〕所搜索剽奪〔五〕，游踵塗地〔六〕，或覆宗滅族，絶無種類；或孤婦女〔七〕，爲人奴婢，遠見販賣〔八〕，至今〔九〕不能自活〔一〇〕者，不可勝數也〔一一〕。此之感天致災，尤逆陰陽〔一二〕。

〔一〕「匱」舊作「遺」。○鐸按：下文「又遭蝗旱飢遺」，又引周書「其民可遺竭也」，誤並與此同。唐人書「匚」或變作「辶」，見干禄字書。「匱」作「遺」，故誤爲「遺」矣。

〔二〕後漢書龐參傳云：「比年羌寇特困隴右，供徭賦役，爲損日滋，官負人責，數十億萬。今復募發百姓，調取穀帛，衒賣什物，以應吏求。外傷羌虜，內困徵賦，縣官不足，輒貸於民。民已窮矣，將從誰求？」西羌傳云：「自羌叛十餘年間，兵連師老，不暫寧息。軍旅之費，轉運委輸，用二百四十餘億，府帑空竭，延及內郡。邊民死者，不可勝數，并、涼二州，遂至虛耗。」

〔三〕後漢書南蠻傳：「中郎將尹就討益州叛羌，益州諺曰：『虜來尚可，尹來殺我。』」王氏所言，正指就等。漢書王莽傳云：「田況言：『今空復多出將率，郡縣苦之，反甚於賊。』」又云：「太師、更始合將銳士十餘萬人，所過放縱。東方爲之語曰：『寧逢赤眉，不逢太師。太師尚可，更始殺我。』卒如田況之言。」意與此同。

〔四〕「吏」舊作「使」。

〔五〕方言云：「搜、略，求也。就室曰搜，於道曰略。」說文云：「索，入家搜也。」經典通用「索」。

〔六〕「游」當爲「旋」。漢書王子侯表序云：「旋踵亦絶。」鼂錯傳云「前死不還踵」，顔師古注：「還，讀曰『旋』。旋踵，回旋其足也。」蒯通傳云：「劉、項分争，使人肝腦塗地。」

〔七〕王先生云：「『孤』下當有脱字。」繼培按：當作「幼孤」。史記司馬相如傳云：「幼孤爲奴。」或云：「孤婦女，謂略取婦女，使之孤獨也。」漢書南粤傳文帝賜佗書云：「寡人之妻，孤人之子。」○鐸按：或説是。孤，使動詞。

〔八〕後漢書光武帝紀建武七年詔：「吏人遭饑亂，及爲青、徐賊所略，爲奴婢下妻，欲去留者，恣聽之。敢拘制不還，以賣人法從事。」晉書刑法志陳羣新律序云：「舊律，盜律有和賣買人。」

〔九〕「令」舊作「今」。

〔一〇〕「活」舊作「治」。

〔一一〕「也」字疑衍。○鐸按：「也」字當在「陰陽」下。

〔一二〕漢書嚴助傳淮南王安上書云：「臣聞軍旅之後，必有凶年。言民之各以其愁苦之氣，薄陰陽之和，感天地之精，而災氣爲之生也。」魏相傳相上書亦用淮南語。

且夫士重遷〔一〕，戀慕墳墓〔二〕，賢不肖之所同也。民之於徙〔三〕，甚於伏法。伏法不過家一人死爾。諸亡失財貨，奪土遠移，不習風俗，不便水土，類多滅門，少能還者。代馬望北，狐死首丘〔四〕，邊民謹頓〔五〕，尤惡内留。雖知禍大〔六〕，猶願守其緒業〔七〕，死其本處，誠不欲去之極。太守令長，畏惡軍事，皆以素非此土之人，痛不著身，禍不及我家〔八〕，故争郡縣以内遷〔九〕。至遣吏兵〔一〇〕，發民禾稼，發徹屋室〔一一〕，夷其營壁〔一二〕，破其生業〔一三〕，彊劫驅掠，與其内人〔一四〕，捐棄羸弱，使死其處。當此之時，萬民怨痛，泣血叫號〔一五〕，誠愁鬼神而感天心。然小民謹劣〔一六〕，不能自達闕廷，依官吏家，迫將威嚴〔一七〕，不敢有摯〔一八〕。民既奪土失業，又遭蝗旱飢匱〔一九〕，逐道東走，流離分散〔二〇〕，幽、冀、兗、豫，荆、揚、蜀、漢，飢餓死亡，復失太半〔二一〕。邊地遂以丘荒〔二二〕，至今無人。原禍所起，皆吏過爾〔二三〕。

〔一〕「夫士重遷」當作「安土重遷」。漢書元帝紀永光四年詔曰：「安土重遷，黎民之性，骨肉相附，人情所願也。」通典一引崔實政論云：「小人之情，安土重遷，寧就飢餒，無適樂土之慮。」

〔二〕見救邊篇注。

〔三〕王先生云：「『於徙』疑『畏徙』之誤。」

〔四〕後漢書班超傳云：「狐死首丘，代馬依風。」文選古詩十九首李善注引韓詩外傳云：「詩曰：『代馬依北風，飛鳥棲故巢。』皆不忘本之謂也。」

〔五〕頓，讀爲「鈍」。○鐸按：方言十：「頓、愍，惛也。」謹頓，謂謹愿惛闇也。二字平列，又疊韻。

〔六〕「大」舊作「人」。○鐸按：班禄篇：「乃用奢夸廓人」「人」誤作「大」，猶此「大」誤作「人」也。

〔七〕鹽鐵論論誹篇云：「緒業不備者，不可以言理。」

〔八〕列女傳魏曲沃負曰：「有禍必及吾家。」

〔九〕「争」下當脱「壞」字。敍録云：「令壞郡縣，毆民内遷。」

〔一〇〕漢書何並傳云：「並自從吏兵追林卿。」

〔一一〕詩十月之交云：「徹我牆屋。」趙策：「孟嘗君曰：『毋發屋室。』」按「發」字與上複，此當讀爲「廢」。說文云：「廢，屋傾也。」○鐸按：下「發」字不誤，上「發」字當爲「癹」。說文：「癹，以足蹋夷艸。」引春秋傳曰：「癹夷藴崇之。」今隱六年左傳作「芟夷」，杜注：「芟，刈也。」癹、芟義近。「癹民禾稼」，猶言「刈民禾稼」耳。後漢書西羌傳「乃遂刈其禾稼，發徹室屋」，即本此文，是其明證矣。「癹」作「發」者，世人多見「發」，少見「癹」，故「癹」訛而爲「發」，或改爲「芟」，班固答賓戲「夷險發荒」，一作「芟荒」，尤其著例。此「癹」字若不誤爲「發」，則校者亦必改爲「芟」。古書有因字誤，而轉足考見舊本者，此類是已。夫屋可言發（鹽鐵論散不足篇「發屋賣業」是），而禾稼不可言發。汪不訂上句之誤，而輒改下讀，蓋泥於廢、芟之本訓，而適忘成十三年左傳有「芟夷我農功」之文。故有待今日之補苴也。

〔一二〕漢書趙充國傳云：「行必爲戰備，止必堅營壁。」呂氏春秋似順論云「往而夷夫壘」，高誘注：「夷，平也。」

〔一三〕漢書荆王劉賈傳云：「入楚地，燒其積聚，以破其業。」高帝紀云：「不事家人生産作業。」後漢書循吏仇覽傳云：「勸人生業，爲制科令，至於果菜爲限，鷄豕有數。」

〔一四〕○鐸按：「其」猶「之」也。此言太守令長强驅其民，使與之入居内郡也。本書之、其多互用，上文「此之感天致災」，以「之」爲「其」，猶此以「其」爲「之」矣。

〔一五〕詩雨無正云：「鼠思泣血。」「叫號」見救邊篇。

〔一六〕○鐸按：漢書賈誼傳「其次廑得舍人」，注：「廑，劣也。」周語「余一人僅亦守府」，注：「『僅』猶『劣』也。」謹、廑、僅並字異而義同。

〔一七〕「威」舊作「滅」，據程本改。韓非子六反篇云：「吏威嚴而民聽從。」

〔一八〕「摯」疑「違」，字形相近而誤。○鐸按：二字形遠，無緣致誤。此疑當作「敢有不慹」。説文：「慹，怖也。」言敢有不懼耳。汪説失之。

〔一九〕「匱」舊作「遺」。○鐸按：此篇「匱」誤作「遺」，凡三見。説詳上。

〔二〇〕呂氏春秋貴直論：「狐援曰：『吾今見民之洋洋然東走，而不知所處。』」或云：此「東」疑

「奔」之誤。後漢書隗囂傳討王莽檄云：「生者則奔亡流散，幼孤婦女，流離係虜。」○鐸按：寇發於西，故人民東走，下文兗、豫、荆、揚，皆在并、涼之東也。「東」字不誤。

〔一一〕後漢書馮衍傳云：「四垂之人，肝腦塗地，死亡之數，不啻大半。」漢書高帝紀韋昭注：「凡數，三分有二爲太半，有一分爲少半。」

〔一二〕意林云：「邊境牛羊，不可久荒。」「牛羊」即上文「太半」之誤。「丘」舊作「兵」，據敍録改。後漢書梁統後冀傳云：「包含山藪，遠帶丘荒。」文選陸士衡歎逝賦云：「慜城闕之丘荒。」隸釋廣漢太守沈子琚緜竹江堰碑云：「躬耕者少，溉田工巟。」「工巟」即「丘荒」。按廣雅釋詁云：「丘，空也。」漢書息夫躬傳「丘亭」，後漢書龐參傳「丘城」，皆取此義。西羌傳虞詡疏曰：「衆羌内潰，郡縣兵荒。」「兵荒」疑亦「丘荒」之誤。

〔一三〕後漢書西羌傳云：「羌既轉盛，而二千石令長多内郡人，並無戰守意，皆争上徙郡縣，以避寇難。朝廷從之，遂移隴西徙襄武，安定徙美陽，北地徙池陽，上郡徙衙。百姓戀土，不樂去舊，遂乃刈其禾稼，發徹室屋，夷營壁，破積聚。時連旱蝗飢荒，而驅蹙劫略，流離分散，隨道死亡。或棄捐老弱，或爲人僕妾，喪其大半。」皆本此文。

夫土地者，民之本也，誠不可久荒以開敵心〔一〕。且扁鵲之治病也〔二〕，審閉結〔三〕而通鬱滯〔四〕，虚者補之，實者瀉之〔五〕，故病愈而名顯。伊尹之佐湯也，設輕重而通有

無，損積餘以補不足，故殷治而君尊〔六〕。賈誼痛於偏枯躄痱之疾〔七〕。今邊郡千里，地各有兩縣，户財置數百〔八〕，而太守周迴萬里，空無人民，美田棄而莫墾發〔九〕；中州内郡〔一〇〕，規地拓〔一一〕境，不能半〔一二〕邊，而口户百萬〔一三〕，田畝一全〔一四〕，人衆地荒，無所容足〔一五〕，此亦偏枯躄痱之類也。

〔一〕「開敵心」舊作「開墾」，據意林改。敍録亦云：「今又丘荒，慮必生心。」列女傳晉獻驪姬云：「邊境無主，則開寇心。夫寇生其心，民嫚其政，國之患也。」按晉語「開」作「啓」。漢避景帝諱，以「啓」爲「開」。

〔二〕史記云：「扁鵲者，姓秦氏，名越人。」

〔三〕漢書藝文志論經方云：「通閉解結，反之於平。」

〔四〕素問六元正紀大論：「黄帝曰：『鬱之甚者，治之奈何？』岐伯曰：『木鬱達之，火鬱發之，土鬱奪之，金鬱泄之，水鬱折之。』」「滯」字舊脱，據意林補。淮南子俶真訓云：「血脈無鬱滯。」

〔五〕素問三部九候論：「岐伯曰：『必先度其形之肥瘦，以調其氣之虚實。實則瀉之，虚則補之。』」

〔六〕管子地數篇云：「昔日桀霸有天下，而用不足。湯有七十里之薄，而用有餘。伊尹善通移輕重，開闔決塞，通於高下徐疾之策，坐起之費時也。」

〔七〕新書解縣篇云："天下非特倒縣而已也，又類躄，且病痱。夫躄者一面病，痱者一方痛。"説文云："痱，風病也。痛，半枯也。"素問生氣通天論云："汗出偏沮，使人偏枯。"

〔八〕漢書文帝紀二年顏師古注："『財』與『纔』同。"

〔九〕漢書劉屈氂傳云："興美田以利子弟賓客。"

〔一〇〕漢書司馬相如傳大人賦云"在乎中州"，顏師古注："中州，中國也。""内郡"注見救邊篇。

〔一一〕"拓"與"柝"同。

〔一二〕"半"舊作"生"，孫侍御改。

〔一三〕"口户"疑倒。

〔一四〕王先生云："『全』當作『金』，謂直貴也。古以一斤爲一金。"繼培按："一"蓋"不"字之壞。管子禁藏篇云："户籍田結者，所以知貧富之不訾也。故善者必先知其田，乃知其人。田備然後民可足也。""不全"即"不備"之謂。○鐸按：汪説近是。

〔一五〕"荒"當爲"狹"。商子算地篇云："地狹而民衆者，民勝其地。"來民篇云："土狹而民衆。"史記貨殖傳云："地小人衆。"又云："土地小狹民人衆。"鹽鐵論園池篇云："三輔迫近於山河，地狹人衆。"皆其證也。通典一引崔寔政論云："今青、齊、兖、冀，人稠土狹，不足相供，而三輔左右及涼、幽州内附近郡，皆土曠人稀，厥田宜稼，悉不肯墾。今宜徙貧民不能自業者於寬地，此亦開草闢土振民之術也。"晏子春秋雜下云："不得容足而寓焉。」

周書曰：「土多人少，莫出其材，是謂虛土，可襲伐也。土少人衆，民非其民，可匱〔一〕竭也。」是故土地人民必相稱也〔二〕。今邊郡多害而役劇〔三〕，動入禍門〔四〕。不爲興利除害，有以勸之，則長無與復之〔五〕，而內〔六〕有寇戎之心〔七〕。西羌北虜，必生闚欲，誠大憂也。

〔一〕「匱」舊作「遺」。

〔二〕逸周書文傳解云：「土多民少，非其土也。土少人多，非其人也。」又云：「開望曰：『土廣無守可襲伐，土狹無食可圍竭。二禍之來，不稱之災。』」孔晁注：「政以人土相稱爲善也。」禮記王制云：「凡居民，量地以制邑，度地以居民。地邑民居，必參相得也。」尉繚子兵談篇云：「量土地肥墝而立邑，建城稱地，以城稱人，以人稱粟。三相稱，則內可以固守，外可以戰勝。」商子來民篇云：「地方百里者，山陵處什一，藪澤處什一，谿谷流水處什一，都邑蹊道處什一，惡田處什一，良田處什四。□此食作夫五萬。其山陵谿谷藪澤，可以給其材，都邑蹊道，足以處其民。先王制土分民之律也。今秦之地，方千里者五，而穀土不能處二，田數不滿百萬，其藪澤谿谷名山大川之財物貨寶，又不盡爲用。此人不稱土也。」

〔三〕後漢書和帝紀永元十三年詔曰：「幽、并、涼州户口率少，邊役衆劇。」

〔四〕史記趙世家：「李兑曰：『同類相推，俱入禍門。』」

〔五〕○鐸按：「有以勸之，則長無與復之」，「與」猶「以」也，互文耳。

〔六〕「内」舊作「門」。

〔七〕管子法法篇云：「期於興利除害。」治國篇云：「先王者善爲民除害興利，故天下之民歸之。所謂興利者，利農事也。所謂除害者，禁害農事也。農事勝則入粟多，入粟多則國富，國富則安鄉重家；安鄉重家，則雖變俗易習，敺衆移民，至於殺之，而民不惡也。此務粟之功也。上不利農則粟少，粟少則人貧，人貧則輕家，輕家則易去，易去則上令不能必行；上令不能必行，則禁不能必止；禁不能必止，則戰不必勝，守不必固矣。」鹽鐵論未通篇云：「傳曰：『大軍之後，累世不復。』方今郡國田野有隴而不墾，城郭有宇而不實，邊郡何饒之有乎？」漢書嚴助傳淮南王安上書云：「四年不登，五年復蝗，民生未復。」徐樂傳云：「間者，關東五穀數不登，年歲未復，民多窮困，重之以邊境之事，推數循理而觀之，民宜有不安其處者矣。不安故易動，易動者，土崩之埶也。」鼂錯傳云：「陛下不救，則邊民絶望，而有降敵之心。」

百工制器，咸塡其邊，散之兼倍，豈有私哉？乃所以固其内爾。先聖制法，亦務實邊，蓋以安中國也。譬猶家人遇寇賊者，必使老小羸軟居其中央，丁彊武猛衛其外〔一〕。内人奉其養，外人禦其難，蛩蛩距虚，更相恃仰，乃俱安存〔二〕。

〔一〕白虎通五行篇云：「丁者，强也。」論衡無形篇云：「身氣丁彊。」

〔二〕吕氏春秋不廣篇云：「北方有獸名曰蟨，鼠前而兔後，趨則跲，走則顛，常爲蛩蛩距虚取甘草以與之。蟨有患害也，蛩蛩距虚必負而走。」爾雅釋地作「邛邛岠虚」。韓非子外儲説左上云：「不恃仰人而食。」新書道德説云：「物莫不仰恃德。」論衡感類篇云：「功無大小，德無多少，人須仰恃賴之者，則爲美矣。」

詔書法令：二十萬口，邊郡十萬，歲舉孝廉一人；員除世舉廉吏一人〔一〕。羌反以來，户口減少，又數易太守，至十歲不得舉。當職勤勞而不録〔二〕，賢俊蓄積而不悉〔三〕，衣冠無所覬望〔四〕，農夫無所貪利，是以逐稼中災，莫肯就外。古之利其民，誘之以利，弗脅以刑〔五〕。易曰：「先王以省方觀民設教〔六〕。」是故建武初〔七〕，得邊郡，户雖數百，令歲舉孝廉，以召來人。今誠宜權時令邊郡舉孝一人，廉吏世〔八〕舉一人，益置明經百石一人〔九〕，内郡人將妻子來占著〔一〇〕，五歲以上，與居民同均，皆得選舉。又募運民耕邊入穀，遠郡千斛，近郡二千斛，拜爵五大夫〔一一〕。可不欲爵者，使食倍賈於内郡〔二〕。如此，君子小人各有所利，則雖欲令無往，弗能止也。此均〔三〕苦樂，平傜役，充邊境，安中國之要術也。

〔一〕「詔書」以下，文有脱誤。按後漢書丁鴻傳云：「永元四年，代袁安爲司徒。時大郡口五六十萬，舉孝廉二人，小郡口二十萬并有蠻夷者，亦舉二人。帝以爲不均，下公卿會議。鴻與司空劉方上言：『凡口率之科，宜有階品，蠻夷錯雜不得爲數。自今郡國，率二十萬口，歲舉孝廉一人；四十萬，二人；六十萬，三人；八十萬，四人；百萬，五人；百二十萬，六人；不滿二十萬，二歲一人；不滿十萬，三歲一人。』帝從之。」和帝紀永元十三年詔曰：「幽、并、涼州，户口率少，邊役衆劇，束修良吏，進仕路狹。撫接夷狄，以人爲本。其令緣邊郡，口十萬以上，歲舉孝廉一人；不滿十萬，二歲舉一人；五萬以下，三歲舉一人。」○俞樾云：「依文詮解，亦自可通。後漢書丁鴻傳：『自今郡國，率二十萬口，歲舉孝廉一人。』又和帝紀：『令緣邊郡，口十萬以上，歲舉孝廉一人。』是漢制舉孝廉，内郡與邊地不同。此文則合併言之。『詔書法令，二十萬口』，此以内地言也；『邊郡十萬』，此以邊地言也；其下云『歲舉孝廉一人』，則合内地邊地而言也。如分別言之，當云『詔書法令，郡國二十萬口，歲舉孝廉一人；邊郡十萬口，歲舉孝廉一人』，則文義自明矣。『員除世』句，『世』乃『三十』二字之誤。『除』疑當爲『際』。淮南原道訓『高不可際』，注曰：『際，至也。』『際』與『至』一聲之轉。以『際』爲『至』，蓋漢人語。『員際三十，舉廉吏一人』，言滿三十員，則舉一廉吏也。下文云：『廉吏世舉一人』，『世』亦當爲『三十』。」○鐸按：俞説是。「世」即「卅」之訛。説文：「卅，三十并也。」述赦篇「令世歲老古時一赦」，浮侈篇「或丁夫世不傳犂鋤」，「世」字誤與此同。

〔二〕毛詩卷耳序云：「知臣下之勤勞。」汝墳鄭箋云：「賢者而處勤勞之職。」

〔三〕「不」字舊脱，據程本補。新語術事篇云：「道術蓄積而不舒。」吴越春秋：「伍子胥曰：『平王卒，吾志不悉矣。』」

〔四〕漢書杜周傳云「衣冠謂欽爲盲杜子夏」，顔師古注：「衣冠，謂士大夫也。」説文云：「覞，攸幸也。」小爾雅廣言云：「覞，望也。」

〔五〕「利其民」之「利」當爲「理」。理，治也。襄廿六年左傳云：「古之治民者，勸賞而畏刑。」杜注：「樂行賞而憚用刑。」○鐸按：「利」當爲「制」，涉上下文二「利」字而誤。「制」本作「利」，故與「利」恆相亂，邊議篇「易利禦寇」，舊訛「制」，卜列篇「奉成陰陽而制物」，舊誤「利」，其比也。「制民」與篇首「制國」義近。書吕刑「折民惟刑」，一作「制民惟刑」，陶潛四八目引同，此古言「制民」之證。

〔六〕觀象辭。

〔七〕後漢光武紀元。

〔八〕○鐸按：「世」當爲「卅」，説見上。「人」程本作「又」，訛。

〔九〕○鐸按：上文「邊郡舉孝一人，廉吏卅舉一人」，皆言口率，不言其秩，疑此「百石」當爲「百户」，言此時邊郡户口鋭減，每百户得增置一明經，所謂權宜之計也。

〔一〇〕「占」舊作「召」。史記田叔傳云「因占著名數，家於武功」，索隱云：「言卜日而自占著家口名數，隸於武功，猶今附籍然也。」漢書宣帝紀地節三年詔曰「流民自占八萬餘口」，顔師古注：「占者，謂自隱度其户口而著名籍也。」二家説「占」字各異，顔氏得之。○鐸按：小司馬以「家」爲「家口」亦誤。説文：「家，居也。」言居於武功也。列子天瑞篇「國不足，將嫁於衛」，家、嫁古字通。

〔一一〕漢書百官公卿表云：「爵九級，五大夫。」

〔一二〕「可」疑「其」之誤。「賈」讀爲「價」。墨子號令篇云：「牧粟米布錢金，出内畜産，皆爲平直其賈，與主人券書之。事已，皆各以其賈倍賞之。又用其賈貴賤多少賜爵。欲爲吏者許之。其不欲爲吏，而欲以受賜賞爵禄若贖土親戚所知罪人者，以令許之。」此文本於彼。

〔一三〕「此均」二字舊倒。

潛夫論箋校正卷六

卜列〔一〕第二十五

天地開闢有神民，民神異業精氣通〔二〕。行有招召〔三〕，命有遭隨〔四〕，吉凶之期，天難諶斯〔五〕。聖賢雖察不自專，故立卜筮以質神靈〔六〕。孔子稱「蓍之德圓而神，卦之德方以智」。又曰：「君子將有行也，問焉而以言，其受命而嚮〔七〕。」是以禹之得臯陶，文王之取呂尚，皆兆告其象，卜底其思，以成其吉〔八〕。

〔一〕○鐸按：「列」猶「論」也。小爾雅廣詁：「列，次也。」廣言：「列，陳也。」論語序集解云：「論，次也。」史記張儀傳索隱云：「論，陳也。」凡陳説事理而有序次爲「論」，亦可謂之「列」。下三篇同。

〔二〕御覽一引尚書中候云：「天地開闢。」楚語：「觀射父云：『古者民神不雜，民之精爽不攜貳者，則明神降之，在男曰覡，在女曰巫，是使制神之處位次主，而爲之牲器時服，而後使先聖之後之有光烈而敬恭明神者以爲之祝，使名姓之後而心率舊典者爲之宗。於是乎有天地神名類物之官，是謂五官，各司其序，不相亂也。民是以能有忠信，神是以能有明德。民神異業，敬而不瀆，故神降之嘉生，民以物享，禍災不至，求用不匱。』」路史前紀三引此文，誤以「神民」爲帝者名氏，又以「行」字帶上讀，陳耀文天中記十一嘗正之。○鐸按：山海經海内經有「神民之丘」，郭注：「神民，言上有神人。」或此「神民」爲古帝者名氏，未可知也。

〔三〕荀子勸學篇云：「言有召禍也，行有招辱也。」

〔四〕莊子列禦寇篇云：「達大命者隨，達小命者遭。」春秋繁露重政篇云：「人始生有大命，是其體也。有變命存其閒者，其政也。政不齊，則人有忿怒之志。若將施危難之中而時有遭隨者，神明之所接絶屬之符也。」遭命、隨命，注見論榮篇。

〔五〕詩大明。「諶」今作「忱」。漢書貢禹傳、後漢書胡廣傳、續漢書律曆志論、春秋繁露如天之爲篇、説文諶字下並與此同。○鐸按：毛詩作「忱」用借字，三家作「諶」用本字。爾雅釋詁：「諶，信也。」相列篇亦引此詩，「諶」作「忱」，蓋後人依毛詩改之。

〔六〕禮記祭義云：「昔者聖人建陰陽天地之情，立以爲易。易抱龜南面，天子卷冕北面，雖有明知之心，必進斷其志焉，示不敢專，以尊天也。」史記龜策傳云：「君子謂夫輕卜筮無神明者，悖；背人道信禎祥者，鬼神不得其正。故書建稽疑，五謀而卜筮居其二，五占從其多，明有而不專之道也。」白虎通蓍龜篇云：「聖人獨見先覩，必問蓍龜何？示不自專也。」論衡辨祟篇云：「聖人舉事，先定於義，義已定立，決以卜筮，示不專己，明與鬼神同意共指，欲令衆下信用不疑。」卜筮篇云：「俗信卜筮，謂卜者問天，筮者問地，蓍神龜靈，兆數報應，故捨人議而就卜筮，違可否而信吉凶。」實知篇云：「若蓍龜之知吉凶，蓍草稱神，龜稱靈矣。」

〔七〕並易繫辭上傳。而嚮，「而」字王弼本作「如」，古通。○鐸按：而、如古通，顧炎武嘗舉二十餘事，見日知録卷三十二。嚮，釋文云：「又作『響』。」嚮，隸俗字，説文所無。

〔八〕六韜文師篇云：「文王將田，史編布卜曰：『田於渭陽，將大得焉。非龍非彲，非虎非羆，兆得公侯，天遺汝師，以之佐昌，施及三王。』文王曰：『兆致是乎？』史編曰：『編之太祖史疇爲禹占得皋陶，兆比於此。』文王乃齋三日，田於渭陽，卒見太公坐茅以漁，乃載與俱歸，立以爲師。」宋書符瑞志上史編作史徧，云：「王至於磻溪之水，吕尚釣於涯。王下趨拜曰：『望公七年，乃今見光景於斯。』」按志所言，皆本緯書。○鐸按：昭元年左傳杜注：「底，致也。」

夫君子聞善則勸樂而進〔一〕，聞惡則循〔二〕省而改尤，故安静而多福；小人聞善〔三〕，聞惡〔四〕即懾懼而妄爲，故狂躁而多禍。是故凡卜筮者，蓋所問吉凶之情，言興衰之期，令人修身慎行以迎福也〔五〕。

〔一〕脱一字。○鐸按：孟子梁惠王上篇「而民歡樂之」，宋孫奭音義云：「『歡樂』本一作『勸樂】。」昭九年左傳叔孫昭子引詩「經始勿亟，庶民子來」，杜注：「言文王始經營靈臺，非急疾之，衆民自以爲子義來勸樂爲之。」此「勸樂」二字蓋本孟子。

〔二〕「循」當作「修」。

〔三〕「善」下脱六字。

〔四〕「聞惡」二字補。

〔五〕漢書王貢兩龔鮑傳序云：「嚴君平卜筮於成都市。以爲卜筮者賤業，而可以惠衆人。有邪惡非正之問，則依蓍龜爲言利害。與人子言依於孝，與人弟言依於順，與人臣言依於忠，各因埶導之以善。從吾言者，已過半矣。」

且聖王之立卜筮也，不違民以爲吉，不專任以斷事〔一〕。故鴻範之占，大同是尚〔二〕。書又曰：「假爾元龜，罔敢知吉〔三〕。」詩云：「我龜既厭，不我告猶〔四〕。」從此觀之，蓍龜之情，儻有隨時儉易〔五〕，不以誠邪？將世無史蘇之材〔六〕，識神者少乎？及周史之筮敬仲〔七〕，莊叔之筮穆子〔八〕，可謂能探賾索隱，鉤深致遠者矣〔九〕。使獻公早納史蘇之言，穆子宿備莊叔之戒〔一〇〕，則驪姬、豎牛之讒，亦將無由而入，無破國危身之禍也〔一一〕。

〔一〕論衡卜筮篇云："世人言卜筮者多，得誠實者寡。論者或謂蓍龜可以參事，不可純用。"

〔二〕"鴻"今作"洪"。

〔三〕書西伯戡黎。"假爾"今作"格人"，史記殷本紀作"假人"。禮記曲禮云："假爾泰龜有常。"○鐸按：論衡卜筮篇云："紂至惡之君也。當時災異繁多，七十卜而皆凶，故祖伊曰：『格人元龜，罔敢知吉。』賢者不舉，大龜不兆。"孫星衍尚書今古文注疏云："以『賢者』訓『格人』，則古文尚書自作『人』，與今文異也。"段玉裁古文尚書撰異云："『格人』作『假爾』，此蓋如禮記『假爾大龜有常』之訓，疑今文尚書本然。然史記作『假人』，假、格古通用。論衡以『賢者』訓『格人』，則今文尚書與古文尚書同也。『爾』字恐有誤。"陳喬樅今文尚書經說考八云："作『假爾』者，當是小夏侯本。曲禮：『假爾泰龜有常，假爾泰筮有常』，鄭注以爲『命龜筮詞』，自是經師相傳舊說。『爾』古文作『尒』，與『人』相近。漢書言夏侯建從五經諸儒問與尚書相出入者，牽引以次章句，具文飾說。夏侯勝非之曰：『建所謂章句小儒，破碎大道。』建亦非勝爲學疏略，難以應敵。建卒自顓門名經。此蓋建據曲禮文，疑尚書『假人』爲『假尒』之譌，故讀從『尒』字。王符所引，殆小夏侯尚書與？"孫、段、陳三家定作"假爾"者爲今文尚書是也。古文作"格人"者，"人"即"尒"字之壞，蓋可無疑。

〔四〕小旻。

〔五〕易繫辭上傳云「辭有險易」，釋文引京房注：「險，惡也；易，善也。」古字險、儉通用。易屯卦「動乎險中」，隸釋劉修碑作「儉」。否卦「儉德」，李鼎祚周易集解引虞翻曰：「『儉』或作『險』。」襄廿九年左傳：「險而易行」，史記吴世家作「儉」。

〔六〕僖十五年左傳。

〔七〕莊廿二年左傳。○鐸按：「及」猶「若」也。訓見經傳釋詞卷五。

〔八〕昭五年左傳。

〔九〕易繫辭上傳。

〔一〇〕○鐸按：「宿」亦「早」也。周書寤儆篇孔晁注：「宿，古文夙。」説文：「宿，從佰聲。佰，古文夙。」爾雅釋詁：「夙，早也。」

〔一一〕○鐸按：晉語一：「獻公卜伐驪戎，史蘇占之曰：『勝而不吉。』公弗聽，遂伐驪戎，克之，獲驪姬以歸。有寵，立以爲夫人。生奚齊。驪姬請使申生主曲沃，重耳處蒲城，夷吾處屈，奚齊處絳。公許之。史蘇曰：『亂本生矣。』驪姬果作難，殺太子，而逐二公子。」故曰：「使獻公早納史蘇之言，則驪姬之讒亦將無由而入。」此與僖十五年史蘇占獻公筮嫁伯姬於秦事不相涉。汪箋略，故備説之。

聖人甚重卜筮，然不疑之事，亦不問也〔一〕。甚敬祭祀，非禮之祈，亦不爲也〔二〕。

故曰：「聖人不煩卜筮〔三〕」，「敬鬼神而遠之〔四〕」。夫鬼神與人殊氣異務，非有事故，何奈於我〔五〕？故孔子善楚昭之不祀河〔六〕，而惡季氏之旅泰山〔七〕。今俗人筴〔八〕於卜筮，而祭非其鬼〔九〕，豈不惑哉！

〔一〕桓十一年左傳云：「卜以決疑，不疑何卜？」

〔二〕禮記曲禮云：「非其所祭而祭之，名曰淫祀。」

〔三〕哀十八年左傳。

〔四〕論語。

〔五〕史記吴世家：「專諸曰：『是無奈我何。』」

〔六〕哀六年左傳。○鐸按：黄河古稱河。

〔七〕論語。

〔八〕「筴」疑「狎」。

〔九〕論語：「非其鬼而祭之，諂也。」

亦有妄傳姓於五音，設五宅之符第〔一〕，其爲誣也甚矣！古有陰陽，然後有五行〔二〕。五帝右據行氣〔三〕，以生人民〔四〕，載世遠，乃有姓名敬民〔五〕。名字者，蓋所以別衆猥而顯此人爾，非以紀〔六〕五音而定剛柔也。今俗人不能推紀本祖，而反欲以聲音言語定五行，誤莫甚焉〔七〕。

〔一〕論衡詰術篇云：「五音之家，用口調姓名及字，用姓定其名，用名正其字。口有張歙，聲有外内，以定五音宫商之實。」又云：「圖宅術曰：『宅有八術，以六甲之名數而第之，第定名立，宫商殊别。宅有五音，姓有五聲。宅不宜其姓，姓與宅相賊，則疾病死亡，犯罪遇禍。』」王先生云：「『傳』當作『傅』。」○鐸按：程本作「愽」，亦誤。

〔二〕春秋繁露五行相生篇云：「天地之氣，合而爲一，分爲陰陽，判爲四時，列爲五行。行者行也，其行不同，故謂之五行。」

〔三〕家語五帝篇：「孔子曰：『昔某也聞諸老聃曰：天有五行，木、火、金、水、土，分時化育，以成萬物。其神謂之五帝。』」釋名釋天云：「五行者，五氣也。」白虎通五行篇云：「言行者，欲言爲天行氣之義也。」王先生云：「『右』疑當作『各』。」繼培按：「各」字是也。漢書律曆志云：「三代各據一統。」

〔四〕禮記大傳云：「王者禘其祖之所自出，以其祖配之。」鄭注：「王者之先祖皆感太微五帝之精以生，蒼則靈威仰，赤則赤熛怒，黄則含樞紐，白則白招拒，黑則汁光紀。」疏云：「『蒼則靈威仰』至『汁光紀』者，春秋文耀鉤文。」宣三年公羊傳何休注：「上帝，五帝在太微之中，迭生子孫，更王天下。」疏云：「此五帝者，即靈威仰之屬。」

〔五〕「敬民」蓋「號氏」之誤。

〔六〕「紀」舊作「絶」。

〔七〕論衡詰術篇云：「人之有姓者，用稟於天。天得五行之氣爲姓耶？以口張歙聲外内爲姓也？如以本所稟於天者爲姓，若五穀萬物稟氣矣，何故用口張歙、聲内外定正之乎？」

夫魚處水而生〔一〕，鳥據巢而卵。即〔二〕不推其本祖，諧音而可，即〔三〕呼鳥爲魚，可内〔四〕之水乎？呼魚爲鳥，可棲之木邪〔五〕？此不然之事也。命駒曰犢，終必〔六〕爲馬。是故凡姓之有音也，必隨其本生祖所王也。太皞木精，承歲而王，夫其子孫咸當爲角。神農火精，承熒惑而王，夫其子孫咸當爲徵。黄帝土精，承鎮而王，夫其子孫咸當爲宫。少皞金精，承太白而王，夫其子孫咸當爲商。顓頊水精，承辰而王，夫其子孫咸當爲羽〔七〕。雖號百變，音行不易。

〔一〕莊子至樂篇文。

〔二〕「即」字疑衍，蓋「卵」之駁文。○鐸按：「即」猶「若」也。訓見經傳釋詞卷八。汪以爲衍文，非。

〔三〕「即」與「則」同。

〔四〕「內」讀爲「納」。

〔五〕説文云：「西，鳥在巢上。或從木、妻作棲。」

〔六〕「必」舊作「不」。

〔七〕漢書律曆志云：「五星之合於五行，水合於辰星，火合於熒惑，金合於太白，木合於歲星，土合於鎮星。」御覽五引尚書考靈耀云：「歲星木精，熒惑火精，鎮星土精，太白金精，辰星水精也。」開元占經十九引春秋運斗樞云：「歲星帥五精聚於東方七宿，蒼帝以仁良溫讓起。熒惑帥五精聚於南方七宿，赤帝以寬明多智略起。填星帥五精聚於中央，黄帝以重厚賢聖起。太白帥五精聚於西方七宿，白帝以勇武誠信多節義起。辰星帥五精聚於北方七宿，黑帝以清平靜潔通明起。」「填」與「鎮」同。

俗工又曰：「商家之宅，宜西出門〔一〕。」此復虚矣。五行當出乘其勝，入居其隩乃安吉。商家向東入〔二〕，東入反以爲金伐木，則家中精神日戰鬬也。五行皆然。又曰：「宅有宫商之第，直符之歲〔三〕。」既然者，於〔四〕其上增損門數，即可以變其音而過其符邪？今一宅也，同姓相代，或吉或凶；一官也，同姓相代，或遷或免；一宫也，成、康居之日以興，幽、厲居之日以衰。由此觀之，吉凶興衰不在宅明矣〔五〕。

〔一〕論衡詰術篇云：「圖宅術曰：『商家門不宜南向，徵家門不宜北向，則商金南方火也，徵火北方水也。水勝火，火賊金，五行之氣不相得，故五姓之宅，門有宜嚮。嚮得其宜，富貴吉昌；嚮失其宜，貧賤衰耗。』」

〔二〕文有脱誤。

〔三〕論衡調時篇云：「太歲在子，子宅直符，午宅爲破。」

〔四〕舊作「放」。

〔五〕論衡詰術篇云：「今府廷之内，吏舍連屬，門嚮有南北，長吏舍傳，閭居有東西。長吏之姓，必有宫商，諸吏之舍，必有徵羽。安官遷徙，未必角姓門南嚮也。失位貶黜，未必商姓門北出也。」

及諸神祇太歲、豐隆、鉤陳、太陰將軍之屬〔一〕，此乃天吏，非細民所當事也。天之有此神也，皆所以奉成陰陽而利物也〔二〕，若人治之有牧守令長矣。向之何怒？背之何怨？君民道近，不宜相責，況神致貴，與人異禮，豈可望乎〔三〕？

〔一〕韓非子飾邪篇云：「豐隆、五行、太乙、王相、攝提、六神、五括、天河、殷搶、歲星。」王逸離騷注云：「豐隆，雷師。」漢書揚雄傳云：「詔招搖與太陰兮，伏鉤陳使當兵。」張晏曰：「太陰，歲後三辰也。」服虔曰：「鉤陳，紫宫外營陳星。」按抱朴子登涉篇有諸皋太陰將軍。○鐸按：「及」猶「若」也，與上「及周史之筮敬仲」同。

〔二〕漢書律曆志云：「萬物棣通，族出於寅，人奉而成之。」「利」何本作「吏」。按利、吏並誤，當是「⿰未刂」字。說文云：「⿰未刂，裁也。從刀，從未。」⿰未刂、利字形相近而誤。

〔三〕論衡譏日篇云：「堪輿歷歷上諸神非一，聖人不言，諸子不傳，殆無其實。天道難知，假令有之，諸神用事之日也。忌之何福？不諱何禍？王者以甲子之日舉事，民亦用之，王者聞之，不刑法也。夫王者不怒民不與己相避，天神何爲獨當責之？」說文云：「⿰言望，責望也。」經典通作「望」。

且欲使人而避鬼，是即道路不可行，而室廬不復居也。此謂賢人君子秉心方直，精神堅固者也〔一〕。至如世俗小人，醜妾婢婦〔二〕，淺陋愚戇，漸染既成，又數揚精破膽。今不順精誠所向〔三〕，而彊之以其所畏，直亦增病爾。何以明其然也？夫人之所以爲人者，非以此八尺之身也〔四〕，乃以其有精神也。人有恐怖死者，非病之所加也，非人功之所辜也〔五〕。然而至於遂不損者〔六〕，精誠去之也〔七〕。孟賁狎猛虎而不惶〔八〕，嬰人畏螻蟻而發聞〔九〕。今通士〔一〇〕或欲彊羸病之愚人〔一一〕，必之其所不能〔一二〕，吾又恐其未盡善也〔一三〕。

〔一〕詩定之方中云「秉心塞淵」，毛傳：「秉，操也。」淮南子氾論訓云：「聖人心平志易，精神內守，物莫足以惑之。」魯語云：「血氣强固。」

〔二〕禮記曲禮鄭注：「婢之言卑也。」

〔三〕莊子漁父篇云：「真者，精誠之至也。不精不誠，不能動人。」論衡感虚篇云：「精誠所加，金石爲虧。」

〔四〕考工記云：「人長八尺。」説文云「夫，丈夫也。周制以八寸爲尺，十尺爲丈。人長八尺，故曰丈夫。」

〔五〕句有誤字。

〔六〕損，謂病減也。後漢書袁安後閎傳云：「封觀當舉孝廉，以兄名位未顯，遂稱風疾。後數年，兄得舉，觀乃稱損。」方言云：「尉，益也。凡病少愈而加劇，亦謂之不尉。」郭注：「言雖少損無所益也。」

〔七〕漢書東方朔傳云：「精神散而邪氣及。」

〔八〕舊作「蓋奔柙猛虎而不惶」。按韓非子守道篇云：「服虎而不以柙，此賁、育之所患。」意與此背。荀子臣道篇云：「狎虎則危，災及其身。」論衡遭虎篇亦云：「夫虎，山林之獸，不狎之物也。」廣雅釋詁云：「惶，懼也。」

〔九〕「嬰人」猶「嬰兒」。發聞，謂發聲聞於人也。韓策張儀説韓王曰：「夫秦卒之與山東之卒也，猶孟賁之與怯夫也。以重力相壓，猶烏獲之與嬰兒也。」是亦孟賁、嬰兒對舉之證。

〔一〇〕荀子不苟篇云：「物至而應，事起而辨，若是則可謂通士矣。」淮南子修務訓云：「通士者，不必孔、墨之類。」

〔一一〕禮記問喪云：「身病體羸。」韓非子十過篇云：「士大夫羸病。」

〔一二〕大戴禮曾子立事篇云：「彊其所不能。」

〔一三〕論語云：「未盡善也。」

移風易俗之本，乃在開其心而正其精。今民生不見正道，而長於邪淫誑惑之中，其信之也，難卒〔一〕解也。惟王者能變之〔二〕。

〔一〕「卒」讀爲「猝」。

〔二〕漢書地理志云：「孔子曰：『移風易俗，莫善於樂。』言聖王在上，統理人倫，必務其本而易其末。」淮南子泰族訓云：「誠決其善志，防其邪心，啓其善道，塞其姦路，與同出一道，則民性可善，而風俗可美也。」

巫列〔一〕第二十六

凡人吉凶，以行爲主，以命爲決。行者，己之質也；命者，天之制也〔二〕。在於己者，固可爲也；在於天者，不可知也。巫覡祝請，亦其助也，然非德不行。巫史祝祈者，蓋所以交鬼神而救細微爾，至於大命〔三〕，末如之何〔四〕。譬民人之請謁於吏矣，可以解微過，不能脱正罪。設有人於此〔五〕，晝夜慢侮君父之教，干犯先王之禁，不克己心，思改過〔六〕善，而苟驟發請謁，以求解免，必不幾矣〔七〕。不若修己，小心畏慎，無犯上之必令也〔八〕。故孔子不聽子路，而云「丘之禱久矣〔九〕」。孝經云：「夫然，故生則親安之，祭則鬼享之。」由此觀之，德義無違，鬼〔一〇〕神乃享；鬼神受享，福祚乃隆〔一一〕。故詩云：「降福穰穰，降福簡簡，威儀板板。既醉既飽，福禄來反〔一二〕。」此言人德義美茂，神歆享醉飽，乃反報之以福也。

〔一〕○鐸按：此篇論却災致福，在己修德，不在禱祀。説雖是，而適暴露作者爲有神論者。舊作「正列」者訛。

〔二〕白虎通壽命篇云：「命者何謂也？人之壽也，天命己使生者也。」

〔三〕哀十五年左傳云：「大命隕墜。」

〔四〕論語云：「吾末如之何也已矣。」

〔五〕孟子云：「有人於此。」

〔六〕「過」下脱一字。○鐸按：邵校本臆補「遷」字。

〔七〕「幾」讀爲「冀」。○鐸按：讚學篇「必無幾矣」同。

〔八〕「必令」疑倒。述赦篇云：「姦軌之減十八九，可勝必也。」即其例。或云：「必令，謂罰嚴而必也。」

〔九〕論語。

〔一〇〕「鬼」字舊脱。

〔一一〕昭廿年左傳云：「鬼神用享，國受其福。」

〔一二〕詩執競。「板板」今作「反反」。○鐸按：程本「穰穰」作「禳禳」。爾雅釋訓：「禳禳，福也。」釋文：「今作『穰』。」阮元校勘記云：「毛詩執競：『穰穰，衆也。』字從禾，言若黍稷之衆多也。爾雅：『禳禳，福也。』字從示，言禳除災禍，則神降之福也。今本蓋據毛詩改之。」陳喬樅詩經四家異文考云：「初學記十五引詩亦作『禳』字，與爾雅及潛夫論合，是三家今文有作『禳禳』者。毛詩『禳』作『穰』，『板』作『反』，與三家文異。」穰穰，衆也。板板，大也。「反」借字，「禳」字訛。

虢公[一]延神而亟亡[二]，趙嬰祭天而速滅[三]，此蓋所謂神不歆其祀，民不即其事也[四]。故魯史書曰：「國將興，聽於民；將亡，聽於神[五]。」楚昭不禳雲[六]，宋景不移咎[七]，子産距裨竈[八]，邾文公違卜史[九]，此皆審己知道，身以俟命者也[一〇]。晏平仲有言：「祝有益也，詛亦有損也[一一]。」季梁之諫隋侯[一二]，宫之奇説虞公[一三]，可謂明乎天人之道，達乎神明之分矣。

〔一〕「公」字舊脱。

〔二〕莊卅二年左傳。○鐸按：事亦見周語上。

〔三〕成五年左傳。○鐸按：傳云：「嬰夢天使謂己：『祭余，余福女。』祭之明日而亡。」此云「祭天」，即祭其神。

〔四〕昭元年左傳。

〔五〕莊卅二年左傳。

〔六〕哀六年左傳。○鐸按：傳云：「是歲也，有雲如衆赤鳥，夾日以飛。楚子使問諸周太史。周太史曰：『其當王身乎！若禜之，可移於令尹、司馬。』王曰：『除腹心之疾，而置諸股肱，何益？』遂弗禜。」杜注：「禜，禳祭。」此文「穰」當爲「禳」。兩京本、述古堂本不誤。

〔七〕呂氏春秋制樂篇。○鐸按：事亦見淮南子道應訓、新序雜事四、論衡變虛篇。

〔八〕昭十七年左傳。○鐸按：距、歫古字通，俗作「拒」。裨竈欲用瓘、斝、玉瓚禳火，而子産拒之也。

〔九〕文十三年左傳。

〔一〇〕禮記中庸云：「君子居易以俟命。」「身」上脱一字，當是「修」字。孟子云：「殀壽不貳，修身以俟之，所以立命也。」

〔一一〕昭廿年左傳。○鐸按：傳無下「也」字，晏子春秋外篇同。内篇諫上作「則詛亦有損也」。

〔一二〕桓六年左傳。○鐸按：「隋」字後人所改，傳作「隨」。

〔一三〕僖五年左傳。○鐸按：此本作「宮奇之説虞公」。宮之奇而稱宮奇，猶介之推稱介推（見遏利篇、交際篇）。上文楚昭王作楚昭，宋景公作宋景，皆名字剪截之例也。「宮奇之説虞公」，與「季梁之諫隋侯」一律，若如今本，則句法參差矣。卜列篇：「周史之筮敬仲，莊叔之筮穆子」，相列篇：「唐舉之相李兑、蔡澤，許負之相鄧通、條侯」，語例並與此同。

夫妖不勝德〔一〕，邪不伐正〔二〕，天之經也〔三〕。雖時有違，然智者守其正道，而不近於淫鬼。所謂淫鬼者，閑邪精物〔四〕，非有守司真神靈也〔五〕。鬼之有此，猶人之有姦言賣平以干求者也〔六〕。若或誘之〔七〕，則遠來不止，而終必有咎〔八〕。鬼神亦然，故申繻曰：「人之所忌，其氣炎以取之。人無釁焉，妖不自作〔九〕。」是謂人不可多忌，多忌妄畏，實致妖祥。

〔一〕史記殷本紀：「伊陟曰：『臣聞妖不勝德。』」

〔二〕淮南子繆稱訓云：「正身直行，衆邪自息。」

〔三〕孝經。

〔四〕史記留侯世家贊云：「學者多言無鬼神，然言有物。」齊悼惠王世家：「魏勃少時，欲求見齊相曹參，家貧無以自通，乃常獨早夜掃齊相舍人門外。相舍人怪之，以爲物而伺之。」索隱：「姚氏云：『物，怪物。』」説文云：「殺改，大剛卯也。以逐精鬼。」漢書藝文志雜占類有人鬼精物六畜變怪二十一卷。

〔五〕大戴禮曾子天員篇云：「陽之精氣曰神，陰之精氣曰靈。神靈者，品物之本也。」

〔六〕賣平，以市道爲喻。周禮小宰「聽賣買以質劑」，鄭司農云：「質劑，謂市中平賈，今時月平是也。」漢書食貨志云：「諸司市常以四時中月實定所掌，爲物上中下之賈，各自用爲其市平。」法言學行篇云：「一閧之市，必立之平。」李軌注：「市無平，必失貴賤之正。」鹽鐵論本議篇云：「開委府於京，以籠貨物。賤即買，貴則賣。是以縣官不失實，商賈無所貿利，故曰平準。」禁耕篇云：「山海有禁而民不傾，貴賤有平而民不疑。縣官設衡立準，人從所欲，雖使五尺童子適市，莫之能欺。今罷去之，則豪民擅其用而專其利。決市閭巷，高下在口吻，貴賤無常。」本議篇又云：「行姦賣平，農民重苦。」「賣平」即所謂「高下在口吻」也。續漢書五行志云：「桓帝之初，京師童謡曰：『游平賣印自有平，不辟賢豪及大姓。』」後漢書竇武傳章懷注引「平」作「評」。蓋勳傳注引續漢書云：「中平元年，黄巾賊起，故武威太守酒泉黄儁被徵失期。梁鵠欲奏誅儁，勳爲言得免。儁以黄金二十斤謝勳。勳謂儁曰：『吾以子罪在八議，故爲子言，吾豈賣評哉？』終辭不受。」「評」與「平」同。郭太後許劭傳：「劭與從兄靖俱有高名，好共覈論鄉黨人物，每月輒更其品題，故汝南俗有月旦評焉。」「月旦評」亦取「月平」之義。漢時市列，每月評定貴賤，如今時朔望有長落矣。

〔七〕説文云：「𧦝，相訹呼也。或從言、秀。」

〔八〕宣十二年左傳云：「必有大咎。」

〔九〕莊十四年左傳。「炎」正義本作「燄」，釋文作「炎」。按漢書五行志、藝文志並作「炎」，顔師古曰：「炎，讀與『燄』同。」風俗通過譽篇亦云：「人之所忌，炎自取之。」續漢書五行志贊云：「妖豈或妄，氣炎以觀。」亦用此傳文也。○鐸按：「燄」即「炎」之後出加聲旁字。説見楊遇夫先生積微居小學述林卷五。

且人有爵位，鬼神有尊卑。天地山川、社稷五祀〔一〕、百辟卿士有功於民者〔二〕，天子諸侯所命祀也〔三〕。若乃巫覡之謂獨語〔四〕，小人之所望畏，土公、飛尸、咎魅、北君、銜聚、當路、直符七神〔五〕，及民間繕治微蔑小禁，本非天王所當憚也〔六〕。

〔一〕禮記王制云：「天子祭天地，諸侯祭社稷，大夫祭五祀。天子祭天下名山大川，諸侯祭名山大川之在其地者。」

〔二〕禮記月令云：「命百縣雩祀百辟卿士有益於民者。」祭法云：「此皆有功烈於民者也。」

〔三〕僖卅一年左傳云：「不可以閒成王、周公之命祀。」

〔四〕○鐸按：「謂獨」疑當作「請禱」。

〔五〕論衡解除篇云：「宅中主神，有十二焉。青龍、白虎，列十二位。龍虎猛神，天之正鬼也。飛尸流凶，不敢安集。」○鐸按：周廣業意林附編引裴氏新言：「俗間有土公之神。」「土公」即今俗所謂「土煞」，程本作「士公」，訛。

〔六〕後漢書來歙後歷傳云：「皇太子驚病不安，避幸安帝乳母野王君王聖舍。太子乳母王男、廚監邴吉等以爲聖舍新繕修，犯土禁，不可久御。」鍾離意傳章懷注引東觀記曰：「意在堂邑，出俸錢，帥人作屋，功作既畢，爲解土祝曰：『興功役者令，百姓無事。如有禍祟，令自當之。』」論衡解除篇云：「世間繕治宅舍，鑿地掘土，功成作畢，解謝土神，名曰解土。爲土偶人以像鬼形，令巫祝延以解土神。已祭之後，心快意喜，謂鬼神解謝，殃禍除去。」

舊時京師不防〔一〕，動功造禁，以來吉祥應瑞〔二〕，子孫昌熾〔三〕，不能過前。且夫以君畏臣，以上需下，則必示弱而取陵〔四〕，殆非致福之招也〔五〕。

〔一〕○鐸按：「不防」二字疑有誤。

〔二〕漢書車千秋傳云：「每有吉祥嘉應，數褒賞丞相。」王莽傳云：「神祇懽喜，申以福應，吉瑞累仍。」按「應瑞」字倒，「瑞應」見三式篇。○鐸按：呂氏春秋不侵篇云「不足以來士矣」，高注：「『來』猶『致』也。」或「來」當爲「求」。隸書求、來多相亂，書呂刑：「惟貨惟來」，馬融本作「求」。楚策「寡人之得求反」，御覽人事部引作「來」。逸周書大聚篇：「王若欲來天下民。」（玉海二十、六十引如此）周祝篇：「彼觀萬物，則何爲來？」孟子離婁篇：「舍館定，然後來見長者乎？」今本「來」並誤作「求」。是其例。

〔三〕詩閟宮云：「俾爾昌而熾。」後漢書西南夷傳朱輔上遠夷樂德歌詩云：「子孫昌熾。」

〔四〕僖八年左傳云：「示之弱矣。」昭十八年傳云：「下陵上替。」○鐸按：「需」亦「畏」也。周禮考工記輈人「馬不契需」，先鄭注：「需，讀爲『畏需』之『需』。」是「需」與「畏」同義。哀六年左傳：「需，事之下也。」十四年傳：「需，事之賊也。」釋文並云：「需，疑也。」「疑」亦畏怯恐懼之義（禮記雜記：「五十不致毁，六十不毁，七十飲酒食肉，皆爲疑死。」鄭注：

「『疑』猶『恐』也。」荀子宥坐篇「其赴百仞之谷不懼」，大戴禮勸學篇「懼」作「疑」）。鬼神亦天王之臣，故曰「君畏臣，上需下，示弱取陵」也。

〔五〕易震象曰：「震來虩虩，恐致福也。」周禮男巫「招弭以除疾病」，鄭注：「招，招福也。」

嘗觀上記〔一〕，人君身修正〔二〕賞罰明者，國治而民安；民安樂者，天悅喜而增歷數。故書曰：「王以小民受天永命〔三〕。」孔子曰：「天之所助者順也，人之所助者信也。履信思乎順，又以尚賢，是以自天祐之，吉無不利〔四〕。」此最卻凶災而致福善之本也〔五〕。

〔一〕「上記」注見思賢篇。

〔二〕漢書匡衡傳云：「聖德純備，莫不修正。」賈山傳顏師古注：「修正，謂修身正行者。」宣帝紀元康元年詔云：「吏民厥身修正。」

〔三〕召誥。○鐸按：陳喬樅今文尚書經説考二十云：「經言『上下勤恤』，即務求治國安民之道。民安乃命永。王符之言，亦述今文尚書説也。」

〔四〕易繫辭上傳。○鐸按：王弼本「賢」下「利」下並有「也」字，此省。

〔五〕漢書李尋傳云：「凶災銷滅，子孫之福不旋日而至。」治要載仲長統昌言云：「王者官人無私，唯賢是親，勤恤政事，屢省功臣，賞錫期於功勞，刑罰歸乎衆惡，政平民安，各得其所，則天地將自從我而正矣，休祥將自應我而集矣，惡物將自舍我而亡矣。」意與此同。

相列〔一〕第二十七

詩所謂「天生烝民，有物有則〔二〕」。是故人身體形貌皆有象類〔三〕，骨法角肉各有分部，以著性命之期，顯貴賤之表〔四〕，一人之身，而五行八卦之氣具焉〔五〕。故師曠曰「赤色不壽」，火家性易滅也〔六〕。易之説卦「巽爲人多白眼」，相揚四白者兵死，此猶金伐木也〔七〕。經曰：「近取諸身，遠取諸物〔八〕。」「聖人有見天下之至賾，而擬諸形容，象其物宜〔九〕。」此亦賢人之所察，紀往以知來，而著爲憲則也。

〔一〕○鐸按：此篇論人體有象類，角肉有分部。故審其形貌，則知富貴；觀其氣色，而驗吉凶。此本古人迷信。然謂人之骨相，若材木之有曲直，萬物之有常宜。苟矜其奇，不爲修省改尤，則富貴必不能坐致，而有福轉爲災者，則不無可取。

〔二〕烝民。

〔三〕春秋繁露人副天數篇云：「人有三百六十節，偶天之數也。形體骨肉，偶地之厚也。上有耳目聰明，日月之象也。體有空竅理脈，川谷之象也。心有哀樂喜怒，神氣之類也。」

淮南子精神訓云：「頭之圓也象天，足之方也象地。」〇鐸按：列子楊朱篇：「人肖天地之類。」漢書刑法志：「夫人宵天地之貇。」皆此義。

〔四〕論衡骨相篇云：「人命禀於天，則有表候於體。察表候以知命，猶察斗斛以知容矣。表候者，骨法之謂也。」又云：「貴賤貧富，命也。操行清濁，性也。非徒命有骨法，性亦有骨法。」又云：「知命之人，見富貴於貧賤，睹貧賤於富貴。按骨節之法，察皮膚之理，以審人之性命，無不應者。」

〔五〕易乾鑿度：「孔子曰：『八卦之序成立，則五氣變形。故人生而應八卦之體，得五氣以爲五常。』」按五氣，五行之氣。論衡物勢篇云：「一人之身，含五行之氣，故一人之行，有五常之操。五常，五行之道也。」

〔六〕逸周書太子晉解云：「汝色赤白，火色不壽。」

〔七〕王先生云：「四白，謂睛之上下左右皆露白，易所謂多白眼也。相婦人法：目有四白，五夫守宅。見唐書方技袁天綱傳。」

〔八〕易繫辭下傳。

〔九〕繫辭下傳。王本「有」下有「以」字，無「至」字，「諸」下有「其」字。〇鐸按：此「至」字蓋涉繫辭上傳「言天下之至賾而不可惡也」增。

人之相法，或在面部，或在手足，或在行步，或在聲響〔一〕。面部欲溥平潤澤〔二〕，手足欲深細明直，行步欲安穩覆載〔三〕，音聲欲温和中宫。頭面手足，身形骨節，皆欲相副稱。此其略要也。

〔一〕論衡骨相篇云：「相或在内，或在外，或在形體，或在聲氣。」

〔二〕王先生云：「『溥』當作『博』。」○鐸按：「博平」謂寬而平，王説是。

〔三〕按「安穩」古作「安隱」，「隱」亦「安」也。詩縣鄭箋云：「民心定，乃安隱其居。」三國志武帝傳裴松之注引鄭康成盤庚注云：「安隱於其衆。」董卓傳注引華嶠漢書曰：「卓欲遷都長安，召公卿以下大議。司徒楊彪曰：『昔盤庚五遷，殷民胥怨，故作三篇以曉天下之士，而海内安穩。』」「安穩」與「安隱」同。成二年左傳「韓厥俯定其右」，杜注：「俯，安隱之。」莊子應帝王篇「其卧徐徐」，司馬彪注：「徐徐，安隱貌。」○鐸按：廣雅釋詁一：「隱，安也。」王氏疏證云：「説文：『㥯，所依據也。讀與隱同。』方言：『隱、據，定也。』『隱』與『㥯』通。今俗語言『安穩』者，『隱』聲之轉也。」

夫骨法爲禄相表，氣色爲吉凶候〔一〕，部位爲年時〔二〕，德行爲三者招〔三〕，天授性命決然。表有顯微，色有濃淡，行有薄厚，命有去就。是以吉凶期會，禄位成敗，有不必〔四〕。非聰明慧智〔五〕，用心精密，孰能以中？

〔一〕荀子非相篇云：「相人之形狀顔色，而知其吉凶妖祥。」論衡自然篇云：「吉凶蜚色見於面，人不能爲色自發也。」自紀篇云：「人面色部七十有餘，頰肌明潔，五色分別，隱微憂喜，皆可得察。占射之者，十不失一。」

〔二〕「時」下脱一字。

〔三〕○鐸按：招，準的也。詳後注。

〔四〕「必」下有脱字。

〔五〕禮記中庸云：「惟天下至聖爲能聰明睿智。」

昔内史叔服過魯，公孫敖〔一〕聞其能相人也，而見其二子焉。叔服曰：「穀也食子，難也收子，穀也豐下，必有後於魯〔二〕。」及穆伯之老也，文伯居養；其死也，惠叔典哭〔三〕。魯竟立獻子〔四〕，以續孟氏之後。及王孫説相喬如〔五〕，子上幾商臣〔六〕，子文憂越椒〔七〕，叔姬惡食我〔八〕，單襄公察晉厲〔九〕，子貢觀邾魯〔一〇〕，臧文聽禦説〔一一〕，陳咸見張〔一二〕，賢人達士〔一三〕，察以善心，無不中矣。及唐舉之相李兑、蔡澤〔一四〕，許負之相鄧通、條侯〔一五〕，雖司命班禄，追敍行事，弗能過也。

〔一〕「孫」舊作「妋」。王先生云：「『妋』當是『姓』字之誤。古者孫、姓通用。詩麟之趾『振振公姓』，毛傳：『公姓，公孫也。』」

〔二〕文元年左傳。○鐸按：杜注云：「穀，文伯。難，惠叔。食子，奉祭祀供養者也。收子，葬子身也。豐下，蓋面方。」

〔三〕文十四年左傳。王侍郎云：「『典哭』疑『典喪』。」繼培按：「喪」字是也。漢書武五子傳「霍光徵王賀典喪」，顏師古注：「令爲喪主。」

〔四〕獻子，穀之子。

〔五〕周語。○鐸按：「及」猶「若」也。下「及唐舉」同。

〔六〕文元年左傳。按禮記玉藻鄭注：「『幾』猶『察』也。」

〔七〕宣四年左傳。

〔八〕昭廿八年左傳。

〔九〕周語。

〔一〇〕定十五年左傳。

〔一一〕莊十一年左傳。○鐸按：傳作「御説」，釋文云：「本或作『禦』。」史記宋世家、漢書古今人表並與此同。

〔一二〕「張」下脱一字，程本作空格。漢書有兩陳咸：一陳萬年子，見萬年傳；一王莽時講禮祭酒，見莽傳。

〔一三〕漢書王商史丹傅喜傳贊云：「雖宿儒達士，無以加焉。」

〔一四〕史記蔡澤傳。

〔一五〕條侯事見史記絳侯世家。佞幸傳云：「上使善相者相通。」不云許負，此當別有所據。○鐸按：漢書外戚傳：「許負相薄姬，當生天子。」薄姬爲文帝母，鄧通爲文帝幸臣，宜有令許負相通之事，特佞幸傳未言其名耳。

雖然，人之有骨法也，猶萬物之有種類，材木之有常宜。巧匠因象〔一〕，各有所授，曲者宜爲輪，直者宜爲輿，檀宜作輻，榆宜作轂〔二〕，此其正法通率也〔三〕。若有其質，而工不材〔四〕，可如何？故凡相者，能期其所極，不能使之必至。十種之地〔五〕，膏壤雖肥，弗耕不穫〔六〕；千里之馬，骨法雖具，弗策不致〔七〕。

〔一〕韓非子有度篇云：「巧匠目意中繩。」

〔二〕舊脱「輪直者宜爲」五字。按御覽九百五十二引崔實政論云：「師曠曰：『人骨法猶木有宜，曲者爲輪，直者爲輿，檀宜作輻，榆宜作轂。』」今據補。○鐸按：詩魏風伐檀疏云：「言君子之人身自斬伐檀木，欲以爲輪輻之用。」是檀宜作輻也。

〔三〕率，讀如律。治要載崔實政論云：「不可爲天下通率。」

〔四〕「材」與「裁」同。晉語云：「童昏嚚瘖僬僥，官師之所不材也。」

〔五〕「地」舊作「也」。

〔六〕易無妄六二：「不耕穫。」詩甫田毛傳：「大田過度，而無人功，終不能穫。」

〔七〕後漢書馬援傳云：「昔有騏驥，一日千里，伯樂見之，昭然不惑。近世有西河子輿，亦明相法。子輿傳西河儀長孺，長孺傳茂陵丁君都，君都傳成紀楊子阿。臣援嘗師事子阿，受相馬骨法，考之於行事，輒有驗效。」尉繚子武議篇云：「良馬無策，遠道不致。」

夫觚而弗琢，不成於器〔一〕；士而弗仕，不成於位。若此者，天地所不能貴賤，鬼神所不能貧富也。或王公孫子，仕宦終老，不至於穀〔二〕。或庶隸廝賤，無故騰躍〔三〕，窮極爵位。此受天性命，當必然者也。詩稱「天難忱斯〔四〕」，性命之質，德行之招〔五〕，參錯授受〔六〕，不易者也。

〔一〕鹽鐵論殊路篇云：「孔子曰：『觚不觚，觚哉！觚哉！』故人事加則爲宗廟器，否則斯養之疊才。」

〔二〕論語：「子曰：『三年學不至於穀，不易得也。』」孔安國注：「穀，善也。」釋文引鄭康成注：「穀，禄也。」此亦當訓「穀」爲「禄」。

〔三〕漢書食貨志云：「物痛騰躍。」

〔四〕「忱」卜列篇作「諶」，此蓋後人據毛詩改之。

〔五〕質、招皆以射的爲喻。周禮司裘「王大射，則共虎侯、熊侯、豹侯設其鵠」，鄭司農云：「方十尺曰侯，四尺曰鵠，二尺曰正，四寸曰質。」淮南子原道訓云「先者則後者之弓矢質的也」，高誘注：「質的，射者之凖埶也。」呂氏春秋本生篇云「萬人操弓，共射其一招」，高誘注：「招，埻的也。」盡數篇云：「射而不中，反修於招，何益於中？」別類篇云「射招者欲其中小也」，高注並云：「招，埻藝也。」質、準、埻同字。

〔六〕「受」字舊脱。

然其大要，骨法爲主，氣色爲候〔一〕。五色之見，王廢有時〔二〕。智者見祥，修善迎之，其有憂色，循〔三〕行改尤。愚者反戾，不自省思，雖休徵見相，福轉爲災。於戲君子，可不敬哉！

〔一〕史記淮陰侯傳：「蒯通曰：『僕嘗受相人之術，貴賤在於骨法，憂喜在於容色。』」

〔二〕「時」字舊脱。按夢列篇云「五行王相謂之時」，今據補。「時」與下之、尤、思、災爲韻。長短經察相篇注引相經云：「五色並以四時判之。春三月，青色王，赤色相，白色囚，黄、黑二色皆死。夏三月，赤色王，白色、黄色皆相，青色死，黑色囚。秋三月，白色王，黑色相，赤色死，青、黄二色皆囚。冬三月，黑色王，青色相，白色死，黄與赤二色囚。若得其時色王相者吉，不得其時色王相若囚死者凶。」

〔三〕「循」當作「修」。

潛夫論箋校正卷七

夢列〔一〕第二十八

凡夢：有直，有象，有精，有想，有人，有感，有時，有反，有病，有性。

在昔武王，邑姜方震太叔〔二〕，夢帝謂己：「命爾子虞，而與之唐。」及生，手掌曰「虞」〔三〕，因以爲名。成王滅唐，遂以封之〔四〕。此謂直應之夢也〔五〕。詩云：「維熊維羆，男子之祥；維虺維蛇，女子之祥〔六〕。」「衆維魚矣，實維豐年；旐維旟矣，室家蓁蓁〔七〕。」此謂象之夢也〔八〕。孔子生於亂世〔九〕，日思周公之德，夜即夢之〔一〇〕。此謂意精之夢也。人有所思，即夢其到；有憂即夢其事。此謂記想之夢也。今事〔一一〕，貴人夢之即爲祥，賤人夢之即爲妖，君子夢之即爲榮，小人夢之即爲辱。此謂人位之夢也。晉文公於城濮之戰，夢楚子伏己而盬其腦〔一二〕，是大惡也。及戰，乃大勝。此謂極反之夢也。陰雨之夢，使人厭迷；陽旱之夢，使人亂離；大寒之夢，使人怨悲；大風之夢，使人飄飛〔一三〕。此謂感氣之夢也。春夢發生，夏夢高明，秋冬夢熟藏〔一四〕。

此謂應時之夢也。陰病夢寒，陽病夢熱〔一五〕，内病夢亂，外病夢發，百病之夢，或散或集〔一六〕。此謂氣之夢也〔一七〕。人之情心，好惡不同〔一八〕，或以此吉，或以此凶。當各自察，常占所從〔一九〕。此謂性情之夢也。

〔一〕○鐸按：夢有多品，或吉或凶。夢吉而喜樂縱恣，則吉者不吉；夢凶而悲憂恐懼，則凶者真凶。故夢無問吉凶善惡，常戒慎修省以迎之，則皆吉矣。敍録云：「吉凶之應，與行相須。」此猶上篇勉人務實進善之趣也。

〔二〕○鐸按：「震」與「娠」同。

〔三〕王先生云：「『掌』疑『文』。」○鐸按：左傳作「有文在手曰虞」。此四字誠不了，然古文簡質，正不必改。

〔四〕昭元年左傳。

〔五〕論衡紀妖篇云：「或曰：『人亦有直夢。夢見甲，明日則見甲矣。夢見君，明日則見君矣。』曰：然，人有直夢。直夢皆象也，其象直耳。」

〔六〕斯干。

〔七〕無羊。「蓁蓁」今作「溱溱」。「旟」舊作「旄」，據程本。○鐸按：此蓋本三家詩。

〔八〕王先生云：「『象』下脱一字。」

〔九〕莊子讓王篇：「孔子曰：『今吾抱仁義之道，以遭亂世之患。』」

〔一〇〕論語。

〔一一〕王先生云："『令』疑作『同』。俗書『同』爲『仝』，仝、令形近之誤。"○鐸按："令事"猶言"令一事也"。古人語急，不煩改字。下文"令一寢之夢"，若急言之，亦得爲"令夢"也。

〔一二〕僖廿八年左傳。○鐸按：疏引服虔注："如俗語相駡云『啑汝腦』矣。"伏己，謂伏於己身之上。論衡卜筮篇云："晉文公與楚子戰，夢與成王搏，成王在上而盬其腦。"是知晉文在下矣。

〔一三〕迷、離、悲、飛韻。

〔一四〕生、明、藏韻。

〔一五〕素問脈要精微論云："陰盛則夢涉大水恐懼，陽盛則夢大火燔灼。"亦見列子周穆王篇。

〔一六〕熱、發、集韻。

〔一七〕孫侍御云："『氣』上當有『病』字。"繼培按：素問舉痛論云："黄帝曰：『余知百病生於氣也。』"論衡訂鬼篇云："病篤者氣盛。"

〔一八〕王侍郎云："據下云『心精好惡』，『情』當作『精』。"繼培按：論衡書虚篇云："情心不同。"超奇篇亦云："表著情心。"是"情心"連文之證。管子内業篇云："彼心之情，利安以寧。"襄卅一年左傳："子産曰：『人心之不同，如其面焉。』"漢書元帝紀永光四年詔曰："公卿大夫，好惡不同。"○鐸按：下文"心精"字皆"情"之借。精、情古字通，荀子修身篇：「術順墨而精雜污」，以「精」爲「情」，是其證。此文依下例作「精心」，而讀爲「情」，則兩得之矣。

〔一九〕同、凶、從韻。

故先有差忒者〔一〕，謂之精〔二〕；晝有所思，夜夢其事，乍吉乍凶，善惡不信者〔三〕，謂之想；貴賤賢愚，男女長少，謂之人；風雨寒暑謂之感；五行王相謂之時〔四〕；陰極即吉，陽極即凶，謂之反；觀其所疾，察其所夢，謂之病；心精好惡，於事驗〔五〕，謂之性：凡此十者，占夢之大略也〔六〕。

〔一〕「忒」舊作「武」，據天中記廿三改。按説文云：「忕，失常也。忒，更也。」經典多借「忒」爲「忕」。

〔二〕王先生云：「『謂之精』上有脱文。下云『凡此十者，占夢之大略』，而文止言其八，必有解釋直、象二夢，而今佚之。」

〔三〕「凶善」二字舊倒。

〔四〕周禮占夢：「掌其歲時，觀天地之會，辨陰陽之氣。」鄭注：「陰陽之氣，休王前後。」白虎通五行篇云：「木生火，火生土，土生金，金生水，水生木。是以木王，火相，土死，金囚，水休。」五行大義云：「五行體休王者，春則木王火相水休金囚土死，夏則火王土相木休水囚金死，六月則土王金相火休木囚水死，秋則金王水相土休火囚木死，冬則水王木相金休土囚火死。」

〔五〕脱一字。

〔六〕孟子云：「此其大略也。」

而决吉凶者之〔一〕類以多反，其何故哉〔二〕？豈人覺爲陽，人寐爲陰〔三〕，陰陽之務相反故邪？此亦謂其不甚者爾。借如使夢吉事而己意大喜樂〔四〕，發於心精，則真吉矣。夢凶事而己意大恐懼憂悲，發於心精，即真惡矣。所謂秋冬夢死傷也，吉者順時也。雖然，財爲大害爾，由弗若勿夢也〔五〕。

〔一〕「之」字疑衍。

〔二〕「何」舊脱。按交際篇云「斯何故哉」，今據補。

〔三〕論衡紀妖篇云：「卧夢爲陰候，覺爲陽占。」

〔四〕以下文例之，此脱二字。

〔五〕「所謂」以下，文有脱誤。王先生云：「『秋冬夢死傷』，疑是釋『五行王相謂之時』義，上當有『春夏夢生長』語。」○鐸按：疑尚脱「凶者」一五字句。

凡察夢之大體：清絜鮮好，貌堅健〔一〕，竹木茂美，宮室器械新成，方正開通，光明温和，升上向興之象皆爲吉喜，謀從事成〔二〕。諸臭汙腐爛，枯槁絶霧〔三〕，傾倚徵〔四〕邪，劓刖不安〔五〕，閉塞幽昧，解落墜下向衰之象皆爲〔六〕，計謀不從，舉事不成。妖孽怪異〔七〕，可憎可惡之事皆爲憂。圖畫衃胎〔八〕，刻鏤非真，瓦器虚空，皆爲見欺紿〔九〕。倡優俳儛，侯〔一〇〕小兒所戲弄之象，皆爲懽笑〔一一〕。此其大部也〔一二〕。

〔一〕「貌」上脱一字。

〔二〕晏子春秋問上：「景公曰：『謀必得，事必成。』」

〔三〕「絶」當作「晻」。説文云：「晻，不明也。」晻、絶字形相近。書盤庚「予不掩爾善」，五經異義作「不絶」，見詩文王疏，此其比也。「霧」與「霿」通。洪範「曰蒙」，鄭康成本作「霿」，云：「霿者，氣不釋，鬱冥冥也。」史記宋世家亦作「霧」。◯鐸按：「絶霧」疑當作「訰霿」，「訰」誤爲「純」，又轉爲「絶」耳。爾雅釋訓：「訰訰，亂也。」廣雅釋詁三：「頓，亂也。」玉篇心部：「忳，亂也。」訰、頓、忳並字異而義同。「霿」與「瞀」通。楚辭九章惜誦「中悶瞀之訰訰兮」，王逸注：「瞀，亂也。」「訰瞀」二字平列，猶言「眊亂」矣。

〔四〕「徵」疑「欹」。◯鐸按：「徵」蓋「微」字之誤。微，讀爲「違」。廣雅釋詁三：「微、違，離也。」「微」即「違」之同部借假。説文：「𡚁，衺也。」周語「以逞其違」，韋昭注：「違，邪也。」「違邪」與「𡚁衺」同。徵、欹字形不近，無緣致誤，且「欹邪」與「傾倚」義複，故知汪説非是。

〔五〕説文云：「槷䵝，不安也。」引易困九五「槷䵝困于赤芾」。王弼本作「劓刖」。乾鑿度云：「至于九五，劓刖不安。」○鐸按：荀易作「䡾䡴」，鄭注：「當爲『倪仉』。」書秦誓作「杌隉」，傳：「杌隉，不安。」此雙聲字，以聲表義，故無定形。

〔六〕「爲」下脱二字。

〔七〕漢書五行志云：「凡草木之類謂之妖，妖猶夭胎，言尚微。蟲豸之類謂之孽，孽則牙孽矣。」説文作「祅蠥」。

〔八〕「卹」當作「卵」。卵胎，物之未成者，故爲「見欺紿」。易林晉之益、震之觀並云：「缺破不成，胎卵未生，弗見兆形。」或云：「殈」聲誤爲「卹」，説文云：「殈，胎敗也。」○鐸按：前説近是。

〔九〕「紿」與「詒」同。

〔一〇〕「侯」疑「及」。○鐸按：「及」字涉上四字而加人旁，因誤爲「侯」。

〔一一〕「懽」舊作「觀」，據何本。

〔一二〕○鐸按：「大部」疑「大都」。廣雅釋訓：「都，凡也。」韓愈畫記：「乃命工人存其大都焉。」「大都」蓋有所本。或曰：「大部」猶「大類」也。

夢或甚顯而無占，或甚微而有應，何也？曰：本所謂之夢者，困不了察之稱〔一〕，而懵憒冒名也〔二〕。故亦不專信以斷事。人對計事〔三〕，起而行之，尚有不從〔四〕，況於忘忽雜夢〔五〕，亦可必乎？惟其時有精誠之所感薄，神靈之所告者〔六〕，乃有占爾。

〔一〕「了」爲「憭」之假借。説文云：「憭，慧也。惛，不憭也。」一切經音義廿一引作「不了」。後漢書孔融傳：「小而聰了。」亦以「了」爲「憭」。○鐸按：「困」謂困倦，俗字作「睏」。後漢書耿純傳：「昨夜困乎？」即此義。夢本於昏睡中矇矓得之，故爲「困不了察之稱」，而亦「懵憒冒名」也。

〔二〕説文云：「儚，惛也。懜，不明也。」「懵」蓋「懜」之別體。爾雅釋訓云：「儚儚、洄洄，惛也。」釋文：「『儚儚』字或作『懜』，『洄洄』本或作『恛』。」説文引爾雅「䙡䙡䙟䙟」，本書救邊篇又作「佪佪潰潰」。「懵潰」即「懜懜憒憒」，今爾雅脱「憒憒」。詳救邊篇注。○鐸按：「懵憒冒」三字平列，皆惛亂不明之意。「冒」與「眊」聲近，漢書息夫躬傳「憒眊不知所爲」，「憒眊」謂昏憒眊亂也（師古注：「憒，心亂也。眊，目闇也。」分二義，失之）。「懵憒冒名」即「懵憒冒之名」，猶潛歎篇「幽隱囚人」、班禄篇「奢夸廓人」及俗語「細微末節」、「寬洪大量」之類，皆以三同義字爲定語耳。

〔三〕○鐸按：「對」字無義，疑當作「討」。説文：「討，治也。」與「計」義相近，故連言。討、對形近易誤，廣雅釋詁三：「討，治也。」本說文，今本「討」訛爲「對」，是其比。

〔四〕○鐸按：廣雅釋詁三：「從，就也。」謂成就也。

〔五〕忘，讀若「怳」。老子云：「無狀之狀，無象之象，是爲忽怳。」淮南子原道訓云「鶩怳忽」，高誘注：「怳忽，無之象也。」禮記祭義云：「夫何慌忽之有！」管子水地篇云：「目之所以視，非特山陵之見也，察于荒忽。」漢書司馬相如傳云「軋物荒忽」，張揖曰：「不分明之貌。」史記作「洸忽」。莊子至樂篇云：「雜乎芒芴之間。」怳、慌、荒、洸、芒、忘義並通。

〔六〕呂氏春秋精通篇云：「今夫攻者，砥厲五兵，侈衣美食，發且有日矣。所被攻者不樂，非或聞之也，神者先告也。身在乎秦，所親愛在於齊，死而志氣不安，精或往來也。」此所言即其義。淮南子天文訓云「陰陽相薄感而爲雷」，高誘注：「薄，迫也。感，動也。」

是故君子之異夢，非妄而已也，必有事故焉。小人之異夢，非椉〔一〕而已也，時有禎祥焉〔二〕。是以武丁夢獲聖而得傅說〔三〕，二世夢白虎而滅其封〔四〕。

〔一〕「椉」舊作「桀」。○鐸按：「椉」隸變作「乘」。此「椉」字若不誤爲「桀」，則後人亦必改爲「乘」矣。

〔二〕「禎」舊作「真」，據程本改。禮記中庸云：「必有禎祥。」○鐸按：「事故」與「禎祥」疑當互易。下文「武丁夢獲聖」承「禎祥」言，「二世夢白虎」蒙「事故」言也。

〔三〕楚語。

〔四〕「滅」字舊脱，據何本補。事見史記秦始皇紀。「封」猶「邦」也。○鐸按：「滅其封」亦見下文。説文：「封，爵諸侯之土也。」

夫奇異之夢，多有故而少無爲者矣〔一〕。今一寢之夢，或屢遷化，百物代至，而其主不能究道之，故占者有不中也。此非占之罪也，乃夢者過也。或言夢審矣，而説者不能連類傳觀，故其善〔二〕惡有不驗也。此非書之罔，乃説之過也。是故占夢之難者，讀其書爲難也〔三〕。

〔一〕○鐸按：「爲」與「謂」同。「無謂」見史記秦始皇紀。

〔二〕「善」字舊脱。

〔三〕晏子春秋雜下：「占夢者曰：『請反具書。』」漢書藝文志雜占類：「黄帝長柳占夢十一卷，甘德長柳占夢二十卷。」隋書經籍志五行類：「京房占夢書三卷。」

夫占夢必謹其變故，審其徵候，内考情意，外考王相，即〔一〕吉凶之符，善惡之效，庶可見也。

〔一〕「即」與「則」同。

且凡人道見瑞而修德者，福必成，見瑞而縱恣者，福轉爲禍；見妖而驕侮者，禍必成，見妖而戒懼者，禍轉爲福〔一〕。是故太姒有吉夢，文王不敢康吉〔二〕，祀於羣神，然後占於明堂，並拜吉夢。修省〔三〕戒懼，聞喜若憂，故能成吉以有天下〔四〕。虢公夢見蓐收賜之上田，自以爲有吉，囚〔五〕史嚚，令國賀夢〔六〕。聞憂而喜，故能成凶以滅其封。

〔一〕呂氏春秋制樂篇：「湯曰：『吾聞祥者，福之先者也。見祥而爲不善，則福不至。妖者，禍之先者也。見妖而爲善，則禍不至。』」治要載桓譚新論云：「災異變怪者，天下所常有，無世而不然。逢明主賢臣智士仁人，則修德善政省職慎行以應之，故咎殃消亡，而禍轉爲福。」

〔二〕○鐸按：爾雅釋詁：「康，樂也。」晉語一：「抑君亦樂其吉而備其凶？」「康吉」即「樂其吉」也。或以「吉」字屬下讀，非。

〔三〕「省」舊作「發」。

〔四〕御覽八十四引帝王世紀云：「文王自商至程，太姒夢見商庭生棘，太子發取周庭之梓，樹之於闕閒，梓化爲松柏柞棫。覺而驚，以告文王。文王不敢占，召太子發，命祝以幣，告於宗廟羣神，然後占之於明堂。及發並拜吉夢，遂作程寤。」按程寤解出周書，今亡，御覽及藝文類聚多引之。

〔五〕「囚」舊作「因」。

〔六〕晉語。○鐸按：晉語二無「賜上田」語。神賜虢公上田，事在周惠王十五年，即魯莊公三十二年，周語、莊三十二年左傳並載之。此文蓋合二事爲一。

易曰：「使知懼，又明於憂患與故〔一〕。」凡有異夢感心，以及人之吉凶，相之氣色，無問善惡，常恐懼修省，以德迎之〔二〕，乃其逢吉〔三〕，天禄永終〔四〕。

〔一〕繫辭下傳。○鐸按：繫辭云：「其出入以度，外内使知懼，又明於憂患與故。」此節引其文。

〔二〕易震象曰：「君子以恐懼修省。」淮南子繆稱訓云：「身有醜夢，不勝正行。國有妖祥，不勝善政。」

〔三〕書洪範云：「子孫其逢吉。」○鐸按：馬融注：「逢，大也。」此文本周語。周語：「道而得神，是謂逢福」，韋昭注：「逢，迎也。」上文云「以德迎之」，則知節信「逢吉」之義當與韋同。

〔四〕論語。○鐸按：堯曰篇首章之語，僞古文尚書入之大禹謨。

釋難〔一〕第二十九

庚子〔二〕問於潛夫曰：「堯、舜道德，不可兩美，實若韓子戈伐之説邪〔三〕？」

〔一〕○鐸按：此篇所明者大要有四：堯、舜俱賢，非矛盾之説，一也；周公尊王，故誅管、蔡，二也；耕者食之本，學又耕之本，三也；賢人憂國愛民，亦爲身作，四也。蓋時人有疑者，故設爲客難而答之。

〔二〕王先生云：「『庚』疑『唐』字之誤。唐，空也。『唐子』，設詞，即亡是公、子虛之類。」○鐸按：小邾子後有庚氏，見路史。且下文問者又有秦子，當何説？

〔三〕韓非子難一「戈伐」作「矛楯」。詩小戎云「蒙伐有苑」，毛傳：「伐，中干也。」按「伐」爲「瞂」之借。方言云：「盾，自關而東或謂之瞂，或謂之干；關西謂之盾。」○鐸按：下文亦作「矛盾」。

潛夫曰：「是不知難而不知類。今夫伐者盾也，厥性利；戈者矛也，厥性害。

是戈〔一〕爲賊，伐爲禁也，其不俱盛，固其術也。夫堯、舜之相於〔二〕，人也，非戈與伐也，其道同仁，不相害也〔三〕。舜、伐何如弗得俱堅？堯、伐何如不得俱賢哉〔四〕？且夫堯、舜之德，譬猶偶燭之施明於幽室也〔五〕，前燭即盡照之矣，後燭入而益明。此非前燭昧而後燭彰也，乃二者相因而成大光，二聖相德而致太平之功也〔六〕。是故大鵬之動，非一羽之輕也〔七〕；騏驥之速，非一足之力也。衆良相德〔八〕，而積施乎無極也。堯、舜兩美，蓋其則也〔九〕。」

〔一〕「戈」舊作「伐」。

〔二〕相於，兩相加被之辭。文五年左傳疏引鄭康成箴膏肓云：「禮，天子於二王後之喪，含爲先，襚次之，賵次之，賻次之。於諸侯，含之，賵之。小君亦如之。於諸侯臣，襚之。諸侯相於，如天子於二王後。」儀禮聘禮鄭注：「大問曰聘，諸侯相於久無事，使卿相問之禮。」易林蒙之巽：「患解憂除，王母相於，與喜俱來，使我安居。」藝文類聚五十三孔融與韋林甫書曰：「疾動，不得復與足下岸幘廣坐，舉杯相於，以爲邑邑。」急就篇有「尚自於」。一人言「自於」，二人言「相於」。呂氏春秋不侵篇云：「豫讓，國士也，而猶以人之於己也爲念。」高誘注：「『於』猶『厚』也。」「相於」亦「相厚」之意矣。○鐸按：「相於」亦見下篇。

〔三〕伐、害韻。

〔四〕堅、賢韻。兩「伐」字有一誤。

〔五〕禮記仲尼燕居云：「譬如終夜有求于幽室之中，非燭何見？」

〔六〕「德」何本作「得」。德、得古字通。漢書王褒傳聖主得賢臣頌云：「若堯、舜、禹、湯、文、武之君，獲稷、契、皐陶、伊尹、吕望，明明在朝，穆穆列布，聚精會神，相得益章。故聖主必待賢臣而弘功業，俊士亦俟明主以顯其德。」

〔七〕莊子逍遥遊篇云：「鵬之背，不知其幾千里也。怒而飛，其翼若垂天之雲。」詩簡兮疏引五經異義云：「公羊説，樂萬舞以鴻羽，取其勁輕，一舉千里。」抱朴子廣喻篇云：「六翮之輕勁。」

〔八〕「德」與「得」同。

〔九〕力、極、則韻。

伯叔曰〔一〕：「吾子過矣〔二〕。韓非之取矛盾以喻者，將假其不可兩立，以詰堯、舜之不得並之勢。而論其本性之仁與賊，不亦失是譬喻之意乎？」

〔一〕王先生云：「『伯叔』是『唐子』之誤。『伯』是『唐』之壞，『叔』字草書如『子』也。」○鐸按：此篇詰者不一人。此人蓋氏伯字叔，繼庚子起而相難也。伯益之後爲伯氏，見風俗通。

〔二〕儀禮士冠禮鄭注：「吾子，相親之辭。吾，我也。子，男子之美稱。」

潛夫曰：「夫譬喻也者，生於直告之不明，故假物之然否以彰之〔一〕。物之有然否也，非以其文也，必以其真也。今子舉其實文之性以喻，而欲使鄙也釋其文，鄙也惑焉。且吾聞問陰對陽，謂之彊説；論西詰東，謂之彊難。子若欲自必以則昨反思，然後求，無苟自彊〔二〕。」

〔一〕墨子小取篇云：「辟也者，舉物而以明之也。」「辟」即「譬」之省。荀子非相篇云：「談説之術，分别以喻之，譬稱以明之。」淮南子要略云：「假象取耦，以相譬喻。」

〔二〕「自必」以下，文有脱誤。

庚子曰：「周公知管、蔡之惡，以相武庚〔一〕，使肆厥毒，從而誅之，何不仁也？若其不知，何不聖也？二者之過，必處一焉〔二〕。」

〔一〕舊脱，孫侍御補。史記管蔡世家云：「二人相紂子武庚、禄父，治殷遺民。」

〔二〕本孟子。○鐸按：公孫丑下篇：「陳賈曰：『周公使管叔監殷，管叔以殷畔。知而使之，是不仁也。不知而使之，是不智也。』」

潛夫曰：「書二子挾庚子父以叛〔一〕，然未知其類之與？抑抑相反〔二〕？且天知桀惡而帝之夏，又知紂惡而王之殷，使虐二國，殘賊下民，多縱厥毒，滅其身〔三〕，亦可謂不仁不知乎？」

〔一〕王先生云：「『庚子父』當是武庚禄父，『庚』上脱『武』字，『子』是『禄』之蝕而僅存者。」繼培按：管蔡世家云：「管叔、蔡叔疑周公爲之不利於成王，乃挾武庚以作亂。」漢書翟方進傳云：「昔成王幼，周公攝政，而管、蔡挾禄父以叛。」

〔二〕文有脱誤。

〔三〕「滅」上脱一字。韓詩外傳十：「公子晏子曰：『昔者，桀殘賊海内，賦斂無度，萬民甚苦。是故湯誅之，爲天下戮笑。』」白虎通禮樂篇云：「殷紂爲惡日久，其惡最甚，斮涉刳胎，殘賊天下。」孟子云：「賊仁者謂之賊，賊義者謂之殘。殘賊之人，謂之一夫。聞誅一夫紂矣。」

庚子曰：「不然。夫桀、紂者，無親於天，故天任之〔一〕而勿憂〔二〕，誅之而勿哀。今管、蔡之與周公也，有兄弟之親，有骨肉之恩〔三〕，不量能而使之，不堪命而任之，故曰異於桀、紂〔四〕之與天也。」

〔一〕舊脱。

〔二〕晉語云：「輕其任而不憂其危。」

〔三〕漢書五行志：「董仲舒云：『多兄弟親戚骨肉之連。』」

〔四〕舊脱。

潛夫曰：「皇天無親〔一〕，帝王繼體之君〔二〕，父事天。王者爲子，故父事天也〔三〕。率土之民，莫非王臣也〔四〕。將而必誅〔五〕，王法公也。無偏無頗〔六〕，親疎同也〔七〕。大義滅親〔八〕，尊王之義也。立弊之天爲周公之德因斯也〔九〕。過此而往者，未之或知〔一〇〕。」

〔一〕僖六年左傳引周書。

〔二〕「繼體」注見五德志。

〔三〕漢書郊祀志：「王莽奏言：『王者父事天，故爵稱天子。』」白虎通爵篇云：「爵所以稱天子者何？王者父天母地，爲天之子也。」

〔四〕詩北山。

〔五〕昭元年公羊傳。

〔六〕書洪範。

〔七〕公、同韻。

〔八〕隱四年左傳。

〔九〕文有脱誤。

〔一〇〕易繫辭下傳。義、斯、知韻。

秦子問於潛夫曰：「耕種，生之本也；學問，業之末也。老聃有言：『大丈夫處其實，不居其華。』而孔子曰：『耕也，餧在其中；學也，禄在其中〔一〕。』敢問〔二〕今使舉世之人，釋耨耒而程相羣於學，何如〔三〕？」

〔一〕論語。

〔二〕「敢」舊作「敦」，據程本。

〔三〕○鐸按：「程」、「羣」二字疑當互易。家語儒行解「程功積事」，王肅注：「『程』猶『効』也。」「羣相程於學」，言羣起而相効於學也。

潛夫曰：「善哉問！君子勞心，小人勞力〔一〕。故孔子所稱，謂君子爾。今以目所見，耕，食之本也。以心原道，即〔二〕學又耕之本也。易曰：『立天之道，曰陰與陽；立地之道，曰柔與剛；立人之道，曰仁與義〔三〕。』天反德者爲災〔四〕。」

〔一〕襄九年左傳知武子語。

〔二〕「即」與「則」同。

〔三〕説卦傳。

〔四〕此語上下有脱誤。當設爲問辭，下乃答之。宣十五年左傳云：「天反時爲災，地反物爲妖，民反德爲亂。亂則妖災生。」此文蓋用其説。

潛夫曰：「嗚呼！而未之察乎？吾語子。夫君子也者，其賢宜君國而德宜子民也〔一〕。宜處此位者，惟仁義人，故有仁義者，謂之君子。昔荀卿有言：『夫仁也者愛人，愛人，故不忍危也；義也者聚人，聚人，故不忍亂也〔二〕。』是故君子夙夜箴規，蹇蹇匪懈者〔三〕，憂君之危亡〔四〕，哀民之亂離也〔五〕。故賢人君子，推其仁義之心，愛〔六〕之君猶父母也，愛居世之民猶子弟也。父母將臨顛隕之患，子弟將有陷溺之禍者〔七〕，豈能墨乎哉〔八〕！是以仁者必有勇〔九〕，而德人必有義也〔一〇〕。

〔一〕注見三式篇。

〔二〕荀子議兵篇作「彼仁者愛人，愛人，故惡人之害之也；義者循理，循理，故惡人之亂之也」。

〔三〕易蹇六二：「王臣蹇蹇。」詩烝民云：「夙夜匪解。」「箴規」見明闇篇注。

〔四〕毛詩山有樞序云：「政荒民散，將以危亡。」

〔五〕詩四月云：「亂離瘼矣。」

〔六〕「愛」下脱二字。

〔七〕孟子云：「陷溺其民。」

〔八〕墨，讀爲「默」。説文云：「默，讀若『墨』。」漢書李陵傳：「陵墨不應。」田蚡傳：「嬰墨墨不得意。」「墨」皆「默」之省。

〔九〕論語。

〔一〇〕文子微明篇云：「次五有德人。」

「且夫一國盡亂，無有安身〔一〕。詩云：『莫肯念亂，誰無父母〔二〕。』言將皆爲害，然有親者憂將深也。是故賢人君子，既憂民，亦爲身作〔三〕。夫蓋滿於上〔四〕，沾溥在下〔五〕，棟折榱崩，懼有厭患〔六〕。故大屋移傾〔七〕，則下之人不待告令，各爭其柱之〔八〕。仁者兼護人家者，且自爲也。易曰：『王明並受其福〔九〕。』是以次室倚立而嘆嘯〔一〇〕，楚女揭幡而激王〔一一〕。仁惠之恩，忠愛之情，固能已乎〔一二〕？」

〔一〕呂氏春秋諭大篇云：「天下大亂，無有安國；一國盡亂，無有安家；一家皆亂，無有安身。」亦見務大篇。

〔二〕沔水。○鐸按：此二句愛日篇亦引。毛傳云：「京師者，諸侯之父母也。」陳奐詩毛氏傳疏云：「此不以父母爲京師，本三家詩。」陳喬樅謂魯詩義，説見魯詩遺説考十。

〔三〕「作」字誤。○鐸按：爾雅釋言：「作，爲也。」「亦爲身作」，與下文「且自爲也」義同。

〔四〕○鐸按：滿，讀爲「漫」。方言十三：「漫，敗也。涇敝爲漫。」郭注：「漫，謂水潦漫澇壞屋也。」或曰：「滿」當爲「漏」，字之誤也。説文：「屚，屋穿水下也。」書傳皆以「漏」爲之。

〔五〕○鐸按：「溥」當爲「濡」。隸書「濡」字或作「潓」，因誤爲「溥」。「沾濡」即「霑濡」。屋漏於上，則人霑濡在下矣。

〔六〕魯語：「叔孫穆子曰：『夫棟折而榱崩，吾懼壓焉。』」

〔七〕説文云：「陊，落也。隤，仄也。」「移傾」即「陊隤」假借字。

〔八〕「其」當作「共」。柱，謂楮柱之。太玄經上次七：「升於顛臺，或柱之材。」或云：「其」當爲「楮」，聲之誤也。亦作「枝柱」，後漢書崔駰後實傳云：「枝柱邪傾。」楊震傳云：「宮殿垣屋傾倚，枝柱而已。」又章帝紀元和元年詔云：「支柱橋梁。」「支」與「枝」同。○鐸按：或説是也。俗音訛。

〔九〕井九三。

〔一〇〕「立」當作「柱」。列女傳云：「魯漆室女，當穆公時，君老，太子幼，女倚柱而嘯。旁人聞之，莫不爲之慘者。」續漢書郡國志：「東海郡蘭陵有次室亭」，劉昭注：「地道記曰：『故魯次室邑。』列女傳『漆室之女』或作『次室』。」按論衡實知篇亦作「次室」。○鐸按：御覽四百八十八引列女傳作「七室」，注云：「一邑七宮也。」古以「漆」爲「七」，見墨子貴義篇。梁端列女傳校注云：「漆、次一聲之轉。」

〔一一〕亦見列女傳。「揭幡」作「持幟」。按漢書鮑宣傳：「王咸舉幡太學下，曰：『欲救鮑司隸者會此下。』」後漢書虞詡傳：「詡子顗與門生百餘人，舉幡候中常侍高梵車，訴言枉狀。」○鐸按：此見列女傳辯通傳楚處莊姪傳。

〔一二〕○鐸按：「固」與「顧」同。「顧」猶「豈」也。訓見助字辨略。

潛夫論箋校正卷八

交際〔一〕第三十

語曰：「人惟舊，器惟新〔二〕。昆弟世疏，朋友世親〔三〕。」此交際之理，人之情也。今則不然，多思遠而忘近〔四〕，背故而向新〔五〕；或歷載而益疏，或中路而相捐，悟先聖之典戒〔六〕，負久要之誓言〔七〕。斯何故哉？退而省之〔八〕，亦可知也。勢有常趣，理有固然。富貴則人爭附之，此勢之常趣也；貧賤則人〔九〕爭去之，此理之固然也〔一〇〕。

〔一〕○鐸按：孟子萬章下篇：「敢問交際何心也？」趙注：「際，接也。」此篇論朋友交接之道，尤貴久要，貧賤不改。乃漢世則有競趨富貴，爭去貧賤，交利相親，交害相疏者矣。俗薄若此，故節信歷舉四難、三患而非之。其同時貞士有朱穆著崇厚論、絶交論二篇，與此文大旨彌近。其略見後漢書本傳及章懷注所引，並可參觀。

〔二〕書盤庚云：「人惟求舊，器非求舊惟新。」熹平石經作「人維舊」。○鐸按：此本今文尚書。

〔三〕新、親韻。襄廿六年左傳云：「伍舉奔鄭，將遂奔晉。聲子將如晉，遇之於鄭郊，班荆相與食而言復故。」杜注：「布荆坐地，共議歸楚事。」「朋友世親」蓋本此。

〔四〕鬼谷子内揵篇云：「日進前而不御，遥聞聲而相思。」

〔五〕列女傳晉趙衰妻云：「好新而嫚故，無恩。」御覽四百九十五引東觀漢記云：「陳忠上疏稱，語曰：『迎新千里，送故不出門。』」

〔六〕「悟」當作「牾」。説文云：「牾，逆也。」

〔七〕論語云：「久要不忘平生之言。」書湯誓云：「爾不從誓言。」趙策云：「寡人與子有誓言矣。」新、捐、言韻。

〔八〕論語云：「退而省其私。」

〔九〕「人」字舊脱，據意林補。御覽八百卅六同。

〔一〇〕齊策：「譚拾子曰：『理之固然者，富貴則就之，貧賤則去之。』」風俗通窮通篇作「富貴則人争歸之，貧賤則人争去之，此物之必至，而理之固然也。」○鐸按：後漢書朱穆傳論章懷注引蔡邕正交論云：「逮夫周德始衰，頌聲既寢，伐木有鳥鳴之刺，谷風有棄予之怨。自此以降，彌以陵遲，或闕其始終，或彊其比周。是以搢紳患其然，而論者諄諄如也。疾淺薄而攜貳者有之，惡朋黨而絶交遊者有之。其論交也，曰：『富貴則人争趣之，貧賤則人争去之。』」所謂搢紳疾淺薄，絶交遊，即指節信及朱穆等人也。

夫與富貴交者，上有稱舉之用〔一〕，下有貨財之益。與貧賤交者，大有賑〔二〕貸之費，小有假借之損。今使官人〔三〕雖兼桀、跖之惡〔四〕，苟結駟而過士〔五〕，士猶以爲〔六〕榮而歸焉，況其實有益者乎？使處子〔七〕雖苞顔、閔之賢〔八〕，苟被褐而造門〔九〕，人猶以爲辱而〔一〇〕恐其復來，況其實有損者乎？

〔一〕「舉」舊作「譽」，據意林、御覽改。史記秦始皇紀：「趙高曰：『高素小賤，幸稱舉令在上位。』」漢書朱雲傳：「妄相稱舉。」蓋寬饒傳：「爲太中大夫，使行風俗，多所稱舉貶黜。」蕭望之傳：「恭、顯奏望之、堪、更生朋黨相稱舉。」何武傳：「有司劾奏武、公孫祿互相稱舉。」楚辭九辯「世雷同而炫曜兮」，王逸注：「俗人羣黨相稱舉也。」皆其證。

〔二〕「賑」當作「振」。

〔三〕哀三年左傳云：「官人肅給。」按「官人」荀子屢見，彊國篇：「士大夫益爵，官人益秩。」楊倞注：「官人，羣吏也。」正論篇：「士大夫以爲道，官人以爲守。」楊注：「官人，守職事之官也。」此則以爲居官者之通稱矣。○鐸按：「官人」亦見下文。錢大昕恒言録卷三云：「杜田杜詩博議謂『官人』乃隋、唐間語，不知漢人已有此語。」

〔四〕「桀跖」見慎微篇注。

〔五〕史記仲尼弟子傳云：「子貢相衞，而結駟連騎，排藜藋，入窮閻，過謝原憲。」

〔六〕「爲」字據意林補。

〔七〕「處子」即「處士」。後漢書逸民傳序云：「處子耿介，羞與卿相等列。」文選束晳補亡詩白華篇「堂堂處子」，李善注云：「處子，處士也。」

〔八〕漢書儒林傳谷永疏云：「關内侯鄭寬中有顔子之美質，包商、偃之文學。」「包」與「苞」通。

〔九〕老子云：「聖人被褐懷玉。」説文云：「褐，粗衣。」

〔一〇〕「辱而」舊空，據程本。

故富貴易得宜，貧賤難得適〔一〕。好服謂之奢僭，惡衣謂之困厄〔二〕，徐行謂之飢餒，疾行謂之逃責〔三〕，不候謂之倨慢〔四〕，數來謂之求食〔五〕，空造以爲無意〔六〕，奉贄以爲欲貸〔七〕，恭謙以爲不肖，抗揚以爲不德〔八〕。此處子之羈薄〔九〕，貧賤之苦酷也〔一〇〕。

〔一〕「得宜」意林作「爲客」，御覽「客」作「交」。按宜、適義同，吕氏春秋適威篇高誘注：「適，宜也。」後漢書馮衍傳云：「富貴易爲善，貧賤難爲工。」

〔二〕論語云：「士志於道，而恥惡衣。」

〔三〕孟子云：「徐行後長者謂之弟，疾行先長者謂之不弟。」漢書諸侯王表序云：「有逃責之臺。」

〔四〕「慢」意林作「敖」。候，謂進謁。漢書董仲舒傳云：「主父偃候仲舒。」

〔五〕孟子云：「其志將以求食也。」

〔六〕見下「貨財」句注。

〔七〕白虎通文質篇云：「私相見亦有贄何？所以相尊敬長和睦也。」

〔八〕「德」舊作「得」，據意林改。

〔九〕薄，讀爲「縛」。釋名釋言語云：「縛，薄也，使相薄著也。」

〔一〇〕適、戹、責、食、貸、德、酷韻。

夫處卑下之位，懷北門之殷憂，内見讁於妻子〔一〕，外蒙譏於士夫〔二〕。嘉會不從禮〔三〕，餞御不逮衆〔四〕，貨財不足以合好〔五〕，力勢不足以杖急〔六〕。歡忻久交〔七〕，情好曠而不接，則人無故自廢疏矣。漸疏則賤者逾自嫌而日引，貴人逾務黨而忘之〔八〕。夫以逾疏之賤，伏於下流〔九〕，而望日忘之貴，此谷風所爲内摧傷〔一〇〕，而介推所以赴深山也〔一一〕。

〔一〕詩北門云：「憂心殷殷。」又云：「室人交徧讁我。」「讁」與「謫」同。

〔二〕「士夫」謂士大夫。

〔三〕漢書賈誼傳云：「富人大賈，嘉會召客。」

〔四〕詩六月云「飲御諸友」，毛傳：「御，進也。」漢書蔡義傳云：「以明經給事大將軍莫府，家貧，常步行，資禮不逮衆。」

〔五〕白虎通文質篇云：「朋友之際，五常之道，有通財之義，振窮救急之意。中心好之，欲飲食之，故財幣者，所以副至意也。」定十年左傳云：「兩君合好。」

〔六〕漢書爰盎傳云：「一旦有緩急，寧足恃乎？」李尋傳云「近臣已不足杖矣」，顏師古注：「杖，謂倚任也。」

〔七〕漢書高后紀四年詔云：「驩欣交通。」「歡忻」與「驩欣」同。

〔八〕漢書外戚傳：「子夫上車，主拊其背曰：『行矣！即貴，願無相忘。』」

〔九〕論語云：「君子惡居下流。」漢書楊敞傳楊惲報孫會宗書云：「下流之人，衆毁所歸。」

〔一〇〕詩小雅。

〔一一〕僖廿四年左傳。○鐸按：已見遏利篇。

夫交利相親，交害相疏。是故長誓而廢〔一〕，必無用者也。交漸而親，必有益者也。俗人之相於也〔二〕，有利生親，積親生愛，積愛生是，積是生賢，情苟賢之，則不自覺心之親之，口之譽之也〔三〕。無利生疏，積疏生憎，積憎生非，積非生惡，情苟惡之，則不自覺心之外之，口之毁之也。是故富貴雖新，其勢日親；貧賤雖舊，其勢日疏〔四〕，此處子所以不能與官人競也。世主不察朋交〔五〕之所生，而苟信貴臣之言，此絜士所以獨隱翳〔六〕，而姦雄所以黨飛揚也〔七〕。

〔一〕「長」下舊有「救」字，衍。「長誓」即詩考槃「永矢」，鄭箋云：「永，長；矢，誓。」

〔二〕「相於」注見釋難篇。

〔三〕史記袁盎傳云：「諸君譽之，皆不容口。」

〔四〕「踈」舊作「除」，據諸子品節改。尹文子大道篇云：「處名位，雖不肖，不患物不親己，在貧賤，不患物不踈己。親踈係乎勢利，不係乎不肖與仁賢也。」

〔五〕「交」程本作「友」。

〔六〕楚語韋昭注：「翳，鄣也。」

〔七〕三略云：「姦雄相稱，彰蔽主明。」淮南子精神訓云：「趣舍滑心，使行飛揚。」高誘注：「飛揚，不從軌度也。」「黨」當作「常」，「常飛揚」與「獨隱翳」對文。程本作「黨能臣」，誤。○鐸按：「黨」與「獨」正相對，本政篇「此正士之所獨蔽，而羣邪之所黨進」，其例也。能、態古字通。素問風論：「顧問其診，及其病能。」「病能」即「病態」。「態臣」見荀子臣道篇。然則程本作「黨能臣」，蓋不誤。又下文「此姦雄所以逐黨進，而處子所以愈擁蔽也」，義與此同，益知「黨」字不可輕改矣。

昔魏其之客〔一〕，流於武安；長平之吏，移於冠軍〔二〕；廉頗〔三〕、翟公〔四〕，載盈載虛〔五〕。夫以四君之賢，藉舊貴之夙恩，客猶若此，則又況乎生貧賤者哉？惟有古烈之風，志義之士〔六〕，爲不然爾。恩有所結〔七〕，終身無解；心有所矜，賤而益篤。詩云：「淑人君子，其儀一兮，心如結兮〔八〕。」故歲寒然後知松柏之後彫，世〔九〕隘然後知其人之篤固也〔一〇〕。

〔一〕舊空，據程本。

〔二〕風俗通窮通篇用此四語，事見史記魏其武安侯傳及衛將軍驃騎傳。

〔三〕史記。

〔四〕史記汲黯鄭當時傳論。

〔五〕文選陸士衡齊謳行及沈休文冬節後至丞相第詩注：「載」，並作「再」。論衡講瑞篇云：「少正卯在魯，與孔子並。孔子之門，三盈三虛，惟顏淵不去。」

〔六〕漢書季布欒布田叔傳贊云：「雖古烈士，何以加哉！」張湯傳：「湯客田甲所，責湯行義有烈士之風。」「古烈」即謂古烈士。魏志鮑勛傳上文帝疏亦云：「陛下仁聖惻隱，有同古烈。」

〔七〕漢書丙吉傳云：「誠其仁恩內結於心也。」

〔八〕鳲鳩。

〔九〕「世」舊作「也」。

〔一〇〕論語云：「歲寒然後知松柏之後彫也。」釋文云：「『彫』依字當作『凋』。」莊子讓王篇：「孔子曰：『天寒既至，霜雪既降，吾是以知松柏之茂也。陳、蔡之隘，於吾其幸乎？』」爾雅釋詁云：「篤，固也。」○鐸按：「篤固」已見遏利篇。

侯嬴〔一〕、豫讓〔二〕，出身以報恩〔三〕；鱄諸、荆軻〔四〕，奮命以效用〔五〕。故死可爲也，處之難爾〔六〕。龐勛、教貂〔七〕，一旦見收，亦立爲義報，況累舊乎？故鄒陽稱之曰：「桀之狗可使吠堯，跖之客可使刺由〔八〕。」豈虛言哉？俗士淺短，急於目前，見赴有益則先至，顧無用則後背〔九〕。是以欲速之徒〔一〇〕，競推上而不暇接下，争逐前而不遑卹後〔一一〕。是故韓安國能遺田蚡五百金〔一二〕，而不能賑一窮〔一三〕；翟方進稱淳于長〔一四〕，而不能薦一士。夫安國、方進，前世之忠良也〔一五〕，而猶若此，則又況乎末塗之下相哉〔一六〕？此姦雄所以逐黨進，而處子所以愈擁蔽也〔一七〕。非明聖之君，孰能照察〔一八〕？

〔一〕史記信陵君傳。

〔二〕史記刺客傳。

〔三〕史記春申君傳：「應侯曰：『歇爲人臣，出身以殉其主。』」按「出身」猶吳王濞傳云「棄軀」

也。○鐸按：此與讚學篇「出身」義別。

〔四〕並見刺客傳。

〔五〕後漢書班超傳超妹昭上書云：「超之始出，志捐軀命，冀立微功，以自陳效。」張皓後綱傳云：「奮身出命，掃國家之難。」南匈奴傳云：「耿秉因自陳受恩，分當出命效用。」董卓傳云：「掌戎十年，士卒大小相狎彌久，戀臣畜養之恩，爲臣奮一旦之命，乞將之北州，效力邊垂。」皆「奮命效用」之意。

〔六〕史記廉頗藺相如傳論云：「知死必勇。非死者難也，處死者難。」按後漢書朱穆傳論云：「至乃田、竇、衞、霍之游客，廉頗、翟公之門賓，進由勢合，退由衰異；又專諸、荆卿之感激，侯生、豫子之投身，情爲恩死，命緣義輕。皆以利害移心，懷德成節，非夫交照之本，未可語失得之原也。」語本此。

〔七〕「龐勛」未詳，疑「豎須」之誤。豎須即豎頭須，晉文公守藏者也。教貂即寺人披，史記晉世家稱爲履鞮，李善注文選司馬遷報任少卿書及范蔚宗宦者傳論引史並作履貂，後漢書宦者傳序作勃貂。古書「勃」多作「敎」。教貂、豎須事並見僖廿四年左傳。○俞樾云：「龐勛疑即龐涓。『涓』字缺壞，止存右旁，遂誤爲『勛』耳。龐涓與孫臏同學，及既事魏爲將軍，忌孫臏，乃以法刖而黥之，後卒爲孫臏射死，與寺人勃貂皆反復小人。此言『一旦見收，亦爲義報』，故下文言『桀之狗可使吠堯，跖之客可使刺由』，明以桀狗、跖客喻此兩人，則此兩人皆非良士可知矣。」〇鐸按：下文言「故鄒陽稱之」云云，則勃貂當作貂勃。齊策六：「貂勃嘗惡田單。安平君聞之，故爲酒召貂勃，曰：『單何以得罪於先生，故常見惡於朝？』貂勃曰：『跖之狗吠堯，非貴跖而賤堯也，狗固吠非其主也。』安平君任之於王。」其後齊王幸臣九人之屬毁單，貂勃諫王，王乃殺九子而益封安平君以夜邑萬户。是鄒陽稱之者乃齊之貂勃，非晉之寺人勃貂也。鄒陽之語本於貂勃，而此文云「一旦見收，亦立爲義報」，則爲貂勃事甚明。又龐勛，汪説固誤，俞説亦未必然，闕之可也。

〔八〕史記鄒陽傳獄中上梁孝王書語。

〔九〕「背」舊作「輩」。漢書張耳陳餘傳贊云：「何鄉者慕用之誠，後相背之盭也？」

〔一〇〕襄廿六年左傳：「伊戾騁告公曰：『太子將爲亂，既與楚客盟矣。』公曰：『爲我子，又何求？』對曰：『欲速。』」

〔一一〕詩谷風云：「遑恤我後。」「卹」與「恤」同。

〔一二〕史記韓安國傳。

〔一三〕「賑」當作「振」。「振窮」注見遏利篇。

〔一四〕漢書翟方進傳。

〔一五〕「忠良」見實貢篇注。

〔一六〕韓非子顯學篇云：「授車就駕，而觀其末塗。」漢書鼂錯傳云：「及其末塗之衰也。」

〔一七〕漢書元帝紀永光元年詔曰：「壬人在位，而吉士雍蔽。」顔師古注：「雍，讀曰『壅』。」擁、壅古字通。後漢書朱暉後穆傳崇厚論云：「務進者趨前而不顧後，榮貴者矜己而不待人，智不接愚，富不賑貧，貞士孤而不恤，賢者厄而不存，故田蚡以尊顯致安國之金，淳于以貴埶引方進之言。夫以韓、翟之操，爲漢之名宰，然猶不能振一貧賢，薦一孤士，又況其下者乎？」此文本之。

〔一八〕「照察」見愛日篇注。

且夫怨惡之生〔一〕，若二人偶焉〔二〕。苟相對也，恩情相向，推極其意，精誠相射，貫心達髓〔三〕，愛樂之隆〔四〕，輕相爲死〔五〕，是故侯生、豫子刎頸而不恨。苟相背也，心情乖忤〔六〕，推極其意，分背奔馳，窮東極西，心尚未快〔七〕，是故陳餘、張耳老相全滅而無感痛〔八〕。從此觀之，交際之理，其情大矣。非獨朋友爲然，君臣夫婦亦猶是也。當其歡也，父子不能閒；及其乖也，怨讎不能先。是故聖人常慎微以敦其終〔九〕。

〔一〕王先生云：「『怨惡』當作『恩怨』。恩者相對也，怨者相背也。」

〔二〕禮記中庸：「仁者，人也。」鄭注：「人也，讀如『相人偶』之『人』，以人意相存問之言。」新書匈奴篇云：「薄使付酒錢，時人偶之。」

〔三〕漢書鄒陽傳云：「太后厚德長君，入於骨髓。」

〔四〕史記張丞相傳云：「鄧通方隆愛幸，賞賜累巨萬。」

〔五〕史記陳餘傳云：「安在其相爲死！」荀子議兵篇云：「政修，則民親其上，樂其君，而輕爲之死。」

〔六〕「乑」即「互」字。漢書外戚傳杜欽説王鳳曰：「輕細微眇之漸，必生乖忤之患。」王商傳云：「父子乖迕。」後漢書樂恢傳：「經曰：『天地乖互。』」忤、迕、互並通。

〔七〕「快」舊作「決」。易艮六二：「其心不快。」

〔八〕見史記。「全」諸子品節作「吞」。孫侍御云：「當作『殄』。」繼培按：「全」蓋「禽」字之壞。史記淮陰侯傳：「蒯生曰：『常山王、成安君，此二人相與，天下至驩也。然而卒相禽者何也？患生於多欲，而人心難測也。』」「卒相禽」漢書蒯通傳作「卒相滅亡」。○鐸按：汪説近是。陳深諸子品節好改古書，不出明人陋習，自不足據。

〔九〕注見愼微篇。

富貴未必可重，貧賤未必可輕。人心不同好〔一〕，度量相萬億〔二〕。許由讓其帝位〔三〕，俗人有爭縣職〔四〕，孟軻〔五〕辭祿萬鍾〔六〕，小夫貪於升食〔七〕。故曰：鶉鷃羣游，終日不休，亂舉聚跱，不離蒿茆〔八〕。鴻鵠高飛，雙別乖離〔九〕，通千達萬，志在陂池〔一〇〕。

鸞鳳翱翔黃歷之上〔一一〕，徘徊太清之中〔一二〕，隨景風而飄颻〔一三〕，時抑揚以從容〔一四〕，意猶未得，喈喈然長鳴〔一五〕，歷號振翼，陵朱雲，薄斗極〔一六〕，呼吸陽露，曠旬不食〔一七〕，其意尚猶嗛嗛如也〔一八〕。三者殊務，各安所爲。是以伯夷採薇而不恨〔一九〕，巢父木棲而自願〔二〇〕。由斯觀諸，士之志量，固難測度〔二一〕。凡百君子〔二二〕，未可以富貴驕貧賤，謂貧賤之必我屈也〔二三〕。

〔一〕注見夢列篇。

〔二〕史記司馬相如傳云：「人之度量相越，豈不遠哉？」

〔三〕莊子讓王篇云：「堯以天下讓許由，許由不受。」

〔四〕韓非子五蠹篇云：「古之讓天子者，是去監門之養，而離臣虜之勞也，故傳天下而不足多也。今之縣令，一日身死，子孫累世絜駕，故人重之。是以人之於讓也，輕辭古之天子，難去今之縣令者，薄厚之實異也。」

〔五〕「孟軻」二字舊空，據程本。

〔六〕孟子。

〔七〕億、職、食韻。小夫，即孟子所謂「小丈夫」也。「升」當作「斗」。漢書百官公卿表「百石以下有斗食、佐史之秩」，顏師古注：「漢官名秩簿云：『斗食，月俸十一斛。』一說，斗食者，歲俸不滿百石，計日而食一斗二升，故云斗食。」漢隸「斗」作「升」。升、升字形相近，往往致誤。論衡治期篇：「吏百石以上，若升食以下」，誤與此同。

〔八〕游、休、茆韻。莊子逍遥遊篇：「斥鴳曰：『我騰躍而上，不過數仞而下，翱翔蓬蒿之間，此亦飛之至也。』」釋文：「『鴳』字亦作『鷃』。司馬云：『鴳，鴳雀也。』」周禮醢人「茆菹」，注云：「鄭大夫讀『茆』爲『茅』。」此亦當讀爲「茅」。

〔九〕文選蘇武詩云：「黄鵠一遠别，千里顧徘徊。何況雙飛龍，羽翼臨當乖！」藝文類聚卅蘇武報李陵書云：「乖離邈矣，相見未期。」

〔一〇〕飛、離、池韻。禮記月令云「毋漉陂池」，鄭注：「畜水曰陂，穿地通水曰池。」按説苑政理篇云：「鴻鵠高飛，不就汙池。何則？其志極遠也。」是陂池非鴻鵠志矣。「陂池」當爲「天池」。史記陳涉世家：「涉太息曰：『嗟乎！燕雀安知鴻鵠之志哉？』」索隱引尸子云：「鴻鵠之鷇，羽翼未合，而有四海之心。」漢書張良傳：「高祖歌曰：『鴻鵠高飛，一舉千里，羽翼已就，横絶四海。』」莊子逍遥遊篇云：「窮髮之北，有冥海者，天池也。」

〔一一〕「黄歷」疑「萬仞」之誤。淮南子覽冥訓云：「鳳皇曾逝萬仞之上，翱翔四海之外。」鹽鐵論毁學篇云：「翱翔萬仞。」

〔一二〕淮南子精神訓云：「遊於太清。」後漢書蔡邕傳章懷注：「太清，謂天也。」

〔一三〕爾雅釋天疏引尸子仁義篇述太平之事云：「其風春爲發生，夏爲長贏，秋爲方盛，冬爲安静，四氣和爲通正。此之爲永風。」按「永」爾雅作「景」。御覽八百廿引符瑞圖云：「祥風者，瑞風也。一曰景風。」

〔一四〕中、容韻。楚辭懷沙王逸注：「從容，舉動也。」

〔一五〕詩卷阿云：「雝雝喈喈。」

〔一六〕淮南子人間訓云：「奮翼揮䎒，凌乎浮雲，背負青天，膺摩赤霄。」高誘注：「赤霄，飛雲也。」「斗」舊作「升」。按爾雅釋地云：「北戴斗極爲空桐。」

〔一七〕得、翼、極、食韻。楚辭遠遊云：「餐六氣而飲沆瀣兮，漱正陽而含朝霞。」惜誓云「吸衆氣而翱翔」，王逸注：「衆氣，謂朝霞、正陽、淪陰、沆瀣之氣也。」

〔一八〕續漢書五行志云：「言永樂雖積金錢，慊慊常若不足。」「嗛嗛」與「慊慊」同。

〔一九〕史記。

〔二〇〕皇甫謐高士傳云：「巢父，堯時隱人也。年老，以樹爲巢而寢其上，故人號之曰巢父。」淮南子泰族訓云：「山居木棲。」

〔二一〕禮記禮運云：「人藏其心，不可測度也。」

〔二二〕詩雨無正。

〔二三〕史記魏世家云：「魏文侯子擊逢文侯之師田子方於朝歌，引車避，下謁。田子方不爲禮。子擊因問曰：『富貴者驕人乎？且貧賤者驕人乎？』子方曰：『亦貧賤者驕人耳。夫諸侯而驕人，則失其國；大夫而驕人，則失其家。貧賤者，行不合，言不用，則去之楚、越，若脱躧然。奈何其同之哉？』」

詩云：「德輶如毛，民鮮克舉之〔一〕。」世有大難〔二〕者四，而人莫之能行也，一曰恕，二曰平，三曰恭，四曰守。夫恕者仁之本也〔三〕，平者義之本也〔四〕，恭者禮之本也〔五〕，守者信之本也〔六〕。四者並立，四行乃具，四行具存，是謂真賢。四本不立，四行不成，四行無一，是謂小人。

〔一〕烝民。

〔二〕「難」舊作「男」。

〔三〕大戴禮衛將軍文子篇：「孔子曰：『恕則仁也。』」家語顏回篇：「回曰：『一言而有益於仁，莫如恕。』」孟子云：「強恕而行，求仁莫近焉。」説苑貴德篇云：「夫仁者必恕然後行。」

〔四〕管子水地篇云：「至平而止，義也。」

〔五〕易繫辭上傳云：「禮言恭。」説苑雜言篇：「孔子曰：『不恭無禮。』」

〔六〕僖廿八年左傳晉筮史云：「信以守禮。」成二年傳：「孔子曰：『信以守器。』」十五年傳申叔時云：「信以守禮。」十六年傳申叔時云：「信以守物。」九年傳：「范文子曰：『信以守之。』」襄十一年傳魏絳語同。昭五年、六年傳叔向並云：「守之以信。」

所謂恕者，君子之人，論彼恕於我〔一〕，動作消息於心〔二〕；己之所無，不以責下，我之所有，不以譏彼〔三〕；感己之好敬也，故接士以禮，感己之好愛也，故遇人有恩〔四〕；己欲立而立人，己欲達而達人〔五〕；善人之憂我也，故先勞人〔六〕，惡人之忘我也，故常念人〔七〕。凡品則不然，論人不恕己〔八〕，動作不思心〔九〕；無之己而責之人，有之我而譏之彼〔一〇〕；己無禮而責人敬，己無恩而責人愛；貧賤則非人初不我憂也，富貴則是我之不憂人也。行己若此〔一一〕，難以稱仁矣。

〔一〕王先生云：「『彼』下脱『則』字。」

〔二〕易豐彖曰：「與時消息。」王先生云：「『消息』疑『則思』之誤。」○鐸按：王説是。下文云：「凡品則不然，動作不思心。」即其證。

〔三〕淮南子主術訓云：「有諸己不非諸人，無諸己不求諸人。」

〔四〕孟子云：「仁者愛人，有禮者敬人。愛人者人恒愛之，敬人者人恒敬之。」

〔五〕論語。

〔六〕春秋繁露楚莊王篇云：「今晉不以同姓憂我，而强大厭我，我心望焉。」淮南子氾論訓云「以勞天下之民」，高誘注：「『勞』猶『憂』也。」

〔七〕詩晨風云：「忘我實多。」方言云：「念，常思也。」

〔八〕漢書成帝紀建始元年詔曰：「凡事恕己。」

〔九〕書洪範「五曰思」，今文尚書作「思心」。漢書五行志云：「思心者，心思慮也。」

〔一〇〕晏子春秋問上云：「有之己，不難非之人，無之己，不難求之人。」春秋繁露仁義法篇云：「夫我無之求諸人，我有之而非諸人，人之所不能受也。」

〔一一〕論語云：「其行己也恭。」

所謂平者，內懷鳲鳩之恩〔一〕，外執砥矢之心〔二〕；論士必定於志行〔三〕，毀譽必參於效驗〔四〕；不隨俗而雷同，不逐聲而寄論〔五〕；苟善所在，不譏貧賤，苟惡所錯〔六〕，不忌富貴；不諂上而慢下，不厭故而敬新。凡品則不然，內偏頗於妻子〔七〕，外僭惑於知友〔八〕，得則譽之〔九〕，怨則謗之；平議無埻的〔一〇〕，譏譽無效驗；苟阿貴以比黨〔一一〕，苟〔一二〕剽聲以羣吠〔一三〕；事富貴如奴僕〔一四〕，視貧賤如傭客〔一五〕；百至秉權之門，而不一至無勢之家〔一六〕。執心若此〔一七〕，難以稱義矣〔一八〕。

〔一〕詩鳲鳩毛傳云：「鳲鳩之養其子，朝從上下，暮從下上，平均如一。」

〔二〕詩大東云：「周道如砥，其直如矢。」程本「矢」作「礪」。大戴禮五帝德云：「日月所照，莫不砥礪。」○鐸按：士禮居舊藏明刻本作「砥夭」，費士璣跋云：「夭，古矢字。即詩『周道如砥，其直如矢』，陳刻改作砥礪。」

〔三〕注見論榮篇。王先生云：「『志行』疑當作『埻的』。」○鐸按：志行乃論士之埻的。下文「平議無埻的」以射喻，此以實言，語異義同，不當改此就彼。

〔四〕韓非子姦劫弒臣篇云：「人主誠明於聖人之術，而不苟於世俗之言，循名實而定是非，因參驗而審言辭。」魏策：「魏文侯曰：『求其好掩人之美而揚人之醜者，而參驗之。』」

〔五〕漢書楊敞傳楊惲報孫會宗書云：「竊恨足下不深惟其終始，而猥隨俗之毀譽也。」楚辭九辯云：「世雷同而炫曜兮，何毀譽之昧昧！」禮記曲禮云：「毋雷同。」漢書楚元王傳劉歆移書太常博士云：「雷同相從，隨聲是非。」

〔六〕錯，「措」之借。

〔七〕書洪範云：「無偏無頗。」

〔八〕王侍郎云：「『惑』疑『忒』。書洪範云：『民用僭忒。』」

〔九〕哀廿四年左傳云：「公如越，得太子適郢。」杜注：「得，相親説也。」

〔一〇〕説文云：「訂，平議也。」後漢書樊宏後準傳云：「願以臣言下公卿平議。」「埻的」舊作「惇均」。按説文云：「埻，射臬也。讀若準。臬，射準的也。」一切經音義一引通俗文云：「射堋曰埻，埻中木曰的。」

〔一一〕管子重令篇云："阿貴事富。"禮記儒行云："讒諂之民，有比黨而危之者。"

〔一二〕"苟"字疑衍。○鐸按：上下文對句，字數皆相等，此不當少一字。

〔一三〕"羣吠"注見賢難篇，程本作"羣訣"，誤。

〔一四〕史記貨殖傳云："凡編户之民，富相什則卑下之，佰則畏憚之，千則役，萬則僕。"

〔一五〕漢書匡衡傳云："家貧，庸作以供資用。"韓非子外儲説左上云："賣庸而播耕者，主人費家而美食，調布而求易錢者，非愛庸客也。曰：如是，耕者且深，耨者熟耘也。""庸"與"傭"通。

〔一六〕管子明法篇云："十至私人之門，不一至於庭。"

〔一七〕列女傳趙將括母曰："父子不同，執心各異。"詩小弁云"君子秉心"，鄭箋："秉，執也。"

〔一八〕"矣"字舊脱，依上文例補之。

所謂恭者，内不敢傲於室家，外不敢慢於士大夫〔一〕；見賤如貴，視少如長；其禮先入，其言後出〔二〕；恩意無不答，禮敬無不報〔三〕；覩賢不居其上〔四〕，與人推讓；事處其勞，居從其陋〔五〕，位安其卑，養甘其薄〔六〕。凡品則不然，内慢易於妻子〔七〕，外輕侮於知友〔八〕；聰明不別真僞，心思不別善醜；愚而喜傲賢，少而好陵長〔九〕；恩意不相答，禮敬不相報；覩賢不相推〔一〇〕，會同不能讓〔一一〕；動欲擇其佚，居欲處其安，養欲擅其厚，位欲争其尊；見人謙讓，因而嗤之〔一二〕，見人恭敬，因而傲之，如是而自謂賢能智慧。爲行如此，難以稱忠矣〔一三〕。

〔一〕「大」字疑衍。上云：「外蒙譏於士夫。」「士夫」與「室家」對。

〔二〕逸周書官人解云：「其禮先人，其言後人。」

〔三〕禮記曲禮云：「太上貴德，其次務施報，禮尚往來。往而不來，非禮也；來而不往，亦非禮也。」

〔四〕晏子春秋問上云：「覩賢不居其上，受禄不過其量。」

〔五〕舊作「德」。

〔六〕淮南子泰族訓云：「民交讓，争處卑；委利，争受寡；力事，争就勞。」

〔七〕「慢易」注見斷訟篇。

〔八〕説苑尊賢篇：「田忌曰：『申孺爲人，侮賢而輕不肖者。』」敬慎篇：「舟綽曰：『輕侮人者義乎？』」

〔九〕隱三年左傳云：「少陵長。」

〔一〇〕禮記儒行云：「推賢而進達之。」

〔一一〕管子八觀篇云：「時無會同，喪蒸不聚，則齒長輯睦毋自生矣。」注云：「鄉里每時當有會同，所以結恩好也。」

〔一二〕廣韻云：「嗤，笑也。」按説文云：「欪欪，戲笑貌。」「嗤」即「欪」字。

〔一三〕「矣」字舊脱。○鐸按：上文云：「恭者，禮之本也。」則依上下文例，當云「難以稱禮矣」。今言「稱忠」者，「忠」亦「禮」也。禮記禮器篇云：「忠信，禮之本也。」是其義。

所謂守者，心也。有度之士〔一〕，情意精專，心思獨覩〔二〕，不驅於險墟之俗〔三〕，不惑於衆多之口〔四〕；聡明懸絶，秉心塞淵〔五〕，獨立不懼，遯世無悶〔六〕，心堅金石〔七〕，志輕四海，故守其心而成其信。凡器則不然〔八〕，内無持操〔九〕，外無準儀〔一〇〕；傾側險詖〔一一〕，求同於世〔一二〕，口無定論，不恒其德〔一三〕，二三其行〔一四〕。秉操如此，難以稱信矣〔一五〕。

〔一〕○鐸按：吕氏春秋有度篇：「賢主有度而聽，故不過。」高誘注：「度，法也。」

〔二〕史記鄒陽傳上梁孝王書云：「越攣拘之語，馳域外之議，獨觀於昭曠之道。」

〔三〕「墟」當作「巇」。楚辭九辯云：「何險巇之嫉妒兮。」七諫怨世云：「何周道之平易兮，然蕪穢而險戲。」王逸注：「『險戲』猶『傾危』也。」文選廣絶交論李善注引作「險巇」。

〔四〕史記鄒陽傳上梁孝王書云：「感於心，合於行，親於膠漆，昆弟不能離，豈惑於衆口哉？」又云：「不奪於衆多之口。」

〔五〕詩定之方中。

〔六〕易大過象詞。

〔七〕韓非子守道篇云：「懷金石之心。」後漢書王常傳云：「心如金石。」大戴禮禮察篇云：「堅如金石。」

〔八〕「器」當依上文作「品」。

〔九〕淮南子人間訓云：「內有一定之操。」漢書董仲舒傳云：「所持操或誖繆。」

〔一〇〕韓非子顯學篇云：「行無常儀。」

〔一一〕荀子成相篇云：「讒人罔極，險陂傾側此之疑。」説文云：「憸，憸詖也。」經典通用「險」。毛詩卷耳序：「無險詖私謁之心」，釋文：「崔云：『險詖，不正也。』」漢書禮樂志「貪饕險詖」，顔師古注：「言行險曰詖。」楚元王傳劉向封事云「壞散險詖之聚」，師古云：「險言曰詖。」翟方進傳「險詖陰賊」，師古云：「詖，佞也。」敍傳「趙敬險詖」，師古曰：「詖，辯也。一曰佞也。」按説文：「詖，辯論也。古文以爲頗字。」王逸注楚辭離騷云：「頗，傾也。」九歎靈懷篇「不從俗而詖行兮」，王注：「『詖』猶『傾』也。」「險詖」與「傾側」同意。字亦作「陂」，漢書景十三王傳「趙敬肅王彭祖險陂」，師古注：「陂，謂傾側也。」

〔一二〕「世」舊作「心」。

〔一三〕易恆九三。

〔二四〕詩氓：「二三其德。」

〔二五〕「矣」字舊脱。

夫是四行者，其輕如毛，其重如山〔一〕，君子以爲易，小人以爲難〔二〕。孔子曰：「仁遠乎哉？我欲仁，仁斯至矣〔三〕。」又稱「知德者尠」〔四〕。俗之偏黨〔五〕，自古而然〔六〕，非乃今也〔七〕。凡百君子，競於驕僭，貪樂慢傲，如〔八〕賈一倍〔九〕，以相高〔一〇〕。苟能富貴，雖積狡惡，争稱譽之〔一一〕，終不見非；苟處貧賤，恭謹〔一二〕，祇爲不肖，終不見是。此俗化之所以浸敗，而禮義之所以消衰也。

〔一〕詩烝民云：「德輶如毛。」楚策云：「國權輕如鴻毛，而積禍重於邱山。」○鐸按：上引烝民詩發端，此遥應之。

〔二〕山、難韻。

〔三〕論語作「斯仁至矣」。後漢書列女傳班昭女誡引與此同。

〔四〕「尠」論語作「鮮」。按尠，俗「鮮」字，見廣韻二十八獮，説文作「尟」。

〔五〕書洪範云：「無偏無黨。」

〔六〕昭卅二年左傳云：「自古以然。」

〔七〕詩載芟云：「匪今斯今，振古如兹。」「乃今」見邊議篇。

〔八〕「消息於心」至此，舊錯入德化篇。

〔九〕「一」當作「三」，詩瞻卬云：「如賈三倍。」

〔一〇〕脱一字。

〔一一〕史記吕不韋傳云：「來往者皆稱譽之。」

〔一二〕以上文例之，「恭謹」上脱二字。

世有可患者三。三者何？曰：情實薄而辭稱厚，念實忽而文想憂〔一〕，懷不來而外克期〔二〕。不信則懼失賢，信之則詿誤人〔三〕。此俗士可厭之甚者也。是故孔子疾夫言之過其行者〔四〕，詩傷「蛇蛇碩言，出自口矣。巧言如簧，顔之厚矣」〔五〕。

〔一〕禮記表記云：「情踈而貌親，在小人則穿窬之盜也。」按「想憂」疑當作「相愛」。

〔二〕後漢書獨行傳：「范式，字巨卿，山陽金鄉人。去遊太學爲諸生，與汝南張劭爲友。劭字元伯。二人並告歸鄉里，式謂元伯曰：『後二年當還，將過拜尊親，見孺子焉。』乃共尅期日。後期方至，元伯具以白母，請設饌以候之。母曰：『二年之别，千里結言，爾何相信之審耶？』對曰：『巨卿信士，必不乖違。』母曰：『若然，當爲爾醖酒。』至其日，巨卿果到，升堂拜飲，盡歡而别。」「尅」即「克」字，與「刻」通。

〔三〕漢書文帝紀三年詔曰：「濟北王背德反上，詿誤吏民。」顏師古注：「『詿』亦『誤』也。」按說文：「詿，誤也。誤，謬也。」

〔四〕論語云：「君子恥其言而過其行。」皇侃義疏本「而」作「之」。○鐸按：論語泰伯篇：「人而不仁，疾之已甚，亂也。」論衡問孔篇「而」亦作「之」。此別本用字之異，非「之」與「而」同也。

〔五〕巧言。

今世俗之交也，未相照察而求深固，探懷扼腕，拊心祝詛〔一〕，苟欲相護論議而已〔二〕，分背之日，既得之後，則相棄忘〔三〕。或受人恩德，先以濟度〔四〕，不能拔舉，則因毀之，爲生瑕釁〔五〕，明言我不遺力〔六〕，無奈自不可爾〔七〕。詩云：「知我如此，不如無生〔八〕。」先合而後忤〔九〕，有初而無終〔一〇〕，不若本無生意，彊自誓也〔一一〕。

〔一〕燕策：「樊於期偏袒扼腕而進曰：『此臣日夜切齒拊心也。』」

〔二〕漢書翟方進傳云：「胡常與方進同經，心害其能，議論不右方進。方進知之，候伺常大都授時，遣門下諸生至常所問大義疑難，因記其說。如是者久之，常知方進之宗讓己，內不自得。其後居士大夫之間，未嘗不稱述方進。遂相親友。」論議相護，皆如此類矣。

〔三〕詩谷風云：「將安將樂，女轉棄予。」又云：「忘我大德。」

〔四〕「濟度」注見務本篇。
〔五〕史記李斯傳云：「成大功者，在因瑕釁而遂忍之。」
〔六〕趙策云：「秦之攻我也，不遺餘力矣。」後漢書盧芳傳云：「不敢遺餘力，負恩貸。」
〔七〕淮南子人間訓云：「夫物無不可奈何，有人無奈何。」高誘注：「事有人材所不及，無奈之何也。」莊子人間世篇云：「知其不可奈何，而安之若命。」
〔八〕苕之華。
〔九〕淮南子人間訓云：「衆人先合而後忤。」
〔一〇〕詩蕩云：「靡不有初，鮮克有終。」權輿序云：「與賢者有始而無終。」
〔一一〕○鐸按：此蓋本魯詩説。詳陳喬樅魯詩遺説考卷十五。

君子屢盟，亂是用長〔一〕。大人之道，周而不比〔二〕，微言相感〔三〕，掩若同符〔四〕，又焉用盟〔五〕？孔子恂恂，似不能言者，又稱「誾誾言，惟謹也」〔六〕。士貴有辭〔七〕，亦憎多口〔八〕。故曰：「文質彬彬，然後君子〔九〕。」與其不忠，剛毅木訥，尚近於仁〔一〇〕。

〔一〕詩巧言。○鐸按：二語述赦篇亦引之。
〔二〕論語。
〔三〕漢書藝文志論詩賦云：「古者，諸侯卿大夫交接隣國，以微言相感。」

〔四〕漢書王莽傳云：「與周公異世同符。」方言云：「掩，同也。」○鐸按：荀子儒效篇：「晻然若合符節。」義同，言契合無閒也。

〔五〕○鐸按：此亦本魯詩説。詳魯詩遺説考卷十一。

〔六〕論語作「便便言，惟謹爾」。按漢書萬石君石奮傳云：「僮僕訢訢如也，唯謹。」顏師古注：「訢，讀與『誾誾』同。」奮傳文本論語，論語古本蓋有作「誾誾」者。史記孔子世家作「辯辯」，誾、辯或字形相近而誤。○鐸按：論語鄉黨篇鄭注：「便便，辯也。」便、辯古同聲而通用，故史記作「辯辯」。此作「誾誾」，蓋涉鄉黨下文「誾誾如也」而誤記也。至萬石君傳「訢訢如也」，正「誾誾如也」之異文。而綴以鄉黨上文「惟謹」者，亦如後世碎金集錦耳。汪説失之。

〔七〕襄卅一年左傳云：「子產有辭，諸侯賴之。」

〔八〕孟子云「士憎茲多口」，趙注：「離於凡人而爲士者益多口」，破「憎」爲「增」，此則從本訓。○鐸按：憎惡義爲長。翟灝四書考異云：「憎多口，即論語『禦人口給，屢憎於人』之意。」

〔九〕論語。

〔一〇〕論語。「納」今作「訥」。○鐸按：此即「君子欲訥於言」之「訥」，謂言語遲鈍。作「納」蓋草書形誤。

嗚呼哀哉！凡今之人〔一〕，言方行圓〔二〕，口正心邪，行與言謬，心與口違〔三〕；論古則知稱夷、齊、原、顏，言今則必官爵職位；虚談則知以德義爲賢，貢薦則必閥閲爲前〔四〕。處子雖躬顏、閔之行〔五〕，性勞謙之質〔六〕，秉伊、吕之才，懷救民之道〔七〕，其不見資於斯世也，亦已明矣！

〔一〕詩召旻云：「於乎哀哉！維今之人，不尚有舊！」「嗚呼」與「於乎」同。

〔二〕韓非子解老篇云：「所謂方者，内外相應也，言行相稱也。」

〔三〕淮南子齊俗訓云：「言與行相悖，情與貌相反。」逸周書官人解云：「言行不類，終始相悖，外内不合，雖有假節見行，曰非成質者也。」

〔四〕史記高祖功臣侯者年表序云：「明其等曰伐，積功曰閲。」伐、閥古今字。後漢書韋彪傳云：「士宜以才行爲先，不可純以閥閲。」○鐸按：「閥閲」上疑脱「以」字。

〔五〕漢書律曆志云「陛下躬聖」，顔師古注：「躬聖者，言身有聖德也。」

〔六〕易謙九三：「勞謙，君子有終，吉。」

〔七〕孟子云：「故就湯而説之以伐夏救民。」

明忠〔一〕第三十一

人君之稱，莫大於明〔二〕；人臣之譽，莫美於忠〔三〕。此二德者，古來君臣所共願也。然明不繼踵〔四〕，忠不萬一者〔五〕，非必愚闇不逮而惡名揚也〔六〕，所以求之非其道爾〔七〕。

〔一〕○鐸按：此文論國之所以治者，在上下同心。所謂同心者，君明臣忠也。明君操法術握權柄於上，則忠臣敬言奉禁竭心稱職於下。二者相須，則成功致治矣。而其所反覆申明者，尤在「明據下起，忠依上成」一義，故以明忠命篇。

〔二〕○鐸按：「大」亦「美」也。易繫辭上傳「莫大乎蓍龜」，釋文「大」作「善」，漢書藝文志、白虎通蓍龜篇、定八年公羊傳注、家語禮運篇注並同。「善」與美、大同義。晉語「彼將惡始而美終」，注：「美，善也。」詩桑柔箋：「『善』猶『大』也。」是其證。敍録云「君有美稱」，則互文見義矣。

〔三〕襄九年左傳云：「君明臣忠。」新書大政下篇云：「臣之忠者，君之明也。臣忠君明，此之謂政之綱也。」

〔四〕晏子春秋雜下云：「比肩繼踵而在。」

〔五〕「一」舊作「全」，據治要改。

〔六〕孝經云：「揚名於後世。」○鐸按：治要脱「揚」字。

〔七〕「以」舊作「道」，「其道」下有「之」字，據治要改、删。毛詩甫田序云：「所以求者非其道也。」

夫明據下起，忠依上成。二人同心，則利斷金〔一〕。能知〔二〕此者，兩譽俱具〔三〕。要在於明操法術，自握權秉而已矣〔四〕。所謂術者，使下不得欺也〔五〕；所謂權者，使勢不得亂也。術誠明，則雖萬里之外，幽冥之内〔六〕，不得不求效；權誠用，則遠近親疎，貴賤賢愚，無不歸心矣〔七〕。周室之末則不然，離其術而舍其權，怠於己而恃於人。是以公卿不思忠，百僚不盡力〔八〕，君王孤蔽於上，兆黎寃亂於下〔九〕，故遂衰微侵奪而不振也〔一〇〕。

〔一〕易繫辭上傳。按以「二人同心」爲君臣，蓋漢時易家舊説。漢書匡衡傳：「衡上疏乞骸骨。上報曰：『朕嘉與君同心合意。』」翟方進傳册云：「朕嘉與君同心一意。」王莽傳詔云：「誠嘉與君同心合意。」師丹傳策免丹云：「殆謬於二人同心之利焉。」後漢書和帝紀永元十二年詔曰：「若上下同心，庶或有瘳。」桓帝紀和平元年詔曰：「羣公卿士，虔恭爾位，戮力一意，勉同斷金。」王常傳云：「幸賴靈武，輒成斷金。」馮異傳云：「千載一會，思成斷金。」郎顗傳云：「臣願陛下發揚乾剛，援引賢能，勤求機衡之寄，以獲斷金之利。」張酺傳敕云：「陰陽不和，萬人失所。朝廷望公思惟得失，與國同心；而託病自絜，求去重任。誰當與吾同憂責者？非有望於斷金也。」楊震傳云：「親近倖臣，未崇斷金。」崔駰傳崔篆慰志賦云：「協準矱之貞度兮，同斷金之玄策。何天衢於盛世兮，超千載而垂績。」續漢書百官志劉昭注引蔡質漢儀載高賜奏光祿勳劉嘉、廷尉趙世云：「既無忠信斷金之用，而有敗禮傷化之尤。」御覽二百七引應劭漢官儀沖帝册書曰：「三公國之楨幹，朝廷取正，以成斷金。」治要載崔寔政論云：「今朝廷以聖哲之姿，龍飛天衢，大臣輔政，將成斷金。」並用此義。越絕書德序外傳記引易云：「君臣同心，其利斷金。」則直以訓詁易經辭矣。

〔二〕「知」舊作「如」，據治要改。

〔三〕說苑雜言篇云：「賢人閉其智，塞其能，待得其人然後合，故言無不聽，行無見疑，君臣兩與，終身無患。」「與」乃「譽」之誤。韓非子難一云：「堯、舜之不可兩譽，矛楯之說也。」

〔四〕韓非子說疑篇云：「凡術也者，主之所以執也；法也者，官之所以師也。」主道篇云：「謹執其柄而固握之。」淮南子要略云：「主術者明，攝權操柄，以制羣下。」「秉」與「柄」同。

哀十七年左傳「國子實執齊柄」，史記蔡澤傳索隱引作「秉」，服虔曰：「秉，權柄也。」說文云：「柄，或從秉。」

〔五〕韓非子八説篇云：「明君之道，賤德義，貴法術，倒言而詭使，參聽無門户，故智者不得欺。」

〔六〕注見德化篇。

〔七〕論語云：「天下之民歸心焉。」

〔八〕漢時詔令多言「公卿百寮」。漢書成帝紀河平元年詔曰：「公卿大夫，其勉悉心以輔不逮。百寮各修其職。」永始二年詔曰：「公卿申敕百寮，深思天誡。」哀帝紀元壽元年詔曰：「公卿大夫，其各悉心勉帥百寮。」後漢書明帝紀詔曰：「公卿百寮，將何以輔朕不逮？」

〔九〕韓非子定法篇云：「君無術則弊於上，臣無法則亂於下。」「弊」即「蔽」之誤。漢書公孫弘傳對策云：「不得其術，則主蔽於上，官亂於下。」

〔一〇〕韓非子五蠹篇云：「智困於內，而政亂於外，則亡不可振也。」

夫帝王者，其利重矣，其威大矣。徒懸重利，足以勸善；徒設嚴威，可以懲姦〔一〕。乃張重利以誘民，操大威以驅之〔二〕，則舉世之人，可令冒白刃而不恨〔三〕，赴湯火而不難〔四〕，豈云但率之以共治而不宜哉？若鷹，野鳥也〔五〕，然獵夫御之，猶使終日奮擊而不敢怠，豈有人臣而不可使盡力者乎〔六〕？

〔一〕魯語云：「夫君人者，其威大矣。」韓非子詭使篇云：「夫利者所以得民也，威者所以行令也。」內儲説上云：「有威足以服人，而利足以勸人，故能治之。」呂氏春秋壹行篇云：「王者之所藉以成也何？藉其威與其利。非强大則其威不威，其利不利。其威不威，則不足以禁也；其利不利，則不足以勸也。故賢主必使其威利無敵，故以禁則必止，以勸則必爲。」

〔二〕「之」治要作「民」。

〔三〕鹽鐵論繇役篇：「子曰：『白刃可冒。』」禮記中庸「冒」作「蹈」。漢書李廣後陵傳司馬遷云：「冒白刃，北首争死敵。」

〔四〕漢書鼂錯傳云「能使其衆蒙矢石，赴湯火。」尹文子大道篇云：「越王勾踐謀報吴，欲人之勇，路逢怒蛙而軾之。比及數年，民無長幼，臨敵雖湯火不避。」

〔五〕「野鳥」舊脱，據治要補。

〔六〕「乎」治要作「哉」。淮南子主術訓云：「人主處權勢之要，而持爵禄之柄；審緩急之度，而適取予之節。是以天下盡力而不倦。」

詩云：「伐柯伐柯，其則不遠〔一〕。」夫神明之術，具在君身，而君〔二〕忽之，故令臣鉗口結舌而不敢言〔三〕。此耳目所以蔽塞，聰明所以不得也。制下之權，日陳君前，而君釋之，故令羣〔四〕臣懈弛而背朝〔五〕。此威德所以不照〔六〕，而功名所以不建也〔七〕。

〔一〕伐柯。

〔二〕舊脱，依下文例補。

〔三〕注見賢難篇。

〔四〕舊作「君」。

〔五〕「懈弛」注見考績篇。「朝」彙函作「亂」。按淮南子要略云：「百官背亂，不知所用。」

〔六〕獨斷云：「皇者，煌也。盛德煌煌，無所不照。」

〔七〕漢書鼂錯傳云：「人主所以尊顯，功名揚於萬世之後者，以知術數也。故人主知所以臨制臣下而治其衆，則羣臣畏服矣；知所以聽言受事，則不欺蔽矣。」

詩云：「我雖異事，及爾同僚。我即爾謀，聽我敖敖〔一〕。」夫惻隱人皆有之〔二〕，是故耳聞啼號之音，無不爲之慘悽悲懷而傷心者〔三〕；目見危殆之事，無不爲之灼怛驚〔四〕而赴救之者。君臣義重〔五〕，行路禮輕〔六〕，過耳悟目之交〔七〕，未恩未德，非賢〔八〕非貴，而猶若此，則又況於北面稱臣被寵者乎〔九〕？

〔一〕板。「敖敖」今作「囂囂」，詳賢難篇。○鐸按：此魯詩。陳喬樅魯詩遺説考卷十六云：「『敖敖』毛詩作『囂囂』，文與魯異。爾雅釋訓：『敖敖，傲也。』郭璞注以爲傲慢賢者。『敖敖』二字，正釋此詩之語。」

〔二〕孟子。

〔三〕史記張釋之傳云：「上自倚瑟而歌，意慘悽悲懷。」

〔四〕「驚」下脱一字。

〔五〕後漢書何敞傳敞上封事云：「君臣義重，有不得已也。」

〔六〕文選蘇子卿詩云：「誰爲行路人？」

〔七〕詩東門之池毛傳：「晤，遇也。」「悟」與「晤」通。

〔八〕「賢」舊作「貧」。

〔九〕史記陸賈傳説尉佗曰：「宜郊迎，北面稱臣。」

是故進忠扶危者，賢不肖之所共願也。誠皆願之而行違者，常苦其道不利而有害，言未得信而身敗爾〔一〕。歷〔二〕觀古來愛君憂主敢言之臣，忠信未達，而爲左右所鞠按〔三〕，當世而覆被〔四〕，更爲否愚惡狀〔五〕之臣者〔六〕，豈可勝數〔七〕哉？孝成終没之日，不知王章之直；孝哀終没之日，不知王嘉之忠也〔八〕。此後賢雖有憂君哀主之情，忠誠正直之節〔九〕，然猶且沈吟觀聽行己者也〔一〇〕。

〔一〕「信」舊作「言」，據治要改。莊子外物篇云：「人主莫不欲其臣之忠，而忠未必信。」新書過秦下篇云：「忠言未卒於口，而身糜没矣。」淮南子主術訓云：「效忠者希不困其身。」

〔二〕○鐸按：「歷」治要作「廣」，與「曠」同。

〔三〕「鞫」舊作「掬」，據治要改。説文云：「𥷕，窮治罪人也。」「鞫」與「𥷕」通，亦作「鞠」，詳述赦篇。「鞠按」猶漢書王商傳云「窮竟考問」也。

〔四〕按「覆被」猶言「覆冒」，詳述赦篇。

〔五〕治要作「愚惡無狀」。

〔六〕大戴禮曾子制言中篇云：「畏之見逐，智之見殺，固不難詘身而爲不仁，宛言而爲不智。」

〔七〕「數」字據治要補。

〔八〕並見漢書。按嘉傳云：「嘉死後，上覽其對而思嘉言，復以孔光代嘉爲丞相，徵用何武爲御史大夫。」是孝哀未嘗不知嘉也。梅福傳云：「王章資質忠直。」此言「忠直」本之。

〔九〕漢書傳喜傳云：「忠誠憂國。」

〔一〇〕後漢書賈復傳云：「帝召諸將議兵事，未有言，沈吟久之。」文選古詩云：「沈吟聊躑躅。」

鳴鶴在陰，其子和之〔一〕。相彼鳥矣，猶求友聲〔二〕。故人君不開精誠以示賢忠，賢忠亦無以得達。易曰：「王明並受其福〔三〕。」是以忠臣必待明君乃能顯其節，良吏必得察主乃能成其功〔四〕。君不明，則大臣隱下而〔五〕遏忠，又〔六〕羣司舍法而阿貴〔七〕。

〔一〕易中孚九二。

〔二〕詩伐木。「忠信未達」至此，舊錯入德化篇。

〔三〕井九三。

〔四〕漢書王褒傳聖主得賢臣頌云：「及其遇明君遭聖主也，運籌合上意，諫諍即見聽，進退得關其忠，任職得行其術。故世必有聖知之君，而後有賢明之臣。」又云：「聖主必待賢臣而弘功業，俊士亦俟明主以顯其德。」

〔五〕「而」舊作「不」。

〔六〕「又」字衍。

〔七〕商子修權篇云：「秩官之吏，隱下而漁民。」韓非子姦劫弑臣篇云：「國有擅主之臣，則羣下不得盡智力以陳其忠，百官之吏不得奉法以致其功矣。」「阿貴」見上篇。

夫忠言所以爲安也，不貢必危；法禁所以爲治也，不奉必亂。忠之貢與不貢，法之奉與不奉，其秉〔一〕皆在於君，非臣下之所能爲也。是故聖人求之於己，不以責下〔二〕。

〔一〕「秉」與「柄」同。

〔二〕○鐸按：治要有「也」字。

凡爲人上，法術明而賞罰必者，雖無言語而勢自治〔一〕。治勢一成，君自不能亂也，況臣下乎？法術不明而賞罰不必者，雖日號令，然勢自亂。亂勢一成，君自不能治也，況臣下乎？是故勢治者，雖委之不亂；勢亂者，雖懃之不治也〔二〕。堯、舜恭己無爲而有餘，勢治也；胡亥、王莽馳騖而不足〔三〕，勢亂也〔四〕。故曰：善者〔五〕求之於勢，弗責於人〔六〕。是以明王審法度而布教令，不行私以欺法，不黷教以辱命〔七〕，故臣下敬其言而奉其禁，竭其心而稱其職〔八〕。此由法術明而威權任也。

〔一〕「故人君」至此，舊錯入交際篇。

〔二〕商子定分篇云：「聖人必爲法令。置官也，置吏也，爲天下師，所以定名分也。名分定，則大詐貞信，民皆愿慤而各自治也。故夫名分定，勢治之道也；名分不定，勢亂之道也。故勢治者不可亂，勢亂者不可治。」

〔三〕舊脱三字，據治要補。

〔四〕韓非子難勢篇云：「堯、舜生而在上位，雖有十桀、紂不能亂者，則勢治也。桀、紂亦生而在上位，雖有十堯、舜而亦不能治者，則勢亂也。故曰：勢治者則不可亂，而勢亂者則不可治也。」漢書揚雄傳云：「世亂則聖哲馳騖而不足，世治則庸夫高枕而有餘。」「恭」治要作「拱」。按「恭己無爲」本論語。胡亥當作秦政。史記秦始皇紀云：「天下之事，無大小皆決於上。上至以衡石量書，日夜有呈，不中呈，不得休息。」漢書王莽傳云：「莽自見前顓權以得漢政，故務自攬衆事，又好變改制度，政令煩多，當奉行者，輒質問乃以從事，前後相乘，憒眊不渫。莽常御燈火至明，猶不能勝。」所謂馳騖而不足者也。

〔五〕善者，當云「善爲國者」。○鐸按：此承上言，「善者」即「善爲國者」，古人語簡質耳。德化篇：「故善者之養天民也，猶良工之爲麴豉也。」義與此同。

〔六〕管子法法篇云：「凡人君之所以爲君者，勢也。故人君失勢，則臣制之矣。勢在下，則君制於臣矣；勢在上，則臣制於君矣。」

〔七〕管子任法篇云：「愛人不私賞也，惡人不私罰也，置儀設法以度量斷者，上主也。」商子修權篇云：「立法明分，而不以私害法，則治。」

〔八〕管子正世篇云：「法立令行，故羣臣奉法守職。」

夫術之爲道也，精微而神，言之不足，而行有餘；有餘，故能兼四海而照幽冥。權之爲勢也，健悍以大，不待貴賤，操之者重；重，故能奪主威而順當世〔一〕。是以明君未嘗示人術而借下權也〔二〕。孔子曰：「可與權〔三〕。」是故聖人顯諸仁，藏諸用〔四〕，神而化之，使民宜之〔五〕，然後致其治而成其功。功業効於民，美譽傳於世，然後君乃得稱明，臣乃得稱忠。此所謂明據下作〔六〕，忠依上成，二人同心，其利斷金也〔七〕。

〔一〕舊作「也」。

〔二〕韓非子難三云：「術者，藏之於胸中，以偶衆端而潛御羣臣者也。」心度篇云：「主之所以尊者權也。」外儲說右下：「方吾子曰：『吾聞之古禮，行不與同服者同車，不與同族者共家，而況君人者乃借其權而外其勢乎？』」商子修權篇云：「權制獨斷於君則威。」六韜守土篇云：「無借人國柄。借人國柄，則失其權。」

〔三〕論語。孫侍御據論語「可」上補「未」字。○鐸按：此引以證「未嘗借下權」，當有「未」字。

〔四〕易繫辭上傳。

〔五〕繫辭下傳。

〔六〕○鐸按：篇首「作」作「起」，互文。說文云：「作，起也。」

〔七〕治要「金」下有「者」字。

本訓〔一〕第三十二

上古之世，太素之時，元氣窈冥，未有形兆，萬精合并，混而爲一，莫制莫御。若斯久之，翻然自化，清濁分別，變成陰陽。陰陽有體，實生兩儀，天地壹鬱，萬物化淳〔二〕，和氣生人，以統理之〔三〕。

〔一〕〇鐸按：此節信集中表現其唯物主義天道觀之重要論著。以爲元精自化，有道存乎其間，而道生於氣。氣有和有乖。凡四時五行，人類萬物，吉凶變異，莫非二氣迭相運而成之者也。和氣生人，而人行能動天地，故理政以和天氣，則可興大化而致太平。蓋旨遠辭微，諸政論之義皆從此出。學者循是以讀他篇，庶窺其思想體系之全矣。

〔二〕易繫辭下傳。王弼本「壹鬱」作「絪緼」。按説文作「壹壺」。王本「淳」作「醇」，白虎通嫁娶篇引易與此同。

〔三〕〇鐸按：史記天官書：「三光者，陰陽之精，氣本在地，而聖人統理之。」

是故天本諸陽，地本諸陰，人本中和〔一〕。三才異務，相待而成，各循其道，和氣乃臻，機衡乃平〔二〕。

〔一〕以上本易乾鑿度，列子天瑞篇同。

〔二〕「機」舊從玉，據班禄篇改。

天道曰施，地道曰化，人道曰爲〔一〕。爲者，蓋所謂感通陰陽而致珍異也〔二〕。人行之動天地，譬猶車上御駟馬，蓬中擢舟船矣〔三〕。雖爲所覆載〔四〕，然亦在我何所之可〔五〕。孔子曰：「時乘六龍以御天〔六〕。」「言行君子所以動天地也，可不慎乎〔七〕？」從此觀之，天□〔八〕其兆，人序其勳，書故曰：「天功人其代之〔九〕。」如〔一〇〕蓋理其政以和天氣，以臻其功〔一一〕。

〔一〕「曰」舊並作「日」。大戴禮曾子天員篇云：「天道曰員，地道曰方。方曰幽，員曰明。明者，吐氣者也；幽者，含氣者也。吐氣者施，而含氣者化，是以陽施而陰化也。」春秋繁露云：「天道施，地道化，人道義。」

〔二〕白虎通封禪篇云：「王者承天統理，調和陰陽。陰陽和，萬物序，休氣充塞，故符瑞並臻，皆應德而至。」漢書董仲舒、公孫弘傳皆言其事。

〔三〕「舟船」舊作「自照」。按敍録云：「聖人運之，若御舟車。」御覽七百六十九引此文作「篷中櫂舟」，「舟」字據改。照、船字形相近，以意訂正。廣韻云：「篷，織竹夾箬覆舟也。」説文無「篷」字，古蓋借「蓬」爲「篷」。擢、櫂亦古今字。詩竹竿毛傳：「楫，所以擢舟也。」

〔四〕禮記中庸云：「天之所覆，地之所載。」

〔五〕「可」疑「耳」。

〔六〕易乾文言。

〔七〕繫辭上傳。

〔八〕程本作「呈」。

〔九〕臯陶謨。「功」程本作「工」，與今書同。忠貴篇亦作「工」。○鐸按：今文家説此經，皆以王者代天官人爲義。書堯典「百工」，史記作「百官」，則作「功」者借字也。

〔一〇〕「如」疑衍，或下有脱文。

〔一一〕漢書李尋傳云：「古之王者，尊天地，重陰陽，敬四時，嚴月令，順之以善政，則和氣可立致，猶枹鼓之相應也。」

是故道德之用，莫大於氣。道者，氣〔一〕之根也。氣者，道之使也。必有其根，其氣乃生；必有其使，變化乃成〔二〕。是故道之爲物也，至神以妙；其爲功也，至彊以大。天之以動，地之以静，日之以光，月之以明，四時五行，鬼神人民，億兆醜類〔三〕，變異吉凶，何非氣然？

〔一〕「氣」舊脱。

〔二〕易繫辭下傳云：「變化云爲。」禮記中庸云：「動則變，變則化。」

〔三〕定四年左傳云「將其類醜」，杜注：「醜，衆也。」

及其乖戾，天之尊也氣裂之〔一〕，地之大也氣動之〔二〕，山之重也氣徙之〔三〕，水之流也氣絶之〔四〕，日月神也氣蝕之〔五〕，星辰虚也氣隕之〔六〕，旦有晝晦〔七〕，宵有〔八〕，大風飛車〔九〕拔樹〔一〇〕，僨電爲冰〔一一〕，温泉成湯〔一二〕，麟龍鸞鳳，蝥蠈蝝蝗〔一三〕，莫不氣之所爲也。

〔一〕舊脱「之」字，盧學士補。

〔二〕盧補。

〔三〕盧補。

〔四〕史記天官書所云「天開縣物，地動坼絶，山崩及徙川塞谿垘」是也。

〔五〕天官書云「日月薄蝕」，集解：「韋昭曰：『虧毁爲蝕。』」

〔六〕春秋繁露玉英篇云：「星墜謂之隕。」

〔七〕漢書楚元王傳劉向封事云「晝冥晦」，顔師古注：「僖十五年『九月己卯晦，震伯夷之廟。』穀梁傳曰：『晦，冥也。』」

〔八〕王先生云：「按『宵有』下有脱文。以『晝晦』例之，疑是『夜明』二字。莊七年左傳：『恒星不見，夜明也。』」繼培按：淮南子泰族訓云：「晝冥宵光。」此亦當言「宵光」事。「宵光」即左傳所云「夜明」。史記天官書云：「天雷電、蝦虹、辟歷、夜明者，陽氣之動者也。」

〔九〕隱三年左傳云「鄭伯之車僨於濟」，杜注：「既盟而遇大風，傳記異也。」疏云：「車踣而入濟，是風吹之墜濟水。」

〔一〇〕書金縢云：「天大雷電以風，大木斯拔。」漢書谷永傳云：「暴風三溱，拔樹折木。」〇鐸按：「拔樹」疑當別爲句，而脱二字。

〔一一〕「僨雹」當是「歕雹」。説文云：「雹，雨冰也。」或「僨」當爲「積」，白虎通災變篇云：「陰氣專精，積合爲雹。」

〔一二〕西京雜記：「董仲舒云：『寒水極陰而有温泉。』」山海經海外東經「下有湯谷」，郭注：「谷中水熱也。」

〔一三〕爾雅釋蟲云：「食苗心，螟；食葉，蟘；食節，賊；食根，蟊。」「蝥蠈」即「蟊賊」。漢書五行志云：「宣公十五年冬，蝝生。董仲舒、劉向以爲蝝，螟始生也。」説文云：「蝝，董仲舒説，蝗子也。蝗，螽也。」

以此觀之，氣運感動，亦誠大矣。變化之爲，何物不能〔一〕？所變也神，氣之所動也。當此之時，正氣所加，非唯於人，百穀草木，禽獸魚鼈，皆口養其氣〔二〕。聲入於耳，以感於心〔三〕，男女聽〔四〕，以施精神。資和以兆衃，民之胎，含嘉以成體〔五〕。及其生也，和以養性，美在其中，而暢於四胑〔六〕，實於血脈，是〔七〕以心性志意，耳〔八〕目精〔九〕欲，無不貞〔一〇〕廉絜懷履行者〔一一〕。此五帝三王所以能畫法像而民不違，正己德而世自化也〔一二〕。

〔一〕「者道之使也」至此，舊錯入德化篇。然此下尚有脱文。○鐸按：「變化之爲」疑當作「變化云爲」，易繫辭下傳語，下篇亦用之。

〔二〕「口」當作「和」。王先生云：「此文有脱誤。以下句例之，宜云『皆味食於口，以養其氣』。」○鐸按：「聲入於耳，以感於心」，指男女言，故繼之以「男女聽」云云。王氏以爲指禽獸魚鼈言，蓋未得其旨。

〔三〕尚書大傳云：「五載一巡守，羣后德讓，貢正聲而九族具成，雖禽獸之聲，猶悉關於律。」昭廿一年左傳：「泠州鳩曰：『夫音，樂之輿也；而鐘，音之器也。天子省風以作樂，器以鐘之，輿以行之，小者不窕，大者不槬，則和於物，物和則嘉成。故和聲入於耳而藏於心，心億則樂。』」

〔四〕「聽」下脱一字。○鐸按：蓋脱「之」字。

〔五〕文有脱誤。以下篇參之，當云「民之胎也，資和以兆䏍，含嘉以成體」。説文云：「肧，婦孕一月也。胎，婦孕三月也。」「䏍」與「肧」同。

〔六〕易坤文言。「朊」王弼本作「支」。

〔七〕「是」字舊脱。

〔八〕「意耳」舊倒。

〔九〕「精」疑「情」。○鐸按：此書多以「精」爲情，詳下篇及夢列篇。

〔一〇〕「貞」疑「具」。

〔一一〕逸周書官人解云：「其壯者觀其廉潔，務行而勝私。」鹽鐵論散不足篇云：「履德行仁。」詩大東云「君子所履」，鄭箋：「君子皆法效而履行之。」

〔一二〕「晝法象」注見衰制篇。漢書公孫弘傳：「武帝策賢良制云：『蓋聞上古至治，晝衣冠，異章服，而民不犯。今何道而臻乎此？』對曰：『上古堯、舜之時，不貴爵賞而民勸善，不重刑罰而民不犯，躬率以正而遇民信也。』」

是故法令刑賞者，乃所以治民事而致整理爾，未足以興大化而升太平也〔一〕。夫欲歷三王之絶迹〔二〕，臻帝、皇之極功者，必先原元而本本〔三〕，興道而致和，以淳粹之氣〔四〕，生敦龐之民〔五〕，明德義之表〔六〕，作信厚之心〔七〕，然後化可美而功可成也。

〔一〕史記酷吏傳序云：「法令者，治之具，而非制治清濁之源也。」漢書禮樂志：「劉向云：『教化，所恃以爲治也；刑法，所以助治也。今廢所恃而獨立其所助，非所以致太平也。』」

〔二〕史記司馬相如傳云：「殊尤絶迹。」

〔三〕按班固西都賦及漢書敍傳敍律曆志並云：「元元本本。」○鐸按：漢書薛宣傳注：「原，謂尋其本也。」廣雅釋詁一：「謜，度也。」原、謜古今字。「元」即「原」之借，春秋繁露重政篇云：「『元』猶『原』也。」

〔四〕易乾文言：「純粹精也。」「醇」與「純」通。楚辭遠遊云：「精醇粹而始壯。」

〔五〕成十六年左傳云：「民生敦龐。」

〔六〕禮記表記云：「仁者，天下之表也。」

〔七〕詩麟之趾云「振振公子」，毛傳：「振振，信厚也。」

德化〔一〕第三十三

人君之治，莫大於道，莫盛於德，莫美於教，莫神於化。道者所以持之也，德者所以苞之也〔二〕，教者所以知之也，化者所以致之也。民有性，有情，有化，有俗。情性者，心也，本也。化俗者，行也，末也。末生於本，行起於心。是以上君撫世，先其本而後其末〔三〕，順〔四〕其心而理〔五〕其行。心精〔六〕苟正〔七〕，則姦慝〔八〕無所生〔九〕，邪意無所載矣。

〔一〕○鐸按：此文則謂教化既敦，則邪惡不作，故道德爲本，仁義爲末，而威刑法律又其下焉。綱舉於前，比類發揮於後，亦有以見其思想體系之完整矣。

〔二〕韓詩外傳五云：「德也者，苞天地之美。」淮南子説山訓云：「仁義在道德之包。」「苞」與「包」同。

〔三〕漢書董仲舒傳云：「天令之謂命，命非聖人不行。質樸之謂性，性非教化不成。人欲之謂情，情非制度不節。是故王者上謹於承天意，以順命也；下務明教化民，以成性也；正法度之宜，别上下之序，以防欲也。修此三者，而大本舉矣。」

〔四〕「順」舊作「慎」，據治要改。○鐸按：荀子仲尼篇「則慎行此道也」，成相篇「慎聖人」，楊注並云：「慎，讀爲『順』。」又仲尼篇「慎比而不邪」，王引之亦謂即禮記王制篇之「順比」。作「慎」者借字，讀正之可也。

〔五〕「理」意林作「治」。○鐸按：説文：「順，理也。」理、順互文耳。

〔六〕「精」治要作「情」。

〔七〕「正」舊作「亡」，據治要改。

〔八〕「匿」讀爲「慝」。○鐸按：此書通以「匿」爲「慝」。

〔九〕舊脱「無」字，「生」作「作」，據治要補、改。意林作「姦慝不生」。

夫化變民心也，猶政變民體也。德政加於民，則多滌暢姣好堅彊考壽〔一〕；惡政加於民，則多罷癃尪病夭昏札瘥〔二〕。故尚書美「考終命」，而惡「凶短折」〔三〕。國有傷明之政，則民多病目〔四〕；有傷聰之政，則民多病耳〔五〕；有傷賢之政，則賢多橫夭〔六〕。夫形體骨幹爲堅彊也〔七〕，然猶隨政變易，又況乎心氣精微不可養哉？詩云：「敦彼行葦，羊牛勿踐履。方苞方體，惟葉柅柅〔八〕。」又曰：「鳶飛厲天，魚躍於淵。愷悌君子，胡不作人〔九〕？」公劉厚德，恩及草木，羊牛六畜，且猶感德〔一〇〕，仁不忍踐履生草〔一一〕，則又況於民萌而有不化者乎〔一二〕？君子修其樂易之德〔一三〕，上及飛鳥，下及淵魚，無〔一四〕不歡忻悦豫，則又況於士庶而有不仁者乎〔一五〕？

〔一〕「滌」當作「條」，「考」當作「老」。禮記樂記云：「感條暢之氣。」漢書律曆志云：「陰陽萬物，靡不條鬯該成。」顔師古注：「『鬯』與『暢』同。」論衡齊世篇云：「語稱上世之人，侗長佼好，堅强老壽，百歲左右。」「姣」與「佼」通。「考壽」猶言「老壽」，詩雝鄭箋云：「又能昌大其子孫，安助之以考壽，多與福禄。」〇鐸按：此注「考當作老」與下文鑿枘，當删。又滌、條古同聲，故周禮秋官「條狼氏」即「滌狼氏」。「滌暢」與「條暢」並以雙聲取義，尤不可改。

〔二〕吕氏春秋明理篇子華子曰：「夫亂世之民長短頡許百疾，民多疾癘，道多褓繈，盲禿傴尪，萬怪皆生。」高誘注：「尪，短仰者也。」史記平原君傳云：「有罷癃之病。」説文云：「尣，尳曲脛也。古文從王作尪。」周語云：「無夭昏札瘥之憂。」漢書董仲舒傳云：「或夭，或壽，或仁，或鄙，陶冶而成之，不能粹美，有治亂之所生，故不齊也。故堯、舜行德，則民仁壽；桀、紂行暴，則民鄙夭。」

〔三〕洪範。

〔四〕「目」舊作「因」。漢書五行志云：「傳曰：視之不明，是謂不悊。」又曰：「視氣毁，及人，則多病目者，故有目痾。」

〔五〕「耳」舊作「身」。五行志云：「傳曰：聽之不聰，是謂不謀。」又曰：「聽氣毁，及人，則多病耳者，故有耳痾。」

〔六〕王先生云：「『賢多』當作『民多』。」〇俞樾云：「『傷賢』疑當作『傷睿』，故云『民多横夭』，即六極所謂凶短折也。凶短折爲思不睿之罰，故知當作『傷睿』矣。」

〔七〕史記蔡澤傳云：「人生百體堅彊。」白虎通嫁娶篇云：「男三十，筋骨堅强。」昭廿五年左傳杜注：「幹，骸骨也。」

〔八〕行葦。「柅柅」舊作「握握」，盧學士改。繼培按：文選蜀都賦「總莖柅柅」，李善注引毛詩云：「維葉柅柅。」今詩作「泥泥」。○陳喬樅魯詩遺説考十六云：「『維』作『惟』，今文皆如此，石經魯詩可證也。盧氏以『握』是『柅』之譌，良確。毛詩釋文『泥泥』下云：『張揖作苨苨。』今考廣雅釋訓：『苨苨，茂也。』『苨苨』亦三家之異文。」

〔九〕旱麓。「厲」今作「戾」，「愷悌」作「豈弟」，「胡」作「遐」。○李富孫詩經異文釋云：「毛、鄭皆訓『遐』爲『遠』，是如字讀。士冠禮注：『胡猶遐也。』胡、遐一聲之轉，文異而義同。」陳奐詩毛氏傳疏云：「潛夫論作『胡不作人』，胡，何也。此三家義。」○鐸按：陳説是也。李强三家以同毛，非是。

〔一〇〕「傷聰之政」至此，舊錯在「教化之所致」下，此下又錯入交際篇「消息於心」以下三十三行，明忠篇「忠信未達」以下五行。

〔一一〕列女傳晉弓工妻曰：「君聞昔者公劉之行乎？羊牛踐葭葦，惻然爲民痛之。恩及草木，豈欲殺不辜者乎？」白虎通情性篇云：「仁者不忍也。」○鐸按：劉向習魯詩，可知此亦魯詩説。

〔一二〕「萌」與「氓」同，注見班禄篇。

〔一三〕旱麓毛傳訓「豈弟」爲「樂易」。鄭箋云：「君子，謂太王、王季。」○鐸按：毛傳本周語下篇單穆公語，陳奂説。

〔一四〕「無」舊脱。

〔一五〕舊脱「於」字、「有」字，依上文例補。

聖深知之〔一〕，皆務正己以爲表〔二〕，明禮義以爲教，和德氣於未生之前，正表儀於咳笑之後〔三〕。民之胎也，合中和以成；其生也，立方正以長。是以爲仁義之心，廉恥之志〔四〕，骨著脈通〔五〕，與體俱生，而無麤穢之氣〔六〕，無邪淫之欲。雖放之大荒之外〔七〕，措之幽冥之内，終無違禮之行〔八〕；投之危亡之地，納之鋒鍔之間，終無苟全之心。舉世之人，行皆若此，則又烏所得亡〔九〕夫姦亂之民而加辟哉〔一〇〕？上天之載，無聲無臭，儀形文王，萬邦作孚〔一一〕。此姬氏所以崇美於前，而致刑措於後也〔一二〕。

〔一〕「聖」下脱「人」字，或「明主」二字誤合爲「聖」。勸將篇云：「明主深知之。」○鐸按：志氏姓篇「吹律定姓，唯聖能之」，亦以「聖」爲「聖人」，蓋非脱字。

〔二〕禮記緇衣云：「上之所好惡，不可不慎也，是民之表也。」

〔三〕文六年左傳云：「引之表儀。」説文云：「咳，小兒笑也。」

〔四〕漢書賈誼傳云：「廉愧之節，仁義之厚。」○鐸按：「爲」猶「有」也。後漢書循吏仇覽傳：「勸人生業，爲制科令，至於果菜爲限，雞豚有數。」爲、有互文，是其證。又賈誼傳「愧」乃「醜」字之訛，「廉醜」即「廉恥」，賈子特變篇正作「廉恥」。箋未晰。

〔五〕著，讀「根著」之「著」。

〔六〕周語云：「麤穢暴虐。」楚辭遠遊云：「精氣入而麤穢除。」

〔七〕「大荒」見山海經。

〔八〕列女傳衞靈夫人曰：「忠臣與孝子，不爲昭昭變節，不爲冥冥惰行。」論衡書虛篇云：「世稱柳下惠之行，言其能以幽冥自修潔也。」後漢書馮衍傳云：「修道德於幽冥之路。」

〔九〕「亡」疑衍，即「夫」字聲誤。○鐸按「亡」疑「中」之壞。周禮師氏「掌國中失之事」，故書「中」爲「得」。此蓋一本作「得」，一本作「中」，後人誤合之耳。

〔一〇〕○鐸按：辟，謂刑辟。爾雅釋詁：「辟，罪也。」

〔一一〕詩文王。「形」今作「刑」。「聲」舊作「馨」，據程本改。○鐸按：「無馨無臭」，嵇康幽憤詩同，蓋魯詩也。程本據毛詩改之，非此書之舊，斷不可從。又漢書揚雄傳甘泉賦引詩「載」作「縡」，廣雅釋詁：「縡，事也。」皆本魯詩。陳氏魯詩遺說考十五謂潛夫論仍同毛氏作「載」，疑出後人所改，意其或然。

〔一二〕「也」舊脱。史記周本紀云：「成、康之際，天下安寧，刑錯四十餘年不用。」「錯」是「措」之借。○鐸按：下文作「錯」。

是故上聖〔一〕不務治民事而務治民心，故曰：「聽訟，吾猶人也。必也使無訟乎！」導之以德，齊之以禮〔二〕，務厚其情而明則務義〔三〕，民親愛則無相害傷之意，動思義則無姦邪之心。夫若此者，非法〔四〕律之所使也，非威刑之所彊也，此乃教化之所致也〔五〕。聖人甚〔六〕尊德禮而卑刑罰〔七〕，故舜先勅契以敬敷五教，而後命臯陶以五刑三居〔八〕。是故凡立法者，非以司民短而誅過誤〔九〕，乃以防姦惡而救禍敗，檢淫邪而内正道爾〔一〇〕。

〔一〕「聖」下舊有「故」字，衍。

〔二〕並論語。

〔三〕「則務」二字當作「其」。○鐸按：當作「而務明其義」。

〔四〕「法」字據治要補。

〔五〕「是故上聖」至此，舊錯在「有傷聽之政」上，今移正。「也」字據治要補。漢書董仲舒傳云：「夫萬民之從利也，如水之走下，不以教化隄防之，不能止也。是故教化立而姦邪皆止者，其隄防完也；教化廢而姦邪並出，刑罰不能勝者，其隄防壞也。古之王者明於此，是故南面而治天下，莫不以教化爲大務。立太學以教於國，設庠序以化於邑，漸民以仁，摩民以誼，節民以禮。故其刑罰甚輕而禁不犯者，教化行而習俗美也。」

〔六〕「甚」舊作「其」，據治要改。

〔七〕漢書禮樂志董仲舒對策云：「王者承天意以從事，故務德教而省刑罰。」

〔八〕書堯典。

〔九〕王先生云：「司，讀爲『伺』。」○鐸按：「伺」蓋「司」之後出加旁字，説文所無。

〔一〇〕禮記樂記云：「刑以防其姦。」新語道基篇云：「檢姦邪，消佚亂。」大戴禮勸學篇云：「所以防僻邪而道中正也。」内，讀爲「納」。

詩云：「民之秉夷，好是懿德〔一〕。」故民有心也，猶爲種之有園也。遭和氣則秀茂而成實，遇水旱則枯槁而生孽〔二〕。民蒙善化，則人〔三〕有士君子之心〔四〕；被惡政，則人有懷姦亂之慮。故善者之養天民也，猶良工之〔五〕爲麴豉也〔六〕。起居以其時〔七〕，寒温得其適〔八〕，則一蔭之麴豉〔九〕盡美而多量〔一〇〕。其遇〔一一〕拙工〔一二〕，則一蔭之麴豉皆臭敗而棄捐〔一三〕。今六合亦由一蔭也〔一四〕，黔首之屬〔一五〕猶豆麥也，變化云爲〔一六〕，在將者爾。遭良吏則皆懷忠信而履仁厚，遇惡吏則皆懷姦邪而行淺薄〔一七〕。忠厚積則致太平，姦薄積則致危亡。是以聖帝明王，皆敦德化而薄威刑。德者所以修己也，威者所以治人也。上智與〔一八〕下愚之民少，而中庸之民多〔一九〕。中民之生世也，猶鑠金之在鑪也，從篤變化〔二〇〕，惟治所爲，方圓薄厚，隨鎔制爾〔二一〕。

〔一〕烝民。「夷」今詩作「彝」，孟子引詩作「夷」。○鐸按：毛詩作「彝」，正字；魯詩作「夷」，用借字也。書洪範「是彝是訓」，史記宋微子世家引「彝」作「夷」。周禮司尊彝「祼用雞彝」，禮記明堂位作「雞夷」，鄭注：「夷，讀爲『彝』。」是夷、彝同也。

〔二〕說文云：「禽獸蟲蝗之怪謂之蠥。」「孽」與「蠥」通。

〔三〕「人」字據治要補。

〔四〕春秋繁露俞序篇云：「教化流行，德澤大洽，天下之人，人有士君子之行而少過矣。」

〔五〕「之」字據治要補。

〔六〕孟子云：「天下之良工也。」說文云：「粷，酒母也。或作鞠。」「麴」與粷、鞠同。豉，說文正作「敊」，云：「配鹽幽尗也。」史記貨殖傳云：「糵麴鹽豉千答。」

〔七〕漢書卜式傳云：「以時起居。」禮記儒行鄭注：「『起居』猶『舉事動作』。」

〔八〕呂氏春秋侈樂篇云：「寒、溫、勞、逸、飢、飽，此六者非適也。凡養也者，瞻非適而以之適者也。」

〔九〕說文云：「窨，地室也。」徐鍇云：「今謂地窨藏酒爲窨。」「蔭」與「窨」通。齊民要術云：「作豉法，先作暖蔭屋，坎地深三二尺，密泥塞屋牖，勿令風及蟲鼠入也。」又云：「作麥麴法，其房欲得板户，密泥塗之。」説文「豉，配鹽幽尗」，徐鍇云：「幽，謂造之幽暗也。」「暗」與「窨」義亦同。○鐸按：詩七月：「三之日納於凌陰。」陰、蔭、窨並同。今北人謂之「地窨子」。

〔一〇〕史記匈奴傳：「中行説曰：『漢所輸匈奴繒絮米糵，令其量中必善美。』」

〔一一〕「遇」舊作「愚」，據治要改。

〔一二〕孟子云：「大匠不爲拙工改廢繩墨。」

〔一三〕「捐」舊作「損」，據治要改。

〔一四〕新書過秦上篇云：「履至尊而制六合。」淮南子原道訓高誘注：「四方上下爲六合。」○鐸按：「由」與「猶」同。

〔一五〕禮記祭義云「以爲黔首則」，鄭注：「黔首，謂民也。」

〔一六〕易繫辭下傳。

〔一七〕漢書刑法志文帝詔云：「牧民而道之以善者吏也。」公孫弘傳云：「先世之吏正，故其民篤。今世之吏邪，故其民薄。」禮樂志云：「世衰民散，小人乘君子，心耳淺薄，則邪勝正。」

〔一八〕「與」舊作「則」。

〔一九〕論語云：「唯上智與下愚不移。」後漢書楊終傳云：「上智下愚，謂之不移。中庸之流，要在教化。」荀子王制篇云「中庸民不待政而化」，楊倞注：「中庸民易與爲善，故教則化之，不待政成之後也。」

〔二〇〕「篤」疑「笵」之誤。王先生云：「疑是『從革』。」○鐸按：作「笵」是也。下言「隨鎔」，金曰鎔，竹曰笵，對文則異，散文則通。

〔二一〕春秋繁露實性篇云：「中民之性，待漸於教訓而後能爲善。」漢書董仲舒傳云：「夫上之化下，下之從上，猶泥之在鈞，惟甄者之所爲；猶金之在鎔，惟冶者之所鑄。」

是故世之善否〔一〕，俗之薄厚，皆在於君。上聖和德〔二〕氣以化民心，正表儀以率羣下，故能使民比屋可封，堯、舜是也〔三〕。其次躬道德而敦慈愛，美教訓而崇禮讓，故能使民無爭心〔四〕而致刑錯〔五〕，文、武是也。其次明好惡而顯法禁，平賞罰而無阿私〔六〕，故能使民辟姦邪而趨公正，理弱亂以致治彊，中興是也〔七〕。治天下〔八〕，身處汙而放情〔九〕，怠民事而急酒樂〔一〇〕，近頑童而遠賢才〔一一〕，親諂諛而疏正直，重賦稅以賞無功，妄加喜怒以傷無辜〔一二〕，故能亂其政以敗其民，弊其身以喪其國者〔一三〕，幽、厲是也。

〔一〕「否」治要作「惡」。

〔二〕「德」字舊脱，據上文補。

〔三〕新語無爲篇云：「堯、舜之民可比屋而封，桀、紂之民可比屋而誅者，教化使然也。」漢書王莽傳云：「明聖之世，國多賢人，故唐、虞之時，可比屋而封。」論衡藝增篇云：「儒書又言堯、舜之民可比屋而封，言其家有君子之行，可皆官也。」

〔四〕昭六年左傳云：「民知有辟，則不忌於上，並有争心，以徵於書，而徼幸以成之。」

〔五〕上作「措」。

〔六〕孝經云：「示之以好惡，而民知禁。」韓非子五蠹篇云：「明其法禁，必其賞罰。」漢書金日磾傳云：「亡所阿私。」吕氏春秋貴公篇高誘注：「『阿』亦『私』也。」

〔七〕毛詩序云：「烝民，尹吉甫美宣王也。任賢使能，周室中興焉。」史記周本紀云：「宣王即位，二相輔之修政，法文、武、成、康之遺風，諸侯復宗周。」

〔八〕下有脱文。

〔九〕文選古詩云：「蕩滌放情志。」治要載桓範政要論節欲篇云：「儉者節欲，奢者放情。放情者危，節欲者安。」

〔一〇〕大戴禮少閒篇云：「荒耽於酒，淫泆於樂。」

〔一一〕鄭語：「史伯曰：『侏儒戚施，實御在側，近頑童也。』」

〔一二〕治要載六韜文韜篇：「太公曰：『賢君之治國，其政平，吏不苛，其賦歛節，其自奉薄，不以私善害公法，賞賜不加於無功，刑罰不施於無罪，不因喜以賞，不因怒以誅。』」

〔一三〕詩抑云：「天方艱難，曰喪厥國。」毛詩序云：「衛武公刺厲王。」

孔子曰：「三人行，必有我師焉。擇其善者而從之，其不善者，我則改之〔一〕。」詩美「宜鑒於殷，自求多福」〔二〕。是故世主誠能使六合之内，舉世之人，咸懷方厚之情，而無淺薄之惡，各奉公正〔三〕之心，而無姦險〔四〕之慮，則羲、農之俗，復見於兹，麟龍鸞鳳，復畜於郊矣〔五〕。

〔一〕論語「我則」二字作「而」。◯鐸按：襄卅一年左傳：「子産曰：『其所善者，吾則行之；其所惡者，吾則改之。是吾師也。』」當是古本有如是者。

〔二〕文王。◯鐸按：詩「自求多福」句在「宜鑒于殷」句上。

〔三〕「正」舊作「政」，據治要改。

〔四〕「險」舊作「陬」，據治要改。

〔五〕白虎通封禪篇云：「德至鳥獸，則鳳凰翔，鸞鳥舞，麒麟臻。」禮記禮運云：「鳳凰麒麟，皆在郊棷。」

五德志〔一〕第三十四

自古在昔〔二〕，天地開闢〔三〕。三皇迭制，各樹號謚，以紀其世。天命五代，正朔三復〔四〕。神明感生〔五〕，爰〔六〕興有國。亡於嫚以〔七〕，滅於積惡。神微精以〔八〕，天命罔極〔九〕。或皇馮依〔一〇〕，或繼體育〔一一〕。太曎〔一二〕以前尚矣〔一三〕。迪斯用來〔一四〕，頗可紀録。雖一精思〔一五〕，議而復誤。故撰古訓〔一六〕，著五德志〔一七〕。

〔一〕○鐸按：大戴禮有五帝德、帝繫二篇，此文本之，皆上古興亡史也。

〔二〕詩那。

〔三〕御覽一引尚書中候云：「天地開闢。」○鐸按：已見卜列篇。

〔四〕白虎通三正篇云：「禮三正記曰：『正朔三而改，文質再而復。』」

〔五〕禮記大傳鄭注云：「王者之先祖，皆感太微五帝之精以生。」詳卜列篇注。

〔六〕「爰」舊作「愛」。

〔七〕「以」當作「易」，易、以聲近之誤。説文云：「嫚，侮易也。」經典通作「慢易」，注見斷訟篇。

〔八〕「以」字誤，或當在「精」字上，明忠篇「精微而神」是其例。論衡奇怪篇云：「説聖者以爲稟天精微之氣。」此文意蓋與彼同。

〔九〕詩維天之命毛傳：「孟仲子曰：『大哉！天命之無極。』」文十七年左傳云：「命之罔極。」

〔一〇〕詩閟宮云「上帝是依」，鄭箋：「天用是馮依而降精氣。」僖五年左傳云：「神所馮依。」

〔一一〕史記外戚世家序云：「自古受命帝王及繼體守文之君。」

〔一二〕「睪」與「皡」同。隸書從「皋」之字多作「睪」。

〔一三〕大戴禮五帝德篇云：「孔子曰：『黄帝尚矣。』」史記三代世表序云「五帝三代之記尚矣」，索隱：「劉氏云『尚猶久古也。』」

〔一四〕猶云「由斯以來」也。○鐸按：楚辭九章懷沙：「易初本迪兮。」史記屈原傳「迪」作「由」。

〔一五〕史記鄒陽傳云：「雖竭精思。」一，讀「專壹」之「壹」。

〔一六〕詩烝民云：「古訓是式。」説文云：「僎，具也。」「撰」即「僎」之借。

〔一七〕大戴禮有五帝德篇。史記三代世表序云「終始五德之傳」，索隱云：「謂帝王更王，以金木水火土之五德傳次相承，終而復始，故云『終始五德之傳』也。」

世傳三皇五帝，多以爲伏羲、神農爲二皇〔一〕；其一者或曰燧人〔二〕，或曰祝融〔三〕，或曰女媧〔四〕。其是與非，未可知也。我聞古有天皇、地皇、人皇〔五〕，以爲或及此謂，亦不敢明。凡斯數〔六〕，其於五經，皆無正文。故略依易繫，記伏羲以來，以遺後賢。雖多未必獲正，然罕可以浮游博觀〔七〕，共求厥真。

〔一〕淮南子原道訓云「泰古二皇」，高誘注：「二皇，伏羲、神農也。」獨斷云：「上古天子，庖犧氏、神農氏稱皇。」

〔二〕尚書大傳及禮緯含文嘉。說見風俗通皇霸篇。禮記曲禮疏云：「宋均注援神契引甄耀度數燧人、伏羲、神農爲三皇。」

〔三〕禮號謚記。說見風俗通。白虎通亦引之。

〔四〕春秋運斗樞。說見風俗通。

〔五〕史記秦始皇紀：「博士議曰：『古有天皇，有地皇，有泰皇。』」索隱云：「泰皇當人皇也。」初學記九引春秋緯云：「天皇、地皇、人皇，兄弟九人，分九州，長天下。」御覽七十八引徐整三五歷紀云：「天皇、地皇、人皇爲太古。」

〔六〕「數」下脱一字。○鐸按：邵校本臆補「者」字。

〔七〕○俞樾云：「『然罕』二字絶句，言此義爲世所罕聞也。篇中所陳，與太史公五帝紀、三代世表絶異。太史公曰：『余讀諜記，黄帝以來，皆有年數。稽其歷譜諜，終始五德之傳，古文咸不同乖異。』然則當時原有異同。今依潛夫説，則舜無娶曾祖姑之嫌，而稷、契皆非堯弟，故自舜始舉之，於理爲近也。」孫詒讓札迻八云：「『罕』疑當作『幸』。謂冀幸可以浮游博觀，與學者共求其真也。」○鐸按：俞讀固非，孫改恐亦未是。罕，少也。「罕可」蓋猶後世言「少可」、「差可」耳。陶潛感士不遇賦「罕無路之不澀」，「罕」義與此同，蓋漢末、魏、晉時方俗有此語。

大人迹出雷澤，華胥履之生伏羲〔一〕。其相日角〔二〕，世號太暤〔三〕。都於陳〔四〕。其德木〔五〕，以龍紀，故爲龍師而龍名〔六〕。作八卦，結繩爲網以漁〔七〕。

〔一〕御覽七十八引詩含神霧云：「大迹出雷澤，華胥履之生宓犧。」又引孝經鉤命決云：「華胥履跡，怪生皇犧。」注云：「跡，靈威仰之跡也。」

〔二〕御覽引孝經援神契云：「伏羲氏日角，衡連珠。」五行大義五引孝經鉤命決云：「伏羲日角，珠衡，戴勝。」

〔三〕漢書古今人表「太昊帝宓羲氏」，張晏曰：「太昊，有天下號也。」按律曆志云：「易曰：『炮犧氏之王天下也。』言炮犧繼天而王，爲百皇先，首德始於木，故爲帝太昊。作罔罟以佃漁，取犧牲，故天下號曰炮犧氏。」是班氏以太昊爲身號，炮犧爲世號矣。先儒言身號、世號往往歧異，今就與本書合者録之。

〔四〕昭十七年左傳云：「陳，太皞之墟也。」杜注：「太皞居陳。」

〔五〕御覽引春秋内事云：「伏羲氏以木德王。」

〔六〕昭十七年左傳。

〔七〕易繫辭下傳。○鐸按：下繫：「作八卦，作結繩而爲罔罟。」下「作」字涉上衍。王念孫說，見經義述聞。

後嗣帝嚳〔一〕，代顓頊氏〔二〕。其相戴干〔三〕，其號高辛〔四〕。厥質神靈〔五〕，德行祇肅，迎送日月〔六〕，順天之則〔七〕，能敍三辰以周民〔八〕。作樂六英〔九〕。世有才子八人：伯奮、仲堪、叔獻、季仲、伯虎、仲雄、叔豹、季狸，忠肅恭懿，宣慈惠和，天下之人謂之八元〔一〇〕。

〔一〕錢宫詹大昕云：「太史公三代世表謂堯、舜、禹、稷、契皆出黄帝。稷、契與堯同父，堯不能用，至舜始舉之。舜娶堯二女，乃是曾祖姑。此皆昔人所疑。惟潛夫論五德篇謂帝嚳爲伏羲之後，其後爲后稷；堯爲神農之後，舜爲黄帝後，禹爲少昊後，契爲顓頊後。少昊、顓頊不出於黄帝，堯不出於嚳，則舜無娶同姓之嫌，而稷、契之不爲堯所知，亦無足怪。於情事似近之。又考春秋命歷序稱黄帝傳十世二千五百二十歲，少昊傳八世五百歲，顓頊傳二十世三百五十歲，帝嚳傳十世四百歲。然則顓頊非黄帝孫，堯亦非帝嚳子。可以正史記之謬，與潛夫論亦相合。」

〔二〕漢書律曆志云：「春秋外傳曰，顓頊之所建，帝嚳受之，水生木，故爲木德。」

〔三〕御覽八十引春秋元命苞云：「帝嚳戴干，是謂清明，發節移度，蓋像招搖。」王先生云：「按元命苞言『厥象招搖』，則『干』當作『斗』，字形相涉而誤。戴斗者，頂方如斗也。」

〔四〕漢書律曆志云：「天下號曰高辛氏。」史記索隱：「宋衷曰：『高辛地名，因以爲號。』」

〔五〕大戴禮五帝德篇云：「高辛生而神靈，自言其名。」

〔六〕大戴禮云：「歷日月而迎送之。」

〔七〕大戴禮云：「順天之義。」

〔八〕禮記祭法云：「帝嚳能敍星辰以著衆。」

〔九〕周禮大司樂疏引樂緯云：「顓頊之樂曰五莖，帝嚳之樂曰六英。」注云：「能爲五行之道立根莖。六英者，六合之英。」高誘注淮南子齊俗訓以六英爲顓頊樂，御覽七十九、八十引帝王世紀又云：「顓頊作樂五英，帝嚳作樂六莖。」白虎通禮樂篇則以六莖屬顓頊，五英屬帝嚳，漢書禮樂志同。然此自本樂緯。下云「顓頊作樂五英」，「英」當爲「莖」，蓋傳寫之誤。

〔一〇〕文十八年左傳。「雄」今作「熊」，「狸」作「貍」，「恭」作「共」。○鐸按：下四人皆以獸爲字，則作「雄」者借字也。帝王世紀「伏羲曰皇雄氏」，亦作「黄熊」，易林蹇之大過「熊」與「宏」叶，是二字音近相通之證。

後嗣姜嫄，履大人迹生姬棄〔一〕。厥相披頤〔二〕。爲堯司徒〔三〕，又主播種，農植嘉穀〔四〕。堯遭水災，萬民以濟〔五〕。故舜命曰后稷〔六〕。初，烈山氏之有天下也，其子曰柱，能植百穀，故立以爲稷，自夏以上祀之。周之興也，以棄代之，至今祀之〔七〕。

〔一〕御覽一百卌五引春秋元命苞云：「周本姜嫄遊閟宮，其地扶桑，履大迹，生后稷。」史記周本紀云：「帝舜封棄於郃，號曰后稷，別姓姬氏。」

〔二〕「披頤」宋書符瑞志作「枝頤」。按披、枝並「歧」之誤。御覽三百六十八引春秋元命苞云：「后稷歧頤自求，是謂好農。蓋象角亢，載上食穀。」王先生云：「按詩大雅生民：『克岐克嶷』，『岐嶷』即『岐頤』也。岐者，頭骨隆起而岐出，嶷嶷然高，故象角亢。」〇鐸按：馬瑞辰毛詩傳箋通釋二十五云：「元命苞『歧頤』，潛夫論『披頤』，皆即詩『岐嶷』之轉借，或本三家詩。」

〔三〕「司徒」當作「司馬」。詩閟宮鄭箋云：「后稷生而名棄，長大，堯登用之，使居稷官，民賴其功。後雖作司馬，天下猶以后稷稱焉。」疏引尚書刑德放云：「稷爲司馬，契爲司徒。」御覽二百九引尚書中候云：「稷爲大司馬。」論衡初稟篇云：「棄事堯爲司馬，居稷官，故爲后稷。」

〔四〕書呂刑。「植」今作「殖」。〇鐸按：農，勉也。言勉植嘉穀也。經義述聞三王念孫説。

〔五〕繫辭云：「臼杵之利，萬民以濟。」

〔六〕書堯典。

〔七〕昭廿九年左傳云：「有烈山氏之子曰柱，爲稷，自夏以上祀之。周棄亦爲稷，自商以來祀之。」禮記祭法云：「厲山氏之有天下也，其子曰農，能殖百穀。夏之衰也，周棄繼之，故祀以爲稷。」鄭注：「厲山氏或曰有烈山氏。」此合二書言之。

太姙夢長人感己，生文王〔一〕。厥相四乳〔二〕。爲西伯，興於岐〔三〕。斷虞、芮之訟而始受命〔四〕。武王駢齒〔五〕，勝殷遏劉〔六〕，成周道〔七〕。姬之別封衆多，管、蔡、成、霍、魯、衛、毛、聃、郜、雍、曹、滕、畢、原、酆、郇，文之昭也。邘、晉、應、韓，武之穆也。凡、蔣、邢、茆、祚、祭，周公之胤也〔八〕。周、召、虢、吴、隨、邠、方、卬、息〔九〕、潘〔一〇〕、養、滑、鎬、宫、密、榮、丹、郭〔一一〕、楊、逢、管、唐、韓、楊〔一二〕、觚、〔一三〕、欒、甘、鱗虞〔一四〕、王氏〔一五〕，皆姬姓也〔一六〕。

〔一〕御覽八十四引詩含神霧云：「大任夢長人感己，生文王。」

〔二〕御覽引春秋元命苞云：「文王四乳，是謂含良。蓋法酒旗，布恩施惠。」

〔三〕史記周本紀云：「古公止於岐，少子季歷生昌，有聖瑞。古公曰：『我世當有興者，其在昌乎！」昌立，是爲西伯，西伯曰文王。」説文云：「郂，周文王所封。或從山作「岐」，因岐山以名之也。」

〔四〕史記劉敬傳云：「文王爲西伯，斷虞、芮之訟始受命。」齊太公世家云：「周西伯政平，及斷虞、芮之訟，而詩人稱西伯受命。」周本紀又云：「詩人道西伯，蓋受命之年稱王而斷虞、芮之訟。」

〔五〕御覽三百六十八引春秋元命苞云：「武王駢齒，是謂剛强。參房誅害，以從天心。」

〔六〕詩武。

〔七〕漢書律曆志云：「武王伐商紂，水生木，故爲木德，天下號曰周室。」五行志云：「昔周公制禮樂，成周道。」

〔八〕僖廿四年左傳。「成」作「郕」，「邗」作「邢」，「茆」作「茅」，「祚」作「胙」。茆，讀爲「茅」，詳交際篇。

〔九〕「息」舊作「自」，據路史國名紀五、後紀十改。隱十一年左傳疏引世本：「息國，姬姓。」説文作「鄎」。

〔一〇〕廣韻二十六桓「潘」字注云：「周文王子畢公之子季孫食采於潘，因氏焉。」

〔一一〕僖五年左傳云：「虢仲、虢叔，王季之穆也。」疏引賈逵云：「虢仲封東虢，制是也。虢叔封西虢，虢公是也。」按「虢公」僖二年公羊傳作「郭」。○鐸按：公羊釋文云：「郭，音虢，又如字。」

〔二〕「楊」重見。後紀十載姬國有陽，在楊上。上文「楊」字蓋即「陽」之譌。此「楊」字當從手，襄廿九年左傳云：「虞、虢、焦、滑、霍、揚、韓、魏，皆姬姓也。」〇鐸按：左傳「揚」當從木，辯見洪亮吉春秋左傳詁。

〔三〕「觚」疑「狐」。晉語云：「狐氏出自唐叔。」〇鐸按：狐氏，晉姬姓。見下篇。

〔四〕「鱗」當作「鮮」。昭十二年穀梁傳「晉伐鮮虞」，范甯注：「鮮虞，姬姓，白狄也。」疏云：「世本文。」鄭語云「北有衞、燕、狄、鮮虞」，韋昭注：「鮮虞，姬姓國。」

〔五〕國名紀、後紀「王」作「主」，以「主」爲國名。按太子晉之後爲王氏，見志氏姓篇。

〔六〕〇鐸按：以上伏羲，木德，後嗣嚳、棄。

有神龍首出常羊，感任姒〔一〕，生赤帝魁隗。身號炎帝，世號神農，代伏羲氏〔二〕。其德火紀，故爲火師而火名〔三〕。是始〔四〕斲木爲耜，揉木爲耒耨。日中爲市，致天下之民，聚天下之貨，交易而退，各得其所〔五〕。

〔一〕舊脱「羊」字，「任」作「姙」。御覽七十八引帝王世紀云：「神農氏母曰任姒，有喬氏之女，名女登。爲少典妃。遊於華陽，有神龍首感女登於常羊，生炎帝。」又引孝經鉤命決云「任已感龍生帝魁」，注云：「魁，神農名。『已』或作『姒』。」

〔二〕淮南子時則訓云「赤帝祝融之所司者萬二千里」，高誘注：「赤帝，炎帝，號爲神農。」漢書律曆志云：「易曰：『炮犧氏没，神農氏作。』以火承木，故爲炎帝。教民耕農，故天下號曰神農氏。」

〔三〕昭十七年左傳。

〔四〕「始」舊作「以」，依下文例改。

〔五〕易繫辭。按「揉木爲耒耨」，與釋文或本同。

後嗣慶都，與龍合婚，生伊堯〔一〕。代高辛氏。其眉八彩〔二〕。世號唐〔三〕。作樂大章〔四〕。始禪位〔五〕。武王克殷，而封其胄於鑄〔六〕。

〔一〕初學記九引詩含神霧云：「慶都與赤龍合婚，生赤帝伊祁堯。」按隸釋帝堯碑云：「帝堯者，其先出自塊隗，翼火之精。有神龍首出於常羊□□□□□□□□□生赤□□□□□□□□□爰嗣八九，慶都與赤龍交而生伊堯。」成陽靈臺碑云：「昔者慶都兆舍穹精氏，姓曰伊，游觀河濱，感赤龍交，始生堯。」淮南子修務訓高誘注：「堯母慶都，蓋天帝之女。寄伊長孺家，年二十無夫。出觀於河，有赤龍負圖而至，奄然陰雲，赤龍與慶都合而生堯。」按誘説本春秋合誠圖，御覽八十引之。

〔二〕御覽引春秋元命苞云：「堯眉八彩，是謂通明。歷象日月，璇璣玉衡。」

〔三〕漢書律曆志云：「帝堯封於唐。蓋高辛氏衰，天下歸之。木生火，故爲火德，天下號曰陶唐氏。」

〔四〕白虎通云：「堯樂曰大章。」

〔五〕孟子云：「唐、虞禪。」

〔六〕禮記樂記云：「武王克殷反商，未及下車，而封帝堯之後於祝。」鄭注：「『祝』或爲『鑄』。」續漢書郡國志「濟北郡蛇邱有鑄鄉城」，劉昭注：「周武王未及下車，封堯後於鑄。」按鑄、祝聲相近。淮南子俶真訓「冶工之鑄器」，高誘注：「『鑄』，讀如『唾祝』之『祝』。」

含始吞赤珠，尅曰「玉英生漢」，龍感女媼，劉季興〔一〕。

〔一〕藝文類聚九十八引詩含神霧云：「含始吞赤珠，刻曰『玉英生漢皇』，後赤龍感女媼，劉季興也。」「尅」與「刻」同。史記高祖紀索隱引王符云：「太上皇名煓。」此書無之，蓋小司馬誤也。漢書律曆志云：「漢高祖皇帝伐秦繼周，木生火，故爲火德。」○鐸按：以上神農，火德，後嗣堯。

大電繞樞炤野，感符寶，生黄帝軒轅〔一〕。代炎帝氏。其相龍顔〔二〕，其德土行〔三〕。以雲紀，故爲雲師而雲名〔四〕。作樂咸池〔五〕。是始制衣裳〔六〕。

〔一〕藝文類聚二引河圖握矩起云："大電繞樞星，炤郊野，感符寶而生黄帝。"御覽七十九"符"作"附"，初學記九引詩含神霧同。大戴禮五帝德篇云："黄帝曰軒轅。"○鐸按：初學記九引帝王世紀："黄帝母曰附寶。"

〔二〕御覽七十九引春秋元命苞云："黄帝龍顔，得天庭陽。上法中宿，取象文昌。戴天履陰，秉數制剛。"

〔三〕史記五帝紀云："有土德之瑞。"漢書律曆志云："易曰：『神農氏没，黄帝氏作。』火生土，故爲土德。"

〔四〕昭十七年左傳。

〔五〕白虎通云："黄帝樂曰咸池。"

〔六〕繫辭。

後嗣握登，見大虹，意感生重華虞舜〔一〕。其目重瞳〔二〕。事堯，堯乃禪位，曰："格爾舜！天之歷數在爾躬。允執厥中，四海困窮，天禄永終〔三〕。"乃受終於文祖〔四〕。世號有虞〔五〕。作樂九韶〔六〕。禪位於禹。武王克殷，而封胡公嬀滿於陳，庸以元女大姬〔七〕。

〔一〕御覽八十一引詩含神霧云："握登見大虹，意感生帝舜。"史記五帝紀云："虞舜者，名曰重華。」

〔二〕御覽三百六十六引春秋元命苞云：「舜重瞳子，是謂滋涼。上應攝提，以象三光。」御覽多誤字，據白虎通聖人篇訂正。

〔三〕論語。「格」今作「咨」，「厥」作「其」。

〔四〕書堯典。

〔五〕漢書律曆志云：「帝舜處虞之嬀汭，堯禪以天下。火生土，故爲土德。天下號曰有虞氏。」

〔六〕白虎通云：「舜樂曰簫韶。」呂氏春秋古樂篇云：「舜乃令質修九招、六列、六英，以明帝德。」「招」與「韶」同。

〔七〕禮記樂記云：「武王克殷反商，未及下車，而封帝舜之後於陳。」襄廿五年左傳云：「庸以元女大姬配胡公，而封諸陳。」王先生云：「『大姬』下脱『配之』二字。」○鐸按：以上軒轅，土德，後嗣舜。

大星如虹，下流華渚，女節夢接，生白帝摯青陽。世號少暤〔一〕。代黄帝氏，都於曲阜〔二〕。其德金行〔三〕。其立也，鳳皇適至，故紀於鳥。鳳鳥氏〔四〕歷正也，玄鳥氏司分者也，伯趙氏司至者也，青鳥氏司啓者也，丹鳥氏司閉者也。祝鳩氏司徒也，雎鳩氏司馬也，尸鳩氏司空也，爽鳩氏司寇也，鶻鳩氏司事也。五鳩，鳩民者也。五雉爲五工正，利器用，夷民者也〔五〕。是始〔六〕作書契，百官以治，萬民以察〔七〕。有才子四人，曰重，曰該，曰修，曰熙，實能金木及水，故重爲勾芒，該爲蓐收，修及熙爲玄冥。恪恭厥業，世不失職，遂濟窮桑〔八〕。

〔一〕初學記十引河圖云：「帝摯少昊氏，母曰女節，見大星如虹，下流華渚，既而夢接，意感生白帝朱宣。」御覽引帝王世紀云：「少昊帝名摯，字青陽。」按漢書律曆志以摯爲黄帝子青陽子孫，與此異。

〔二〕定四年左傳「封於少皞之虚」，杜注：「少皞虚，曲阜也。」帝王世紀云：「都曲阜。」

〔三〕漢書律曆志云：「土生金，故爲金德。天下號曰金天氏。」

〔四〕「鳥」舊脱。

〔五〕昭十七年左傳「鳳皇」作「鳳鳥」，「利器用」下有「正度量」一句。又云：「九扈爲九農正，扈民無淫者也。」此亦當有之。

〔六〕「始」舊作「故」。

〔七〕繫辭。

〔八〕昭廿九年左傳無「恪恭厥業」句。

後嗣修紀，見流星，意感生白帝文命戎禹〔一〕。其耳參漏〔二〕。爲堯司空〔三〕，主平水土，命山川〔四〕，畫九州，制九貢。功成，賜玄珪，以告勳於天〔五〕。舜乃禪位，命如堯詔〔六〕，禹乃即位。作樂大夏〔七〕。世號夏后〔八〕。

〔一〕「戎」舊作「我」。御覽八十二引尚書帝命驗云：「禹白帝精，以星感。修己山行，見流星，意感栗然，生姒戎文命。」注云：「姒，禹氏。禹生戎地，一名文命。」按御覽引帝王世紀及宋書符瑞志「紀」並作「己」。孝經鉤命決作「紀」，亦見御覽。

〔二〕御覽八十二引雒書靈准聽云：「有人大口，兩耳參漏。」注云：「謂禹也。」白虎通聖人篇云：「禹耳三漏，是謂大通。興利除害，決河疏江。」

〔三〕書堯典。

〔四〕書呂刑。「命」今作「名」。

〔五〕書禹貢。「珪」今作「圭」。說文云：「古文圭從玉。」

〔六〕論語云：「舜亦以命禹。」

〔七〕白虎通云：「禹樂曰大夏。」

〔八〕漢書律曆志云：「伯禹，虞舜嬗以天下。土生金，故爲金德。天下號曰夏后氏。」皇侃論語義疏引白虎通云：「夏以揖讓受禪爲君，故褎之稱后。后，君也。」又云：「夏得禪授，是君與之，故稱后也。」

傳嗣子啓。啓子太康、仲康更立。兄弟五人，皆有昏德，不堪帝事，降須洛汭，是謂五觀〔一〕。

〔一〕楚語：「士亹曰：『啟有五觀。』」韋昭注：「五觀，啟子太康昆弟也。觀，雒汭之地。書曰：『太康失國，昆弟五人須於雒汭。』」按漢書古今人表「下中太康」，注：「啓子。兄弟五人，號五觀。」「下上中康」，注：「太康弟。」按太康、仲康不在五觀之數。此并言之，蓋誤。○鐸按：史記魏世家正義：「觀國，夏啓子太康第五弟之所封也。」以五觀爲一人。此以爲五人，與書序合。

孫相嗣位，夏道浸衰。於是后羿自鉏遷於窮石，因夏民以代夏政，滅相。妃后緡方娠，逃出自竇，奔〔一〕於有仍，生少康焉。爲仍〔二〕牧正〔三〕。

〔一〕「奔」襄四年左傳作「歸」。

〔二〕「爲仍」舊作「仍妃」，據傳改。

〔三〕按襄四年傳「以代夏政」下即接「恃其射也」，滅相乃浞事，見哀元年傳，傳文「滅夏后相」至「爲仍牧正」在「伐斟、鄩」下。此文敍事，有乖先後。

羿恃己〔一〕射也，不修民事，而淫於原獸；棄武羅、伯因、熊髡、尨圉〔二〕，而用寒浞。浞，柏〔三〕明氏讒子弟也。柏明氏惡而棄之。夷羿收之，信而使之，以爲己相。浞行媚於內，施賂於外，愚弄於〔四〕民，虞羿於田，樹之詐匿〔五〕，以取其國家，外內咸服。羿猶不悛，將歸自田，家衆殺而烹之，以食其子。子不忍食諸，死於窮門。

〔一〕「己」傳作「其」。

〔二〕○鐸按：程本作「龍圉」，文選桓溫薦焦秀表注引傳同。漢書人表作「厖圉」。

〔三〕「柏」傳作「伯」。○鐸按：柏、伯古字通。上文「伯因」，人表作「柏因」。郭璞注穆天子傳云：「古『伯』字多從木。」謂伯仲字多作「柏」也。

〔四〕「於」傳作「其」。

〔五〕匿，讀爲「慝」。○鐸按：傳作「慝」。

靡奔於有鬲氏〔一〕。浞因羿室生澆及豷，恃其讒慝〔二〕詐僞，而不德於民，使澆用師，滅斟灌及斟尋氏，處豷於過，處澆於戈〔三〕，使椒求少康。逃奔有虞，爲之胞正〔四〕。虞思妻以二妃〔五〕，而邑諸綸，有田一成，有衆一旅，能布其德，而兆其謀，以收夏衆，撫其官職。靡自有鬲收二國之燼，以滅浞，而立少康焉。乃使女艾誘澆，使后杼誘猨〔六〕，遂滅過、戈，復禹之績，祀夏配天，不失舊物〔七〕。十有七世而桀亡天下〔八〕。

〔一〕○鐸按：傳無「於」字。水經淮水注引傳作「逃於有鬲氏」，「於」字不省，與此同。

〔二〕本書「慝」皆作「匿」。按爾雅釋訓：「謔謔、謞謞，崇讒慝也。」釋文云：「慝，諸儒並女陟反，言隱匿其情以飾非。」是「讒慝」正當爲「讒匿」，此疑後人所改。

〔三〕按傳，猨、澆當易置。

〔四〕「胞」傳作「庖」。按胞、庖古通用。列子楊朱篇「胞厨之下」，釋文云：「『胞』本作『庖』。」莊子養生主篇「庖丁爲文惠君解牛」，釋文云：「『庖』崔本作『胞』。」庚桑楚篇「湯以胞人籠伊尹」，釋文云：「『胞』本又作『庖』。」漢書百官公卿表少府屬官有胞人，東方朔傳「館陶公主胞人臣偃」，顏師古注並云：「『胞』與『庖』同。」王方伯云：「禮記祭統云：『夫祭有畀煇胞翟閽者。』又云：『胞者，肉吏之賤者也。』亦以『胞』爲『庖』。」

〔五〕「妃」傳作「姚」。

〔六〕「后」傳作「季」。杜注：「季杼，少康子后杼也。」

〔七〕「夏道浸衰」以下，本襄四年、哀元年左傳。○鐸按：「夏道浸衰」至「處澆於戈」、「靡自有鬲」至「立少康焉」，襄四年。餘皆哀元年。

〔八〕史記三代世表云：「從禹至桀十七世。」夏本紀集解：「徐廣曰：『從禹至桀十七君十四世。』」漢書律曆志云：「夏后氏繼世十七王。」

武王克殷，而封其後於杞〔一〕，或封於繒〔二〕。又封少皞之胄於祁〔三〕。

〔一〕禮記樂記云：「武王克殷反商，下車而封夏后氏之後於杞。」

〔二〕周語云：「有夏雖衰，杞、繒猶在。」韋昭注：「杞、繒二國，夏後也。」

〔三〕王先生云：「『祁』當作『郯』。」昭十七年左傳：「郯子來朝，昭子問少昊氏鳥名官何故？郯子曰：『吾祖也，我知之。』」繼培按：路史國名紀二，少昊後有祁國，即承潛夫論誤本言之。

澆才力蓋衆〔一〕，驟其勇武而卒以亡。故南宮括曰：「羿善射，奡盪舟，俱不得其死也〔二〕。」

〔一〕漢書鄒陽傳云「衆不可蓋」，顏師古注：「蓋，覆蔽也。」項羽傳云：「力拔山兮氣蓋世。」季布傳云：「布弟季心氣蓋關中。」義並同。○鐸按：史記貨殖傳：「田農拙業，而秦陽以蓋一州。」義亦同。

〔二〕論語。「奡」與「澆」同。

姒姓分氏，夏后、有扈、有南、斟尋、泊派、辛、褒、費、戈、冥、繒，皆禹後也〔一〕。

〔一〕史記夏本紀論云：「禹爲姒姓，其後分封，用國爲姓，故有夏后氏、有扈氏、有男氏、斟尋氏、彤城氏、褒氏、費氏、杞氏、繒氏、辛氏、冥氏、斟戈氏。」索隱云：「系本『男』作『南』，『尋』作『鄩』，『費』作『弗』，而不云彤城及褒。又斟戈氏，左傳、系本皆云斟灌氏。」此文「褒」舊作「襄」，據史記改。「戈」上無「斟」字，疑脱。「泊派」不見於史，蓋即「彤城」之誤。○鐸按：有男氏逸周書史記篇作有南氏，與世本同。水經注以爲有南之國在南郡，則作「男」者乃同音借字。以上少皞，金德，後嗣禹。

搖光如月正白，感女樞幽防之宮，生黑帝顓頊〔一〕。其相駢幹〔二〕。身號高陽，世號共工〔三〕。代少皞氏。其德水行〔四〕，以水紀，故爲水師而水名〔五〕。承少皞衰，九黎亂德，乃命重黎討訓服〔六〕。歷象日月，東西南北〔七〕。作樂五英〔八〕。有才子八人，蒼舒、隤凱、檮演、大臨、尨降、庭堅、仲容、叔達，齊聖廣淵，明允篤誠，天下之人謂之八凱〔九〕。共工氏有子曰勾龍，能平九土，故號后土，死而爲社，天下祀之〔一〇〕。

〔一〕御覽七十九引河圖云：「瑤光之星如蜺，貫月，正白，感女樞幽房之宮，生黑帝顓頊。」初學記九「蜺」作「虹」，又二引詩含神霧云：「瑤光如蜺貫月，正白，感女樞，生顓頊。」此云

「摇光如月」，誤。「摇」與「瑶」、「防」與「房」古字並通。

〔二〕御覽七十九引春秋元命苞云：「顓頊併幹，上法月參。集威成紀，以理陰陽。」三百七十一引作「骿幹」。

〔三〕禮記祭法云「共工氏霸九州」，鄭注：「在太昊、炎帝之間。」魯語韋昭注同。漢書律曆志云：「祭典曰：『共工氏伯九域。』言雖有水德，在火木之間，非其序也。任知刑以彊，故伯而不王。」淮南子原道訓云：「共工與高辛争爲帝。」兵略訓云：「共工爲水害，故顓頊誅之。」按共工爲顓頊所誅，不當襲用其號。漢書律曆志以高陽爲有天下號，此云身號亦異。昭十七年、廿九年左傳共工氏，此並以爲顓頊事，或出左氏家舊説也。

〔四〕漢書律曆志云：「金生水，故爲水德。」

〔五〕昭十七年左傳。

〔六〕楚語：「觀射父云：『少皥之衰也，九黎亂德，顓頊受之。乃命南正重司天以屬神，命火正黎司地以屬民，使復舊常，無相侵瀆。』」「服」上疑脱「不」字。「訓」與「馴」同，史記索隱云：「史記『馴』字，徐廣皆讀曰『訓』。訓，順也。」

〔七〕下有脱文。大戴禮五帝德篇云：「顓頊乘龍而至四海，北至於幽陵，南至於交趾，西濟於流沙，東至於蟠木。動静之物，大小之神，日月所照，莫不砥礪。」

〔八〕「英」當作「莖」，詳上。

〔九〕文十八年左傳「隤凱」作「隤敳」，「擣演」作「擣戭」，「八凱」作「八愷」。按説文「戭」字下引春秋傳「檮」亦從手。志氏姓篇「演」作「戭」，與傳同。○鐸按：尨降程本作龍降，誤。王氏廣雅疏證一云：「自庭堅以上皆以二字爲名。爾雅：『厖、洪，大也。』『洪』與『降』古同聲。大臨、尨降，或皆取廣大之義與？」

〔一〇〕昭廿九年左傳：「蔡墨曰：『共工氏有子曰勾龍，爲后土。』」魯語：「展禽曰：『共工氏之伯九有也，其子曰后土，能平九土，故祀以爲社。』」此合二書言之。○鐸按：漢書郊祀志作「能平水土」。

娀簡吞燕卵生子契〔一〕，爲堯司徒，職親百姓，順五品〔二〕。

〔一〕史記殷本紀云：「殷契母曰簡狄，有娀氏之女，爲帝嚳次妃。三人行浴，見玄鳥墮其卵，簡狄取吞之，因孕，生契。契長而佐禹治水，有功，封於商，賜姓子氏。」御覽八十三引尚書中候云：「玄鳥翔水，遺卵於流，娀簡拾吞，生契封商。」注：「玄鳥，燕也。翔水，徘徊於水上。娀，氏也。簡，簡狄也，契母名。商，國名，詩云：『天命玄鳥，降而生商。』是也。」禮記月令鄭注亦稱娀簡。

〔二〕書堯典。「順」今作「遜」。殷本紀作「訓」。淮南子人閒訓「五品不慎」，御覽五十九引淮南子作「不順」。

太平。扶都見白氣貫月，意感生黑帝子履〔一〕，其相二肘〔二〕。身號湯，世號殷〔三〕。致

〔一〕御覽八十三引河圖云：「扶都見白氣貫月，意感生黑帝湯。」注云：「詩含神霧同。」御覽脱「意」字，據藝文類聚十補。◎鐸按：孫志祖讀書脞録據大戴禮少閒篇「商履代興」，白虎通姓名篇「湯王後更名，爲子孫法，本名履也」，謂湯名天乙，又名履，自無可疑。劉氏論語正義説「予小子履」亦云：「潛夫論亦稱子履，是履爲湯名也。」

〔二〕御覽八十三引雒書靈准聽云：「黑帝子湯長八尺一寸，連珠庭，臂二肘。」又引春秋元命苞云：「湯臂二肘，是謂神剛。」按論衡骨相篇亦云：「湯臂再肘。」白虎通聖人篇作「三肘」。御覽三百六十九引元命苞又云：「湯臂四肘。」藝文類聚十二引元命苞、初學記九引帝王世紀、宋書符瑞志並同。◎鐸按：「四肘」合兩臂言之。「三肘」誤。

〔三〕漢書律曆志云：「湯伐夏桀，金生水，故爲水德。天下號曰商，後曰殷。」孟康曰：「初契封商，湯居殷而受命，故二號。」

後衰，乃生武丁。即位，默以不言，思道三年，而夢獲賢人以爲師。乃使以夢像求之四方側陋，得傅説，方以胥靡築於傅巖。升以爲大公，而使朝夕規諫。恐其有

憚怠也，則勑曰：「若金，用汝作礪；若濟巨川，用汝作舟楫；若時大旱，用汝作霖雨。啓乃心，沃朕心。若藥不瞑眩，厥疾不瘳；若跣不視地，厥足用傷。爾交修余，無棄！」故能中興，稱號高宗〔一〕。及帝辛而亡，天下謂之紂〔二〕。

〔一〕「武丁」以下見楚語。「大公」楚語無「大」字。○鐸按：「夢像」楚語作「象夢」，誤倒，王念孫據此訂正之。

〔二〕史記三代世表云：「帝辛是爲紂。」

武王封微子於宋〔一〕，封箕子於朝鮮〔二〕。

〔一〕禮記樂記云「投殷之後於宋」，鄭注：「投，舉徙之辭也。時武王封紂子武庚於殷墟，所徙者微子也。後周公更封而大之。」按史記殷本紀云：「周武王崩，武庚與管叔、蔡叔作亂，成王命周公誅之，而立微子於宋，以續殷後。」宋世家同。

〔二〕史記宋世家。

子姓分氏，殷、時、來、宋、扐、蕭、空同、北殷，皆湯後也〔一〕。

〔一〕史記殷本紀論云：「契爲子姓，其後分封，以國爲姓，有殷氏、來氏、宋氏、空桐氏、稚氏、北殷氏、目夷氏。」索隱云：「按系本子姓無稚氏，北殷氏作髦氏，又有時氏、蕭氏、黎氏。」按稚氏即黎氏之誤，此文又誤「黎」爲「扐」，誤「殷」爲「段」。同、桐古字通。髦氏，隱元年左傳疏引世本作比髦。○鐸按：世本比髦蓋北髦之訛，乃一氏，路史後紀四亦誤分之。

以上顓頊，水德，後嗣契。五德表列于左：

伏羲木德	帝嚳	棄
神農火德		堯
軒轅土德		舜
少皞金德		禹
顓頊水德		契

潛夫論箋校正卷九

志氏姓〔一〕第三十五

昔者聖王觀象於乾坤，考度於神明，探命歷之去就，省羣臣之德業，而賜姓命氏，因彰德功〔二〕。傳稱民〔三〕之徹官百，王公之子弟千世能聽其官者，而物賜之姓，是謂百姓。姓有徹品十〔四〕，於王謂之千品〔五〕。昔堯賜契姓子，賜棄姓姬；賜禹姓姒，氏曰有夏；伯夷爲姜，氏曰有吕〔六〕。下及三代，官有世功，則有官族，邑亦如之〔七〕。後世微末，因是以爲姓，則不能改也。故或傳本姓，或氏號邑謚〔八〕，或氏於國〔九〕，或氏於爵，或氏於官，或氏於字，或氏於事，或氏於居〔一〇〕，或氏於志。若夫五帝三王之世，所謂號也；文、武、昭、景、成、宣、戴、桓，所謂謚也；齊、魯、吴、楚、秦、晉、燕、趙，所謂國也；王氏、侯氏、王孫、公孫，所謂爵也；司馬、司徒、中行〔一一〕、下軍〔一二〕，所謂官也；伯有、孟孫、子服、叔子〔一三〕，所謂字也；巫氏、匠氏、陶氏〔一四〕，所謂事也；東門、西門〔一五〕、南宫、東郭〔一六〕、北郭，所謂居也；三烏〔一七〕、五鹿〔一八〕、青牛〔一九〕、白馬〔二〇〕，所謂志也〔二一〕：凡厥姓氏，皆出屬而不可勝紀也〔二二〕。

〔一〕○鐸按：吹律定姓，肇自軒轅，胙土命氏，傳之唐世，由來尚矣。中葉以降，譜牒湮沉，溷冒因仍，昧其初祖；重以古今遞嬗，南北遷移，聲有轉訛，字多增省，重性貤謬，治絲而棼。蓋在昔已病奇觚，後來幾成絶學。考姓氏之書，世本最古。繼是有作，則節信此文及應劭氏姓篇、賈執英賢傳之類，卓爾見稱。次則林寶元和姓纂、鄧名世古今姓氏書辨證、王應麟姓氏急就篇、鄭樵通志氏族略諸書，並傷齟齬。明季以還，又不下十餘部，羣相蹈襲，自鄶無譏。凌氏統譜，更爲妄作。清嘉慶中，武威學者張澍，尋潛夫之墜緒，慕仲遠之博聞，爲姓氏五書，刊行者有尋源、辨誤二種，雖不無瑕纇，實洞見本原，李慈銘所謂涼士之傑出者也。今校正此卷，則有取其説焉。

〔二〕白虎通姓名篇云：「所以有氏者何？所以貴功德，賤伎力，或氏其官，或氏其事，聞其氏即可知其德，所以勉人爲善也。」

〔三〕「民」舊作「氏」。

〔四〕「十」字舊空。

〔五〕「傳稱」以下見楚語。「子弟」下「千」字、「世」字並衍。○鐸按：「千世」當從楚語作「之質」。十二字爲句。

〔六〕舊脱「子賜棄姓」四字，據天中記廿四補。禮記大傳疏引鄭康成駁五經異義云：「堯賜伯夷姓曰姜，賜禹姓曰姒，賜契姓曰子，賜稷姓曰姬，著在書傳。」周語：「太子晉云：『禹賜姓曰姒，氏曰有夏；四嶽賜姓曰姜，氏曰有吕。』」

〔七〕隱八年左傳。

〔八〕「邑」字衍。

〔九〕「國」舊作「爵」，今移正，與下文相應。

〔一〇〕以上二十字舊脱。按御覽三百六十二引風俗通氏姓篇序俱與此同，今據補。

〔一一〕中行見下晉公族注。

〔一二〕元和姓纂云：「左傳，晉欒魘爲下軍大夫，子孫氏焉。」按欒氏世將下軍。僖廿七年傳：「欒枝將下軍。」文十二年傳：「欒盾將下軍。」成二年傳：「欒書將下軍。」襄十三年傳：「欒魘將下軍。」

〔一三〕「子」疑「孫」，並見下。

〔一四〕風俗通作「巫、卜、陶、匠」，此亦當有卜氏。

〔一五〕意林作「西都」，通志氏族略五、鄧名世古今姓氏書辨證四並同。廣韻十二齊「西」字注、通鑑一「西門豹」注又引作「西郭」。

〔一六〕意林、廣韻、通鑑注並無「東郭」，疑衍。○鐸按：此所舉皆以四爲率，又東、西、南、北亦順，則「東郭」不當有。

〔一七〕氏族略三引風俗通云：「有三烏大夫，因氏焉。漢有三烏羣。」元和姓纂又云：「三烏，姜姓，炎帝之後，爲侯國，因氏焉。」

〔一八〕氏族略三云：「晉公子重耳封舅犯於五鹿，支孫氏焉。」按漢書有五鹿充宗。○鐸按：姓纂十姥云：「趙有將軍五鹿盧。」

〔一九〕氏族略四云：「魏初平中，有青牛先生，山東人也。」按王氏著書在初平前，是古有此姓矣。青牛先生見魏略，魏志管甯傳裴松之注引之。

〔二〇〕氏族略四引風俗通云：「微子乘白馬朝周，因氏焉。」

〔二一〕「志」意林作「地」。按風俗通作「職」，志、職聲相近。

〔二二〕「出」當作「此」。漢書王莽傳云：「如此屬不可勝記。」淮南子氾論訓亦云：「凡此之屬，皆不可勝著於書策竹帛，而藏於官府者也。」

衛侯滅邢，昭公娶同姓，言皆同祖也〔一〕。近古以來，則不必然。古之賜姓，大諦可用，其餘則難。周室衰微，吴、楚僭號，下歷七國，咸各稱王〔二〕。故王氏、王孫氏、公孫氏及氏謚官〔三〕，國自有之，千八百國，謚官萬數，故元不可同也。及孫氏者，或王孫之班也，或諸孫之班也〔四〕，故有〔五〕同祖而異姓，有同姓而異祖。亦有雜厝〔六〕，變而相入，或從母姓〔七〕，或避怨讎〔八〕。夫吹律定姓，惟聖能之〔九〕。今民散久〔一〇〕，鮮克達〔一一〕音律。天主尊正其祖〔一二〕。故且略紀顯者，以待士合揖損焉〔一三〕。

〔一〕春秋僖廿五年「衛侯燬滅邢」，左傳云：「同姓也，故名。」哀十二年「孟子卒」，左傳云：「昭公娶於吴，故不書姓。」論語：「陳司敗云：『君娶於吴爲同姓。』」御覽引風俗通云：「公羊譏衛滅邢，論語貶昭公娶於吴，諱同姓也。」

〔二〕淮南子覽冥訓云：「晚世之時，七國異族。」高誘注：「七國，齊、楚、燕、趙、韓、魏、秦也。齊姓田，楚姓芈，燕姓姬，趙姓趙，韓姓韓，魏姓魏，秦姓嬴，故異族也。」

〔三〕「氏謚」舊倒。

〔四〕「班」猶「别」也。

〔五〕「有」舊脱。

〔六〕漢書地理志云「五方雜厝」，晉灼云：「厝，古『錯』字。」

〔七〕漢書夏侯嬰傳云：「初嬰爲滕令奉車，故號滕公。及曾孫頗尚主，主隨外家姓號孫公主，故滕公子孫更爲孫氏。」

〔八〕如下所云智果、張良之類。○鐸按：廣韻十二齊「桂」字下載後漢炅横四子改姓桂、昋、炔，字皆九畫，亦其類也。

〔九〕白虎通姓名篇云：「古者，聖人吹律定姓，以記其族。」○鐸按：「聖」即「聖人」，詳德化篇「聖深知之」注。

〔一〇〕論語。○鐸按：敍録敍交際作「今民遷久」，同。説詳彼。

〔一一〕「達」舊作「遠」。

〔一二〕「天主」疑「人生」之誤。毛詩序云：「生民尊祖也。」王先生云：「『天主』疑『定姓』之誤。」

〔一三〕「士」當作「三」，「三合」即「參合」。韓非子主道篇云：「以參合閱焉。」史記倉公傳云：「參合於人。」後漢書文苑邊韶傳云：「檢括參合。」「揖」與「挹」同，史記十二諸侯年表序云：「七十子之徒，口受其傳指，爲有所刺譏褒諱挹損之文辭不可以書見也。」

伏羲姓風，其後封任、宿、須朐、顓臾四國，實司大暤與有濟之祀〔一〕，且爲東蒙主〔二〕。魯僖公母成風，蓋須朐之女也〔三〕。季氏欲伐顓臾，而孔子譏之〔四〕。

〔一〕見僖廿一年左傳。「朐」作「句」。按僖廿二年公羊傳作「朐」，文七年傳同。○鐸按：僖廿二年左傳亦作「句」。

〔二〕論語。

〔三〕左傳。

〔四〕論語。

炎帝苗胄，四嶽伯夷，爲堯典禮〔一〕，折民惟刑〔二〕，以封申、呂〔三〕。裔生尚〔四〕，爲文王師〔五〕，克殷而封之齊〔六〕，或封許、向，或封於紀，或封於申〔七〕。申〔八〕城在南陽宛北序山之下〔九〕，故詩云：「亹亹申伯，王薦之事，于邑于序，南國爲式〔一〇〕。」宛西三十里有吕城〔一一〕。許在潁川，今許縣是也〔一二〕。姜戎居伊、洛之閒，晉惠公徙置陸渾〔一三〕。州、薄、甘、戲、露、怡〔一四〕，及齊之國氏〔一五〕、高氏〔一六〕、襄氏〔一七〕、隰氏〔一八〕、士强氏〔一九〕、東郭氏〔二〇〕、雍門氏〔二一〕、子雅氏〔二二〕、子尾氏〔二三〕、子襄氏〔二四〕、子淵氏〔二五〕、子乾氏〔二六〕、公旗氏〔二七〕、翰公氏〔二八〕、賀氏〔二九〕、盧氏〔三〇〕，皆姜姓也。

〔一〕書堯典。

〔二〕書吕刑。

〔三〕史記齊太公世家云：「其先祖嘗爲四嶽，佐禹平水土，甚有功，虞、夏之際封於吕，或封於申。」詩崧高毛傳：「堯之時，姜氏爲四伯，掌四嶽之祀，述諸侯之職。於周，則有甫，有申，有齊，有許也。」按「甫」與「吕」通。書吕刑，孝經、禮記並引作甫刑。史記周本紀亦云：「甫侯言於王，作修刑辟。」

〔四〕「裔」上疑脱字。齊世家云：「夏、商之時，申、吕或封枝庶子孫，或爲庶人，尚其後苗裔也。」

〔五〕世家云：「西伯獵，遇太公於渭之陽，載與俱歸，立爲師。」

〔六〕世家云：「武王已平商而王天下，封師尚父於齊營邱。」

〔七〕水經注廿三陰溝水篇引世本云：「許、州、向、申，姜姓也，炎帝後。」

〔八〕「申」舊脱。

〔九〕漢書地理志南陽郡宛注云：「故申伯國。縣南有北筮山。」又育陽注云：「有南筮聚，在東北。」○鐸按：北序山又名北筮山。顧祖禹讀史方輿紀要踵括地志之謬，謂申城在南陽縣北，皆由誤讀此句，以「宛北」連文。陳奐詩毛氏傳疏已糾之。

〔一〇〕與今詩不同，説見三式篇。

〔一一〕「城」舊作「望」。史記齊世家集解：「徐廣曰：『吕在南陽宛縣西。』」水經注淯水篇云：「梅溪又逕宛西吕城東。」

〔一二〕漢書地理志：「潁川郡，許故國，姜姓四岳後太叔所封。」

〔一三〕僖廿二年左傳：「秦、晉遷陸渾之戎於伊川。」襄十四年傳以爲姜戎氏，謂「諸戎是四嶽之裔胄」，杜注：「四嶽之後皆姓姜，又别爲允姓。」昭九年傳云：「允姓之姦居於瓜州，伯父惠公歸自秦，而誘以來。」按僖傳杜注：「允姓之戎居陸渾，在秦、晉西北，二國誘而徙之伊川，遂從戎號，至今爲陸渾縣。」據疏，陸渾是敦煌之地名，徙之伊川，復以陸渾爲名，非本居伊、洛徙置陸渾也。僖十一年傳「伊、雒之戎同伐京師」，杜注：「雜戎居伊水、洛水之間者。」此又先居伊、雒，非秦、晉所遷者。

〔一四〕「怡」舊作「帖」。史記索隱：「三皇本紀云：『神農氏，其後有州、甫、甘、許、戲、露、齊、紀、怡、向、申、吕，皆姜姓之後。』」路史後紀四云「黄帝封参盧於路」，注：「亦作『露』。」又云：「伊、列、舟、駘、淳、戲、怡、向、州、薄、甘、隋、紀，皆姜國也。禹有天下，封怡以紹烈山，是爲默台。」

〔一五〕「氏」字舊空，據程本補。昭四年左傳杜注：「國氏，齊正卿，姜姓。」廣韻二十五德「國」字注云：「太公之後。」

〔一六〕「高氏」舊空，據程本補。唐書宰相世系表云：「齊文公赤生公子高，孫傒以王父字爲氏。」按高傒見左傳。

〔一七〕「襄」字舊空，據程本補。「氏」字各本並脱。襄廿三年左傳齊有襄罷師，廿五年傳齊有襄伊，二襄皆齊公族。

〔一八〕氏族略三云：「齊莊公子廖封於隰陰，故以爲氏。」齊語隰朋，韋昭注：「齊莊公之曾孫，戴仲之子成子也。」○鐸按：齊有兩莊公，此春秋前之莊公贖。

〔一九〕舊作「士氏、强氏」，據後紀四改。按「士」下「氏」字即「襄」字下所脱，今移正。○鐸按：作「士氏、强氏」是也。成十八年左傳有士華免，杜注：「齊大夫。」又齊策一、吕氏春秋知士篇有士尉。東觀漢記有彊華，「强」與「彊」同。路史合二氏而一之，蓋不足據。

〔二〇〕襄廿五年左傳：「東郭偃曰：『臣出自桓。』」

〔二一〕古今姓氏書辨證引世本云：「齊頃公生子夏勝，以所居門爲雍門氏。」按淮南子覽冥訓高誘注：「雍門，齊西門也。」

〔二二〕氏族略三云：「齊惠公之孫公孫竈字子雅之後。」○鐸按：亦見吕氏春秋愼行篇注、襄三十年左傳注、姓纂六止引英賢傳。

〔二三〕氏族略三云：「齊惠公之孫公孫蠆字子尾之後。」按公孫竈、公孫蠆見襄廿九年左傳，子雅、子尾見襄廿八年傳。昭十年傳疏云：「齊惠公生子欒、公子高。高生子尾，欒生子雅。」○鐸按：亦見吕氏春秋注、姓纂六止。

〔二四〕古今姓氏書辨證引世本云：「齊惠公子子襄之後。」「惠」舊作「桓」，據氏族略三改。

〔二五〕古今姓氏書辨證子泉氏引世本云：「齊頃公生子泉湫，因氏焉。」按「子泉」即「子淵」，唐人避諱改。昭廿六年左傳齊有子淵捷子車，八年傳杜注：「子車，頃公之孫捷也。」○鐸按：氏族略亦作「子泉」，避唐諱相沿未改。

〔二六〕古今姓氏書辨證引世本云：「齊頃公子子乾之後，以王父字爲氏。春秋時有子乾晳。」按昭十四年左傳作子韓晳。氏族略三引世本云：「公子都字子乾。」

〔二七〕廣韻一東「公」字注云：「齊悼子公旗之後。」按「悼子」當是「悼公子」。○鐸按：亦見姓氏書辨證一東、氏族略三。

〔二八〕後紀四作「公翰」。○鐸按：廣韻一東載齊公族又有公牽氏、公紀氏、公牛氏，「公」字並在前，此「翰公」蓋誤倒。

〔二九〕元和姓纂云：「齊公族慶父之後慶克生慶封，以罪奔吳，漢末徙會稽山陰。後漢慶儀爲汝陰令，曾孫純避安帝父諱，始改賀氏。」氏族略四云：「齊桓公之子公子無虧生慶克，亦謂之慶父。」

〔三〇〕元和姓纂云：「齊文公子高，高孫傒食采於盧，因姓盧氏。」○鐸按：廣韻十一模同，亦見唐書宰相世系表。

黄帝之子二十五人，班爲十二：姬、酉、祁、己、滕、蔵、任、拘、釐、姞、嬛、衣氏也〔一〕。當春秋，晉有祁奚，舉子薦讎，以忠直著〔二〕。莒子姓己氏〔三〕。夏之興，有任奚爲夏車正，以封於薛，後遷於邳，其嗣仲虺居薛，爲湯左相〔四〕。王季之妃大任〔五〕，及謝、章、昌、采、祝、結、泉、卑、遇、狂大氏，皆任姓也〔六〕。姞氏女爲后稷元妃〔七〕，繁育周先〔八〕。姞氏封於燕〔九〕，及鄭文公有賤妾燕姞，夢神與之蘭曰：「余爲伯鯈〔一〇〕，余爾祖也。是以有國香，人服媚〔一一〕。」及文公見姞，賜蘭而御之。姞言其夢，且曰：「妾不才，幸而有子，將不信，敢徵蘭乎？」公曰：「諾。」遂生穆公〔一二〕。姞氏之别，有闞、尹〔一三〕、蔡、光、魯、雍〔一四〕、斷、密須氏〔一五〕。及漢，河東有郅都〔一六〕，汝南有郅君章〔一七〕，姓音與古姞同〔一八〕，而書其字異，二人皆著名當世。

〔一〕「滕蔵任」舊作「勝藏伾」，據晉語四改。「拘」晉語作「荀」，廣韻四十五厚引晉語作「苟」，路史國名紀一、後紀五並作「苟」，以爲作「荀」者非。元和姓纂「苟姓」亦云：「國語黃帝之後。」按拘、苟並從句得聲。「釐」、「衣」，韋昭本作「僖」、「依」，史記五帝紀集解引虞翻注與此同。「嬛」字舊脱，亦依虞注補，韋本作「儇」。〇經義述聞卷廿一王引之曰：「路史『荀』作『苟』是也。廣韻：『苟姓出河内、河南、西河三望。』國語云：『本自黃帝之子。』漢有苟參。古厚切。』『荀本姓郇，後去邑爲荀，今出潁川。相倫切。』是荀姓爲文王之後，苟姓爲黃帝之後。軒轅黃帝傳亦作『苟』。潛夫論『苟』作『拘』，古聲相近。又案『依』當作『衣』，潛夫論正作『衣』，史記五帝紀集解、單行本索隱引國語並作『衣』。鄭注中庸曰：『今姓有衣者。』廣韻『衣』字云：『姓，出姓苑。』而『依』字不以爲姓，則國語之本作『衣』明矣。」〇張澍養素堂文集十五與王伯申書云：「山海經大荒國北『毛民之國，依姓。』是古有依姓也。蓋衣爲殷姓之後，齊人有之，見鄭康成禮記注、高誘呂氏春秋注。依則黃帝之後，各不相蒙。唐書孝友傳，梓潼有依政，可證已。廣韻于姓氏遺漏甚多，不得以其不載，遂謂無依姓也。」〇鐸按：張説是，此文「衣」當據晉語改「依」。「蔵」當作「葴」。

〔二〕襄三年左傳。按氏族略三以奚爲晉獻侯四世孫。晉語韋昭注云：「晉大夫高梁伯之子。」此以爲黃帝後，蓋誤。下晉公族有祁氏，奚之所自出也。○鐸按：祁奚事亦見晉語七、呂氏春秋去私篇。

〔三〕按文八年左傳云：「穆伯奔莒，從己氏。」隱二年左傳疏稱，譜云：「莒，嬴姓，少昊之後」，引世本：「莒自紀公以下爲己姓。」是莒本姓嬴，改己，非黃帝之後己姓矣。

〔四〕定元年左傳「任奚」作「奚仲」，「虮」作「虺」。「邳」舊作「祁」，據傳改。○鐸按：奚仲作車，見世本作篇。

〔五〕詩大明「摯仲氏任」，毛傳：「摯國任姓之中女也。」周語：「富辰曰：『昔摯、疇之國也，由大任。』」韋昭注：「摯、疇二國，任姓，奚仲、仲虺之後。大任，王季之妃，文王之母也。」

〔六〕隱十一年左傳疏云：「世本氏姓篇云：『任姓，謝、章、薛、舒、吕、祝、終、泉、畢、過。』言此十國皆任姓也。」路史後紀五黃帝紀「謝、章」下「昌」上有舒、洛二國，又八高陽紀注云：「舒又自一國，乃黃帝之後任姓，見潛夫論。」國名紀一同。國名紀又云：「采，紀姓。王符以爲任姓，非。」又云：「遇，宜即番禺。王符作『卑、過』，訛。」後紀五又云：「遇見潛夫，或作『過』，非。」今按「采」即世本「舒」，「結」即世本「終」。國名紀「結」亦作「終」，其作「洛」者誤。洛見鄭語，韋昭以爲赤狄隗姓也。昌、吕，卑、畢，遇、過，皆字形相近，傳本各異。惟「狂大」不載世本，後紀五、國名紀一並作「狂犬」，疑即太戎氏，見下。○鐸按：姓氏急就篇亦作「吕、畢、過」，「昌、卑、遇」蓋訛。

〔七〕「姞」舊作「台」。説文云：「姞，黄帝之後百鯈姓，后稷妃家也。」宣三年左傳云：「姞，吉人也，后稷之元妃也。」百鯈傳作伯鯈。

〔八〕昭元年左傳云：「蕃育其子孫。」繁、蕃古字通。御覽八百廿二引春秋元命苞云：「周先姜嫄履大人跡生后稷。」「周先」用彼文。

〔九〕隱五年左傳疏引世本云：「燕國，姞姓。」漢書地理志東郡南燕注云：「南燕國，姞姓，黄帝後。」王先生云：「後漢書郅惲傳注引潛夫論以『周先姞氏封於燕』爲句。」○鐸按：章懷讀「周先」屬下，不可從。

〔一〇〕「鯈」舊作「儵」。

〔一一〕「媢」下脱「之」字。

〔一二〕宣三年左傳。

〔一三〕詩都人士「謂之尹、吉」，鄭箋：「吉，讀爲『姞』。尹氏、姞氏，周室昏姻之舊姓也。」後紀五、國名紀一「尹」並作「允」，誤。

〔一四〕桓十一年左傳「宋雍氏女於鄭莊公曰雍姞」，杜注：「雍，氏；姞，姓。」○鐸按：隱五年左傳疏引世本：「燕國，姞姓。」秦嘉謨世本輯補據之，謂此「燕」誤作「蔡」。又引「光」作「先」，謂與侁、姺同。復據文六年左傳「杜祁以君故，讓偪姞而上之」，杜注：「偪姞，姞姓之女。」訂「魯」爲「偪」，蓋可從。

〔一五〕周語韋昭注引世本云：「密須，姞姓。」○鐸按：詩韓弈傳：「姞，蹶父姓也。」秦氏據訂「斷」爲「蹶」，宜亦可從。

〔一六〕漢書酷吏傳。

〔一七〕後漢書：「郅惲，字君章。」

〔一八〕○鐸按：郅、姞同質部，音相近也。

少皞氏之世衰，而九黎亂德，顓頊受之，乃命南正重司天以屬神，命火正黎司地以屬民，使復舊常，無相侵瀆，是謂絶地天通〔一〕。夫黎，顓頊氏裔子吴回也〔二〕。爲高辛氏火正，淳耀天明地德，光四海也，故名祝融〔三〕。後三苗復九黎之德，堯繼重、黎之後不忘舊者，羲伯復治之。故重黎氏世序天地，别其分主，以歷三代，而封於程。其在周世，爲宣王大司馬，詩美「王謂尹氏，命程伯休父」。其後失守，適晉爲司馬，遷自謂其後〔四〕。

〔一〕「少皞氏」至此，本楚語。

〔二〕按大戴禮帝繫篇：「顓頊産老童，老童産重黎及吴回。」史記楚世家云：「帝嚳誅重黎，以其弟吴回爲重黎後，復居火正。」徐廣注引世本亦云：「老童生重黎及吴回。」是吴回與黎非一人。而高誘注淮南時則訓云：「祝融，顓頊之孫，老童之子吳回也。一名黎，爲高辛氏火正，號爲祝融。」與此同。是古有此説也。◯鐸按：少昊氏之後曰重，顓頊氏之後曰重黎。對彼重則單稱黎，若自言當家，則稱重黎。楚世家索隱引劉氏説。

〔三〕「夫黎」以下本鄭語。「顓頊氏」八字，鄭語所無，蓋據他書。◯鐸按：此上「顓頊受之」至「絶地天通」本楚語。

〔四〕「三苗」至「爲司馬」本楚語。按楚語云：「其在周，程伯休父其後也。當宣王時，失其官守，而爲司馬氏。」史記自序本之，又云：「司馬氏世典周史，惠、襄之間，司馬氏去周適晉。」此云「適晉爲司馬」，蓋誤。詩，常武詩。◯鐸按：此疑當作「適晉焉」。司馬遷自謂其後。」「焉」誤作「爲」，因以「司馬」帶上讀，而與楚語相違矣。古書焉、爲二字多相亂，楚語上篇：「胡美之爲？」下篇：「何寶之爲？」今本「爲」並誤作「焉」，猶此文「焉」訛作「爲」也。

祝融之孫，分爲八姓：己、秃、彭、姜、妘、曹、斯、芈〔一〕。己姓之嗣飂叔安〔二〕，其裔子曰董父〔三〕，實甚好龍，能求其嗜欲以飲食之，龍多歸焉〔四〕。乃學擾龍〔五〕，以事帝舜。賜姓曰董，氏曰豢龍，封諸鬷川。鬷夷、彭姓豕韋，皆能馴龍者也〔六〕。豢龍逢以忠諫，桀殺之〔七〕。凡因祝融之子孫，己姓之班，昆吾、籍、扈、温、董〔八〕。

〔一〕鄭語「秃」作「董」，「姜」作「秃」，「斯」作「斟」。按史記楚世家索隱引世本「斟」亦作「斯」。董、秃詳下。○鐸按：作「斟」是也。路史國名紀三云：「斟，己姓。北海斟縣有斟亭。」漢書地理志作「𡊅」，音斟。玉篇作「圤」。張澍姓氏尋源十二侵亦據鄭語列斟氏，云：「他書引國語云『黎後有斟姓』，蓋以祝融即重黎也。」其四支斯氏，與此無涉。鄭語云：「斟氏無後。」故下文不復出。

〔二〕○鐸按：漢書人表作廖叔安。論衡龍虚篇作飂叔宋，洪亮吉及孫蜀丞先生並謂「宋」字誤。

〔三〕○鐸按：昭廿九年左傳「其」作「有」，論衡同。

〔四〕○鐸按：「焉」傳作「之」，論衡同。「焉」猶「之」也。

〔五〕○鐸按：傳作「乃擾畜龍」，論衡同。上文云：「能求其嗜欲以飲食之」，則已無待於學。此蓋因畜、學音近，又涉傳下文「劉累學擾龍」而誤。

〔六〕「飂叔安」以下，本昭廿九年左傳。按傳云：「劉累學擾龍於豢龍氏，以事孔甲，賜氏曰御龍，以更豕韋之後。」蓋孔甲以豕韋國封累，非豕韋本能馴龍，而以累代之。此文蓋誤會傳意。「朡」傳作「鬷」。

〔七〕荀子宥坐篇：「孔子曰：『以忠者爲必用耶？關龍逢不見刑乎！』」韓詩外傳四：「桀爲酒池，可以運舟，糟邱足以望十里，而牛飲者三千人。關龍逢進諫，桀囚而殺之。」按關、豢聲相近。○黄生義府：「他書多作關龍逢，予乃知『關』當讀爲『豢』，即古豢龍氏之後也。若不讀潛夫論，鮮不以『關』爲姓，以『龍逢』爲名矣。」

〔八〕鄭語云：「己姓，昆吾、蘇、顧、温、董。」按藉、蘇字形相近，往往致誤。史記惠景間侯者年表江陽侯蘇嘉，徐廣曰：「『蘇』一作『籍』。」晉世家獻侯籍，索隱云：「系本及譙周皆作『蘇』。」○鐸按：下文「周武王時有蘇忿生」云云，即承此言，則本作「蘇」明矣。

禿姓朡夷、豢龍，則夏滅之〔一〕。彭〔二〕姓彭祖、豕韋、諸稽，則商滅之〔三〕。姜姓會人，則周滅之〔四〕。

〔一〕鄭語「禿」作「董」，「朡」作「鬷」。○鐸按：此承上八姓言，則作「禿」是。

〔二〕「彭」舊作「祖」。○鐸按：箋重出，當删。

〔三〕「彭姓」舊作「祖姓」，據鄭語改。

〔四〕舊脱「周」字。鄭語云：「禿姓舟人，則周滅之。」按史記楚世家云：「陸終生子六人，四曰會人。」索隱引系本作鄶人，即下妘姓之會也。此「會人」蓋「舟人」之誤。國名紀六引潛夫論：「曹有姜姓者。」「曹」又「會」之誤。

妘姓之後封於鄢、會、路、偪陽〔一〕。鄢取仲任爲妻，貪冒愛恡，蔑賢簡能，是用亡邦〔二〕。會在河、伊之間，其君驕貪嗇儉，滅爵損禄，羣臣卑讓，上下不臨。詩人憂之，故作羔裘，閔其痛悼也；匪風，冀君先教也。會仲不悟，重氏伐之，上下不能相使，禁罰不行，遂以見亡〔三〕。路子嬰兒，娶晉成公姊爲夫人，酆舒爲政而虐之。晉伯宗怒，遂伐滅路〔四〕。荀罃武子伐滅偪陽〔五〕。曹姓封於邾〔六〕；邾顔子之支，別爲小邾〔七〕，皆楚滅之〔八〕。

〔一〕鄭語「鄢」作「鄔」，「會」作「鄶」。按韋昭注周語云：「鄢，妘姓之國。」○鐸按：姓氏急就篇下亦據周語作「鄢」。鄭語「鄔」字訛。姓纂十四泰云：「鄶仲之後，避難去邑爲會氏。」

〔二〕周語云：「鄢之亡也，由仲任。」

〔三〕鄭語云：「濟、洛、河、潁之間，子男之國，虢、鄶爲大。虢叔恃勢，鄶仲恃險，是皆有驕侈怠慢之心，而加之以貪冒。」逸周書史記解云：「昔有鄶君，嗇儉，滅爵損禄，羣臣卑讓，上下不臨，後□小弱，禁伐不行，重氏伐之，鄶君以亡。」按重氏滅鄶，在高辛十六年，見竹書紀年，非鄭語及詩所云也。此合言之，誤。後紀八高陽紀亦誤仍之。詩檜風釋文：「『檜』本又作『鄶』。」此說羔裘、匪風，蓋本之三家詩序。○鐸按：陳氏魯詩遺說考七以此本魯詩說。又鄶國爲鄭武公所滅，見鄭康成詩譜，自與重氏滅鄶無涉。

〔四〕宣十五年左傳。「路」今作「潞」，「成公」作「景公」，「虐」作「殺」，又云：「虐我伯姬。」虐、殺義同。宣十八年傳云：「凡自虐其君曰弒。」○俞樾羣經平議三十一云：「『殺』與『虐』

同義，故尚書吕刑篇「惟作五虐之刑曰法」，墨子尚同中篇作「唯作五殺之刑曰法」。」

〇鍔按：此説本惠棟春秋左傳補注。

〔五〕襄十年左傳。

〔六〕鄭語云：「曹姓鄒、莒。」鄒、邾聲相近。隱元年左傳杜注：「邾，今魯國鄒縣也。」史記楚世家云：「陸終生子六人，五曰曹姓。」集解引世本云：「曹姓者，邾是也。」

〔七〕莊五年左傳疏引杜世族譜云：「小邾，邾俠之後也。夷父顔有功於周，其子友别封爲附庸，居郳。」又引世本注云：「邾顔别封小子肥於郳，爲小邾子。」是友有二名也。

〔八〕漢書地理志云：「魯國騶，故邾國，曹姓，二十九世爲楚所滅。」隱元年左傳疏引世族譜云：「邾文公遷於繹。桓公以下，春秋後八世而楚滅之。」續漢書郡國志江夏郡邾縣，劉昭注引地道記曰：「楚滅邾，徙其君此城。」水經注卅五江水篇「又東過邾縣南」，注云：「楚宣王滅邾，徙居於此。」

芈姓之裔熊嚴，成王封之於楚，是謂粥熊，又號粥子〔一〕。生四人，伯霜、仲雪、叔熊、季紃〔二〕。紃嗣爲荆子，或封於夔，或封於越〔三〕。夔子不祀祝融、粥熊，楚伐滅〔四〕。公族有楚季氏〔五〕、列宗氏、鬭强氏〔六〕、良臣氏〔七〕、耆氏、門氏〔八〕、侯氏、季融氏〔九〕、仲熊氏〔一〇〕、子季氏〔一一〕、陽氏〔一二〕、無鉤氏〔一三〕、蔿氏〔一四〕、善氏、陽氏〔一五〕、昭氏、景氏〔一六〕、嚴氏〔一七〕、嬰齊氏〔一八〕、來氏〔一九〕、來織氏、即氏、申氏〔二〇〕、訠氏〔二一〕、沈氏〔二二〕、賀氏、咸氏〔二三〕、吉白氏、伍氏〔二四〕、沈𤅊氏、餘推氏、公建氏〔二五〕、子南氏〔二六〕、子庚氏〔二七〕、子午氏〔二八〕、子西氏〔二九〕、王孫、田公氏〔三〇〕、舒堅氏〔三一〕、魯陽氏〔三二〕、黑肱氏〔三三〕，皆芈姓也。

〔一〕按史記楚世家，鬻融子事文王，蚤卒，成王封其曾孫熊繹於楚。熊嚴則熊繹六世孫也。此合熊嚴、粥熊爲一人，誤矣。

〔二〕鄭語。

〔三〕鄭語云：「芈姓夔、越，不足命也。」僖廿六年左傳：「夔子曰：『我先王熊摯有疾，鬼神弗赦，而自竄於夔。』」杜注：「熊摯，楚嫡子，有疾不得嗣位，故別封爲夔子。」楚世家正義引宋均樂緯注，以熊摯爲熊渠嫡嗣。世家又云：「熊渠立少子執疵爲越章王。」此文似以封夔、越者爲伯霜、仲雪諸人。

〔四〕僖廿六年左傳。「滅」下當脱「之」字。○鐸按：傳作「楚人讓之」，當據補「之」字。

〔五〕下云：「楚季者，王子敖之曾孫。」元和姓纂引世本云：「楚若敖生楚季，因氏焉。」○鐸按：氏族略四同。

〔六〕氏族略五引世本云：「若敖生鬬强，因氏焉。」

〔七〕「良」舊作「艮」，據後紀八改。○鐸按：秦氏世本輯補引正作「良臣氏」。

〔八〕後紀八有耆門氏。○鐸按：此疑當作「鬬耆氏」。氏族略四引英賢傳云：「鬬伯比之孫鬬耆仕晉，因氏焉。」「鬬」或作「門」，因誤作「門」，又倒在下。

〔九〕元和姓纂引世本云：「楚鬬廉生季融，子孫氏焉。」

〔一〇〕後紀八「熊」作「雄」，注云：「潛夫論作『熊』，非。」○鐸按：姓纂一宋、氏族略四並作「仲熊氏」。

〔一一〕古今姓氏書辨證引世本云：「楚公族。」○鐸按：姓纂六止同，脱「世本」二字。

〔一二〕昭十七年左傳「楚陽匄爲令尹」，杜注：「陽匄，穆王曾孫令尹子瑕。」疏引世本：「穆王生王子揚，揚生尹，尹生令尹匄。」按「揚」蓋「陽」之誤，匄以王父字爲氏。○鐸按：廿七年傳有陽匄子陽令終。

〔一三〕「鈎」舊作「鈞」，據氏族略三、後紀八、廣韻十虞「無」字注改。無鈎即薳章字，見下。

〔一四〕左傳亦作「薳」。氏族略三云：「薳章食邑於薳，故以命氏。」○鐸按：蔿、薳同字，歌、寒對轉。

〔一五〕陽氏已見上，此誤。

〔一六〕離騷序云：「三閭之職，掌王族三姓曰屈、昭、景。」

〔一七〕元和姓纂云：「楚莊王支孫以謚爲姓，避明帝諱改爲嚴氏。」

〔一八〕氏族略四云：「楚穆王之子公子嬰齊之後。」按公子嬰齊字子重，見左傳。○鐸按：見宣十一年傳杜注。

〔一九〕氏族略三引風俗通云：「楚有來英。」

〔二〇〕申氏見下。

〔二一〕「訡」後紀八作「鈞」。按廣韻十八諄「鈞」字注引風俗通云：「鈞姓，楚大夫元鈞之後。」元和姓纂、氏族略四並同。

〔二二〕氏族略二云：「楚有沈邑。楚莊王之子公子貞封於沈鹿，故爲沈氏。」

〔二三〕「咸」疑「箴」。元和姓纂云：「箴氏，楚大夫箴尹鬭克黄之後，子孫以官爲氏。」按箴尹克黄見宣四年左傳。

〔二四〕宣十二年左傳楚伍參，杜注：「伍奢之祖父。」

〔二五〕「公」疑是「子」。元和姓纂有子建氏，楚平王太子建之後。按太子建見昭十九年左傳。○鐸按：氏族略四引風俗通有公建氏。

〔二六〕氏族略三云：「楚莊王之子公子追舒之後，爲子南氏。」公子追舒字子南，見左傳。○鐸按：襄十五年傳杜注。

〔二七〕氏族略三云：「楚公子午字子庚，其後以王父字爲氏。」按襄十二年左傳杜注：「子庚，莊王子午也。」

〔二八〕元和姓纂引世本云：「楚公子午之後。」

〔二九〕舊脱「子」字，據後紀八補。氏族略三云：「楚公子申字子西之後。」按昭廿六年左傳杜

注：「子西，平王之長庶。」

〔三〇〕荀子非十二子篇楊倞注引世本云：「楚平王孫有田公它成。」按「王孫」下疑脱「氏」字。哀十一年左傳云：「子胥使於齊，屬其子於鮑氏，爲王孫氏。」

〔三一〕元和姓纂云：「潛夫論楚公族有舒堅文叔爲大夫。」氏族略四同。按潛夫論無「文叔爲大夫」之文，當别引他書，而傳寫失之。

〔三二〕楚語「惠王以梁與魯陽文子」，韋昭注：「文子，平王之孫，司馬子期子魯陽公也。」

〔三三〕氏族略四云：「楚共王之子公子黑肱之後。」按公子黑肱字子晳，見襄廿七年左傳。

楚季者，王子敖之曾孫也。𫊸冒生蔿章者，王子無鈎也〔一〕。令尹孫叔敖者，蔿章之子也〔二〕。左司馬戌者，莊王之曾孫也〔三〕。葉公諸梁者，戌之第三弟也〔四〕。楚大夫申無畏者，又氏文氏〔五〕。

〔一〕「蔿章」左傳作「薳章」，「鈎」舊作「鈞」。元和姓纂引云：「楚𫊸冒生薳章，爲王子無鈎氏。」氏族略三同。唐書宰相世系表云：「王子蔿章字無鈎。」

〔二〕僖廿七年左傳蔿賈，杜注：「孫叔敖之父。」宣十一年傳疏引服虔説同。高誘注吕氏春秋情欲篇、異寶篇、知分篇並云「賈子」，其注淮南子氾論訓則云：「孫叔敖，楚大夫蔿賈伯盈子。」或曰章子也。」以叔敖爲蔿章子，蓋古有此説矣。

〔三〕昭十九年左傳沈尹戌，杜注：「莊王曾孫葉公諸梁父也。」廿七年傳稱左司馬沈尹戌。

〔四〕「弟」當作「子」。元和姓纂引風俗通云：「楚沈尹戌生諸梁，食采於葉，因氏焉。」呂氏春秋慎行論高誘注、定五年左傳杜注、楚語韋昭注並以諸梁爲戌之子。哀十九年傳稱沈諸梁。

〔五〕文十年左傳文之無畏，宣十四年傳稱申舟。○鐸按：淮南子主術訓稱文無畏，呂氏春秋行論篇注：「無畏申周，楚大夫也。」「舟」與「周」同。

初，紂有蘇氏以妲己女而亡殷〔一〕。周武王時，有蘇忿生爲司寇而封温〔二〕。其後洛邑有蘇秦〔三〕。

〔一〕文有脱誤。晉語：「史蘇曰：『殷辛伐有蘇，有蘇氏以妲己女焉。妲己有寵，於是乎與膠鬲比而亡殷。』」韋昭注：「『有蘇，己姓之國。』」按此節即上文昆吾之後籍國也。

〔二〕成十一年左傳。

〔三〕史記云：「蘇秦者，東周雒陽人。」索隱云：「蓋蘇忿生之後，己姓也。」○鐸按：「初」至「蘇秦」三十三字當在上文「昆吾、籍、扈、温、董」下，今錯在此，語脈斷矣。

高陽氏之世有才子八人，蒼舒、隤凱、擣戭、大臨、尨降、庭堅、仲容、叔達，天下之人謂之八凱〔一〕。

〔一〕注見五德志。

後嗣有皋陶，事舜。舜曰：「皋陶！蠻夷滑夏，寇賊姦宄，女作士〔一〕。」其子伯翳，能議百姓，以佐舜、禹〔二〕，擾馴鳥獸，舜賜姓嬴〔三〕。

〔一〕書堯典。「滑」今作「猾」。錢宫詹云：「説文無『猾』字。史記酷吏傳『滑賊任威』，漢書亦作『猾』。蓋篆體從水從犬之字，偏旁相涉而誤。」繼培按：敍録作「猾夏」。○鐸按：此後出分化字，非偏旁涉誤。

〔二〕「姓」當作「物」。鄭語云：「伯翳能議百物以佐舜。」

〔三〕史記秦本紀云：「大費佐舜，調馴鳥獸，鳥獸多馴服，是爲柏翳，舜賜姓嬴氏。」「柏」與「伯」通。

後有仲衍〔一〕，鳥體人言〔二〕，爲夏帝大戊御〔三〕。嗣及費仲，生惡來、季勝〔四〕。武王伐紂，并殺惡來〔五〕。

〔一〕秦紀「仲」作「中」。○鐸按：趙世家同。

〔二〕「言」舊作「元」，據紀改。趙世家又云：「人面鳥噣。」

〔三〕「夏」當作「殷」。秦紀云：「帝大戊聞而卜之使御，吉，遂致使御。」趙世家云：「降佐殷帝大戊。」

〔四〕按秦紀，仲衍玄孫中潏生蜚廉，蜚廉生惡來、季勝。費仲乃費氏費昌之後，出柏翳子若木。中衍則柏翳子大廉玄孫鳥俗氏也。

〔五〕秦紀。

季勝之後有造父，以善御事周穆王。穆王遊西海忘歸，於是徐偃作亂，造父御，一日千里〔一〕，以征之。王封造父於趙城，因以爲氏。其後失守，至於趙夙，仕晉卿大夫，十一世而爲列侯，五世而爲武靈王，五世亡趙〔二〕。恭叔氏、邯鄲氏〔三〕、訾辱氏、嬰齊氏、樓季氏〔四〕、盧氏、原氏〔五〕，皆趙嬴姓也。

〔一〕意林作「造父主御，日行千里」。○趙世家作「徐偃王反，繆王日馳千里馬，攻徐偃王，大破之」。索隱引譙周曰：「徐偃王與楚文王同時，去周穆王遠矣。且王者行有周衞，豈聞亂而獨騑日行千里乎？」○鐸按：據此文作亂者乃徐偃，諒是另一人，史記「王」字衍，亦可解譙周之惑與？

〔二〕以上本趙世家。漢書地理志云：「自趙夙後九世稱侯，四世敬侯徙都邯鄲，至曾孫武靈王稱王，五世爲秦所滅。」

〔三〕文十二年左傳疏云：「趙穿別爲邯鄲氏，趙旃、趙勝、邯鄲午是其後。」按定十三年傳晉邯鄲午，杜注：「午別封邯鄲。」魯語「與邯鄲勝擊齊之左」，韋昭注：「邯鄲勝，晉大夫趙旃之子須子勝也。食采邯鄲。」

〔四〕氏族略四云：「樓季氏，潛夫論：『晉穆侯庶子樓季之後。』」古今姓氏書辨證引同，而駁之云：「謹按晉趙衰少子嬰齊謂之樓季，而穆侯之後無聞，豈節信討論未審乎？」今按節信本書正列樓季於趙宗，並未云出穆侯。鄧氏不檢原文而妄訾之，呂氏春秋當務篇所謂「辨若此，不如無辨」也。

〔五〕僖廿四年左傳云：「文公妻趙衰，生原同、屏括、樓嬰。」杜注：「原、屏、樓，三子食邑。」按宣十二年傳稱趙同、趙括、趙嬰齊。○鐸按：秦嘉謨據左傳改「盧氏」爲「屏氏」。又云：「按左傳稱原同、屏括、樓嬰，又趙嬰齊稱同、括爲二昆，則其兄也。而王符敍嬰齊氏于屏、原二氏之上，未知何據？」

惡來後有非子，以善畜，周孝王封之於秦，世地理以爲西陲大夫，汧秦亭是也〔一〕。其後列於諸侯，□世而稱王〔二〕，六世而始皇生於邯鄲，故曰趙政〔三〕。及梁、葛、江、黃、徐、莒、蓼、六、英，皆皐陶之後也〔四〕。鍾離、運掩、菟裘、尋梁、修魚、白冥、飛廉、密如、東灌、良、時、白、巴、〔公巴公巴、〕剡、復、蒲，皆嬴姓也〔五〕。

〔一〕舊脱「王」字，「亭」作「高」。按秦紀云：「非子好馬及畜，善養息之。周孝王召使主馬於汧、渭之間，馬大蕃息，分土爲附庸，邑之秦。」地理志云：「今隴西秦亭秦谷是也。」紀又云：「秦仲死於戎，有子五人，其長者曰莊公。周宣王乃召莊公昆弟五人，與兵七千人，使伐西戎，破之。於是復予秦仲後及其先大駱地犬丘并有之，爲西垂大夫。」正義引括地志云：「秦州上邽縣西南九十里漢隴西郡西縣是也。」此云「非子爲西陲大夫」，蓋誤。「世地理」三字未詳，上下疑有脱文。○鐸按：據秦紀及地理志，此當云：「四世，宣王以爲西陲大夫，地理志汧秦亭是也。」脱誤無疑，而其舊不可考矣。

〔二〕按漢書地理志云：「莊公破西戎有其地，子襄公時，幽王爲犬戎所敗，平王東遷雒邑，襄公將兵救周有功，賜受郊、酆之地，列爲諸侯。後八世，穆公稱伯，以河爲竟。十餘世，孝公用商君，制轅田，開仟伯，東雄諸侯。子惠公初稱王，得上郡、西河。孫昭王開巴、蜀，滅周，取九鼎。昭王曾孫政，并六國，稱皇帝。」空格程本作「五」字，誤。○鐸按：據史記十二諸侯年表、六國年表，秦自襄公爲諸侯，至穆公凡九世，自穆公至惠文王稱王，凡十八世。地理志襄公後數文公至穆公爲八世，又穆公後數康公罃至惠文王駟爲十七世，合之爲二十五世。程本作「五世」，蓋上脱「二十」二字耳。

〔三〕史記秦始皇紀。

〔四〕並見左傳。英，傳稱英氏。〇鐸按：僖十七年春秋經：「齊人、徐人伐英氏。」傳：「齊人爲徐伐英氏，以報婁林之役也。」黄生義府云：「史記夏本紀『封皋陶之後于英、六』，索隱引地理志：『六安國，六縣，偃姓所封國。英地闕，不知所在。』予謂英即偃，二字音相近而轉。舜妃女英，大戴記作女匽。故皋陶之後有英氏，又有偃氏。」

〔五〕秦紀論云：「秦之先爲嬴姓。其後分封，以國爲姓，有徐氏、郯氏、莒氏、終黎氏、運奄氏、菟裘氏、將梁氏、黄氏、江氏、修魚氏、白冥氏、蜚廉氏、秦氏。」徐廣曰：「終黎，世本作鍾離。」此文與世本同。又以「將」爲「尋」，「冥」爲「寘」，蓋誤。「密如」以下，譌錯不可讀。國名紀二、後紀七並本此立説，然所見已是誤本，復以己意分合，不可據也。〇鐸按：「尋」當作「將」，「寘」當作「冥」。張澍云：「白冥氏，路史以爲非複姓，誤。」「良」程本作「梁」，蓋即將梁，故秦氏世本輯補不引，自東灌下獨列時、白、巴、剡、復、蒲六氏，又謂「公巴公巴」四字衍，皆勝舊説。今據定十五氏如文。

帝堯之後爲陶唐氏〔一〕。後有劉累，能畜龍，孔甲賜姓爲御龍，以更豕韋之後〔二〕。至周爲唐杜氏〔三〕。周衰，有隰叔子違周難於晉國，生子輿，爲李〔四〕，以正於朝，朝無閒〔五〕官，故氏爲士氏；爲司空，以正於國，國無敗績，故氏司空；食采隨，故氏隨氏。士蔿〔六〕之孫會，佐文、襄，於諸侯無惡〔七〕；爲卿，以輔成、景，軍無敗政；爲成率，居傳〔八〕，端刑法〔九〕，集〔一〇〕訓典，國無姦民，晉國之盜逃奔於秦。於是晉侯爲請冕服於王，王命隨會爲卿〔一一〕，是以受范，卒諡武子。武子文〔一二〕，成晉、荆之盟，降〔一三〕兄弟之國，使無閒隙，是以受郇、櫟〔一四〕。由此帝堯之後，有陶唐氏、劉氏、御龍氏、唐杜氏、隰氏、士氏、季氏〔一五〕、司空氏、隨〔一六〕氏、范氏、郇氏、櫟氏、彘氏〔一七〕、冀氏、穀氏〔一八〕、蓄氏、擾氏〔一九〕、狸氏、傅氏〔二〇〕。楚〔二一〕令尹建〔二二〕嘗問范武子之德於文子〔二三〕，文子對曰：「夫子之家事治，言於晉國，竭情無私，其祝史陳信不媿，其家事無猜，其祝史不祈。」建歸，以告，康王〔二四〕曰：「神人無怨，宜夫子之股肱〔二五〕五君，以爲諸侯主也〔二六〕。」故劉氏自唐以下漢以上，德著於世，莫若范會之最盛也。斯亦有修己以安人之功矣〔二七〕。武王克殷，而封帝堯之後於鑄也〔二八〕。

〔一〕襄廿四年左傳。

〔二〕昭廿九年左傳。◯鐸按：史記夏本紀集解引賈逵曰：「劉累之後，至商不絶，以代豕韋之後。」訓「更」爲「代」，本方言三。夏本紀「更」作「受」，李富孫春秋左傳異文釋云：「字形相似而亂。」

〔三〕襄廿四年左傳。

〔四〕「李」晉語作「理」。理、李古字通。◯鐸按：韋注：「理，士官也。」「理」之爲「李」，猶「行理」之爲「行李」矣。

〔五〕「閒」晉語作「姦」。○鐸按：國語多以「閒」爲「姦」，周語中「神無閒行」，韋注：「閒行，姦神淫厲之類也。」是其例。證以此引，則今本晉語「姦」字爲後人所改明矣。

〔六〕士蔿，即子輿。○鐸按：韋注：「子輿，士蔿之字。」

〔七〕晉語作「佐文、襄爲諸侯，諸侯無二心」。按昭廿六年左傳云：「王甚神聖，無惡於諸侯。」○鐸按：「無惡」與「無二心」雖同義，然恐「惡」字是「二心」二字誤合。晉語上文云：「司馬侯見，曰：『諸侯皆有二心。是之不憂，而怒和大夫，非子（謂范宣子）之任也？』」韋注：「二心，欲叛晉。」「無二心」與「有二心」相反，言弗叛也。「二心」字亦見成三年左傳。又按：「於」猶「爲」也，「諸侯」二字似當重。襄廿七年左傳疏引晉語作「武子佐文、襄，諸侯無二心」，下句「諸侯」不省，義較明矣。古文有承上賓語省下主語之例，然亦有省之而義不顯者，此傳上文：「皆取其邑，而歸諸侯，諸侯是以睦於晉。」定本如是，古本無下「諸侯」二字，亦此類也。

〔八〕晉語作「爲成師，居太傅」，韋昭引唐尚書云：「爲成公軍師。」按「師」當作「帥」，帥、率古通用。襄廿七年左傳疏引晉語作「爲元帥」。○鐸按：「師」當爲「帥」，經義述聞卷二十一王念孫說同。王氏又云：「『爲成帥』者，爲成公之中軍帥也。左傳正義引作『及爲元帥』，『元』字蓋後人所改。」此「元帥」即「中軍帥」也。此傳上文「作三軍，謀元帥」，杜注：

「中軍帥。」疏云：「晉以中軍爲尊，而上軍次之。其二軍則上軍爲尊。」是凡爲晉中軍帥者，即元帥矣。惟士會在晉成公之世實未將中軍，景公三年尚將上軍，見宣十二年左傳。至七年，即魯宣十六年，晉侯始命之將中軍，且爲太傅。然則晉語「爲成帥」，本當言「爲景帥」，以二君相接，故記之稍不審耳。

〔九〕舊重「法」字，衍。

〔一〇〕「集」晉語作「緝」。○鐸按：並「輯」之借。

〔一一〕按宣十六年左傳云：「以黻冕命士會將中軍，且爲太傅，於是晉國之盜逃奔於秦。」即晉語所云「居太傅，國無姦民」也。此文兼采左、國，分爲二事，誤矣。

〔一二〕「武子文」當作「武子子文子」。晉語韋昭注：「文子，武子之子燮也。」

〔一三〕「降」晉語作「豐」。王侍郎云：「『降』疑『隆』。」○鐸按：降，讀爲「隆」。説文：「隆，豐大也。從生，降聲。」故二字通用。墨子尚賢中篇「稷隆播種」，書吕刑「隆」作「降」。禮記喪服小記注「不以貳降」，釋文：「降，一本作『隆』。」魏策四「休祲降於天」，曾、劉本並作「休烈隆於天」。荀子天論篇「隆禮尊賢而王」，韓詩外傳一「隆」作「降」。尚書大傳禹貢「隆谷元玉」，鄭注：「隆，讀如『厖降』之『降』。」史記司馬相如傳「業隆於繦褓」，漢書「隆」作「降」。其例不勝枚舉。

〔一四〕「隰叔」以下本晉語。

〔一五〕「季氏」當作「士季氏」。古今姓氏書辨證云：「士蔿之後，貞子士渥濁生莊子士弱，弱生士文伯瑕，瑕生景伯彌牟，别爲士季氏。」亦見氏族略五、後紀十一。

〔一六〕「隨」舊作「趙」。

〔一七〕「彘」舊作「嬴」。國名紀四郇、櫟下有彘。後紀十一云：「士魴受彘，故氏爲彘。」今據改。按成十八年左傳，士魴稱彘季。襄十四年傳彘裘，杜注：「士魴子也。」

〔一八〕後紀十一云：「士蔿生士縠，爲縠氏。」按士縠見文二年左傳。

〔一九〕「擾氏」當作「擾龍氏」。元和姓纂云：「劉累之後。」

〔二〇〕「狸」舊作「摽」。按周語，丹朱之後狸姓，在周爲傅氏。

〔二一〕「楚」下舊有「氏」字，衍。

〔二二〕建，屈建。

〔二三〕文子，趙武也。

〔二四〕當重「康王」。○鐸按：此讀「建歸以告」句，「康王曰」句，上「康王」二字探下省，而傳不省。

〔二五〕「股肱」傳作「光輔」。

〔二六〕「楚令尹」以下，本昭廿年左傳。○鐸按：此襄廿七年晉、楚盟時范武對屈建語，而晏子述之，其辭微多於彼。

〔二七〕論語云：「修己以安人。」漢書高帝紀贊云：「春秋晉史蔡墨有言，『陶唐氏既衰，其後有劉累，學擾龍，事孔甲，范氏其後也。』而大夫范宣子亦曰：『祖自虞以上爲陶唐氏，在夏爲御龍氏，在商爲豕韋氏，在周爲唐杜氏，晉主夏盟爲范氏。』范氏爲晉士師，魯文公世奔秦。後歸于晉，其處者爲劉氏。劉向云：『戰國時，劉氏自秦獲於魏。』秦滅魏，遷大梁，都于豐，故周市説雍齒曰『豐故梁徙也』。是以頌高祖云：『漢帝本系，出自唐帝。降及于周，在秦作劉。涉魏而東，遂爲豐公。』豐公，蓋太上皇父。」按蔡墨事見昭廿九年左傳，范宣子事見襄廿四年傳，歸晉事見文十三年傳。

〔二八〕「鑄」舊作「社」，據五德志篇改。「社」或爲「祝」之誤，注見前篇。○鐸按：此當作「祝」。若本是「鑄」字，則無緣誤爲「社」矣。汪改非。

帝舜姓虞，又爲姚，居嬀。武王克殷，而封嬀滿於陳，是爲胡公〔一〕。陳袁氏〔二〕、咸氏〔三〕、舀氏、慶氏〔四〕、夏氏〔五〕、宗氏〔六〕、來氏、儀氏〔七〕、司徒氏〔八〕、司城氏〔九〕，皆嬀姓也。

〔一〕史記陳世家。

〔二〕「袁」舊作「哀」。廣韻二十二元「袁」字注云：「袁姓本自胡公之後，或作爰。」唐書宰相世系表云：「陳胡公滿生申公犀侯，犀侯生靖伯庚，庚生季子惛，惛生仲牛甫，甫生聖伯順，順生伯他父，他父生戴伯，戴伯生鄭叔，鄭叔生仲爾金父，金父生莊伯，莊伯生諸，字伯爰，孫宣仲濤塗，賜邑陽夏，以王父字爲氏。」按僖四年左傳陳轅濤塗，釋文云：「『轅』本多作『袁』。」○鐸按：公、穀並作「袁」。隸釋袁良碑云：「周之興，虞閼父典陶正，嗣滿爲陳侯，至玄孫濤塗，立姓曰袁。」急就篇顔注：「爰氏之先，本與陳同姓，其後或爲『轅』字，又作『袁』字，本一族也。」史記齊世家作「袁」，陳世家作「轅」，並古字通用。

〔三〕「咸」疑當作「鍼」。古今姓氏書辨證云：「陳僖公之孫鍼子，以所食邑爲氏。」按鍼子見隱八年左傳。襄廿四年傳陳鍼宜咎，杜注：「鍼子八世孫。」疏云：「世本文也。」○鐸按：秦嘉謨輯補世本定爲鍼氏。

〔四〕襄七年左傳陳有慶虎、慶寅。世族譜云：「慶虎，桓公之五世孫。」○鐸按：姓氏書辨證同。

〔五〕氏族略一云：「陳宣公之子少西，字子夏，其孫徵舒以王父字爲氏。」按夏徵舒見宣十年左傳。昭廿三年傳疏引世本云：「宣公生子夏，夏生御叔，御叔生徵舒。」○鐸按：姓纂六止、三十五馬分列子夏氏、夏氏，非也。

〔六〕哀十四年左傳陳有宗豎，世族譜云：「宣公六世孫。」

〔七〕宣九年左傳陳有儀行父。

〔八〕氏族略四云：「陳有司徒公子招，其後爲司徒氏。」按招見昭八年左傳，杜注：「哀公弟。」○鐸按：亦見姓纂之七。

〔九〕氏族略四云：「哀公之子公子勝之後。」按勝見昭八年左傳。世族譜云：「司城氏公孫貞子，哀公孫。」按公孫貞子見哀十五年左傳，孟子所謂司城貞子也。

厲公孺子完奔齊，桓公説之，以爲工正〔一〕。其子孫大得民心，遂奪君而自立，是謂威王，五世而亡〔二〕。齊人謂陳田矣〔三〕。漢高祖徙諸田關中〔四〕，而有第一至第八氏〔五〕。丞相田千秋〔六〕、司直田仁〔七〕，及杜陽田先、碭田先〔八〕，皆陳後也。武帝賜千秋乘小車入殿，故世謂之車丞相〔九〕。及莽自謂本田安之後，以王家故更氏云〔一〇〕。莽之行詐〔一一〕，實以田常之風〔一二〕。敬仲之支〔一三〕，有皮氏、占氏〔一四〕、沮氏〔一五〕、與氏〔一六〕、獻氏〔一七〕、子氏〔一八〕、鞅氏〔一九〕、梧氏〔二〇〕、坊氏〔二一〕、高氏〔二二〕、芒氏〔二三〕、禽氏〔二四〕。

〔一〕莊廿二年左傳。○鐸按：亦詳史記齊世家、田完世家。

〔二〕按史記田完世家，陳氏自立，始於太公和，威王則和之孫也。漢書地理志云：「九世至和而篡齊，至孫威王稱王，五世爲秦所滅。」元后傳又云：「十一世田和有齊國，三世稱王。」

〔三〕句有脱誤。田完世家云：「敬仲之如齊，以陳氏爲田氏。」索隱云：「陳、田二字聲相近。」○鐸按：古讀「陳」如「田」，説見錢大昕十駕齋養新録五。此言齊人謂「陳」爲「田」，似無脱誤。

〔四〕史記高祖紀在九年。○鐸按：貨殖傳云：「關中富商大賈大抵盡諸田。」

〔五〕後漢書第五倫傳云：「其先齊諸田。諸田徙園陵者多，故以次第爲氏。」元和姓纂引風俗通云：「第八氏亦齊諸田之後。田廣弟英爲第八門，因氏焉。」氏族略四云：「廣孫田登爲第二氏。」古今姓氏書辨證又云：「廣孫田癸爲第三氏。」

〔六〕田千秋，見下。

〔七〕漢書田叔傳云：「其先齊田氏也。」仁，叔少子。

〔八〕漢書儒林傳云：「漢興，田何以齊田徙杜陵，號杜田生。」又云：「丁寬授同郡碭田王孫。」此「杜陽」乃「杜陵」之誤。漢時稱先生或單言「先」，或單言「生」。史記鼂錯傳云：「學申、商刑名於軹張恢先所。」徐廣曰：「『先』即『先生』。」漢書錯傳作張恢生。又云：「上招賢良，公卿言鄧先。」顏師古注：「鄧先猶言鄧先生也。」史記叔孫通傳：「諸弟子以制禮，皆賜爲郎，喜曰：『叔孫生誠聖人也！』」漢書梅福傳云：「叔孫先非不忠也。」叔孫先與稱叔孫生同。此言田先，漢書言田生，其稱一也。○鐸按：漢書叔孫通傳：「生何言之諛也？」史記「生」作「先生」。其例不勝枚舉。

〔九〕漢書車千秋傳云：「本姓田氏，其先齊諸田，徙長陵。千秋年老，上優之，朝見得乘小車入宮殿中，故因號曰車丞相。」

〔一〇〕漢書元后傳云："王建爲秦所滅，項羽起，封建孫安爲濟北王。至漢興，安失國，齊人謂之王家，因以爲氏。"

〔一一〕論語："子曰：『久矣哉，由之行詐也！』"漢書敍傳答賓戲云："呂行詐以賈國。"○鐸按：漢書王莽傳贊云："酒始恣睢，奮其威詐。"

〔一二〕○鐸按："以"猶"有"也。風俗通窮通篇："貢士恩親，經傳無以也。""無以"即"無有"。古讀"有"如"以"，説見顧炎武唐韻正。

〔一三〕"支"舊作"又"。上文云："郳顔子之支，别爲小郳。"今依例改之。

〔一四〕廣韻二十四鹽"占"字注云："占姓，陳大夫子占之後。"後紀十二占氏以下並加"子"字，氏族略三同。古今姓氏書辨證引世本云："陳桓子生子占書，書生子良堅，堅子以王父字爲氏。"按子占，昭十九年左傳稱孫書，哀十一年傳稱陳書。

〔一五〕古今姓氏書辨證引世本云："陳烈子生子沮與，後爲子沮氏。"

〔一六〕元和姓纂作"子輿，陳桓子生子石難，爲子輿氏。"按子輿以字爲氏，"子石"當是"子輿"。

〔一七〕元和姓纂子獻氏引世本云："陳桓公孫子獻之後。"按"桓公"當作"桓子"。○鐸按：秦氏輯補世本氏姓篇注云："姓纂稱陳桓子作桓公，僖子作僖公，皆出於世本，乃齊史之舊稱。"

〔一八〕"子"字誤，或當爲"宋"。元和姓纂云："陳宣公生子楚，其後爲子宋氏。"按"宣公"當爲

「宣子」，即僖子子夷也。見下。○鐸按：當作子宋氏，傳寫脱「宋」字耳。宣子稱公，説見上注。

〔一九〕元和姓纂云：「陳僖子生简子齒，爲子鞅氏。」

〔二〇〕元和姓纂作「子寤，陳僖子生宣子，其後爲子寤氏」。按哀十四年左傳杜注：「宣子名夷。」疏引世本作其夷。

〔二一〕元和姓纂作「子枋，陳僖子生穆子安，爲子枋氏。」

〔二二〕元和姓纂作「子尚」，引世本云：「陳僖子生廩邱子尚意茲，因氏焉。」按廩邱蓋所食邑，子尚字，意茲名。哀十四年左傳杜注云「廩邱子意茲」，疏引世本作廩邱子鑿茲。○鐸按：國名紀一注引世本云：「廩邱，齊大夫廩邱子邑。」氏族略三同。

〔二三〕元和姓纂子芒氏引世本云：「陳僖子生子芒盈，因氏焉。」按哀十四年左傳杜注作芒子盈，疏引世本同。

〔二四〕古今姓氏書辨證云：「陳僖子生惠子得，爲子禽氏。」按惠子得亦見哀十四年傳杜注及疏引世本。

帝乙元子微子開，紂之庶兄也〔一〕。武王封之於宋〔二〕，今之睢陽是也〔三〕。宋孔氏〔四〕、祝其氏〔五〕、韓獻氏〔六〕、季老男氏〔七〕、巨辰、經氏、事父氏、皇甫氏〔八〕、華氏〔九〕、魚氏〔一〇〕、而董氏〔一一〕、艾、歲氏、鳩夷氏〔一二〕、中野氏、越椒氏〔一三〕、完氏、懷氏、不第氏〔一四〕、冀氏、牛氏〔一五〕、司城氏〔一六〕、冈氏〔一七〕、近氏、止氏、朝氏、教氏〔一八〕、右歸氏〔一九〕、三伉氏、王夫氏〔二〇〕、宜氏、徵氏、鄭氏〔二一〕、目夷氏〔二二〕、鱗氏〔二三〕、臧氏、虺氏、沙氏、黑氏、圍龜氏〔二四〕、既氏、據氏、碑氏、己氏、成氏〔二五〕、邊氏〔二六〕、戎氏〔二七〕、買氏、尾氏、桓氏〔二八〕、戴氏〔二九〕、向氏〔三〇〕、司馬氏〔三一〕，皆子姓也。

〔一〕史記宋世家。本名啓，漢人避諱作「開」。

〔二〕注詳五德志。

〔三〕漢書地理志云：「周封微子於宋，今之睢陽是也。」

〔四〕元和姓纂云：「正考父生孔父嘉，子孫以王父字爲氏。」按孔父見桓元年左傳。孔氏詳下。

〔五〕元和姓纂引風俗通云：「宋戴公子祝其爲司寇，因氏焉。見世本。」

〔六〕「韓」當作「幹」。古今姓氏書辨證引世本云：「宋司徒華定後爲幹獻氏。」氏族略四、後紀十並作「幹」。按宋司徒華定見襄廿九年左傳。○鐸按：張氏姓氏尋源十五翰亦云：「潛夫論今本作『韓獻』者誤。」

〔七〕後紀十以季老男爲三字姓，又別有季老氏、老男氏。古今姓氏書辨證引世本云：「宋華氏有華季老，其子氏焉。」成十五年左傳疏引世本云：「華督生世子家，家生秀老。」「秀」

蓋即「季」之誤。

〔八〕唐書宰相世系表云：「宋戴公白生公子充石，字皇父，皇父生季子來，來生南雍鈇，以王父字爲氏。」廣韻九麌「父」字注云：「漢初有皇父鸞，自魯徙居茂陵，改『父』爲『甫』。」按父、甫古通用，非改字也。皇父充石見文十一年左傳。○鐸按：巨辰、經氏，秦氏世本輯補據姓氏急就篇訂作白馬氏、經氏。姓纂六至有事父氏，本此，而他書無見，疑即皇父氏之訛衍。

〔九〕桓元年左傳宋華父督，疏引世本云：「華父督，宋戴公之孫好父説之子。」二年傳云：「會於稷，以成宋亂，爲賂故，立華氏也。」杜注：「督未死而賜族，督之妄也。」按華父爲督字，以字爲氏。

〔一〇〕僖九年左傳云：「宋襄公即位，以公子目夷爲仁，使爲左師以聽政，於是宋治，故魚氏世爲左師。」按目夷字子魚，襄公庶兄。○鐸按：姓氏急就篇引風俗通云：「宋公子魚，賢而有謀，以字爲氏。」

〔一一〕文十一年左傳宋有耏班。「而」或當作「耏」。○鐸按：氏族略三作耏氏。

〔一二〕「鳩」，氏族略四、古今姓氏書辨證、後紀十一注並引作「鴟」。○鐸按：淮南子氾論訓：「昔齊簡公釋其國家之柄，而專任其大臣，故使陳成田常、鴟夷子皮得成其難。」是齊有鴟夷氏，「鳩」字訛。又艾、歲氏，秦嘉謨世本輯補作艾氏、雍氏，謂此誤作歲氏。

〔一三〕後紀十有椒氏。「越」字疑衍。元和姓纂、氏族略並以越椒爲楚芈姓。

〔一四〕「第」舊作「弟」，據古今姓氏書辨證、氏族略五引改。元和姓纂引潛夫論不更氏，後紀十注云：「不更、不茅見潛夫論。」又別有不夷氏，云：「見世本。姓纂以爲不夷、甫須之後。」按本書無不更、不茅、不夷。第、夷聲相近，「第」誤爲「茅」，「夷」誤爲「更」。史記魯世家「煬公築茅闕門」，徐廣曰：「『茅』一作『第』，一作『夷』。」正與此同。

〔一五〕唐書宰相世系表云：「宋微子之後司寇牛父，子孫以王父字爲氏。」按司寇牛父見文十一年左傳。○鐸按：姓纂十八尤、廣韻並同。

〔一六〕元和姓纂引世本云：「宋戴公生東鄉克，孫樂喜爲司城氏。」按襄九年左傳云「樂喜爲司城」，杜注：「樂喜，子罕也。」禮記檀弓疏引世本云：「戴公生樂甫術，術生石甫願繹，繹生夷甫傾，傾生東鄉克，克生西鄉士曹，曹生子罕喜。」姓纂有脱文。○鐸按：秦嘉謨改「生」爲「孫」，而不知有脱文。程本「司」作「月」，訛。

〔一七〕按「冈」爲「网」字之俗，見廣韻三十六養。○鐸按：程本改「罔」。

〔一八〕氏族略四教氏引風俗通云：「宋左師教之後。」按左師教，宋繆公子，見隱三年公羊傳。「教」與「勃」同。○鐸按：程本訛「教」。又「近」當作「所」。所氏見姓纂八語、氏族略四引風俗通。

〔一九〕元和姓纂右歸氏引此書。按「歸」蓋「師」之誤。姓纂有右師氏，引世本云：「宋武公生公子中代爲右師，因氏焉。」氏族略四武公、公子中作莊公、公子申。成十五年左傳疏引世本云：「莊公生右師戊。」〇鐸按：疏引世本有脱文，當云：「莊公生公子中，爲右師氏。」「中」即「仲」字，氏族略「中」作「申」，莊公作武公，並誤。

〔二〇〕「王」疑是「壬」，春秋襄元年有楚公子壬夫，此其比也。〇鐸按：「伉」當作「伉」，姓纂引風俗通云：「晉公子重耳封舅犯於三伉，支孫氏焉。」然此乃晉公族，不當列此。

〔二一〕昭廿一年左傳宋有鄭翩。〇鐸按：秦嘉謨據姓氏急就篇、氏族略四引風俗通改「宜」爲「宣」，云：「宋宣公後，以謚爲氏。」

〔二二〕廣韻六脂「夷」字注云：「宋公子目夷之後。」詳上魚氏注。

〔二三〕文七年左傳「鱗矔爲司徒」，疏引世本云：「桓公生公子鱗，鱗生東鄉矔。」成十五年傳：「鱗朱爲少司寇」，杜注：「鱗矔孫。」

〔二四〕宋文公子圍龜字子靈，見成十五年左傳。〇鐸按：見成五年傳，秦氏世本輯補亦衍「十」字。昭廿二年左傳宋有臧士平（石經「士」訛「氏」）。文十六年傳宋有蕩虺，杜注：「意諸之弟。」秦云：「疑以爲氏。」沙氏，秦據姓氏書辨證十二齊改泥氏。黑氏，秦據成五年傳改靈氏。

〔二五〕哀十三年左傳宋有成矔。〇鐸按：據氏，秦據姓纂二十一麥改獲氏，云：「宋大夫猛獲之後。」

〔二六〕昭廿二年左傳「宋邊卬爲大司徒」，杜注：「卬，平公曾孫。」廣韻一先「邊」字注：「邊姓，陳留風俗傳云：『祖於宋平公。』」氏族略三云：「宋公子城之後，城字子邊。或言宋平公子御戎字子邊，子孫以王父字爲氏。」

〔二七〕襄十九年左傳「齊靈公諸子仲子、戎子」，杜注：「諸子，諸妾姓子者。二子皆宋女。戎子即戎氏女也。」

〔二八〕急就篇顏師古注云：「宋桓公孫鱗矔爲宋司徒，號曰桓子，因爲氏焉。」唐書宰相世系表云：「宋桓公之後向魋亦號桓氏。」按桓魋見哀十三年左傳。

〔二九〕急就篇顏師古注云：「宋戴公生公子文遂，稱戴氏。」按昭八年左傳宋有戴惡。○鐸按：亦見廣韻、姓纂十九代。

〔三〇〕成十五年左傳「華元使向戌爲左師」，杜注：「向戌，桓公曾孫。」疏引世本云：「桓公生向父盻，盻生司城訾守，守生小司寇鱣及合左師。左師即向戌也。」廣韻四十一漾「向」字注云：「戌以王父字爲氏。」

〔三一〕哀十四年左傳宋桓魋弟司馬牛。史記仲尼弟子傳索隱云：「以魋爲宋司馬，故牛遂以司馬爲氏。」

閔公子弗父何〔一〕生宋父，宋父生世子，世子生正考父，正考父生孔父嘉，孔父嘉生子木金父；木金父降爲士，故曰滅於宋〔二〕。金父生祁父，祁父生防叔；防叔爲華氏所偪，出奔魯，爲防大夫，故曰防叔。防叔生伯夏，伯夏生〔三〕叔梁紇，爲郰大夫，故曰郰叔紇，生孔子〔四〕。

〔一〕「何」舊作「河」。

〔二〕昭七年左傳：「孟僖子曰：『孔子，聖人之後也，而滅於宋。』」

〔三〕「生」舊脱。

〔四〕「閔公」以下本世本，詩那疏引之，「閔」作「湣」，彼云「宋父生正考父」，文有脱滅。王肅撰家語本姓解與此同，亦用世本也。◯鐸按：臧庸拜經日記卷七云：「王符所舉世數，與昭七年左傳杜注合，惟以子木降士爲滅於宋，與杜異。」

周靈王之太子晉，幼有成德，聰明博達〔一〕，温恭敦敏。穀、雒水鬭，將毁王宫，王〔二〕欲壅之。太子晉諫，以爲不順天心，不若修政〔三〕。晉平公使叔譽聘於周，見太子，與之言，五稱而三窮，逡巡而退，歸告平公曰：「太子晉行年十五，而譽弗能與言〔四〕，君請事之。」平公遣師曠見太子晉。太子晉與語，師曠服德，深相結也。乃問曠曰：「吾聞太師能知人年之長短。」師曠對曰：「女色赤白，女聲清汗〔五〕，火色不壽。」晉曰：「然。吾後三年將上賓於帝，女慎無言，殃將及女。」其後三年而太子死〔六〕。孔子聞之曰：「惜夫！殺吾君也。」世人以其豫自知去期，故傳稱王子喬仙〔七〕。仙之後，其嗣避周難於晉，家於平陽，因〔八〕氏王氏〔九〕。其後子孫世喜養性神仙之術〔一〇〕。

〔一〕風俗通正失篇云：「周書稱靈王太子晉幼有盛德，聰明博達。」今逸周書太子晉解不載此文，蓋脱佚也。○鐸按：「成德」即風俗通「盛德」。宣二年左傳「盛服將朝」，釋文：「音成，本或作『成』。」是成、盛古通之證。

〔二〕「王」舊脱。

〔三〕以上本周語。

〔四〕○鐸按：臣對君不得自稱其字，「譽」當從周書作「臣」。

〔五〕逸周書二語互轉，風俗通與此同。○鐸按：風俗通脱「汗」字。

〔六〕以上本逸周書。

〔七〕「孔子聞之」以下，亦見風俗通。「知」字舊脱，據風俗通補。列仙傳云：「王子喬者，周靈王太子晉也。」漢書梅福傳云：「至今傳以爲仙。」

〔八〕「因」舊作「田」。

〔九〕唐書宰相世系表云：「周靈王太子晉，以直諫廢爲庶人，其子宗敬爲司徒，時人號曰王家，因以爲氏。」

〔一〇〕梅福傳云：「福居家，嘗以讀書養性爲事。」

魯之公族，有蟜氏〔一〕、后氏〔二〕、衆氏〔三〕、臧氏〔四〕、施氏〔五〕、孟氏〔六〕、仲孫氏〔七〕、服氏〔八〕、公山氏〔九〕、南宫氏〔一〇〕、叔孫氏〔一一〕、叔仲氏〔一二〕、子我氏〔一三〕、子士氏〔一四〕、季氏〔一五〕、公鉏氏〔一六〕、公巫氏〔一七〕、公之氏〔一八〕、子干氏、華氏〔一九〕、子言氏〔二〇〕、子駒氏〔二一〕、子雅氏〔二二〕、子陽氏〔二三〕、東門氏〔二四〕、公析氏〔二五〕、公石氏〔二六〕、叔氏〔二七〕、子家氏〔二八〕、榮氏〔二九〕、展氏〔三〇〕、乙氏〔三一〕，皆魯姬姓也。

〔一〕禮記檀弓云：「季武子寢疾，蟜固不説齊衰而入見。」固蓋魯公族。○鐸按：史記仲尼弟子傳有蟜疵，正義：「漢書云：『魯人。』」

〔二〕禮記檀弓后木，鄭注：「后木，魯孝公子惠伯鞏之後。」疏引世本作「孝公生惠伯革，其後爲厚氏」。呂氏春秋察微篇郈昭伯，高誘注：「郈氏，魯孝公子惠伯華之後也，以字爲氏。」華、革、鞏，字形相近之誤。郈昭伯見昭廿五年左傳。漢書古今人表作厚昭伯，五行志又作后氏。襄十四年左傳厚成叔，釋文云：「『厚』本或作『郈』。」風俗通過譽篇亦作「后」。后、厚、郈並通。○鐸按：經義述聞十九王引之曰：「昭二十五年傳言季郈者一，言郈氏者二，言郈昭伯者二，言郈孫者四，「郈」字皆當作「后」。元和姓纂引風俗通曰：「魯大夫郈昭伯食采於郈，因氏焉。」已誤以后孫之「后」爲郈邑之「郈」。食采於郈者叔孫氏，非后氏也。」又云：「呂氏春秋察微篇『魯季氏與后氏鬬雞』，今本『后』作『郈』，後人依俗本左傳改之也。據注『以字爲氏』，則作『后』明矣。」汪謂后、郈通，失考。

〔三〕隱元年左傳公子益師衆父之後。世族譜云：「衆父，孝公子。」

〔四〕隱五年左傳臧僖伯之後。疏云：「僖伯名彄，字子臧。世本云：『孝公之子。』」○鐸按：經義述聞二十二王引之春秋名字解詁云：「臧，古『藏』字。彄，讀曰『區』。説文：『區，踦區藏匿也。』」彄、臧名字相應，或謂食采於臧，非。

〔五〕氏族略三云：「魯惠公之子公子尾字施父，其子因以爲氏。」古今姓氏書辨證云：「施父生施伯，伯孫頃叔生孝叔，始以王父字爲氏。」按：施父見桓九年左傳。孝叔見成十一年傳，杜注：「魯惠公五世孫。」

〔六〕文十五年左傳「齊人或爲孟氏謀」，杜注：「慶父爲長庶，故或稱孟氏。」

〔七〕左傳桓公子慶父之後。古今姓氏書辨證云：「魯桓公四子，次曰慶父。慶父生穆伯公孫敖，敖生文伯穀、惠叔難，穀生孟獻子蔑，始以仲孫爲氏。」

〔八〕服氏當是子服氏。古今姓氏書辨證云：「仲孫蔑之子佗，别爲子服氏。」按孟獻子子仲孫它子服見魯語。襄廿三年左傳孟椒，杜注：「孟獻子之孫子服惠伯，即它子。」昭三年傳稱子服椒，其後有子服回、子服何。○鐸按：説亦見魯語注、昭十五年左傳疏、檀弓疏。

〔九〕定五年左傳魯有公山不狃。○鐸按：論語陽貨篇作公山弗擾。

〔一〇〕元和姓纂云：「魯孟僖子生閲，號南宫敬叔，叔生路，路生會，會生虔，爲南宫氏。見世本。」按南宫敬叔見昭七年左傳，「閲」作「説」。

〔一一〕莊卅二年左傳：「成季酖叔牙，立叔孫氏。」僖四年傳公孫茲稱叔孫戴伯，杜注：「叔牙之子。」○鐸按：經稱公孫茲，僖五年經、傳並稱公孫茲。

〔一二〕禮記檀弓叔仲皮，鄭注：「叔仲皮，魯叔孫氏之族。」疏引世本云：「桓公生僖叔牙，叔牙生武仲休，休生惠伯彭，彭生皮爲叔仲氏。」按彭當作彭生，文七年左傳稱叔仲惠伯。十八年傳云：「襄仲殺惠伯，公冉務人奉其帑以奔蔡，既而復叔仲氏。」○鐸按：姓纂一屋引東觀漢記云：「叔仲彭生帶，帶生仲叔、仲職及寅，代爲魯大夫。」

〔一三〕元和姓纂云：「魯叔孫成子生申，爲子我氏。」氏族略三云：「申字子我。」按叔孫成子名不敢，見定元年左傳。

〔一四〕古今姓氏書辨證引世本云：「魯叔孫成子生齊季，爲子士氏。」

〔一五〕左傳桓公子季友之後，亦曰季孫氏。○鐸按：詩魯頌駉鄭箋云：「季孫行父，季文子也。」疏：「行父是季友之孫，故以季孫爲氏。左傳、世本皆有其事。」

〔一六〕襄廿三年左傳季武子子公彌稱公鉏氏。定八年傳公鉏極，杜注：「公彌曾孫。」

〔一七〕襄廿九年左傳魯有公巫召伯。○鐸按：公巫召伯，魯文公子叔肸曾孫，見世族譜。

〔一八〕元和姓纂云：「季悼子生惠伯鞅，鞅生懿伯拊，爲公之氏。」氏族略三云：「鞅字公之。」按季平子弟公之見昭廿五年左傳。

〔一九〕華氏當是子革氏。元和姓纂引世本云：「季平子支孫爲子革氏。」○鐸按：秦氏輯補世本子士氏下注云：「潛夫論誤作子干氏。」又華氏下注云：「史記孔子世家：『季孫使公華、公賓、公林迎孔子。』王符以華氏次公之氏後，則華氏當即公華氏。」此疑當作子革氏、華氏。

〔二〇〕元和姓纂云：「季平子生昭伯寤之後。」氏族略三云：「昭伯字子言。」按季寤子言見定八年左傳，杜注：「季桓子之弟。」

〔二一〕「駒」舊作「駉」，據後紀十改。昭廿五年左傳子家羈，公羊傳作子家駒。荀子大略篇楊倞注云：「名羈，駒其字。」子駒氏蓋其後也。○鐸按：史記魯世家：「魯敗翟于鹹，獲長翟喬如。富父終甥舂其喉，以戈殺之，埋其首於子駒之門。」集解引賈逵曰：「子駒，魯郭門名。」秦氏據此，則謂子駒以地爲氏。按駒讀爲「拘」，羈、拘名字相應，楊倞説似有理。且此節魯公族多以字爲氏，秦説蓋非。

〔二二〕○鐸按：姓纂六止引英賢傳：「季桓子生武叔竈，爲子雅氏。」昭三年左傳齊有公孫竈，亦字子雅。

〔二三〕元和姓纂云：「魯公族有子陽者，其後以王父字爲氏。」又有子揚氏，引世本云：「季桓子生穆叔，其後爲子揚氏。」按陽、揚古通用，疑本一氏。○鐸按：張澍分二氏，云：「路史：『世本無子陽。』羅氏未見世本全文。」

〔二四〕僖廿六年左傳東門襄仲，杜注：「襄仲居東門，故以爲氏。」○鐸按：此本服虔說，見史記集解引。檀弓注：「仲遂，魯襄公之子東門襄仲。」疏云：「世本及左傳文也。」

〔二五〕史記仲尼弟子傳有公晳哀，本書遏利篇作「公析」，晳、析古通用。哀蓋魯公族，集解引家語云「齊人」，殆非也。○鐸按：姓纂作「公祈」，即「公析」之誤，而以爲衞後。

〔二六〕元和姓纂云：「魯僖公生共叔堅，堅生惠叔、子叔爲公石氏。」氏族略三又云：「悼公子堅字公石之後。」○鐸按：秦氏引姓纂一東作「子孫爲公石氏」，當是也。路史又云：「伯禽之後有公石氏。」

〔二七〕春秋襄十四年叔老，杜注：「聲伯子也。」疏云：「叔老，聲伯子，叔肹孫，故以叔爲氏。」禮記檀弓疏引世本云：「叔肹生聲伯嬰齊，齊生叔老。」

〔二八〕氏族略三云：「魯莊公之孫公孫歸父字子家，其後爲子家氏。」按公孫歸父子家見宣十年左傳，昭五年傳有子家羈。

〔二九〕定元年左傳榮駕鵝，杜注：「魯大夫榮成伯也。」魯語榮成伯，韋昭注：「聲伯之子也，名欒。」世族譜云：「叔肹曾孫。」○鐸按：襄廿八年傳杜注：「成伯，榮駕鵝。」

〔三〇〕隱八年左傳云：「無駭卒，羽父請謚於族，公命以字爲展氏。」杜注：「無駭，公子展之孫，故爲展氏。」廣韻二十八獮「展」字注云：「魯孝公之子子展之後。」

〔三一〕僖廿六年左傳「公使展喜犒師」，魯語作乙喜。

衛之公族，石氏〔一〕、世叔氏〔二〕、孫氏〔三〕、甯氏〔四〕、子齊氏〔五〕、司徒氏〔六〕、公文氏〔七〕、析龜氏〔八〕、公叔氏〔九〕、公南氏〔一〇〕、公上氏〔一一〕、公孟氏〔一二〕、將軍氏〔一三〕、子强氏〔一四〕、强梁氏〔一五〕、卷氏〔一六〕、會氏雅氏〔一七〕、孔氏〔一八〕、趙陽氏〔一九〕、田章氏、孤氏〔二〇〕、王孫氏〔二一〕、史龜氏〔二二〕、羌氏、羌憲氏〔二三〕、邃氏〔二四〕，皆衛姬姓也。

〔一〕隱四年左傳。石碏之後。世族譜云：「石碏，靖伯孫。」○鐸按：史記衛世家集解引賈逵曰：「石碏，衛上卿。」

〔二〕春秋世叔儀、世叔申、世叔齊，左傳並作太叔。桓九年傳疏云：「古者，『世』之與『大』，字義通也。」世族譜云：「太叔儀，僖侯八世孫。」

〔三〕成十四年左傳疏引世本云：「孫氏出於衛武公。」唐書宰相世系表云：「衛武公和生公子惠孫，惠孫生耳，爲衛上卿，生武仲乙，以王父字爲氏。」

〔四〕襄廿五年左傳杜注：「甯氏出自衛武公。」氏族略三云：「衛武公生季亹，食采於甯，因以爲氏。」○鐸按：亦見姓纂四十六徑。

〔五〕蓋即齊氏。昭元年左傳衞齊惡，世族譜云：「昭伯子齊子無子，戴公以其子惡爲之後。」廿年傳齊豹稱齊子氏，杜注：「惡之子。」

〔六〕禮記檀弓衞司徒敬子，鄭注：「司徒，官氏，公子許之後。」元和姓纂云：「衞文公生公子其許之後爲司徒氏。」

〔七〕哀廿五年左傳衞有公文要。

〔八〕「黿」字疑衍。昭廿年左傳衞有析朱鉏，杜注：「朱鉏，成子黑背孫。」氏族略三有公析氏，衞公子黑背字子析之後。○秦嘉謨云：「公析氏，左傳惟稱析，王符誤并析、黿二氏爲一氏。」○鐸按：此節下文史黿氏，「黿」亦譌作「黿」，然黿氏不當重出，蓋是衍文。

〔九〕禮記檀弓公叔文子，疏引世本云：「獻公生成子尚田，田生文子拔，拔生朱，爲公叔氏。」○鐸按：檀弓上篇鄭注：「文子，獻公之孫，名拔。」疏引世本：「獻公生成子當，當生文子拔。」箋誤分「當」爲「尚田」二字。又姓氏書辨證云：「衞獻公少子發，國人謂之公叔，因以爲氏。」拔與發非一人，張氏尋源謂拔即發，竊所不取。

〔一〇〕氏族略三云：「衞獻公之子楚字公南，生子牟，爲公南氏。」按公南楚見昭廿年左傳。○秦嘉謨云：「襄二十九年傳之公子荆，即公南楚，見杜解。」

〔一一〕廣韻一東「公」字注云：「衞大夫有公上玉。」○張澍云：「墨子作公尚，字相通。」

〔一二〕昭廿年左傳衞公孟縶，杜注：「靈公兄。」定十二年傳衞公孟彄，杜注：「彄，孟縶子。」疏云：「繁字公孟，故即以公孟爲氏。劉炫謂公孟生得賜族。」○鐸按：此引杜注在定十二年春秋經。

〔一三〕禮記檀弓疏引世本云：「靈公生昭子郢，郢生文子木，文子生簡子瑕，瑕生衛將軍文氏。」古今姓氏書辨證引世本作「郢生文子彌牟，爲將軍氏」。○鐸按：檀弓疏引世本「氏」上有脱文，當云「瑕生衛將軍文子，爲將軍氏」。上文「蘭生虎，爲司寇氏」，即其例。

〔一四〕元和姓纂云：「昭子郢之後。」

〔一五〕元和姓纂引世本云：「衛將軍文子生慎子會，會生强梁，因氏焉。」○鐸按：氏族略四「强」作「彊」，同。

〔一六〕當作卷子氏。古今姓氏書辨證卷子氏引世本云：「衛文公後卷子，子州氏焉。」後紀十：「衛後有卷子氏。」

〔一七〕當作會雅氏。元和姓纂云：「衛靈公子虺生寵，爲會厊氏。」氏族略四：「厊，音『雅』。」後紀十：「衛後有會厊氏。」○鐸按：秦嘉謨亦謂潛夫論誤分爲二氏。

〔一八〕梁氏履繩云：「哀十一年傳，孔文子以孔姞妻太叔疾，是孔乃姞姓，故禮記祭統正義謂孔悝是異姓大夫。潛夫論以爲姬姓，誤也。」○鐸按：秦嘉謨亦云：「未知王符何據？」

〔一九〕舊脱「氏」字。廣韻十陽「陽」字注云：「衛公子趙陽之後，以名爲氏。」按春秋定十四年「衛趙陽出奔宋」，杜注：「陽，趙黶孫。」疏引世本云：「懿子兼生昭子舉，舉生趙陽。」兼即鷹也。鷹見昭九年。世族譜：「以趙爲氏。」

〔二〇〕「孤」疑是「狐」。哀十五年左傳衛孟鷹，漢書古今人表作狐鷹。○鐸按：氏族略四有申章氏，路史鄭後有申章氏，張澍云：「楚有申章氏，見新序。」皆非衛公族，則不得以「田」爲「申」之訛。此田章氏未詳所出。

〔二一〕定八年左傳魏有王孫賈。哀廿六年傳有王孫齊，杜注：「賈之子昭子也。」

〔二二〕「鼂」當爲「鼂」，氏族略五史晁氏引世本云：「衛史晁之後。」按史晁即昭七年左傳史朝，漢書古今人表作史鼂。廣韻四宵「鼂」字注引風俗通云：「鼂姓，衛大夫史鼂之後。」鼂、鼂字形相近而誤。

〔二三〕古今姓氏書辨證引世本云：「衛公族羌之孫憲，爲羌憲氏。」○鐸按：上羌氏疑當是羌師氏，姓氏書辨證十陽有羌師氏，出世本。張澍云：「姓纂作『魏有羌師氏』，訛。」

〔二四〕○鐸按：秦氏輯補世本出蘧氏，云：「潛夫論誤作遼氏。」衛大夫有蘧瑗，字伯玉，孔子弟子。

晉之公族郤氏〔一〕，又班爲吕〔二〕，郤芮又從邑氏爲冀〔三〕，後有吕錡，號駒伯〔四〕。郤犨食采於苦，號苦成叔；郤至食采於温，號曰温季〔五〕，各以爲氏。郤氏之班，有州氏〔六〕、祁氏〔七〕。伯宗以直見殺，其子州犂奔楚〔八〕，又〔九〕以郤宛直而和，故爲子常所姤，受誅〔一〇〕。其子嚭奔吳爲太宰〔一一〕，懲祖禰之行仍正直遇禍也，乃爲諂諛而亡吳〔一二〕。凡郄氏之班，有冀氏、吕氏、苦成氏、温氏、伯氏；靖侯之孫欒賓〔一三〕，及富氏〔一四〕、游氏〔一五〕、賈氏〔一六〕、狐氏〔一七〕、羊舌氏〔一八〕、季夙氏〔一九〕、籍氏，及襄公之孫孫黶〔二〇〕，皆晉姬姓也。

〔一〕廣韻二十陌「郤」字注云：「郤姓，俗從叒。」氏族略三云：「晉大夫郄文子食邑於郄，以邑爲氏。」按郤文子即晉語郤叔虎，韋昭注：「郤芮之父郤豹也。」

〔二〕按僖十年左傳：「丕鄭言於秦伯曰：『吕甥、郤稱、冀芮實爲不從。』」三人疑皆同族。吕甥，十五年傳稱瑕吕飴甥，又稱陰飴甥。陰、吕皆邑名。班，别也。

〔三〕成二年左傳疏引世本云：「郤豹生冀芮，芮生缺。」按僖十年左傳郤芮亦稱冀芮。卅三年傳云：「臼季使，過冀，見冀缺耨。」又云：「以一命命郤缺爲卿，復與之冀。」杜注：「還其父故邑。」○鐸按：晉語五「冀缺薅」，韋注：「郤成子也。」

〔四〕「吕」當作「郄」。郄錡號駒伯，見成十七年左傳。吕錡見成十六年，即宣十二年魏錡，世族譜云：「魏錡，魏犨子，爲吕氏。」

〔五〕並見成十七年左傳。

〔六〕昭三年左傳杜注云：「郤稱，晉大夫，始受州。」州氏蓋以邑爲氏者。元和姓纂引風俗通云：「晉州綽，其先食采於州，因氏焉。」按州綽見襄十八年左傳。

〔七〕襄廿一年左傳祁大夫，杜注：「祁奚也。食邑於祁，因以爲氏。」氏族略三云：「晉獻侯四世孫。」

〔八〕成十五年左傳。○鐸按：賢難篇：「伯宗之以死。」

〔九〕「又」字舊在「楚」上。

〔一〇〕昭廿七年左傳。○鐸按：明闇篇：「郄宛得衆，而子常殺之。」亦見賢難篇。

〔一一〕定四年左傳云：「楚之殺郤宛也，伯氏之族出。伯州犂之孫嚭爲吳太宰，以謀楚。」史記楚世家以嚭爲宛之宗姓伯氏子。伍子胥傳集解引徐廣云：「伯州犂者，晉伯宗之子也。伯州犂之子曰郤宛，郤宛之子曰伯嚭。宛亦姓伯，又別氏郤。」蓋即本此書。然此書之意，本謂州犂奔楚後，其子又遇禍出奔。兩言其子，文意相貫，並未嘗以嚭爲宛子也。唯傳云「伯州犂之孫嚭」，此稱「其子」殊誤，而高誘注吕氏春秋當染篇、重言篇，韋昭注越語，並云「嚭，州犂之子」，則古有此説矣。

〔一二〕史記吳世家云：「越王滅吳，誅太宰嚭，以爲不忠。」

〔一三〕桓二年左傳。

〔一四〕按莊廿三年左傳云：「晉桓、莊之族偪，獻公患之。士蔿曰：『去富子，則羣公子可謀已。』」杜注：「富子，二族之富强者。」此以「富」爲氏非也。○洪亮吉春秋左傳詁云：「尋繹上下文義，疑富子爲羣公子之一。杜以富强解之，恐誤。」○鐸按：洪氏雖規杜，固未嘗以「富」爲氏，乃秦氏輯補世本既據此文及杜注出富氏，又引廣韻十五灰「槐」字注「晉大夫富槐之後」以證之。然廣韻本説槐氏，不謂「富」爲氏。考富氏爲周室世卿，見本篇下文，氏族略亦謂「富爲周大夫富辰之後」，秦氏不檢，而又援據失實，其誣甚矣！

〔一五〕莊廿四年左傳云：「晉士蔿又與羣公子謀，使殺游氏之二子。」杜注：「游氏二子亦桓、莊之族。」

〔一六〕晉語云「賈佗公族也」，韋昭注：「賈佗，狐偃之子射姑太師賈季也。食邑於賈。」古今姓氏書辨證云：「晉唐叔虞少子公明，周康王封之於賈爲附庸，謂之賈伯。曲沃武公取晉并賈，因以其子孫爲大夫。」

〔一七〕晉語云：「狐氏出自唐叔。」

〔一八〕昭三年左傳：「叔向曰：『肸之宗十一族，惟羊舌氏在而已。』」疏引世族譜云：「羊舌，其所食邑名。」

〔一九〕昭五年左傳疏云：「世本，叔向兄弟有季夙。」元和姓纂引此書，以季夙氏爲晉靖公孫季夙之後，誤。○鐸按：鄭樵以下諸家並沿誤。

〔二〇〕昭十五年左傳云：「孫伯黶司晉之典籍，以爲大政，故曰籍氏。」

晉穆侯生桓叔，桓叔生韓萬，傅晉大夫〔二一〕，十世而爲韓武侯，五世爲韓惠王，五世而亡國〔二〕。襄王之孽孫信，俗人謂之韓信都〔三〕。高祖以信爲韓王孫，以信爲韓王，後徙王代，爲匈奴所攻，自降之〔四〕。漢遣柴將軍擊之，斬信於參合，信妻子亡入匈奴中。至景帝〔五〕，信子穨當及孫赤〔六〕來降，漢封穨當爲弓高侯，赤爲襄城侯。及韓嫣，武帝時爲侍中，貴幸無比。案道侯韓說，前將軍韓曾〔七〕，皆顯於漢〔八〕。子孫各隨時帝分陽陵、茂陵、杜陵〔九〕。及漢陽、金城諸韓，皆其後也。信子孫餘留匈奴中〔一〇〕者，亦常在權寵，爲貴臣。及留侯張良，韓公族姬姓也。秦始皇滅韓，良弟死不葬，良〔一一〕散家貲千萬，爲韓報讎，擊始皇於博浪沙中，誤椎副車。秦索賊急，良乃變姓爲張〔一二〕，匿於下邳，遇神人黄石公，遺之兵法。及沛公之起也，良往屬焉。沛公使與韓信略定韓地，立横陽君城〔一三〕爲韓王，而拜良爲韓信都〔一四〕。信都者〔一五〕，司徒也。俗前〔一六〕音不正，曰信都，或曰申徒〔一七〕，或勝屠〔一八〕，然其本共一司徒耳。後作傳者不知「信都」何因，彊妄生意，以爲此乃代王爲信都也。凡桓叔之後，有韓氏、言氏〔一九〕、嬰氏〔二〇〕、禍餘氏〔二一〕、公族氏〔二二〕、張氏，此皆韓後姬姓也。昔周宣王亦有韓侯，其國也〔二三〕近燕，故詩云：「普彼韓城，燕師所完〔二四〕。」其後韓西亦姓韓，爲魏滿所伐，遷居海中〔二五〕。

〔一〕史記韓世家索隱云：「系本及左傳舊說，皆謂韓萬是曲沃桓叔之子。」晉語韋昭注：「桓叔生子萬，受韓以爲大夫，是爲韓萬。」「傳」疑「仕」，上云「趙夙仕晉卿大夫」，是其證。

〔二〕武侯，韓世家作武子，自武子至宣惠王凡八世。漢書地理志云：「韓自武子後，七世稱侯，六世稱王，五世而爲秦所滅。」○鐸按：自武子至惠王凡八世，與六國表合，漢志「七世稱侯」誤。

〔三〕史記韓王信傳集解引徐廣曰：「一云信都。」索隱以爲出楚漢春秋。

〔四〕王先生云：「『自』字疑衍，或『信』字之誤。」○鐸按：「自」疑「因」，「因」俗作「囙」，故誤。

〔五〕降漢在孝文十四年，非景帝時。

〔六〕「赤」傳作「嬰」。

〔七〕「曾」舊作「魯」。

〔八〕見史記、漢書。

〔九〕謂隨所事帝徙居其陵。

〔一〇〕「軍氏」至此，舊錯入後「軒氏」下。宋本蓋已如此，故後紀十所載衞、鄭公族往往淆亂。

〔一一〕「良」疑衍。

〔一二〕孫侍御云：「『張』當作『長』。張良易姓爲長，見高士傳。」繼培按：作「張」是也。史記留侯世家索隱云：「王符、皇甫謐並以良爲韓之公族姬姓也。秦索賊急，乃改姓名，而韓先有張去疾及張譴，恐非良之先代也。」是潛夫本作「張」矣。

〔一三〕「城」路史發揮五、羅壁識遺並引作「成」，與史合。

〔一四〕見史記留侯世家。按世家：「項梁使良求韓成，立以爲韓王，以良爲韓申徒，與韓王將千餘人西略韓地。」韓王信傳云：「張良以韓司徒降下韓故地，得信以爲韓將。」此云「沛公使與韓信略地」，又以其事在拜司徒前，並誤。「信都」漢書功臣表又作「申都」，顏師古曰：「楚漢春秋作『信都』。」

〔一五〕舊不重「信都」，據路史識遺補。

〔一六〕「前」疑「閒」。禮記檀弓「馬鬣封之謂也」，鄭注：「俗閒名。」王制：「東方曰寄，南方曰象，西方曰狄鞮，北方曰譯。」鄭注：「皆俗閒之名。」亦見論衡訂鬼篇。

〔一七〕「申」舊作「司」。元和姓纂引風俗通云：「申徒本申屠氏，隨音改爲申徒。」○鐸按：此猶齊人以「司田」爲「申田」。管子小匡篇：「盡地之利，臣不如甯戚，請立爲大司田。」立政篇：「相高下，視肥墝，使五穀桑麻皆安其處，申田之事也。」晏子春秋諫上篇：「爲田野之不辟，倉庫之不實，則申田存焉。」申、司音不相近，故曰「不正」。

〔一八〕史記酷吏傳：「周陽由爲河東尉時，與其守勝屠公争權，相告言罪。」索隱引風俗通云：「勝屠即申屠也。」

〔一九〕「韓氏、言氏」當作韓言氏。元和姓纂引世本云：「晉韓厥生無忌，無忌生襄，襄生魯爲韓言氏。」氏族略五「魯」作「子魚」。按無忌、襄並見左傳。

〔二〇〕「嬰氏」當作韓嬰氏。元和姓纂云：「晉韓宣子玄孫韓嬰爲韓嬰氏。」

〔二一〕元和姓纂、氏族略四並引作「褐餘氏」。按當作「褐氏、餘氏」，即韓褐氏、韓餘氏。廣韻九魚「餘」字注云：「晉卿韓宣子之後，有名餘子者，奔於齊，號韓餘氏。」古今姓氏書辨證云：「韓餘，世本：『韓宣子子餘之後氏焉。』」又云：「韓褐，英賢傳曰：『韓厥後。』」韓褐、韓餘，此稱褐氏、餘氏，亦猶韓言、韓嬰之不言「韓」也。宣二年左傳晉有餘子之官，韓氏蓋嘗有爲此官者。廣韻「名餘子」，「名」當是「爲」。世本「子餘」，亦「餘子」之誤。氏族略引世本正作「餘子」。說苑修文篇有韓褐子。○鐸按：姓纂十三曷、氏族略四「褐餘氏」即據此書誤本。

〔二二〕宣二年左傳云：「晉成公即位，乃宦卿之嫡子而爲之田，以爲公族。」成十八年傳云：「韓無忌爲公族大夫。」襄七年傳云：「晉侯謂韓無忌仁，使掌公族大夫。」十六年傳云「韓襄爲公族大夫」，杜注：「無忌子。」公族氏蓋公族大夫之後也。○鐸按：秦氏亦謂公族氏蓋無忌後。

〔二三〕「也」疑當作「地」。

〔二四〕韓奕。「普」今作「溥」。鄭箋：「燕，安也。大矣彼韓國之城！乃古平安時衆民之所築完。」釋文云：「王肅、孫毓並云此燕國。」○鐸按：詩韓奕之梁山、韓城乃燕地之梁山、韓城，在今河北固安縣，非今陝西之梁山、韓城。顧炎武日知録卷三、江永春秋地理考實卷二並據此文及水經聖水注、濛水注辨之，經義述聞卷廿五王引之説同。説詩者習知陝西有古韓國，乃以之當燕地之韓侯城，皆未考地理故也。

〔二五〕按韓西蓋即朝鮮。「朝」誤爲「韓」；「西」即「鮮」之轉，故尚書大傳以「西方」爲「鮮方」。史記朝鮮傳云：「朝鮮王滿者，故燕人也。自始全燕時，嘗略屬真番、朝鮮。」索隱云：「按漢書，滿姓衞，擊破朝鮮王而自王之。」

畢公高與周同姓，封於畢，因爲氏〔一〕。周公之薨也，高繼職焉〔二〕。其後子孫失守，爲庶世〔三〕。及畢萬佐晉獻公，十六年使趙夙御戎，畢萬爲右，以滅耿滅魏，封萬〔四〕，今之河北縣是也〔五〕。魏顆又氏令狐〔六〕。自萬後九世爲魏文侯〔七〕。文侯孫罃爲魏惠王，五世而亡〔八〕。畢陽之孫豫讓，事智伯，智伯國士待之，豫讓亦以見知之恩報智伯，天下紀其義〔九〕。魏氏〔一〇〕、令狐氏、不雨氏、葉大夫氏、伯夏氏、魏强氏〔一一〕、豫氏，皆畢氏，本姬姓也。

〔一〕史記魏世家。○鐸按：僖廿四年左傳：「管、蔡、郕、霍、魯、衞、毛、聃、郜、雍、曹、滕、畢、原、酆、郇，文之昭也。」御覽六百十八引潁容云：「史記不識畢公文王之子，而言與周同姓。」

〔二〕書康王之誥「畢公率東方諸侯」，疏引王肅云：「畢公代周公爲東伯，故率東方諸侯。」

〔三〕「庶世」魏世家作「庶人」。

〔四〕以上本魏世家。世家云：「趙夙爲御，畢萬爲右，以伐霍、耿、魏，滅之。以耿封趙夙，以魏封畢萬。」此文有脱誤。閔元年左傳云：「滅耿，滅霍，滅魏，賜趙夙耿，賜畢萬魏。」

〔五〕漢書地理志：「河東郡河北，詩魏國，晉獻公滅之，以封大夫畢萬。」

〔六〕晉語令狐文子，韋昭注：「魏顆之子魏頡也。」襄三年左傳疏云：「世族譜，魏顆、魏絳俱是魏犨之子，顆別爲令狐氏，絳爲魏氏。」唐書宰相世系表云：「顆以獲秦將杜回功封令狐，生文子頡，因以爲氏。」

〔七〕禮記樂記疏引世本云：「萬生芒，芒生季，季生武仲州，州生莊子絳，絳生獻子荼，荼生簡子取，取生襄子多，多生桓子駒，駒生文侯。」○鐸按：史記索隱引世本作「畢萬生芒季，芒季生武仲州」。此云「自萬後九世爲魏文侯」，與樂記疏所引世本合。秦嘉謨輯補世本取索隱，張澍世本稡集補注取樂記疏，而謂芒、季爲二人恐誤。果如其説，則此文當删「後」字，殆不然矣。

〔八〕漢書地理志云：「自畢萬後十世稱侯，至孫稱王，七世爲秦所滅。」按魏世家自惠王至王假被虜凡七世。○鐸按：六國表同。此云「五世而亡」，蓋獨數襄、哀、昭、安釐、景湣五王耳。若並惠王、王假計之，則爲七世。

〔九〕趙策。

〔一〇〕史記魏世家云：「從其國名爲魏氏。」

〔一一〕元和姓纂云：「魏武子支孫莊子快生强，爲魏强氏。」

周厲王之子友封於鄭〔一〕。鄭恭叔之後〔二〕，爲公文氏〔三〕。軒氏〔四〕、駟氏〔五〕、豐氏〔六〕、游氏〔七〕、國氏〔八〕、然氏〔九〕、孔氏〔一〇〕、羽氏〔一一〕、良氏〔一二〕、大季氏〔一三〕。十族之祖，穆公之子也，各以字爲姓〔一四〕。及伯有氏〔一五〕、馬師氏〔一六〕、褚師氏〔一七〕，皆鄭姬姓也。

〔一〕史記鄭世家。

〔二〕隱元年左傳共叔段，杜注：「段出奔共，故曰共叔，猶晉侯在鄂，謂之鄂侯。」疏云：「賈、服以共爲謚。」此作恭叔，義與賈、服同。○鐸按：春秋經、傳之「共」，釋文及他書引多作「恭」，李富孫春秋左傳異文釋嘗舉九事證之。詩韓奕箋：「古之『恭』字或作『共』。」是「共」者借字也。至疏駁賈、服説，謂「作亂而出，非有其德可稱；餬口四方，無人與之爲謚」，則洪氏左詁已議其非矣。

〔三〕「文」當作「父」。莊十六年左傳公父定叔，杜注：「共叔段之孫。」○鐸按：父、文兩形相似，又涉上衞姬姓公文氏而誤。

〔四〕左傳鄭穆公子喜子罕，其後爲罕氏。「軒」與「罕」通，昭元年左傳罕虎，公羊傳作軒虎。

○鐸按：廣韻二十三旱「罕」字注云：「左傳鄭有罕氏，出自穆公，以王父字爲氏。」子罕見成十四年左氏經、傳。

〔五〕左傳鄭穆公子騑子駟，其後爲駟氏。○鐸按：子駟見襄八年左傳。

〔六〕舊脱「氏」字。左傳鄭穆公子子豐，其後爲豐氏。世族譜云：「子豐，公子平。」

〔七〕「游」舊作「將」。左傳鄭穆公子偃子游，其後爲游氏。○鐸按：子游，公子偃。見成六年左傳杜注。

〔八〕左傳鄭穆公子發子國，其後爲國氏。○鐸按：公子發見襄九年左傳。姓纂二十五德云：「發生僑，字子產，生參，以王父字爲氏。」

〔九〕左傳鄭穆公子子然，其後爲然氏。昭四年有然丹。○鐸按：杜注：「然丹，鄭穆公孫。」

〔一〇〕左傳鄭穆公子嘉子孔，其後爲孔氏。○鐸按：襄九年。

〔一一〕左傳鄭穆公子子羽，其後爲羽氏。襄卅年有羽頡。世族譜云：「子羽，名翬。」○鐸按：公孫揮，字子羽，見襄廿四年傳。

〔一二〕左傳鄭穆公子去疾子良，其後爲良氏。○鐸按：宣四年傳杜注：「子良，穆公庶子。」

〔一三〕元和姓纂引世本云：「鄭穆公生大季子孔志父之後。」按襄十九年左傳士子孔，杜注：「子良父。」世族譜志父作公子志，以大季爲子良名，與世本異。

〔一四〕○鐸按：自軒氏至大季氏凡十族，皆穆公子之後，惟大季似非字。

〔一五〕襄廿九年左傳：「鄭大夫盟於伯有氏。」亦見卅年傳。伯有即子良孫良霄字。

〔一六〕昭七年左傳云「馬師氏與子皮氏有惡」，杜注：「馬師氏，公孫鉏之子罕朔也。」襄三十年，馬師頡出奔，公孫鉏代之爲馬師，與子皮俱同一族。

〔一七〕昭二年左傳：「鄭公孫黑請以子印爲褚師」，杜注：「褚師，市官。」

太伯君吴，端垂衣裳〔一〕，以治周禮。仲雍嗣立，斷髮文身，倮以爲飾〔二〕。武王克殷，分封其後於吴，令大賜北吴〔三〕。季札居延州來，故氏延陵季子〔四〕。闔閭之弟夫概王奔楚堂谿，因以爲氏〔五〕。此皆姬姓也。

〔一〕王先生云：「『垂』疑『委』。」○鐸按：當從哀七年左傳作「端委」。

〔二〕哀七年左傳。「倮」今作「贏」。○鐸按：洪氏左詁云：「釋文：『贏又作倮』，蓋本此。」

〔三〕漢書地理志云：「太伯卒，仲雍立，至曾孫周章，而武王克殷，因而封之。又封周章弟中於河北，是謂北吴，後世謂之虞。」

〔四〕史記吴世家云：「季札封於延陵，故號曰延陵季子。」禮記檀弓「延陵季子適齊」，鄭注：「季子讓國居延陵，因號焉。春秋傳謂延陵延州來。」昭廿七年左傳「吴子使延州來季子聘於上國」，杜注：「季子本封延陵，後復封州來，故曰延州來。」按此以延陵即延州來，與鄭説同。

〔五〕定五年左傳。○鐸按：廣韻作棠谿氏，堂、棠同。

鄭大夫有馮簡子〔一〕。後韓有馮亭，爲上黨守，嫁禍於趙，以致長平之變〔二〕。秦有將軍馮劫，與李斯俱誅〔三〕。漢興〔四〕，有馮唐，與文帝論將帥〔五〕。後有馮奉世，上黨人也，位至將軍，女爲元帝昭儀，因家於京師〔六〕。其孫衍〔七〕，字敬通，篤學重義，諸儒號之曰「德行雍雍馮敬通」，著書數十篇，孝章皇帝愛重其文〔八〕。

〔一〕襄卅一年左傳。

〔二〕史記趙世家。

〔三〕史記秦始皇紀。

〔四〕「漢興」二字舊脱，據漢書馮奉世傳補。此言馮氏，俱本奉世傳。

〔五〕史記。

〔六〕漢書。

〔七〕當云「曾孫」。

〔八〕後漢書。按傳云：「子豹，字仲文，長好儒學，鄉里爲之語曰：『道德彬彬馮仲文。』」而不載敬通之號。

晉大夫郇息事獻公〔一〕，後世將中軍，故氏中行〔二〕，食采於智〔三〕。智果諫智伯而不見聽，乃別族於太史爲輔氏〔四〕。

〔一〕左傳「郇」作「荀」。廣韻十八諄「荀」字注云：「荀姓本姓郇，後去『邑』爲『荀』。」

〔二〕文十三年左傳中行桓子，杜注：「荀林父也。」僖二十八年始將中行，故以爲氏。」史記趙世家索隱引世本云：「晉大夫逝敖生桓伯林父。」

〔三〕下當云「故氏智」。宣十二年左傳知莊子，杜注：「莊子，荀首。」「智」與「知」同。趙世家索隱引世本云：「逝敖生莊子首。」

〔四〕晉語。

晉大夫孫伯黶實司典籍，故姓籍氏。辛有二子董之，故氏董氏〔一〕。

〔一〕昭十五年左傳。〇鐸按：杜注云：「辛有，周人也。其二子適晉爲大史，籍黶與之共董督晉典，因爲董氏。」

詩頌宣王，始有「張仲孝友」〔一〕，至春秋時，宋有張白葴矣〔二〕。惟晉張侯〔三〕、張老〔四〕，實爲大家。張孟談相趙襄子以滅智伯，遂逃功賞，耕於肓山〔五〕。後魏有張儀、張丑〔六〕。至漢，張姓滋多。常山王張耳，梁人。丞相張蒼，陽武人也〔七〕。東陽侯張相如〔八〕。御史大夫張湯〔九〕，增定律令，以防姦惡，有利於民，又好薦賢達士，故受福祐〔一〇〕。子安世〔一一〕爲車騎將軍，封富平侯，敦仁儉約，矜遂權〔一二〕而好陰德〔一三〕，是以子孫昌熾，世有賢胤，更封武始，遭王莽亂，享國不絶〔一四〕，家凡四公，世著忠孝行義〔一五〕。前有丞相張禹〔一六〕，御史大夫張忠〔一七〕；後有太尉張酺，汝南人，太傅張禹，趙國人〔一八〕。司邑閭里〔一九〕，無不有張者。河東解邑有張城，有西張城〔二〇〕，豈曾張之祖所出邪？

〔一〕六月。

〔二〕「白」當作「匄」，張匄見昭廿一年左傳。史記建元以來王子侯表距陽侯劉白，漢表作「匄」，誤與此同。「蔑」字衍，與下行「滅」字相並而誤。

〔三〕成二年左傳。即解張。

〔四〕成十八年左傳。

〔五〕趙策「肙山」作「負親之邱」。○鐸按：「肙」疑當作「負」，負山即負丘。爾雅釋丘「丘背有丘爲負丘」，是此丘所由得名也。趙策一作「負親之邱」，「親之」二字蓋涉下文「韓、魏、齊、燕負親以謀趙」而衍。〔「負親」亦見趙策三，黄丕烈戰國策札記卷中引吳正傳云：

「恐『燕』下『負親』字衍。」非也。）

〔六〕魏策。

〔七〕並見史記。

〔八〕史記文帝紀十四年。

〔九〕漢書張湯傳贊云：「馮商稱張湯之先與留侯同祖，而司馬遷不言，故闕焉。」

〔一〇〕「祐」疑「祜」。詩信南山、桑扈、下武並云「受天之祜」，鄭箋：「祜，福也。」漢書揚雄傳長楊賦云：「受神人之福祜。」○鐸按：長楊賦「祜」與虞、舞、胥、雅爲韻，或作「祐」，非。然楚辭天問：「驚女采薇鹿何祐？」與「喜」爲韻，則非「祜」之誤。王逸注：「祐，福也。」是「福祜」亦可言「福祐」，非必字誤。漢書王嘉傳：「宜思正萬事，順天人之心，以求福祐。」尤其明證矣。

〔一一〕漢書附湯傳。

〔一二〕「矜遂權」當作「務遠權」，漢書稱其「欲匿名迹，遠權勢」。按史記貨殖傳「微重而矜節」，徐廣曰：「『矜』一作『務』。」此務、矜相涉之證。○鐸按：傳封侯在前，爲車騎將軍在後，此文兩句當互轉。

〔一三〕按漢書張湯傳贊云：「湯雖酷烈，及身蒙咎，其推賢揚善，固宜有後；安世履道，滿而不溢；賀之陰德，亦有助云。」賀，安世兄也。陰德，謂賀爲掖庭令時，視養宣帝有恩。此以

「好陰德」屬安世，蓋誤。○鐸按：安世傳稱其隱人過失，即所謂陰德也。

〔一四〕按漢書云：「安世五世孫純嗣侯，恭儉自修，王莽時不失爵，建武中，更封富平之别鄉爲武始侯。」此敍封武始於王莽前，誤也。

〔一五〕湯爲御史大夫，安世爲大司馬；純爲大司空，純子奮亦爲司空，見後漢書純傳。

〔一六〕漢書。

〔一七〕漢書成帝紀陽朔二年。

〔一八〕並見後漢書。前、後，謂東、西京也。

〔一九〕司邑，謂司隸所部邑。

〔二〇〕漢書曹參傳云「别與韓信東攻魏將孫遬東張」，蘇林注：「東張屬河東。」水經涑水篇：「又南過解縣東，又西南注於張陽池。」注云：「又西南逕張陽城。竹書紀年齊師逐鄭太子齒奔張城南鄭者也，漢書之所謂東張矣。」

偃姓舒庸、舒鳩、舒龍、舒共、止龍、鄘、淫、參、會、六、院、蓁、高國〔一〕，慶姓樊、尹、駱，曼姓鄧、優〔二〕，歸姓胡、有、何〔三〕，葴姓滑、齊〔四〕，掎姓棲、疏〔五〕，御姓署、番、湯，嵬姓饒、攘、刹〔六〕，隗姓赤狄〔七〕，姮姓白狄〔八〕，此皆大吉之姓〔九〕。

〔一〕「偃姓舒庸、舒鳩、舒龍、舒共」舊作「優姓舒唐、鳩、舒龍、舒其」，據後紀七注引改。文出世本，見文十二年左傳疏。後紀「止」下無「龍」字。按「止龍」當爲「舒鮑」，左傳疏引世本有舒鮑，此下列鮑姓在酈上可證。「共」世本作「龔」，又別有舒蓼，「参」疑即「蓼」之誤。「淫」後紀作「謡」，按當爲「繇」，後漢書郅惲傳有西部督郵繇延，章懷注：「繇姓，咎繇之後。」「院」後紀作「阮」，當爲「皖」，漢書地理志廬江郡皖縣在舒與龍舒之後，國名紀二引地記：「皖，偃姓，皋陶後。」，「白」與「皀」偏旁形近之誤。「高」當爲「鬲」，即漢志平原郡之鬲，國名紀引郡國縣道記云：「古鬲國，偃姓，皋陶後。漢爲縣。」亦見國名紀六。「棐」後紀作「裴」，王侍郎云：「疑是『裴』。」廣韻十五灰「裴」字注云：「裴姓，伯益之後，封於𨚗鄉，因以爲氏。後徙封解邑，乃去邑從衣。」○鐸按：「蓼」誤作「參」，秦嘉謨説同。其上當據世本六舒補「舒」字，而移至「酈」上。「棐」程本作「築」，秦氏據僖十七年春秋「齊人、徐人伐英氏」，及史記陳杞世家「皋陶之後，或封英、六」，謂「築」當爲「英」。考英即今湖北英山，六即今安徽六安，壤地相接；若伯益乃嬴姓，而解邑在今山西，去偃姓諸國彌遠，則知王説謬而秦説是矣。今輒正其文如下：「偃姓舒庸、舒鳩、舒龍、舒共、舒鮑、舒蓼、酈、繇、會、六、皖、英、高國。」言此十三國皆偃姓也。（王紹蘭説又有補證，見所爲本書序中，徒勞無益，故不引。）

〔二〕「曼」舊作「嫚」。桓七年左傳疏引世本云：「鄧爲曼姓。」九年傳：「鄧南鄙鄾人。」此作「優」當誤。○鐸按：秦氏據晉語四改「慶」爲「滕」，當是。

〔三〕國名紀六云：「世本：『胡子國，歸姓。』」又云：「『有』本一作『洧』。」○鐸按：襄卅一年左傳「立胡女敬歸之子子野」，杜注：「胡，歸姓之國。」

〔四〕後紀五、國名紀一，「葴」作「箴」，「齊」作「濟」。

〔五〕「掎」後紀十四寒浞傳注、國名紀六作「猗」。按上云「黄帝之子」有葴氏、拘氏，此在葴姓下，疑「掎」即「拘」之誤。

〔六〕「剎」舊作「殺」，據前紀三、國名紀六改。國名紀「剎」一作「利」。○鐸按：「嬛姓饒、穰、穀」，秦氏據路史、左傳訂如此。

〔七〕周語：「富辰曰：『狄，隗姓也。』」韋昭注：「隗姓，赤狄也。」

〔八〕昭十二年穀梁傳范甯注：「鮮虞，姬姓白狄也。」疏云：「世本文。」此「姮」字疑「姬」之誤。○秦氏據程本作「嬙」，以爲即晉語黄帝後十二姓之酉。○鐸按：下文「短即犬戎氏」，「短」與「嬙」形不相近，無緣致誤。秦説失之。

〔九〕孫侍御云：「『大吉』疑『太古』。」

齊有鮑叔，世爲卿大夫〔一〕。晉有鮑癸〔二〕。漢有鮑宣，累世忠直，漢名臣〔三〕。漢酈生爲使者，弟商爲將軍〔四〕，今高陽諸酈爲著姓。昔仲山甫亦姓樊，謚穆仲〔五〕，封於南陽。南陽者，在今河内〔六〕。後有樊傾子〔七〕。曼姓封於鄧，後因〔八〕氏焉。南陽鄧縣上蔡北有古鄧城，新蔡北有古鄧城〔九〕。春秋時，楚文王滅鄧〔一〇〕。至漢有鄧通〔一一〕、鄧廣〔一二〕。後漢新野鄧〔一三〕禹，以佐命元功封高密侯〔一四〕。孫太后□〔一五〕性慈仁嚴明，約勑諸家莫得權，京師清淨，若無貴戚；勤思憂民，晝夜不怠。是以遭羌兵叛，大水饑饉〔一六〕，而能復之，整平豐穰〔一七〕。太后崩後，羣姦相參，競加譖潤〔一八〕，破壞鄧氏，天下痛之〔一九〕。魯昭公母家姓歸氏〔二〇〕。漢有隗囂季孟〔二一〕。短即犬戎氏，其先本出黄帝〔二二〕。

〔一〕見左傳。按齊語韋昭注云：「鮑叔，姒姓之後。」

〔二〕宣十二年左傳。

〔三〕宣見漢書。宣子永，永子昱，見後漢書。「漢名臣」上當脱「爲」字。○鐸按：此三鮑並承上文言之，則偃姓十三國當有舒鮑明矣。

〔四〕史記酈食其傳。

〔五〕見周語。按後漢書樊宏傳云：「其先周仲山甫封於樊，因爲氏焉。」

〔六〕續漢書郡國志：「河内郡修武，故南陽，秦始皇更名。有南陽城、陽樊，攢茅田。」劉昭注引服虔曰：「樊，仲山之所居，故曰陽樊。」

〔七〕昭廿二年左傳「傾」作「頃」。

〔八〕「因」舊作「田」。

〔九〕按漢書地理志「南陽郡鄧」，注：「故國。」「汝南郡上蔡」，注：「故蔡國。」「新蔡」，注：「蔡平侯自蔡徙此。」春秋桓二年「蔡侯、鄭伯會於鄧」，杜注：「潁川召陵縣西南有鄧城。」疏云：「賈、服以鄧爲國，言蔡、鄭會於鄧之國都。釋例以此潁川鄧城爲蔡地，以鄧是小國，去蔡路遠，蔡、鄭不宜遠會其都。」昭十三年左傳「蔡公召二子而盟於鄧」，杜注亦云：「潁川召陵縣西南有鄧城。」召陵，漢屬汝南，杜云潁川，據當時言之。按漢志及左傳注，鄧縣是鄧國，其上蔡、新蔡之鄧城，即在召陵西南者，乃蔡地。此合二地爲一，蓋誤。○鐸按：此疏謬駁賈、服，沈欽韓已辯之，詳左傳地名補注一。

〔一〇〕莊六年左傳。○鐸按：史記楚世家：「文王十二年，伐鄧，滅之。」楚文王十二年，即魯莊公十六年，故此傳云：「十六年，楚復伐鄧，滅之。」

〔一一〕史記佞幸傳。○鐸按：鄧通事見遏利篇、賢難篇。

〔一二〕「廣」下脱「漢」字。鄧廣漢，霍光女壻，見漢書霍光傳及宣帝紀地節四年。○鐸按：此當作「至漢有鄧通、鄧廣漢。後新野鄧禹」，「漢後」二字誤倒耳。汪以爲脱「漢」字，非。

〔一三〕「鄧」舊脱。

〔一四〕後漢書。

〔一五〕空圍程本作「天」。

〔一六〕「匱」舊作「饋」。

〔一七〕後漢書和熹鄧皇后紀。

〔一八〕論語云：「侵潤之譖。」

〔一九〕續漢書五行志云：「安帝不能明察，信宮人及阿母聖等讒言，破壞鄧太后家。」事詳後漢書鄧隲傳。

〔二〇〕襄卅一年左傳。

〔二一〕後漢書。

〔二二〕「短」當爲「姮」。上云「姮姓白狄」是也。山海經大荒北經云：「黄帝生苗龍，苗龍生融吾，融吾生弄明，弄明生白犬。白犬有牝牡，是爲犬戎。」

及徐氏、蕭氏、索氏、長勺氏、陶氏、繁氏、騎氏、飢氏、樊氏、荼氏，皆殷氏舊姓也〔一〕。漢興，相國蕭何封酇侯，本沛人〔二〕，今長陵蕭其後也。前將軍蕭望之，東海、杜陵蕭其後也〔三〕。御史大夫有繁延壽，南郡襄陽人也〔四〕，杜陵、新豐繁其後也。

〔一〕定四年左傳「騎」作「錡」，「荼」作「終葵」，又有條氏、尾勺氏、施氏。「殷氏」傳作「殷民」。按續漢書五行志注載杜林疏亦作「殷氏」。漢書高惠高后文功臣表序：「杜業云：『湯法三聖，殷氏太平。』」〇鐸按：洪氏左詁、沈欽韓春秋左傳異文釋並以荼氏當施氏，沈云：「荼，古讀『舒』，與『施』音相邇。」

〔二〕漢書。按廣韻三蕭「蕭」字注引風俗通云：「宋樂叔以討南宮萬立御說之功，受封於蕭，例附庸之國。漢相國蕭何即其後氏也。」

〔三〕漢書蕭望之傳云：「東海蘭陵人，徙杜陵。」廣韻「蕭」字注云：「本自宋支子，食采於蕭，後因爲氏。漢侍中蕭彪始居蘭陵，彪玄孫望之居杜陵，望之孫紹復還蘭陵。」

〔四〕「郡」舊作「陵」。漢書百官公卿表：「初元三年，丞相司直南郡李延壽子惠爲執金吾，建昭二年爲衛尉，三年爲御史大夫。一姓繁。」按馮奉世後野王傳作李，谷永、陳湯、蕭望之傳作繁。

周氏、邵氏、畢氏、榮氏、單氏、尹氏、鎦氏、富氏、鞏氏、萇氏〔一〕，此皆周室之世公卿家也。周、召者，周公、召公之庶子，食二公之采，以爲王吏，故世有周公、召公不絕也〔二〕。尹者，本官名也〔三〕，若宋有太師〔四〕，楚有令尹、左尹矣〔五〕。尹吉甫相宣王有大功績〔六〕，詩云「尹氏太師，維周之底」也〔七〕。單穆公、襄公、頃〔八〕公、靖公，世有明德，次聖之才〔九〕，故叔嚮美之以後必繁昌〔一〇〕。

〔一〕並見左傳。「鎦」舊作「鐂」。按「鎦」與「劉」同，宣十年「天王使王季子來聘」，傳稱劉康公，杜注：「王季子，其後食采於劉。」襄十五年公羊傳云：「劉夏者何？天子之大夫也。劉者何？邑也。其稱劉何？以邑氏也。」

〔二〕鄭康成詩譜云：「文王受命，作邑於豐，乃分岐邦周、召之地，爲周公旦、召公奭之采地。周公封魯，死謚曰文公，召公封燕，死謚曰康公，元子世之，其次子亦世守采地，在王官，春秋時周公、召公是也。」詩疏云：「平王以西都賜秦，則春秋時周公、召公別於東都受采，存本周、召之名也，非復岐、周之地。晉書地道記云：『河東郡垣縣有召亭。』周則未聞。」按隱六年左傳周桓公，杜注：「周，采地。扶風雍縣東北有周城。」僖廿四年傳召穆公，杜注：「召，采地。扶風雍縣東南有召亭。」水經注渭水篇云：「雍水又東逕召亭南，亭故召公之采邑也。京相璠曰：『亭在周城南五十里。』」此西都時周、召采邑之可考者也。「王吏」舊作「主吏」，據程本改。昭卅年左傳：「王吏不討。」周語：「其貴國之賓至，則以班加一等，益虔；至於王吏，則皆官正涖事。」皆「王吏」之證。

〔三〕毛詩崧高序鄭箋：「尹吉甫，周之卿士也。尹，官氏。」元和姓纂引風俗通云：「師、尹、三公，官也。以官爲姓。」

〔四〕「師」當作「宰」。左傳宋有太宰，無太師。○鐸按：宋太宰，韓非子説林下篇、内儲説上、下篇並有之。

〔五〕並見左傳。

〔六〕「者」疑當作「著」，或「有」字之誤。○鐸按：作「著」是也。

〔七〕節南山。「底」今作「氐」。○鐸按：此蓋魯詩。氐、底古通，毛詩用借字。

〔八〕「頃」舊作「頎」。○鐸按：「頃」誤作「頎」，猶班祿篇「頎甫」訛爲「傾甫」矣。

〔九〕王先生云：「『次』疑『叡』之誤。」○鐸按：「次聖」即「齊聖」，僞書冏命「昔在文、武，聰明齊聖」，詩小宛「人之齊聖」，文二年左傳「子雖齊聖」，本書五德志篇「齊聖廣淵」，皆是也。次、齊古同聲，説文「餈」或作「𩟔」，「𪗉」或作「粢」；爾雅釋草：「茨，蒺藜。」説文作「薺」，引詩「牆有薺」，今詩作茨；又小雅楚茨，禮記玉藻注作「楚薺」，並二字通用之證。王説失之。又勸將篇「次聖繼之」，對「上聖」言，與此義別。

〔一〇〕並見周語。按穆公爲靖公曾孫，此列於襄公上，誤也。○鐸按：周語下篇「繁」作「蕃」，同。

苦成〔一〕，城名也，在鹽池東北〔二〕。後人書之或爲「枯」〔三〕；齊人聞其音，則書之曰「庫成」〔四〕；燉煌見其字，呼之曰「車成」〔五〕；其在漢陽者，不喜「枯」、「苦」之字，則更書之曰「古成氏」〔六〕。堂谿，谿谷名也，在汝南西平〔七〕。禹字子啓者，啓開之字也〔八〕。前人書堂谿誤作「啓」，後人變之，則又作「開」。古漆雕開、公冶長〔九〕，前人書「雕」從易，消作「周」〔一〇〕，書「治」復誤作「蠱」〔一一〕，後人又傳〔一二〕作「古」，或復分爲古氏、成氏、堂〔一三〕氏、開氏、公氏、冶氏、漆氏〔一四〕、周氏。此數氏者，皆本同末異。凡姓之離合變分，固多此類，可以一況，難勝載也。

〔一〕「成」舊作「城」，據元和姓纂、氏族略五、國名紀五引改。左傳、魯語、晉語並作「苦成」。

〔二〕漢書地理志河東郡安邑，注：「鹽池在西南。」

〔三〕苦、枯古通用，儀禮士虞禮「鉶用苄苦」，鄭注：「古文『苦』爲『枯』。」

〔四〕「庫成」舊作「車」一字。按氏族略五引風俗通云：「苦成，方言音變爲『庫成』。」後紀十有庫成。

〔五〕「成」舊作「城」。按廣韻九麻「車」字注云：「世本有車成氏。」十四清「成」字注云：「晉戊己校尉燉煌車成將，古成氏之後。」後紀十有車成。吳語越大夫苦成，春秋繁露對膠西王問篇作「車成」，亦苦、車音近之證。

〔六〕「成」舊作「城」。按下云「或分爲古氏、成氏」。氏族略五引風俗通云：「古成，苦成之後，隨音改焉。」後紀十有古成，廣韻十四清「成」字注云：「漢有廣漢太守古成雲。古，音枯。」

〔七〕「西平」當作「吳房」。漢書地理志汝南郡吳房，孟康曰：「本房子國，楚靈王遷房於楚。吳王闔閭弟夫概奔楚，楚封於此，爲堂谿氏。以封吳，故曰吳房。今吳房城堂谿亭是。」

〔八〕文有脱誤。漢書景帝紀注：「荀悦曰：『諱啓之字曰開。』」閔元年左傳疏云：「漢景帝諱啓，啓，開因是而亂。」

〔九〕並見論語。

〔一〇〕「渻」舊作「泊」。按説文云：「渻，少減也。」

〔一一〕舊作「書治漢誤作蠱」。按蠱、冶古字通，史記貨殖傳「作巧姦冶」，徐廣曰：「一作『蠱』。」後漢書馬融傳「田開、古蠱」，章懷注：「蠱，音冶。晏子春秋曰：『公孫捷、田開彊、古冶子，事景公以勇。』『蠱』與『冶』通。」

〔一二〕「傳」與「轉」同。○鐸按：史記文帝紀十四年：「魯人公孫臣上書陳終始傳五德事」，索隱：「傳，音轉也。」

〔一三〕「堂」舊作「常」。

〔一四〕「漆」舊作「粱」。按廣韻五質：「漆，俗作『柒』。」柒、粱形近之誤。

易曰「君子以類族辯物〔一〕」，「多識前言往行以蓄其德〔二〕」，「學以聚之，問以辯之〔三〕」。故略觀世記，采經書〔四〕，依國土，及有明文，以贊賢聖之後〔五〕，班〔六〕族類之祖，言氏姓之出，序此假意二篇，以貽後賢今之焉也〔七〕。

〔一〕同人象詞。「辯」敍録作「變」。本書「辯」多爲「變」，此蓋後人據王易改之。

〔二〕見讚學篇。彼文「識」作「志」，「蓄」作「畜」。

〔三〕乾文言。

〔四〕漢書元帝紀初元二年詔云：「道以經書。」

〔五〕漢書敍傳云：「總百氏，贊篇章。」顔師古注：「贊，明也。」

〔六〕「班」别也。

〔七〕按「今之焉」三字有誤，「今」或是「合」，此二語與前「略記顯者，以待士合挹損」意怡相同。淮南子修務訓云：「通士者，不必孔、墨之類，曉然意有所通於物，故作書以喻意，以爲知者也。」「假意」蓋即「喻意」之義。○鐸按：「今」疑「參」之壞，「也」猶「耳」。此二篇記歷代興亡之迹，借以勸戒，故云「序此假意二篇，以貽後賢參之焉耳」。又此篇祇疏列國之氏，不無牴牾漏略，張澍養素堂文集卷十七姓氏論嘗議之，文繁不具引。

潛夫論箋校正卷十

敍録〔一〕第三十六

夫生於當世，貴能成大功，太上有立德，其下有立言〔二〕。闒茸而不才〔三〕，先〔四〕器能當官〔五〕，未嘗服斯役〔六〕，無所效其勛。中心時有感，援筆紀數文〔七〕，字以綴愚情，財令不忽忘〔八〕。芻蕘雖微陋，先聖亦咨詢〔九〕。草創〔一〇〕敍先賢，三十六篇〔一一〕，以繼前訓〔一二〕，左丘明五經〔一三〕。

〔一〕◯鐸按：凡古人著書，敍皆在後，又多爲韻語，此亦然。
〔二〕襄廿四年左傳。
〔三〕史記賈誼傳云：「闒茸尊顯」，索隱引胡廣云：「闒茸，不才之人。」
〔四〕「先」疑「无」。
〔五〕文十年左傳云：「當官而行。」
〔六〕新書官人篇云：「王者官人有六等，六曰廝役。」斯、廝古今字。哀二年左傳「人臣隸圉免」，杜注：「去廝役。」釋文：「『廝』字又作『斯』。」引韋昭注漢書云：「析薪曰斯。」按詩：「墓門有棘，斧以斯之。」毛傳：「斯，析也。」説文無「廝」字，依音義當作「斯」。宣十二年公羊傳「廝役扈養」，新序雜事四亦作「斯役」。漢書食貨志云「服役者不下二人」，顔師古注：「服，事也。」○鐸按：「役」程本作「伇」。伇，古文役。

〔七〕初學記廿一引尚書中候云：「元龜負圖出，周公援筆以時文寫之。」

〔八〕「財」與「纔」同。説文云：「忽，忘也。忘，不識也。」二字連文。漢書翟方進傳：「陳慶云：『前我爲尚書時，嘗有所奏事，忽忘之，留月餘。』」

〔九〕詩板云：「先民有言，詢于芻蕘。」按漢書藝文志論小説家云：「閭里小知者之所及，亦使綴而不忘，如或一言可采，此亦芻蕘狂夫之議也。」此文本於彼。

〔一〇〕論語云：「裨諶草創之。」

〔一一〕「先賢」二字疑誤。○鐸按：「先賢」與「前訓」當互易。此節通爲五言，「六」上疑脱「有」字。

〔一二〕周語云：「咨之前訓。」○鐸按：「以」上疑脱一字。

〔一三〕白虎通五經篇云：「五經何謂？易、尚書、詩、禮、春秋也。」左傳序疏：沈氏云：「嚴氏春秋引觀周篇云：『孔子將修春秋，與左邱明乘如周，觀書於周史，歸而修春秋之經，邱明爲之傳，共爲表裏。』」漢書藝文志注：「左邱明，魯太史。」按「草創」下數語，疑有脱誤。

先聖遺業，莫大教訓。博學多識，疑則思問〔一〕。智明所成，德義所建。夫子好學，誨人不倦〔二〕。故敍讚學第一。

〔一〕論語。凡經書已注本篇者，此不重出。

〔二〕論語。

凡士之學，貴本賤末。大人不華，君子務實〔一〕。禮雖媒紹〔二〕，必載於贄〔三〕。時俗趨末，懼毀術〔四〕。故敍務本第二。

〔一〕文五年左傳云：「華而不實，怨之所聚也。」

〔二〕儀禮聘禮云：「士爲紹擯。」

〔三〕孟子云：「出疆必載質。」「贄」與「質」同。白虎通文質篇云：「贄者質也；質己之誠，致己之悃愊也。」

〔四〕句脱一字。程本作「行術」。○鐸按：「術」上疑脱「聖」字，下云「遂遠聖述」，是其例。

人皆智德，苦爲利昏〔一〕。行汙求榮〔二〕，戴盆望天〔三〕。爲仁不富，爲富不仁〔四〕。將修德行，必慎其原。故敍遏利第三。

〔一〕史記平原君傳論云：「鄙語曰：『利令智昏。』」説苑貴德篇云：「凡人之性，莫不欲善其德，然而不能爲善德者，利敗之也。」

〔二〕漢書楚元王傳劉向封事云：「行汙而寄治，身私而託公。」

〔三〕漢書司馬遷傳答任安書云：「僕以爲戴盆何以望天。」後漢書第五倫傳云：「戴盆望天，事不兩施。」

〔四〕孟子。

世不識論，以士卒化〔一〕。弗問志行，官爵是紀。不義富貴，仲尼所恥〔二〕。傷俗陵遲〔三〕，遂遠聖述〔四〕。故敍論榮第四。

〔一〕字誤。王侍郎云：「『卒化』當作『族位』。論榮篇云：『今觀俗士之論也，以族舉德，以位命賢。』下文又以族、位對文，是其證。」

〔二〕論語。

〔三〕荀子宥坐篇云：「世之陵遲亦久矣。」漢書于定國傳云「俗化陵夷」，顔師古注：「言頽替也。」「陵夷」與「陵遲」同，説文作「夌遟」。

〔四〕「述」字誤。○俞樾云：「述，讀爲『術』。詩日月篇『報我不述』，釋文曰：『述，本亦作術。』述、術古通用，非誤也。」○鐸按：俞説是也。下敍本政云「述在於君」，亦以「述」爲「術」。

惟賢所苦〔一〕，察妒所患。皆嫉過己，以爲深怨〔二〕。或因纇釁〔三〕，或空造端〔四〕。痛君不察，而信讒言〔五〕。故敍賢難第五。

〔一〕方言云：「惟，凡思也。」

〔二〕燕策云：「我有深怨積怒於齊，而欲報之。」

〔三〕「纇釁」舊作「類舋」。淮南子氾論訓云：「夏后氏之璜，不能無考；明月之珠，不能無纇。」高誘注：「考，瑕釁也。纇，磐若絲之結纇也。」

〔四〕漢書楚元王後劉向傳元帝詔云：「俗人乃造端作基，非議詆欺。」

〔五〕詩沔水云「讒言其興」，毛傳：「疾王不能察讒也。」青蠅云：「無信讒言。」

原明所起，述暗所生〔一〕。距諫所敗〔二〕，禍亂所成。當塗之人，咸〔三〕欲專君〔四〕。壅蔽賢士，以擅主權〔五〕。故敍明暗第六〔六〕。

〔一〕○鐸按：「述」疑當作「迹」。漢書高惠高后文功臣表：「迹漢功臣，亦皆剖符世爵。」賈誼傳：「竊跡前事」，師古注：「尋前事之蹤跡。」跡、迹同。漢三老趙寬碑「追迹前勳」，本書本政篇「遠迹漢元以來」，皆其義。「迹」或作迹，故譌。

〔二〕史記殷本紀云：「知足以拒諫。」「距」與「拒」通。

〔三〕「咸」舊作「成」。

〔四〕治要載申子大體篇云：「一臣專君，羣臣皆蔽。」晏子春秋諫下云：「臣專其君，謂之不忠。」

〔五〕管子明法解云：「臣有擅主者，則主令不得行，而下情不上通。」

〔六〕○鐸按：本篇「暗」作「闇」，同。

上覽先王，所以致太平〔一〕。考績黜陟，著在五經。罰賞之實，不以虛名。明豫德音〔二〕，焉問揚庭〔三〕。故敍考績第七。

〔一〕「太」字衍，本篇「致平」凡四見。法言寡見篇云：「因秦之法，清而行之，亦可以致平乎？」漢書王莽傳：「輔翼於帝，期於致平。」顏師古注：「致太平。」後漢紀明帝紀：「宋均曰：『治皆致平。』」後漢書崔駰後實傳政論云：「以嚴致平，非以寬致平也。」馬融傳廣成頌云：「致平於仁義之淵。」中論審大臣篇云：「其術誠合乎致平之道。」又云：「治國致平之術。」皆其證。○鐸按：箋「本篇」當云「此篇」。

〔二〕「豫」疑當作「務」。昭四年左傳云：「先王務修德音。」

〔三〕易夬：「揚于王庭。」○鐸按：「焉」猶「乃」也，「於是」也。說見經傳釋詞二。揚庭，謂大公無私。

人君選士，咸求賢能。羣〔一〕司貢薦，競進下材〔二〕。憎是掊克〔三〕，何官能治？買藥得鴈〔四〕，難以爲醫。故敍思賢第八。

〔一〕「羣」舊作「君」。

〔二〕史記儒林傳云：「即有秀才異等，輒以名聞，其不事學若下材及不能通一藝，輒罷之。」漢書王嘉傳云：「下材懷危內顧。」

〔三〕詩蕩。「憎」今作「曾」。○鐸按：此蓋本魯詩。

〔四〕廣韻三十諫：「贗，僞物。」鴈、贗古今字。韓非子說林下云：「齊伐魯，索讒鼎。魯以其鴈往。齊人曰：『鴈也。』魯人曰：『真也。』」○鐸按：能，古音奴來反，説見唐韻正。

原本天人，參連相因〔一〕。致和平機〔二〕，述〔三〕在於君。奉法選賢，國自我身〔四〕。姦門竊位〔五〕，將誰督察〔六〕？故敍本政第九。

〔一〕春秋繁露王道通三篇云：「古之造文者，三畫而連其中謂之王。三畫者，天、地與人也；而連其中者，通其道也。取天、地與人之中以爲貫而參通之，非王者孰能當？」

〔二〕毛詩芣苢序云：「和平，則婦人樂有子矣。」鄭箋：「天下和，政教平也。」史記秦始皇紀琅邪臺刻石辭云：「天下和平。」

〔三〕「述」當作「術」。○鐸按：述、術通，見上敍論榮。

〔四〕淮南子泰族訓云：「身者，國之本也。」

〔五〕注見賢難篇。

〔六〕「察」字失韻。○鐸按：爾雅釋詁：「存，察也。」察、存雙聲，察，讀爲「存」，即以「存」與人、因、君、身爲韻。猶詩小雅小旻「是用不集」，毛傳：「集，就也。」集、就雙聲，集，讀爲「就」，即以「就」與猶、咎、道爲韻；大雅常武「以脩我戎」，戎、汝雙聲，戎，讀爲「汝」，即以「汝」與祖、父爲韻；易剥象傳「終不可用也」，用、以雙聲，用，讀爲「以」，即以「以」與「載」爲韻（豐象傳用、事叶，亦同）。此皆古人變文叶韻之例，説見經義述聞卷二、古書疑義舉例一、三。汪以「察」字失韻，蓋偶疏耳。

覽觀古今，爰暨書傳〔一〕。君皆欲治，臣恆樂亂。忠佞溷淆〔二〕，各以類進。常苦不明〔三〕，而信姦論〔四〕。故敍潛歎第十。

〔一〕漢書成帝紀贊云：「博覽古今。」異姓諸侯王表序云：「書傳所記，未嘗有焉。」律曆志云：「稽之於古今，考之於經傳。」

〔二〕漢書董仲舒傳云「賢不肖渾殽」，顏師古注：「渾殽，雜也。」「渾殽」與「溷淆」同。五行志又作「溷肴」。

〔三〕○鐸按：「常」當作「帝」。本篇云「人君之取士也，不能參聽民氓，斷之聰明，反徒信亂臣之說，獨用污吏之言」，又云「或君則不然，苟眩於愛，惟言是從」，即此所謂「帝苦不明，而信姦論」也。常、帝形近多相亂，述赦篇「其文常曰」，「常」譌作「帝」，猶此「帝」譌作「常」矣。

〔四〕漢書京房傳云：「房嘗宴見，問上曰：『幽、厲之君何以危？所任者何人也？』上曰：『君不明而所任者巧佞。』」

夫位以德興，德貴忠立。社稷所賴，安危是繫。非夫讜直貞亮，仁慈惠和〔一〕，事君如天〔二〕，視民如子〔三〕，則莫保爵位，而全令名。故敘忠貴第十一。

〔一〕文十八年左傳云：「宣慈惠和。」

〔二〕宣四年左傳云：「君，天也。」

〔三〕注見救邊篇。

先王理財，禁民爲非〔一〕。洪範憂民〔二〕，詩刺末資〔三〕。浮僞者衆，本農必衰。節以制度，如何弗議？故敍浮侈第十二。

〔一〕易繫辭下傳。

〔二〕漢書食貨志云：「洪範八政：一曰食，二曰貨。二者生民之本。」

〔三〕詩板云「喪亂蔑資」，毛傳：「蔑，無；資，財也。」鄭箋云：「其遭喪禍，又素以賦斂空虚，無財貨以共其事，窮困如此。」說苑政理篇又云：「『相亂蔑資，曾莫惠我師』，此傷奢侈不節以爲亂者也。」「末資」即「蔑資」，蔑、末古通用，漢書韋玄成傳云「於蔑小子」，即書顧命「眇眇予末小子」也。○鐸按：劉向用魯詩說，此亦同。

積微傷行，懷安敗名〔一〕。明莫恣欲〔二〕，而無悛容〔三〕。足以愎諫〔四〕，聞善不從。微安召辱，終必有凶。故敍慎微第十三。

〔一〕僖廿三年左傳云：「懷與安，實敗名。」

〔二〕「明莫」猶言「晨昏」，或「明」爲「朝」之壞。○鐸按：或說長。程本「欲」訛「歡」。

〔三〕襄八年左傳云：「亦無悛容。」

〔四〕僖十五年左傳云：「愎諫違卜。」

明主思良，勞精賢知〔一〕。百寮阿黨〔二〕，不覈真僞，苟崇虚譽〔三〕，以相誑曜，居官任職〔四〕，則無功效〔五〕。故敍實貢第十四。

〔一〕漢書匡衡傳云：「卑體勞心，以求賢爲務。」韓非子難二：「桓公曰：『吾聞君人者，勞於索人，佚於使人。』」「勞精」注見慎微篇。

〔二〕禮記月令云：「是察阿黨。」

〔三〕「譽」舊作「舉」，盧學士改。

〔四〕史記汲黯傳：「莊助曰：『使黯任職居官，無以踰人。』」

〔五〕漢書朱博傳云：「分職授政，以考功效。」翟方進傳云：「陳咸内自知行辟亡功效。」○鐸按：此章换韻。

聖人養賢，以及萬民。先王之制，皆足代耕。增爵損禄，必程以傾〔一〕。先益吏俸，乃可致平〔二〕。故敍班禄第十五。

〔一〕逸周書史記解云：「昔有畢程氏，損禄增爵，羣臣貌匱，比而戾民，畢程氏以亡。」畢、必古字通。○鐸按：管子版法解「往事畢登」，宋本作「必」。隱元年左傳「同軌畢至」，説苑修文篇、隱三年公羊傳注並同，白虎通崩薨篇作「必」。漢書王褒傳聖主得賢臣頌「萬祥畢臻」，文選作「必」。今本逸周書作「畢程氏」，蓋後人不識古字而改之。又詩蕩：「大命以傾。」

〔二〕○鐸按：「致平」見上，亦見下章。

君憂臣勞〔一〕，古今通義〔二〕。上思致平，下宜竭惠〔三〕。貞良信士，咸痛數赦。姦宄繁興，但以赦故。乃敘述赦第十六〔四〕。

〔一〕越語：「范蠡曰：『爲人臣者，君憂臣勞。』」

〔二〕漢書董仲舒傳云：「天地之常經，古今之通義。」○鐸按：語本孟子滕文公上篇。

〔三〕「惠」疑「慮」之誤。考績篇云：「羣臣所當盡情竭慮稱君詔也。」○鐸按：惠、慧古字通，論語衛靈公篇「好行小慧」，鄭注：「魯讀『慧』爲『惠』。」即其證。「竭慧」猶言「竭知」。義、惠，支、脂合韻，與上敍浮侈同。本篇用韻之例，或通章隔句韻，或四句一換韻。如汪說，則後六句有韻，而「義」字失韻矣。

〔四〕前後文俱云「故敍」，此作「乃」，變文使與上相避。

先王御世，兼秉威德。賞有建侯，罰有刑渥。賞重禁嚴〔一〕，臣乃敬職。將修太平，必循此法〔二〕。故敍三式第十七。

〔一〕「禁嚴」二字舊倒。

〔二〕「循」舊作「媚」。按考績篇云：「世主不循考功，而思太平。」今據改。

民爲國基，穀爲民命〔一〕。日力不暇，穀何由盛？公卿師尹，卒勞百姓〔二〕，輕奪民時，誠可憤諍！故敍愛日第十八。

〔一〕管子山權數篇云：「穀者，民之司命也。」初學記廿七引范子：「計然云：『五穀者，萬民之命，國之重寶。』」

〔二〕詩節南山。

觀吏所治，鬬訟居多。原禍所起，詐欺所爲。將絶其末，必塞其原。民無欺詒，世乃平安〔一〕。故敍斷訟第十九。

〔一〕論衡宣漢篇云：「聖主治世，期於平安。」

五帝三王，優劣有情〔一〕。雖欲超皇，當先致平〔二〕。必世後仁〔三〕，仲尼之經。遭衰姦牧，得不用刑？故敍衰制第二十。

〔一〕白虎通號篇云：「德合天地者稱帝，仁義合者稱王，别優劣也。」後漢書曹褒傳肅宗元和二年詔云：「三五步驟，優劣殊軌。」章懷注引孝經鉤命決云：「三皇步，五帝驟，三王馳。」

〔二〕白虎通云：「號之爲皇者，煌煌人莫違也。煩一夫擾一士以勞天下，不爲皇也。不擾匹夫匹婦，故爲皇。」○鐸按：雖、唯古字通，言唯其欲超越三皇，則當先致太平也。

〔三〕論語。

聖王憂勤〔一〕，選練將帥〔二〕，授以鈇鉞〔三〕，假以權貴。誠多蔽暗，不識變勢，賞罰不明，安得不敗？故敘勸將第二十一。

〔一〕毛詩魚麗序云：「始於憂勤，終於逸樂。」漢書司馬相如傳云：「王者固未有不始於憂勤，而終於佚樂者也。」

〔二〕史記趙世家云：「選練舉賢，任官使能。」

〔三〕淮南子兵略訓云：「凡國有難，君自宮召將詔之。將軍受命，卜吉日以受鼓旗。君入廟門，西面而立。將入廟門，趨至堂下，北面而立。主親操鉞持頭授將軍其柄，曰：『從此上至天者，將軍制之。』復操斧持頭授將軍其柄，曰：『從此下至淵者，將軍制之。』」「鈇」與「斧」同。

蠻夷猾夏〔一〕，古今所患。堯、舜憂民〔二〕，皋陶御叛〔三〕。宣王中興〔四〕，南仲征邊〔五〕。

今民日死，如何弗蕃〔六〕？故敍救邊第二十二。

〔一〕志氏姓篇「猾」作「滑」。

〔二〕孟子云：「聖人之憂民如此。」

〔三〕「御」舊作「術」。按「御」與「禦」同。○鐸按：「抵御」字正當如此作。

〔四〕毛詩序云：「烝民，尹吉甫美宣王也。任賢使能，周室中興焉。」

〔五〕詩常武。

〔六〕詩崧高云「四國于蕃」，鄭箋：「四國有難，則往扞禦之，爲之蕃屏。」哀十六年左傳：「子西曰：『吾聞勝也信而勇，不爲不利，舍諸邊竟，使衞藩焉。』」杜注：「使爲屏藩之衞。」「蕃」與「藩」通。

凡民之情，與君殊戾。不能遠慮〔一〕，各取一制〔二〕。苟挾〔三〕私議〔四〕，以爲國計。宜尋其言，以詰所謂〔五〕。故敍邊議第二十三。

〔一〕論語云「人無遠慮。」

〔二〕「各」舊作「督」。按本篇云：「各取一閧」，今據改。

〔三〕「挾」舊作「扶」。

〔四〕管子法法篇云：「明君在上位，民毋敢立私議自貴者。」

〔五〕漢書賈誼傳云：「聽言之道，必以其事觀之，則言者莫敢妄言。」

邊既遠門〔一〕，太守擅權。臺閣不察〔二〕，信其姦言。令壞〔三〕郡縣，毆民内遷。今又丘荒，慮必生心〔四〕。故敍實邊第二十四。

〔一〕王先生云：「『門』疑『闕』。」繼培按：作「闕」是也。本篇云：「小民謹劣，不能自達闕廷。」後漢書南蠻板楯蠻夷傳云：「雖陳冤州郡，而牧守不爲通理，闕庭悠遠，不能自聞。」亦一證。

〔二〕後漢書仲長統傳昌言法誡篇云：「光武皇帝矯枉過直，政不任下，雖置三公，事歸臺閣。」章懷注：「臺閣，謂尚書也。」

〔三〕「令壞」舊作「今懷」。

〔四〕王先生云：「『必』疑『戎』之誤。莊廿八年左傳云：『戎之生心。』」○鐸按：「慮」當作「虜」，二字形音俱近，故訛。本篇云：「誡不可久荒，以開敵心。」又云：「西羌、北虜，必生闚欲。」是其明證矣。王説失之。又按此以「心」與權、言、遷合韻，知閉口音之變，漢末已然。近人謂始於胡曾之時，考之未審耳。胡曾有戲妻族語不正詩，見全唐詩。

天生神物，聖人則之〔一〕。蓍龜卜筮，以定嫌疑〔二〕。俗工淺源〔三〕，莫盡其才。自

大非賢〔四〕，何足信哉？故敍卜列第二十五。

〔一〕易繫辭下傳。

〔二〕禮記曲禮云：「卜筮者，先聖王之所以使民決嫌疑，定猶與也。」

〔三〕○鐸按：「源」疑當作「頑」，聲之誤也。廣雅釋詁一：「頑，愚也。」本篇云：「世俗小人，淺陋愚戇。」是其義。

〔四〕句有誤字。○鐸按：「大非」二字疑倒。本篇云：「聖賢雖察不自專，故立卜筮以質神靈。」又云：「及周史之筮敬仲，莊叔之筮穆子，可謂能探賾索隱，鉤深致遠者矣。」故曰「自非大賢，何足信哉」？

易有史巫〔一〕，詩有工祝〔二〕。聖人先成，民後致力〔三〕。兆黎勸樂〔四〕，神乃授福〔五〕。孔子不祈，以明在德〔六〕。故敍巫列第二十六。

〔一〕巽九二。

〔二〕楚茨。

〔三〕桓六年左傳云：「聖王先成民，而後致力於神。」

〔四〕王侍郎云：「孟子『而民歡樂之』，音義：『歡樂本亦作勸樂。』臧氏玉琳經義雜記引左氏昭九年注疏，謂晉、唐時本皆作『勸樂』，又引中庸『子庶民則百姓勸』，及漢書王莽傳注，以證『歡』爲『勸』之誤。今按靈臺篇『不日成之』，鄭箋云：『言説文王之德，勸其事，忘己勞也。』綿篇『鼛鼓弗勝』，毛傳云『言勸事樂功也』，孔疏云：『是其勸樂之甚也。』『勸事樂功』即解『勸樂』之義。」

〔五〕桓六年左傳云：「民和而神降之福。」

〔六〕即本篇「子路請禱」事也。禮記禮器云：「君子曰：『祭祀不祈。』」鄭注：「祈，求也。祭祀不爲求福也。詩云『自求多福』，福由己耳。」在「孔子曰『我戰則克，祭則受福』」之後，古本或有「君子」作「孔子」者。○鐸按：禮器此節下文亦稱「孔子曰」，則「祭祀不祈」亦孔子語甚明。

五行八卦，陰陽所生，稟氣薄厚，以著其形〔一〕。天題厥象〔二〕，人實奉成〔三〕。弗修其行，福禄不臻。故敘相列第二十七。

〔一〕論衡無形篇云：「人稟氣於天，氣成而形立。」

〔二〕詩麟之趾疏引中候握河紀云：「帝軒題象，麒麟在囿。」後漢書曹褒傳章懷注引帝命驗曰：「順堯考德，題期立象。」宋均注云：「題五德之期，立將起之象。」「題象」蓋用彼文。

〔三〕白虎通三正篇云：「王者當奉順而成之。」

詩稱吉夢〔一〕，書傳亦多，觀察行事，占驗不虛。福從善來，禍由德痡〔二〕，吉凶之應，與行相須〔三〕。故敍夢列第二十八。

〔一〕斯干。

〔二〕爾雅釋詁云：「痡，病也。」

〔三〕說苑敬慎篇：「老子曰：『人爲善者，天報以福；人爲不善者，天報以禍。』」新書大政上篇云：「行之善也，粹以爲福已矣；行之惡也，粹以爲菑已矣。故受天之福者，天不功焉；被天之菑，則亦無怨天矣，行自爲取之也。」

論難橫發，令道不通。後進疑惑，不知所從〔一〕。自昔庚子，而有責〔二〕云。予豈好辯〔三〕？將以明真。故敍釋難第二十九。

〔一〕論語云「後進於禮樂」，何晏注：「先進、後進，謂士先、後輩也。」漢書游俠陳遵傳云：「爲後進冠。」馮奉世傳杜欽疏云：「臣聞功同賞異，則勞臣疑；罪鈞刑殊，則百姓惑。疑生亡常，惑生不知。所從亡常，則節趨不立；不知所從，則百姓亡所錯手足。」

〔二〕「責」舊作「貴」。

〔三〕孟子。

朋友之際，義存六紀〔一〕，攝以威儀〔二〕，講習王道〔三〕，善其久要，貴賤不改。今民遷久〔四〕，莫之能奉〔五〕。故敍交際第三十。

〔一〕白虎通三綱六紀篇云：「六紀者，謂諸父、兄弟、族人、諸舅、師長、朋友也。」

〔二〕詩既醉。

〔三〕易兑象曰：「君子以朋友講習。」漢書揚雄傳長楊賦云：「士有不談王道者，則樵夫笑之。」又法言吾子篇序云：「降周及孔，成於王道。」顔師古注：「言自周公以降，至於孔子，設教垂法，皆帝王之道。」或云：「王」當爲「至」。○鐸按：朋友交際，豈皆講習王道？至道所包者廣，當是也。

〔四〕論語云：「民散久矣。」遷、散同義，周語云：「猶有散遷懈慢，而著在刑辟，流在裔土。」○鐸按：「散」之爲「遷」，猶「播散」之爲「播遷」，「槃散」之爲「蹁躚」矣。志氏姓篇作「今民散久」。

〔五〕「奉」當作「矣」，與上韻協。○鐸按：作「矣」是也。

君有美稱，臣有令名，二人同心，所願乃成。寶權神術，勿示下情〔一〕，治勢一定〔二〕，終莫能傾。故敍明忠第三十一。

〔一〕「勿」舊作「勾」。按韓非子二柄篇云：「人主不掩其情，不匿其端，而使人臣有緣以侵其主。」難三云：「術者，藏之於胸中，以偶衆端而潛御羣臣者也。」主道篇云：「君無見其所欲，君見其所欲，臣將自雕琢。君無見其意，君見其意，臣將自表異。」皆「勿示下情」之義。

〔三〕○鐸按：本篇作「治勢一成」，「成」亦「定」也。易繫辭上傳「乾坤定矣」，虞翻注：「定，謂成列。」呂氏春秋仲冬紀「以待陰陽之所定」，高誘注：「『定』猶『成』也。」周禮小司徒「使各登其鄉之衆寡六畜車輦」，鄭注：「登，成也；『成』猶『定』也。」周語下「聽無聳，成也」，晉語二「謀既成矣」，四「民無成君」，吴語「吴、晉争長未成」，韋昭注並云：「成，定也。」此二字古音同部，故互訓也。

人天情通，氣感相和，善惡相徵，異端變化〔一〕。聖人運之，若御舟車，作民精神，莫能〔二〕含嘉。故叙本訓第三十二。

〔一〕淮南子泰族訓云：「聖人者，懷天心聲，然能動化天下者也。故精誠感於内，形氣動於天，則景星見，黄龍下，祥風至，醴泉出，嘉穀生，河不滿溢，海不溶波。逆天暴物，則日月薄蝕，五星失行，四時干乖，晝冥宵光，山崩川涸，冬雷夏霜。天之與人，有以相通也。」

〔二〕「能」疑「不」。○鐸按：「莫能」二字疑倒。

明王統治，莫大身化〔一〕，道德爲本，仁義爲佐〔二〕。思心順政，責民務廣，四海治焉，何有消長？故敍德化第三十三。

〔一〕管子權修篇云：「身者，治之本也。」君臣上篇云：「身立而民化。」淮南子主術訓云：「人主之立法，先自爲檢式儀表，故令行於天下。孔子曰：『其身正，不令而行；其身不正，雖令不從。』故禁勝於身，則令行於民矣。」道應訓：「詹何曰：『臣未嘗聞身治而國亂者也，未嘗聞身亂而國治者也。』」

〔二〕淮南子覽冥訓云：「持以道德，輔以仁義。」説苑談叢篇云：「萬物得其本者生，百事得其道者成。道之所在，天下歸之；德之所在，天下貴之；仁之所在，天下愛之；義之所在，天下畏之。」

上觀大古，五行之運，咨之詩、書，考之前訓〔一〕。氣終度盡，後代復進。雖未必正，可依傳問〔二〕。故敍五德志第三十四。

〔一〕周語云：「必問於遺訓，而咨於故實。」後漢書胡廣傳云：「必議之於前訓，咨之於故老。」

〔二〕「問」當作「聞」。哀十四年公羊傳云：「所傳聞異辭。」白虎通禮樂篇云：「聖人之道，猶有文質，所以擬其説，述所聞者，亦各傳其所受而已。」○鐸按：此書多以「問」爲「聞」，注見遏利篇「嗚呼問哉」下。

君子多識，前言往行。類族變物〔一〕，古有斯姓。博見同□□□□□□□□□□□□〔二〕。故敍志氏姓第三十五。

〔一〕○鐸按：本篇引易作「辯物」，說詳彼。

〔二〕○鐸按：此章脱文十三，諸本皆如是。校寫既竟，輒詳繹篇旨而補之。少孫續史，竊附通人；束皙補亡，存思在昔。十三字如下：「祖，以贊賢聖。序此假意，待士揖損。」

附録一　傳贊

後漢書王符傳

王符，字節信，安定臨涇人也。少好學，有志操，與馬融、竇章、張衡、崔瑗等友善。安定俗鄙庶孽，而符無外家，爲鄉人所賤。自和、安之後，世務游宦，當塗者更相薦引，而符獨耿介不同於俗，以此遂不得升進。志意藴憤，乃隱居著書三十餘篇，以譏當時失得，不欲章顯其名，故號曰潛夫論。其指訐時短，討讁物情，足以觀見當時風政，著其五篇云爾。（節）

後度遼將軍皇甫規解官歸安定，鄉人有以貨得雁門太守者，亦去職還家，書刺謁規。規卧不迎，既入而問：「卿前在郡食雁美乎？」有頃，又白王符在門。規素聞符名，乃驚遽而起，衣不及帶，屣履出迎，援符手而還，與同坐，極歡。時人爲之語曰：「徒見二千石，不如一縫掖。」言書生道義之爲貴也。符竟不仕，終於家。

韓愈後漢三賢贊之一

王符節信，安定臨涇。好學有志，爲鄉人所輕。憤世著論，潛夫是名。述赦之篇，以赦爲賊良民之甚，其旨甚明。皇甫度遼，聞至乃驚，衣不及帶，屣履出迎。豈若雁門，問雁呼卿？不仕終家，吁嗟先生！

附録二 序跋

乾隆甲戌鎮原重刊潛夫論序

余自蚤歲受讀昌黎文集，即識後漢三賢名，迨讀范史，始得詳其里居世次，及其著述文章，而潛夫先生者，又吾鄰邑臨涇人，其景慕尤甚焉。臨涇在今鎮原縣，縣治之北百數十步，有潛夫山，山上有亭曰思潛亭，山後有墓曰潛夫墓。余以躬養之暇，蓋嘗至其地，登其亭，訪其事，悠然想見其爲人，未嘗不流連志之。

夫先生一布衣耳，而又丁漢室之衰，非有豐功偉烈，足以耀當時而垂後世也。而度遼一迎，榮流當代；昌黎一贊，名炳儒林，夫豈無所修爲，而令人愛慕一至此歟？

甲戌夏，原人將刻其全論若干篇，祈序於余。余職列詞館，凡有關國家政治之大，人物風俗之美者，分宜修明而表章之，矧以斯論之鐫，一事而三善備焉，敢以謭陋，而自誘不能歟？

我皇上崇儒重道，微顯闡幽，使千百年久晦遺書，燦然復明於世，則文治之洽也。宰是邑者，能以勸農課士之暇，首舉其鄉之先達者以爲多士法，則邑令之明也。邑士人能不吝其所有，急所先務，使先賢著作不至消蝕殆盡，則儒風之盛也。嗟呼！靚斯刻者，其必不以余三善之言爲少謬矣。又寧至望古遥集，疑范史五篇爲未備，昌黎一贊爲虚文也哉！乾隆甲戌賜進士出身翰林院庶吉士北地李方泰序

重刊潛夫論序

易曰：「潛之爲言也，隱而未見，行而未成，是以君子弗用也。」然觀樂行憂危，則知龍德而隱，必其器識百倍於流俗，雖終其身不求聞達，而本立德以立言，自可與立功者並垂於不朽。

潛夫王先生，安定臨涇人也。其本傳載於後漢書，其論三十餘篇，僅傳其五，而其全編則見漢魏叢書。余向讀其論，見其剴切詳明，無所不備，未嘗不掩卷太息，而想見夫潛之所以爲潛也。

壬申冬，余筮仕鎮原，閲邑乘，知鎮原即古之臨涇，署之北爲潛夫山，山之原有潛夫墓，余以時陟其山，拜其墓，見其祠宇就傾，略爲補葺。竊以先生之學，其在漢也，詎不足以博富貴？乃遯世無悶，遺佚長終，古人所以深嘆於寂寞也。

歲甲戌，諸生出其全編，謀授梓人，余閲之，知其爲叢書本也。其中陰陶、帝虎，所在過多，余孤陋寡聞，與文學劉君孟祥，各以所知，訂其一二，其餘一仍舊編，付之剞劂，凡三閲月而工竣。諸生快讀其書，其亦有聞風興起，好學立志者乎！祝其魯堂周泰元

刻潛夫論跋

吾鄉潛夫先生，後漢懿士也。本傳稱其著論三十餘篇，而邑乘僅載其五，思欲購其全集，而山陬僻壤，家鮮藏書，每興文獻無徵之感。丙寅冬，應試平郡，偶得之於市肆殘編中。因思秉懿之好，人有同心，鎮邑之人，無不欲讀先生之書，非重刊何以廣同好？但集中字多舛訛，弗克校讎，未敢冒昧從事。今邑侯祝其周父師、廣川孟祥劉先生詳加參訂，多所更正。於是邑之紳士踴躍醵資，遠徵梓人而剞劂之。始

事於甲戌三月，至閏四月而告竣。自是鎮邑之人無不獲讀先生之書矣，快孰大焉！同里後學張鎮、方恒跋。（此刻無足取，版亦久燬，節録序跋三篇，聊存甘肅鄉土文獻耳。鐸識。）

王紹蘭潛夫論箋序

潛夫論三十五篇，行世本譌奪錯簡，棼如散絲。范史所載僅五篇，又經蔚宗删改。元和姓纂、太平御覽、路史諸書每有徵引，淮别滋多。唐、宋以來，久無善本，求是去非，蓋其難也。

昔者吾友汪主事因可，績學超奇，通心而敏，會萃舊刻，網羅佚聞，宏啓雅言，審定文讀，草創於嘉慶己巳、庚午間。時紹蘭讀禮家居，晨夕化我，耳剽緒言頗詳。辛未服闋，握手河梁，方諄諄以鹽鐵論託其校勘，答言纔就是書，續行屬草，鄭重而别，江關閒闊，忽忽者七八年。紹蘭奉職無狀，罷官歸，而因可墓有宿草。鍵户省愆，故人長往，庭蒿門雀，不復聞空谷足音矣。

一日，陳子東爲告以因可書久成，已爲代謀剞劂，因睎之書而屬之敍。受而讀之，竊悲因可豐於學，嗇於年，又喜其能以書自延其年；東爲愛因可，莫能助其年，而能行其書以延其年，誠可貴也。

它日徧讀之，歎其解謬達恉，傳信闕疑，博訪通人，致精極覈，且能規節信之過而理董之，自稱曰箋，宗鄭申毛之義，意在斯乎！

惟采及芻言，是謂狐裘羔褏。即如斷訟篇「誅率」，公羊隱五年「衛師入盛」，傳：「君將不言率師，書其重者也。」何休注云：「分別之者，責元率。」當時未舉以相告。又如志氏姓篇「棐」疑是「裴」，尚有風俗通「裴氏，伯益之後」，見後漢書桓帝紀注，亦未引證，則紹蘭之疏略可知。

今索居多暇，温尋舊文，又得如干條，要皆諓説讕言，無裨百一，九原不作，質正莫由。

紹蘭竊自惟質鈍學荒，罕問揚雄奇字之亭，莫窺蔡邕異書之帳，又無西州漆簡之授，徒諷南閣篆文之遺，深慕禮堂寫定之勤，殊媿任城墨守之陋，是以瑟縮經年，不能下筆。東爲敦迫不已，重其嗜古籍，竺故交，迺略書原委，附録鄙説於後，勉副盛心焉。嘉慶己卯秋七月王紹蘭序

浮侈篇：「於彈外不可以禦寇，内不足以禁鼠。」「於」當爲「其」，太平

御覽兵部引作「其彈外不可禦盜，内不足禁鼷鼠」。鹽鐵論散不足篇：「今富者連車列騎，驂貳輜軿。中者微輿短轂，煩尾掌蹄。夫一馬伏櫪，當中家六口之食，亡丁男一人之事。」又云：「今庶人富者，銀黄華瑶，結綏韜杠。中者錯鑣塗采，珥靳飛軨。」又云：「今縣官多畜奴婢，坐稟衣食，私作産業爲姦利。百姓無斗筲之儲，官奴累百金，黎民昏晨不釋事，奴婢垂拱敖游也。」此車馬奴婢浮侈之證。

汪繼培潛夫論箋自序

王符潛夫論行於今者，有明程榮本、何鏜本。何本出於程，不爲異同。别有舊本，與白虎通德論、風俗通義合刻。風俗通義卷首題云「大德新刊」，三書出於同時，蓋元刻也。

元刻文字視程本爲勝，邊議、巫列、相列、夢列、釋難諸篇，簡編脱亂，不如程本，其務本、遏利、慎微、交際、明忠、本訓、德化、志氏姓諸篇，各本脱亂並同。以意屬讀，得其端緒，因復是正文字，疏通事辭，依采經書，爲之箋注。

謹案王氏精習經術，而達於當世之務。其言用人行政諸大端，皆按切時勢，令今可行，不爲卓絶詭激之論。其學折中孔子，而復涉獵於申、商刑名，韓子雜説，未爲醇儒。然符以邊隅一縫掖，閔俗陵替，發憤增歎，未能涉大庭與論議，以感動人主，又不得典司治民，以效其能，獨蓄大道，托之空言，斯賈生所爲太息，次公以之略觀者已。

是本以元刻爲據，其以別本及他書所引改補者，曰「舊作某，據某本某書改」，「舊脱某，據某本某書補」。其以己意改補者，止曰「舊作某」，「舊脱某」。采獲衆説，各稱名以別之。嘉慶十有九年歲在甲戌三月汪繼培序

黄丕烈士禮居藏明刻本潛夫論跋

潛夫論以此本爲最古，明人藏弆率用此。余舊藏本爲沈與文、吴岫所藏。馮己蒼所藏，即從此出。中有缺葉，出馮抄之後所補，故取馮抄校之，已多歧異。頃從坊間購此，首尾完好，適五柳主人應他人之求，遂留此輟彼。丙寅夏蕘圃識（此書今藏北京圖書館，跋亦見士禮居藏書題跋記。鐸識。）

費士璣跋

予讀潛夫論數周，所讀係程榮刻本，中間譌謬不少，輒以意簽於上方，惜無善本可證。今假蕘翁所藏此本校之，得十之二三：「稷契」作「稷卨」，「卨」即「契」字也，程本誤作「稷禹」；「砥矢」者，「砥矢」也，「矢」古「矢」字，即詩「周道如砥，其直如矢」，程刻改作「砥勵」。又按此本並無缺葉，板心八十九者，即八十七也，係誤刻；其九十頁雖缺，仍不缺，文理皆貫，特誤空一葉葉數耳。道光二年十二月十二日震澤費士璣記　「稷卨」見三式篇。「砥矢」見德化篇。

附録三　著録

隋書經籍志子部：潛夫論十卷，後漢處士王符撰。

舊唐書經籍志子録儒家類：潛夫論十卷，王符撰。

唐書藝文志子録儒家類：王符潛夫論十卷。

宋史藝文志子類儒家類：王符潛夫論十卷。

崇文總目儒家類：潛夫論十卷，王符撰。

郡齋讀書志子部儒家類：潛夫論十卷。

右後漢王符撰。在和、安之世，耿介不同於俗，遂不得進，隱居著書二十餘篇，以譏當時失得，不欲彰顯其名，故號曰「潛夫」。范蔚宗取其忠貴、浮侈、實貢、愛日、述赦五篇，以爲足以觀見當時風俗，頗潤益其文。後韓愈亦贊其述赦旨意甚明云。

中興館閣書目儒家：王符潛夫論十卷。

直齋書録解題雜家類：潛夫論十卷，漢安定王符節信撰。

四庫全書總目提要子部儒家類：潛夫論十卷。

漢王符撰。符字節信，安定臨涇人。後漢書本傳稱：「和、安之後，世務游宦，當塗者更相薦引，而符獨耿介不同於俗，以此遂不得升進，志意藴憤，乃隱居著書二十餘篇，以譏當時得失，不欲章顯其名，故號曰潛夫論。」

今本凡三十五篇，合敍録爲三十六篇，蓋猶舊本。卷首讚學一篇，論勵志勤修之旨；卷末五德志篇，述帝王之世次；志氏姓篇，考譜牒之源流；其中卜列、相列、夢列三篇，亦皆雜論方技，不盡指陳時政。范氏所云，舉其著書大旨爾。

符生卒年月不可考。本傳之末，載度遼將軍皇甫規解官歸里，符往謁見事。規解官歸里，據本傳在延熹五年，則符之著書在桓帝時，故所説多切漢末弊政。惟桓帝時，皇甫規、段熲、張奂諸人屢與羌戰，而其救邊、邊議二篇乃以避寇爲憾，殆以安帝永初五年嘗徙安定、北地郡，順帝永建四年始還舊地，至永和六年又内徙，符安定人，故就其一鄉言之耶？然其謂「失涼州則三輔爲邊，三輔内入則宏農爲邊，宏農内入則洛陽爲邊，推此以相況，雖盡東海猶有邊」，則灼然明論，足爲輕棄邊地之炯鑒也。

范氏録其忠貴、浮侈、實貢、愛日、述赦五篇入本傳，而字句與今本多不同，晁公武讀書志謂其有所損益，理或然歟？

范氏以符與王充、仲長統同傳，韓愈因作後漢三賢贊。今以三家之書相較，符書洞悉政體似昌言，而明切過之；辨別是非似論衡，而醇正過之，前史列之儒家，斯爲不愧。惟賢難篇中，稱鄧通吮癰爲忠於文帝，又稱其欲昭景帝之孝反以結怨，則紕謬最甚，是其發憤著書，立言矯激之過，亦不必曲爲之諱矣。

四庫全書簡明目録子部儒家類：潛夫論十卷。

漢王符撰。凡三十五篇，又敍録一篇。符遭逢亂世，以耿介忤俗，發憤著書。然明達治體，所敷陳多切中得失，非迂儒矯激務爲高論之比也。

鄭堂讀書記子部儒家類：潛夫論十卷，漢魏叢書本。

漢王符撰。符字節信，安定臨涇人。四庫全書著録，隋志、新、舊唐志、崇文目、讀書志、通考、宋志俱載之。晁氏稱其「在和、安之世，耿介不同於俗，遂不得進，隱居著書三十六篇，以譏當時失得，不欲彰顯其名，故號曰

『潛夫』。范蔚宗取其忠貴、浮侈、實貢、愛日、述赦五篇，以爲足以觀見當時風俗，頗潤益其文。後韓愈亦贊其述赦旨意甚明云」。今案末卷敍録，自讚學以迄志氏姓，本三十五篇，稱三十六篇者，連敍録在内也。以其本傳考之，節信之著書，當在桓帝之世。雖以耿介忤時，發憤著書，然明達治體，所敷陳多切中漢末弊政，非迂儒矯激務爲高論比也。所以蔚宗作傳，並録入忠貴以下五篇，與王充、仲長統傳合爲一卷，而統論之，亦取其皆以著書名世耳。其實是書兼有論衡、昌言之長，故唐、宋人著録皆列之儒家云。

鄭堂讀書記補逸子部儒家類：潛夫論箋十卷，湖海樓叢書本。

國朝汪繼培箋。仕履見史部正史類。蘇潭績學淵博，考證極精，嘗箋釋鹽鐵、潛夫二論，陳東爲春稱其「鉤稽乙注，眇極繭絲」。惜年未中壽而没。其鹽鐵論箋未有成書，此編亦僅初稿，未經釐訂，然引證詳覈，深得旨趣。又所據者，爲元時白虎通德論、風俗通義及此書合刊本，參校程榮、何鏜諸本，及他書所引，或改補，或存疑，俱詳注於下，真善本也。其前自序，作於嘉慶甲戌，至己卯秋，東爲得其遺書，屬王晚聞紹蘭審定而付之梓。晚聞爲序，並以編中所未及者，條列百餘條，繫所作序後，以爲之補焉。

（汪繼培，清蕭山汪輝祖子，字因可，號蘇潭，嘉慶乙丑進士，官吏部主事。所校列子亦精，並在湖海樓叢書中。王紹蘭，字畹馨，號南陔，又王宗炎，字以除，號晚聞居士，皆蕭山人。此以晚聞爲紹蘭號，誤。鐸識。）

附録四　佚文

仁義不能月昇，財帛而欲日增，余所惡也。意林三。（王仁俊經籍佚文疑此潛夫論佚文。）